ACCESO GRATIS ***a la Lectura en la Nube***

Para visualizar el libro electrónico en la nube de lectura envíe junto a su nombre y apellidos una fotografía del código de barras situado en la contraportada del libro y otra del ticket de compra a la dirección:

ebooktirant@tirant.com

En un máximo de 72 horas laborales le enviaremos el código de acceso con sus instrucciones.

La visualización del libro en **NUBE DE LECTURA** excluye los usos bibliotecarios y públicos que puedan poner el archivo electrónico a disposición de una comunidad de lectores. Se permite tan solo un uso individual y privado

LOS INSTRUMENTOS JURÍDICOS DE COOPERACIÓN TRANSFRONTERIZA E INTERAUTONÓMICA

Realidades, retos y oportunidades

Procedimiento de selección de originales, ver página web:
www.tirant.net/index.php/editorial/procedimiento-de-seleccion-de-originales

LOS INSTRUMENTOS JURÍDICOS DE COOPERACIÓN TRANSFRONTERIZA E INTERAUTONÓMICA

Realidades, retos y oportunidades

RAMON GALINDO CALDÉS
MARIA TERESA VADRÍ FORTUNY
(Directores)

tirant lo blanch
Valencia, 2025

En caso de erratas y actualizaciones, la Editorial Tirant lo Blanch publicará la pertinente corrección en la página web www.tirant.com.

La presente obra ha sido sometida a la revisión de pares ciegos según el protocolo de publicación de la editorial a efectos de ofrecer el rigor y calidad correspondiente tanto en su contenido como en su forma, aplicándose los criterios específicos aprobados por la Comisión Nacional E 016 (BOE num. 286, de 26 de noviembre de 2016).

EDITA: TIRANT LO BLANCH
C/ Artes Gráficas, 14 - 46010 - Valencia
TELFS.: 96/361 00 48 - 50
FAX: 96/369 41 51
Email: tlb@tirant.com
www.tirant.com
Librería virtual: www.tirant.es
DEPÓSITO LEGAL: V-3358-2025
ISBN: 979-13-7010-481-8
MAQUETA: Tink Factoría de Color

Si tiene alguna queja o sugerencia, envíenos un mail a: *atencioncliente@tirant.com*. En caso de no ser atendida su sugerencia, por favor, lea en *www.tirant.net/ index.php/empresa/politicas-de-empresa* nuestro procedimiento de quejas.

Responsabilidad Social Corporativa: http://www.tirant.net/Docs/RSCTirant.pdf

Autores

Flor Arias Aparicio

Ramon Galindo Caldés

Verónica Yazmín García Morales

Clàudia Gimeno Fernández

Ricard Gracia Retortillo

Enrique Hernández-Diez

Lorenzo Mellado Ruiz

Valerià Paül

Albert Santasusagna Riu

Joan Tort Donada

Juan M. Trillo Santamaría

Maite Uriarte Ricote

Maria Teresa Vadrí Fortuny

Roberto Vila Lage

Marc Vilalta Reixach

Índice

III. LOS INSTRUMENTOS SECTORIALES DE COOPERACIÓN INTERAUTONÓMICA

Introducción

RAMON GALINDO CALDÉS
MARIA TERESA VADRÍ FORTUNY
Universitat de Barcelona

El desarrollo del Estado autonómico ha provocado en las últimas décadas la progresiva diferenciación entre los ordenamientos jurídicos autonómicos, especialmente en las materias de competencia autonómica exclusiva o compartida. Esta divergencia provoca, en las áreas limítrofes entre Comunidades Autónomas, una regulación diferenciada —y a veces contradictoria— en espacios geográficamente dotados de unidad. Los problemas derivados de esta diferente regulación y/o actuación pública se manifiestan en la prestación de servicios públicos (educación, sanidad, emergencias o extinción de incendios, entre otros) o en la regulación del territorio o de las actividades que se desarrollan en él (urbanismo, ordenación del territorio, protección ambiental, turismo, etc.). Estos problemas se dan en cualquier Estado descentralizado, que debe dotarse de instrumentos jurídicos que encaucen la necesaria cooperación entre las diferentes regiones en asuntos de mutuo interés.

En el caso español, el art. 145.2 de la Constitución prevé la suscripción de acuerdos y convenios entre las Comunidades Autónomas para la gestión y prestación de servicios de competencia autonómica. El ordenamiento jurídico ofrece, por otra parte, una gran diversidad de fórmulas de cooperación, con o sin personalidad jurídica, generales o sectoriales. Se trata, por tanto, de un marco jurídico que, con sus obvias deficiencias, ofrece soluciones y alternativas a la cooperación. Dicha disposición de fórmulas jurídicas no ha comportado una dinámica de cooperación entre las diferentes Comunidades Autónomas, sino que se han generado multitud de disfunciones que acrecientan el efecto frontera en las áreas limítrofes entre ellas. La cooperación autonómica horizontal, en definitiva, no puede calificarse como un caso de éxito. Las causas, en cambio, hay que situarlas más en el terreno de lo político, de la falta de una cultura de la cooperación entre las Comunidades Autónomas, y de la falta de interés por parte del Estado en fomentar la cooperación horizontal.

Si nos trasladamos al ámbito europeo nos encontramos con una situación muy diferente. La Unión europea ha colocado la cooperación transfronteriza en el centro de su política de cohesión, apoyando con medios y recursos la cooperación entre los Estados miembros, y más concretamente entre las regiones fronterizas. Se produce la paradoja de que la cooperación transfronteriza europea ha conseguido reducir ese efecto frontera, gracias a instrumentos específicos (AECT) y sobre todo a una decidida política de cohesión, mientras que en el caso español se ha profundizado en la territorialización autonómica.

Estas premisas nos han llevado a profundizar en diferentes trabajos, con una aproximación transversal jurídica y geográfica[1], que nos han permitido constatar estas dificultades de cooperación, y los problemas que afronta cualquier iniciativa en este sentido. El proyecto *De la cooperación transfronteriza a la interautonómica: retos y oportunidades para la organización territorial de España. Desafíos de los límites administrativos interautonómicos* (TRANSINTER-D, ref. PID2021-126922NB-C21, 2022-2025), en el que se enmarca este libro, ha permitido reunir a los dos principales grupos —en la Universidad de Barcelona y en la Universidad de Santiago de Compostela— que habíamos venido trabajando en este ámbito en los últimos años. Se trata de un proyecto principalmente formado por geógrafos —cinco de los cuales contribuyen a esta obra—, pero que incorpora también a cinco profesoras de Derecho administrativo —M. T. Vadrí (CoIP del proyecto), R. Galindo, F. Arias, V. Y. García Morales, y C. Gimeno—, todas ellas autoras de diferentes capítulos de la obra.

La obra comienza con una introducción al objeto de estudio obra de cuatro geógrafos, miembros del proyecto citado (V. Paül, J. Tort, J. M. Trillo, R. Vila), que nos ayuda a contextualizar el problema desde

---

1 El primero de ellos, en los municipios limítrofes de Cataluña con Aragón y la Comunidad Valenciana: Tort Donada, J.; Galindo Caldés, R. (Dirs.) (2018). *L'articulació geogràfica i jurídica dels municipis fronterers: radiografia de la cooperació en els límits autonòmics entre Catalunya, Aragó i la Comunitat Valenciana.* EAPC - Estudis de Recerca Digitals, 18.

una vertiente geográfica. Este capítulo inicial pone sobre la mesa no solo la existencia de dichos espacios limítrofes o fronterizos "internos", sino también que se trata de un debate que ya tiene un importante recorrido, especialmente en Geografía.

Nuestro enfoque, sin embargo, es principalmente jurídico. Las principales contribuciones al objeto de este libro han venido desde el Derecho Constitucional, área desde la que diversos autores[2] han puesto de manifiesto en repetidas ocasiones el deficiente rendimiento de la cooperación horizontal, poniendo el énfasis en diferentes aspectos, como el escaso volumen de convenios suscritos entre las Comunidades Autónomas, las dificultades de su seguimiento o la falta de cultura de la cooperación —o cultura federal—. Las contribuciones han sido menores desde el Derecho Administrativo[3], cuando tanto los instrumentos de cooperación como las materias implicadas son un ámbito de trabajo propio y específico de esta área del Derecho.

Este trabajo pretende incidir en este déficit desde una visión administrativista, interrogándonos sobre diferentes cuestiones relacionadas con la cooperación transfronteriza y sobre la cooperación horizontal —o interautonómica—, así como de su abordaje en diferentes ámbitos sectoriales concretos. Nos preguntábamos por la disposición en el ordenamiento —general o sectorial— de instrumentos o mecanismos de cooperación entre Comunidades Autónomas que tengan como objeto o faciliten la cooperación en zonas limítrofes, o disposiciones legales que el legislador autonómico haya contemplado en este sentido. También cual ha sido la intensidad de la cooperación, si se ha producido a través de convenios u otras fórmulas. Finalmente nos cuestionábamos si el marco normativo existente es suficien-

---

2 Singularmente María Jesús García Morales —y anteriormente Enoch Albertí i Rovira— a través de las sucesivas ediciones del "Informe Comunidades Autónomas" del Observatorio de Derecho Público de la Universidad de Barcelona.

3 De forma más general, incorporando esta temática en su segunda edición, *Derecho del territorio*, de M. Vaquer Caballería (Tirant lo Blanch, 2022). De forma más específica, Galindo Caldés, R. (2020). "Territorialidad, cooperación horizontal y fronteras interiores". *Revista General de Derecho Administrativo*, 55.

te para favorecer la cooperación entre Administraciones de ambas Comunidades Autónomas, o si serían convenientes medidas de *lege ferenda* para favorecer un marco de cooperación estable.

Esta obra, en definitiva, tiene como primera finalidad profundizar en un ámbito poco estudiado, o al menos en el que se ha descendido poco a la realidad de las zonas limítrofes —o fronteras interiores—, a sus problemáticas específicas y a sus necesidades de soluciones efectivas. Pretende también abrir un debate sobre la cooperación horizontal y la necesidad de abordarla más allá de la política, como una necesidad de cooperación interadministrativa para abordar necesidades comunes. En este sentido, se pretenden analizar las diferentes formas de cooperación transfronterizas e interautonómicas, y su aplicación en ámbitos muy relevantes, como el medio ambiente, sobre la gestión de riesgos, la educación, o el turismo, entre otros. Y se pretende hacerlo yendo más allá de un simple análisis del Derecho positivo, intentando profundizar en la realidad de cada uno de los ámbitos estudiados.

El libro, en su conjunto, se estructura a través de tres bloques diferenciados —aparte del capítulo inicial ya mencionado—: la cooperación transfronteriza, los instrumentos de cooperación y un bloque final dedicado a análisis sectoriales. En los dos primeros vemos las fórmulas cooperativas, tanto en el ámbito europeo como español. En el primer bloque, por un lado, se abordan los instrumentos de cooperación transfronteriza en el marco del Consejo de Europa, en concreto los Tratados internacionales de Bayona y Valencia. Y también, por otro lado, los instrumentos que se han desarrollado en el marco de la UE, y más concretamente las AECT y los programas INTERREG y POCTEP. En el segundo, se analizan los distintos instrumentos existentes: los acuerdos y convenios de cooperación, espacios estables de cooperación, convenios administrativos, planes y los protocolos, e instrumentos dotados de personalidad jurídica propia. Son dos ámbitos en los que se da la paradoja mencionada anteriormente: por una parte, políticas e instrumentos que persiguen reducir el efecto de las fronteras en el seno de la Unión Europea; por otra, mecanismos formales de cooperación interautonómica dentro del Estado con una eficacia muy limitada. Finalmente, en el tercer bloque se abordan algunos ámbitos sectoriales relevantes en la cooperación entre Comunidades Autónomas: gestión de riesgos, ordenación del territorio, espacios naturales, aguas, urbanismo, turismo y educación. No son todos los ámbitos posibles, ya que hay ámbitos relevantes que no se abordan —sanidad, infraestructuras, transporte, etc.— por las limitaciones del estudio, pero sí nos muestran un abanico de situaciones y problemas, y de retos pendientes que tienen una conexión directa con la articulación territorial del Estado y su deficiente funcionamiento.

Esta obra es el fruto del trabajo y la dedicación de quince profesores —diez administrativistas, cinco geógrafos—, pertenecientes a seis universidades (Barcelona, Santiago de Compostela, Extremadura, Valencia, País Vasco y Almería), que han puesto su tiempo y experiencia al servicio de este proyecto, por lo que les estamos enormemente agradecidos. Lo han hecho, además, desde una perspectiva interdisciplinar, lo que exige, tanto a juristas como geógrafos, un esfuerzo de conectar con la otra disciplina. Finalmente, el proceso de edición ha contado con la inestimable ayuda de Yaiza Moreno Castro, doctoranda de la Facultad de Derecho de la Universidad de Barcelona.

Finalmente, hacemos constar que esta obra ha sido financiada principalmente por el Ministerio de Ciencia e Innovación (a través del ya citado proyecto *De la cooperación transfronteriza a la interautonómica: retos y oportunidades para la organización territorial de España. Desafíos de los límites administrativos interautonómicos* (TRANSINTER-D, ref. PID2021-126922NB-C21); así como por el Observatorio de Derecho Público IDP de la Universidad de Barcelona, que concedió una ayuda competitiva para su publicación (Convocatoria de propuestas de actividades y proyectos de investigación propios 2023-2024, modalidad B).

Perspectivas geográficas sobre las fronteras internas de España

VALERIÀ PAÜL
Profesor Titular de Geografía
Universidade de Santiago de Compostela

JOAN TORT DONADA
Catedrático de Geografía
Universitat de Barcelona

JUAN M. TRILLO SANTAMARÍA
Profesor Titular de Geografía
Universidade de Santiago de Compostela

ROBERTO VILA LAGE
Investigador Postdoctoral
Universidade de Santiago de Compostela

I. INTRODUCCIÓN

A pesar de no ser geógrafo de formación, hay que reconocerle a Sergio del Molino una innegable capacidad para crear imaginarios geográficos sobre España, que han abierto líneas de debate de gran calado. Sin duda, la propuesta más exitosa ha sido la de la «España vacía»[1], ya

---

1 Molino, S. del. (2016). *La España vacía. Viaje por un país que nunca fue.* Turner Noema.

revisada críticamente desde la Geografía[2]. Aunque tal vez su influencia haya sido menor, optamos por iniciar estas páginas poniendo el foco en otro ensayo, *Lugares fuera de sitio*[3], que se dirige, como indica el propio autor en el subtítulo, a revelar las «fronteras insólitas de España». Nos interesa subrayar que estas hacen referencia tanto a fronteras *externas* reconocidas internacionalmente (Ceuta, Gibraltar, Llívia, Olivenza/Olivença, etc.) como, y esta cuestión es sustancial a los efectos de este texto, a cuatro que categorizaremos de ahora en adelante como fronteras *internas*: el Condado de Treviño, Petilla de Aragón, el Rincón de Ademuz y el Valle de Villaverde.

Es cierto que Del Molino[4] considera las fronteras internas como «fósiles», en oposición a las «fronteras vivas» (sic) de carácter internacional. En todo caso, la homologación de ambos tipos nos parece reveladora: al ponerlas en un plano de igualdad, y optar por utilizar idéntica denominación de «fronteras», las sitúa en un mismo nivel discursivo. Se ha de indicar, no obstante, que Del Molino[5] atribuye la explicación genérica de estas fronteras internas al personaje Javier de Burgos y «su» división provincial de 1833 (sic), con lo que niega, aunque sea de manera involuntaria, su genealogía anterior. En efecto, las cuatro provienen, de un modo u otro, de la edad media y no eran, en origen, provinciales —al menos no con el sentido contemporáneo dado a las provincias ochocentistas—. Además, Del Molino atribuye a dicho político un papel que realmente no tuvo,

---

2 Gómez Mendoza, J. (2016). *El imaginario de la España vacía.* Revista de Libros; Gómez Mendoza, J. (2019). *Por favor, no la llamen España vacía.* El País; Sancho, A. (2017). "Rurizad lo urbano, urbanizad lo rural. La geografía y la ordenación del territorio ante "La España vacía"". *Ería. Revista Cuatrimestral de Geografía,* 37(1), 45-50; Paül, V. (2020). "Mimbres para repensar la tradición, la profesión y la educación geográficas". En Farinós, J. (Ed.). *Desafíos y oportunidades de un mundo en transición. Una interpretación desde la Geografía.* Tirant Humanidades/Universitat de València.

3 Molino, S. del. (2018). *Lugares fuera de sitio. Viaje a las fronteras insólitas de España.* Espasa.

4 Molino, S. del., 2018, *op. cit.*, pp. 59 y 225.

5 *Íbidem*, pp. 227-240.

una cuestión que ha sido ampliamente investigada por la Geografía en los últimos años[6].

A pesar de lo indicado, debe señalarse que, en un determinado momento, Del Molino reconoce que «[e]l mapa se dibujó sobre una base *histórica*, respetando los límites de los *antiguos* reinos y dividiéndolos en unidades provinciales. Daba la impresión de que las *viejas* fronteras seguían vigentes, pero sólo [sic] [...] era un guiño sin consecuencias políticas ni administrativas»[7]. De este modo, en lo que podemos interpretar como un pasaje que se desvía del deje «provinciocéntrico» que guía la obra, Del Molino admite una cuestión fundamental para los cuatro casos: que son fronteras de raigambre temporal, ancladas no en la división provincial del siglo XIX, sino en un pasado más remoto. Lo interesante a efectos geográficos es que siguen operando en el marco del actual Estado autonómico, abierto a partir de la Constitución de 1978. De hecho, Del Molino centra su atención en las últimas décadas, cuando se han consolidado como fronteras interautonómicas y, por ende, han provocado efectos socioespaciales particulares —así ocurre con los tres primeros casos, ya que aborda Petilla de Aragón de una forma distinta—.

A continuación, aportamos tres perspectivas geográficas en torno a las que denominamos fronteras internas de España. La primera se adentra en obras clásicas de Geografía, esto es, correspondientes a la «época dorada» de las «monografías regionales»[8]. Este ejercicio nos permite constatar que la disciplina geográfica las ha abordado desde hace décadas, denominándolas en no pocas ocasiones *fronteras* sin ta-

---

6 Burgueño, J. (1996). *Geografía política de la España constitucional. La división provincial.* Centro de Estudios Constitucionales; Burgueño, J. (2011). *La invención de las provincias.* Catarata.

7 Molino, S. del., 2018, *op. cit.*, p. 232 (las cursivas son nuestras).

8 Gómez Mendoza, J. (2001). "La Geografía española: final y principio de capítulo". En *Actas del XVII Congreso de Geógrafos Españoles.* Asociación de Geógafos Españoles/Universidad de Oviedo; Gómez Mendoza, J. (2018). "Cincuenta años de la Geografía Regional de España, obra universitaria, de escuela y de época (1968-2018)". *Boletín de la Asociación de Geógrafos Españoles,* 79(2744), 1-38; Otero Varela, A. (2023a). "Monografías comarcais galegas? Ao redor do desenvolvemento da Xeografía Rexional clásica en Galiza (anos 1920-1980)". *Treballs de la Societat Catalana de Geografia,* 95, 113-142.

pujos. El siguiente apartado se sitúa ya en las coordenadas del actual Estado autonómico, y se asienta en la noción de obstáculo fronterizo aplicado a las líneas político-administrativas interautonómicas. Una última perspectiva se ocupa de la falta generalizada de estructuras de cooperación alrededor de dichas fronteras entre comunidades autónomas.

Las presentes consideraciones, aunque parten de un nivel general que afecta al conjunto de España, se centran en la frontera occidental y meridional catalana y en la oriental gallega. Esto se justifica por haber sido las más trabajadas por los autores —tal y como reflejan algunas de las publicaciones que serán convenientemente citadas—; además, configuran el objeto de análisis en el marco del proyecto TRANSINTER, en cuyo contexto se inserta esta aportación. A pesar de que la teoría de los denominados *Border Studies* —en inglés preferentemente—, ha eclosionado en las últimas décadas[9], para este capítulo hemos optado por hacer girar nuestras consideraciones teóricas alrededor de dos ensayos franceses recientes: Amilhat Szary y Hamez[10] y Cattaruzza, Monot y Paris[11], quienes realizan sendos excelentes balances de las investigaciones sobre fronteras, en verdad dirigidos a facilitar el examen de Geografía para los futuros profesores de secundaria en Francia.

II. INCURSIONES EN ALGUNAS GEOGRAFÍAS REGIONALES CLÁSICAS

La *Geografía Regional de España* dirigida por Terán y Solé Sabarís[12] ha sido definida en términos elogiosos:

> [U]n esfuerzo conjunto bajo la dirección de dos inmensos maestros[,] una presentación de escuela, un manual de calidad y con el tamaño

---

9 Trillo, J.M. (2022). "De fronteras y límites en España: un estado de la cuestión". En *La Geografía española actual: estado de la cuestión*. Asociación Española de Geografía.

10 Amilhat Szary, A.L.; Hamez, G. (Dirs.) (2020). *Frontières*. Armand Colin.

11 Cattaruzza, A.; Monot, A.; Paris, F. (2020). *Frontières*. Bréal.

12 Terán, M. de.; Solé Sabarís, L. (Eds.) (1968). *Geografía Regional de España*. Ariel.

> oportuno [...], una obra, sin duda con limitaciones, pero que probablemente es uno de los libros de [G]eografía más leídos y utilizados por geógrafos y no geógrafos[,] [...] una obra de época[13].

En efecto, queremos empezar nuestras consideraciones recuperando alguno de sus contenidos. Tras analizar los capítulos que contiene, constatamos una recurrencia a las fronteras entre regiones españolas abordadas en la obra, sobre todo en relación con la idoneidad de la delimitación de cada una de ellas. Esto es plenamente coherente con la tendencia de esta Geografía Regional *à l'école vidalienne* por considerar las fronteras un objeto de estudio secundario, aunque inmanente, del análisis regional[14].

Ya en la introducción, al determinar con exactitud cuáles son las regiones españolas, se alude a una división de regiones funcionales desarrollada aquellos años, y se constata que se producen unos «[s]ectores de la región económica no coincidente con los límites provinciales»[15] (figura 1). De este modo, las regiones «histórico-administrativas» —así denominadas por Terán y Solé Sabarís[16]— de entonces no se corresponden con las funcionales, de manera que se producen disfunciones en ámbitos territoriales tales como el Baix/Bajo Cinca (aragonés, pero que consideran que bascula hacia Catalunya) o el Eo-Navia (asturiano, pero que oscila hacia Galicia), por citar dos casos que serán aludidos en páginas posteriores. No importa aquí el proceso por el que dichas regiones «histórico-administrativas» se han ido conformando e/o instituyendo hasta llegar a 1968 o a posteriori[17], sino el hecho de que en la obra fundacional de la Geografía Regional española los «límites de región» —así denominados[18]— se cuestionan en tanto que las relaciones económico-sociales los transgreden al menos en 16 ámbitos territoriales. El más extenso de estos

---

13 Gómez Mendoza, 2018, *op. cit.*, p. 32.

14 Cattaruzza; Monot; Paris, 2020, *op. cit.*, pp. 38-51.

15 Terán; Solé Sabarís, 1968, *op. cit.*, p. 23.

16 *Íbidem*, p. 22.

17 *Vid.* García Álvarez, J. (2002). *Provincias, regiones y comunidades autónomas. La formación del mapa político de España.* Senado; o Burgueño, J. (2024a). *España dividida según acostumbran los geógrafos. Origen y evolución del mapa regional (1456-1850).* Universitat de Lleida.

18 Terán; Solé Sabarís, 1968, *op. cit.*, p. 23.

se ubica en el norte de la provincia de Burgos: «Villarcayo, Sedano, Miranda de Ebro, Briviesca, Belorado y Condado de Treviño»[19], que no funcionaría integrado en Castilla, sino en tierras vascas.

Figura 1. «Regiones funcionales» y «regiones histórico-administrativas» en los años 1960 según la primera Geografía Regional de España publicada como tal.

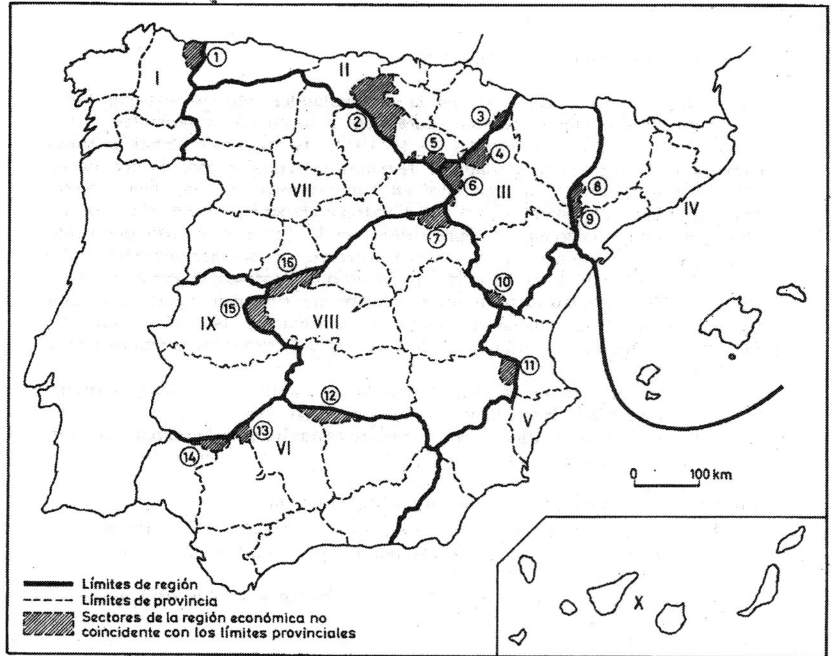

① Castropol ② Villarcayo, Sedano, Miranda de Ebro, Briviesca, Belorado y (Condado de Treviño) ③ Sos del Rey Católico ④ Tudela ⑤ Zona de Sierra ⑥ Agreda ⑦ Medinaceli ⑧ Fraga ⑨ Zona de Mequinenza ⑩ Rincón de Ademuz ⑪ Ayora ⑫ Zona de Sierra Madrona ⑬ Zona de Azuaga ⑭ Zona de Monesterio ⑮ Navalmoral de la Mata ⑯ Arenas de S. Pedro y Cebreros

Fuente: Terán y Solé Sabarís (1968, p. 23).

Dentro de esta obra coral, todos los capítulos regionales apuntan, con mayor o menor ahínco, a cuestiones de «límites regionales». Es

19 *Ídem.* Nótese, de nuevo, la mención a este último enclave.

el caso de Galicia, para la cual Terán[20] explica que «la ampliación hacia el este del límite de la región galaica [sic], con inclusión del pequeño espacio asturiano situado al oeste de la sierra de Rañadoiro [el Eo-Navia antes mentado], nos parece justificada, así como las anexiones hechas a expensas de León y Zamora». Asimismo, añade lo siguiente:

> [P]or el sur, aunque la continuidad del paisaje natural es evidente de un lado y otro de la frontera portuguesa, nosotros preferimos adoptar ésta como límite de la región galaica [sic], pues no puede considerarse despreciable el valor y la eficacia que una frontera política consolidada en una historia secular, ha tenido en determinados aspectos del paisaje cultural[21].

De este modo, el maestro geógrafo madrileño tiende a considerar desde la Geografía académica que un «límite» entre regiones es menos contundente y puede diferir del mapa administrativo heredado, por contraste a una «frontera» internacional, que asume *de facto* como más determinante y estable. Volveremos más adelante a esta cuestión, pero no se puede perder de vista que el mismo autor, en el propio libro, no duda en utilizar la expresión «frontera político-administrativa» aplicándola entre Extremadura y la entonces conocida como Castilla la Nueva, e indicando, dicho sea de paso, que «no coincide con la de la geografía natural [sic], pues el macizo antiguo que forma el cuerpo de Extremadura proyecta hacia el este su masa, más allá de la *frontera* oriental, penetrando en las provincias castellanas de Toledo y Ciudad Real»[22].

Poniendo la lupa en los dos territorios concretos que hemos anunciado anteriormente, escogemos en primer lugar la *Guía de Galicia* de Otero Pedrayo[23], una obra esencial en la producción geográfica sobre este territorio a pesar de parecer, en un plano de lectura

---

20 Terán, M. de. (1968a). "Galicia". En Terán, M. de.; Solé Sabarís, L. (Eds.). *Geografía Regional de España.* Ariel, p. 31.

21 *Íbidem*, pp. 31-32.

22 Terán, M. de. (1968b). "Submeseta meridional. Castilla la Nueva y Extremadura". En Terán, M. de.; Solé Sabarís, L. (Eds.). *Geografía Regional de España.* Ariel, p. 155 (cursiva añadida).

23 Otero Pedrayo, R. (1965). *Guía de Galicia (4ª ed.).* Galaxia.

superficial, una mera guía turística[24]. Los territorios citados como asimilados a Galicia dentro de España, como en Terán[25], son los de la franja de «la Asturias occidental, valles del Bierzo y otras comarcas leonesas»[26]. Sin embargo, lo relevante en este caso es que la Geografía escrita en clave gallega no hace distinciones entre estos y los rayanos con la frontera meridional: «los caracteres geográficos englob[a]n al Norte portugués y a Galicia en la misma unidad [...] y aspectos gallegos de orla y transición se extienden [...] a [...] tierras no administrativamente gallegas [como las ya mentadas situadas al este] [...] del país»[27]. El Bierzo, en particular, «estuvo en sus orígenes históricos ligado a los destinos de Galicia; y por su estructura geográfica se inserta en el sistema de los valles y las directrices geomorfológicas de Galicia. [...] El gallego se habla en la mitad occidental»[28]. De este modo, se detallan los motivos por los que supuestamente el trazado de la frontera oriental gallega resulta cuestionable y esta duda se equipara al interrogante puesto sobre la *raia* gallego-portuguesa.

A su vez, en el caso catalán, la mejor Geografía Regional de su intensa historia geográfica[29] contiene, al definir el ámbito de estudio, la siguiente consideración: «sus zonas fronterizas han dado lugar a litigios históricos, [...] sobre todo las del norte y las del oeste, coincidiendo precisamente con [...] confines idiomáticos, [...] que han acabado *mutilando* parte del territorio que por razones históricas y

---

24 Lois González, R.C.; Trillo, J.M. (2017). "O fundamento de Galicia como territorio nacional: a labor do Seminario de Estudos Galegos e a figura de Ramón Otero Pedrayo". En Beramendi, J.; Diéguez, U.B.; Fernández Pérez-Sanjulián, C.; García Negro, M.P.; González Reboredo, X.M. (Eds.). *Repensar Galicia.* As Irmandades da Fala. Xunta de Galicia/Museo do Pobo Galego; Paül, V. (2019). "A xeografía de Galiza con e após Fraguas". *Boletín da Real Academia Galega,* 380, 79-104; Otero Varela, A. (2023b). *Historia da división comarcal de Galicia.* Universidade de Santiago de Compostela.

25 Terán, 1968a, *op. cit.*, pp. 31-32.

26 Otero Pedrayo, 1965, *op. cit.,* p. 9.

27 *Ídem.*

28 *Íbidem,* p. 197.

29 Tort, J. (2003). *Proyecto docente de las asignaturas de Geografía de Cataluña y Toponimia*; Paül, V. (2017). "El paisatge en la *Geografia de Catalunya* de l'editorial Aedos: algunes lectures interpretatives". *Treballs de la Societat Catalana de Geografia,* 83, 137-171.

geográficas es netamente catalán»[30]. En particular en lo que atañe a la «raya de Aragón», así llamada, se insiste que «la frontera [...] h[a] fluctuado» y se señala que coincide con el límite lingüístico del catalán dentro de Aragón, de modo que dicha *frontera* —nótese el vocablo empleado— se establece en estos términos:

> [L]as llanuras esteparias intermedias entre los grandes cursos fluviales, verdaderos *no man's lands,* donde el poblamiento es hoy día todavía muy raro, como sucede en la Llitera y sobre todo en los Monegros, [...] subdesérticas, con cultivos muy migrados, difíciles de transitar antes de las rápidas comunicaciones humanas, y hostiles, por lo tanto, al establecimiento humano [...], por donde pasa la frontera lingüística. El sector más oriental de esta llanura queda bajo influencia directa de las tierras del Segrià [cuya capital es Lleida], mientras que el sector occidental gira ya [hacia Aragón][31].

Esta descripción recuerda mucho a la noción de «frontera natural» criticada por Sahlins[32], obviamente trasladada a las zonas consideradas áridas, desérticas y deshabitadas, en vez de a montañas y ríos. Aunque se puede rastrear un deje determinista —se arguye que los lindes de la lengua, que son los que se toman de facto como frontera catalano-aragonesa, tienen que ver con el medio físico, y no con la línea político-administrativa—, tampoco es desdeñable la alusión a la capacidad de articulación de las áreas de influencia urbana, en particular de Lleida. En la misma línea, un pie de foto revelador que ya analizamos en Paül[33] estipula que los campos del Baix/Bajo Cinca, «aunque pertenecen a la administración aragonesa, están ocupados por gente que mantiene *con toda integridad* el habla catalana. La *continuidad* [...] a lado y lado de estos confines administrativos entre Aragón y Catalunya expresa el *artificio* de la división política»[34].

---

30 Soldevila, F.; Iglésies, J.; Solé Sabarís, L. (1958). "El territori i la seva delimitació històrica". En Solé Sabarís, L. (Ed.). *Geografia de Catalunya*: Vol. I. Aedos, p. 641. Traducción nuestra, de esta y las siguientes citas; cursiva añadida.

31 *Íbidem*, p. 642.

32 Sahlins, P. (1990). "Natural Frontiers Revisited: France's Boundaries since the Seventeenth Century". *The American Historical Review*, 95(5), 1423-1451.

33 Paül, 2017, *op. cit.*, pp. 160-161.

34 Soldevila; Iglésies; Solé Sabarís, 1958, *op. cit.*, p. 643. Cursivas añadidas.

Figura 2. La «raya de Aragón» con las «tierras catalanas administrativamente aragonesas» en la Geografia de Catalunya más prestigiosa

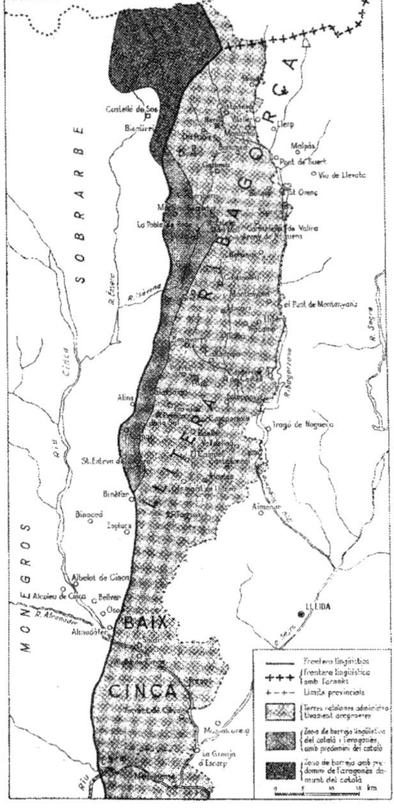

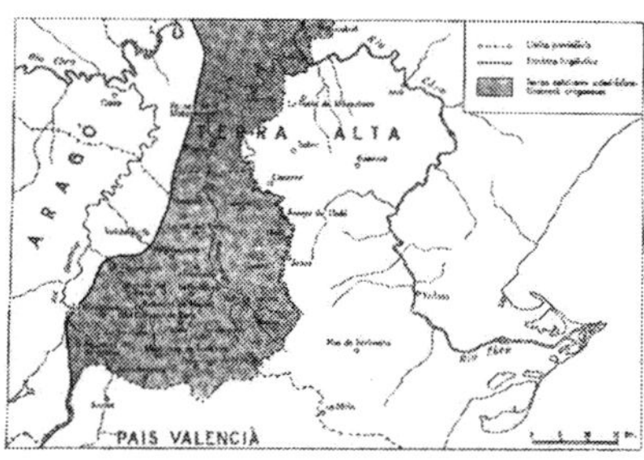

Fuente: Soldevila, Iglésies y Solé Sabarís (1958, p. 643).

Estas consideraciones se acompañan de un mapa donde la «frontera» en trazado continuo, negro y grueso es la de la lengua y los «límites provinciales» —literalmente degradados a esa consideración— aparecen discontinuos y tenues (figura 2). Sea como fuere, la naturaleza fronteriza de todo este territorio desde la perspectiva geográfica está fuera de dudas; por esta razón, hace más de un cuarto de siglo el término *frontera* fue escogido de forma deliberada por uno de los autores de este texto para un trabajo monográfico sobre parte de este territorio[35].

Como balance de este apartado, resulta oportuno indicar que, según Cattaruza, Monot y Paris, los estudios fronterizos han sido únicamente estatonacionales, es decir, enfocados solo en las fronteras internacionales reconocidas, hasta la década de 1990; desde entonces, «la noción de frontera se extiende progresivamente a fenómenos abstractos [...] y asimismo para designar los límites que se aplican a todo tipo de actores, institucionales

[35] Tort, J. (1998). *Viatge a la frontera de Ponent. Itinerari geogràfic i literari per la Noguera Ribagorçana*. Pagès.

o no (fronteras administrativas, económicas, identitarias, lingüísticas, etc.)»[36]. No obstante, dada la revisión que acabamos de realizar, en España la preocupación geográfica por las fronteras no estatales —en este caso, las internas al estado— proviene de mucho antes. Ello es coherente con la larga nómina de precedentes de estudios regionales en Geografía, anterior incluso a la institucionalización de la disciplina en el siglo XIX, pues establecer una región pasa, necesariamente, por su delimitación. Tal y como recientemente ha inferido Burgueño, «España es uno de los estados europeos que más arraigada presenta su compartimentación regional»[37], al menos desde los albores del Renacimiento. Y dicha compartimentación implica, necesariamente, establecer de algún u otro modo fronteras, se verbalicen o no como tales.

III. INDAGACIONES ACERCA DE LOS OBSTÁCULOS FRONTERIZOS INTERAUTONÓMICOS

Cattaruzza, Monot y Paris[38] y Amilhat Szary[39] coinciden en señalar que, tradicionalmente, el énfasis de los estudios sobre las fronteras en Geografía ha recaído en el análisis de su función como límite, barrera u obstáculo. Desde la instauración del Estado autonómico en la década de 1970, la investigación en Geografía ha ido progresivamente aplicando esta óptica a las fronteras internas de España, entendidas como las interautonómicas. No abordaremos aquí en detalle la rápida fijación del mapa autonómico, aunque cabe destacar, como ha indicado Gómez Mendoza con acierto, que «los geógrafos, por lo que fuere, no pudieron, o no quisieron, incorporarse con voz propia, con autoridad y con peso»[40] a su debate constitutivo en el tránsito de los años 1970 y 1980.

---

36 Cattaruzza; Monot; Paris, 2020, *op. cit.*, p. 15.

37 Burgueño, 2024a, *op. cit.*, p. 185.

38 Cattaruzza; Monot; Paris, 2020, *op. cit.*, p. 58.

39 Amilhat Szary, A.L. (2020). "Épistemologie des frontières: origine et actualité des border studies". En Amilhat Szary, A.L.; Hamez, G. (Eds.). *Frontières*. Armand Colin, p. 9.

40 Gómez Mendoza, 2001, *op. cit.*, p. 21.

Sin embargo, a la Geografía le corresponde una innegable capacidad de trabajo tanto en los marcos autonómicos instaurados, tal y como apunta la propia Gómez Mendoza[41] —investigación, cartografía, ordenación del territorio, etc.—, como en la detección de los efectos derivados de las fronteras generadas. Un ensayo que nos parece seminal en este último sentido es el de Romero[42], quien, de forma preclara, se refirió a la falta de cooperación territorial interautonómica como «una asignatura pendiente», denunciando que se producían —y se producen— obstáculos, por ejemplo, en materia de extinción de incendios o en la administración de cuencas hidrográficas. El propio autor amplió estas consideraciones poco después, señalando otros aspectos problemáticos en la cooperación interautonómica, tales como infraestructuras y espacios naturales protegidos[43].

Por nuestra parte, en los últimos años hemos profundizado en el análisis detallado de los obstáculos fronterizos interautonómicos en dos contextos territoriales particulares. Por un lado, en Trillo y Paül[44], en el conformado por el sureste de Galicia y el extremo occidental de la provincia de Zamora, correspondiente *sensu lato* con las comarcas de Viana —oficial en Galicia— y As Portelas/Las Portillas o Alta Sanabria —oficiosa en Castilla y León, constituida por los cuatro municipios gallegohablantes de la Sanabria más occidental—, con cuatro y cuatro municipios, respectivamente. Por el otro, en Tort y Galindo[45], hemos estudiado todos los «municipios fronterizos» —así denominados— presentes entre Catalunya, por un lado, y Aragón y

---

41 *Íbidem*, pp. 24-25.

42 Romero, J. (2006). *Espanya inacabada*. Universitat de València, p. 101.

43 Romero, J. (2009). *Geopolítica y gobierno del territorio en España*. Tirant lo Blanch, pp. 124-125.

44 Trillo, J.M.; Paül, V. (2017). "El efecto barrera de las fronteras interautonómicas: aprendizajes del estudio de As Portelas/Alta Sanabria (Castilla y León) y cuatro municipios de la Galicia sudoriental". En Allende Álvarez, F.; Cañada Torrecilla, R.; Fernández-Mayoralas, G.; Gómez Mediavila, G.; López Estébanez, N.; Palacios García, A.; Rojo Pérez, F.; Vidal Domínguez, M.J. (Eds.). *Naturaleza, territorio y ciudad en un mundo global. Actas del XXV Congreso de la Asociación de Geógrafos Españoles*. Asociación de Geógrafos Españoles/Universidad Autónoma de Madrid.

45 Tort, J.; Galindo, R. (Dirs.) (2018). *L'articulació geogràfica i jurídica dels municipis fronterers: radiografia de la cooperació en els límits autonòmics entre Cata-*

la Comunitat Valenciana, por el otro. Este último trabajo implicó el análisis de un total de 70 municipios, distribuidos en diez ámbitos territoriales dispuestos desde la Sénia (el único entre Catalunya y el extremo septentrional del País Valencià), al sur, a Benasque/Vielha (constituido por dos valles opuestos e incomunicados, el Val de Benás —escrito según el acuerdo normativo del aragonés de 2023— y la Val d'Aran, que son adyacentes a través de algunas montañas situadas entre uno y otro que alcanzan más de 3.000 m), al norte. Resumimos la sistemática de los resultados de ambos en la tabla 1, realizando correspondencias entre sendos elementos.

Tabla 1. Sistemática de obstáculos fronterizos en fronteras internas en España

«Problemas» detectados entre las comarcas de Viana y As Portelas/Las Portillas (Galicia y Castilla y León)	«Problemas» detectados en los «municipios fronterizos» entre Catalunya, por un lado, y la Comunitat Valenciana y Aragón, por el otro
a) Sanidad	1. Sanidad
	2. Servicios sociales
b) Carreteras	3. Transporte e infraestructuras
c) Educación	4. Educación
	5. Deporte
	6. Agua y embalses
d) Espacios naturales protegidos	7. Medio ambiente: espacios naturales protegidos
e) Basura y residuos	8. Basura y residuos
f) Ganadería	9. Explotaciones agrícolas
	10. Denominaciones de origen
	11. Pesca
	12. Turismo
	13. Empresas (deslocalización)
	14. Empleo
	15. Policía y bomberos
	16. Urbanismo
	17. Radio (medios de comunicación)
	18. Límites administrativos

Fuentes: adaptado de Trillo y Paül (2017, pp. 2588-2590) y de Tort y Galindo (2018, pp. 45-47, 54-57, 67-69, 75-76, 82-83, 89-91, 98-102, 107-109).

---

lunya, Aragó i la Comunitat Valenciana. Escola d'Administració Pública de Catalunya.

La primera cuestión que cabe destacar en relación con la tabla 1 es que, a pesar de haber realizado las investigaciones por separado, ambos empleamos el término «problemas» para referirnos a lo que, como ya hemos anticipado, se conoce como *límite*, *barrera* u *obstáculo* en investigación comparada en estudios fronterizos. El segundo aspecto que deseamos subrayar es que existe una marcada coherencia entre los resultados obtenidos en los dos trabajos, aunque Tort y Galindo hayan abordado un mayor número de municipios que Trillo y Paül. En efecto, los obstáculos detectados en el territorio gallego-zamorano se identifican en todos en los casos catalano-valencianos y catalano-aragoneses. Asimismo, el resto de los listados por Tort y Galindo, que no están explícitamente recogidos por Trillo y Paül, podrían también resultar aplicables en Viana y As Portelas/Las Portillas, aunque no se verbalizaran en la investigación llevada a cabo en su día.

En todo caso, en la tabla 1 se destacan en primer lugar, como era esperable, las barreras relacionadas con las dos grandes competencias autonómicas: sanidad y educación —previamente, en Oliveras y Trillo[46] ya abordamos de manera pormenorizada la cuestión sanitaria en las áreas fronterizas interautonómicas—. Más allá de estas dos grandes competencias —y de otras muy próximas también transferidas a las comunidades autónomas, tales como servicios sociales o deportes—, se listan en la tabla 1 los obstáculos relacionados con materias ambientales, actividades económicas, policía (teniendo en cuenta que Catalunya tiene su cuerpo policial propio), bomberos, urbanismo, medios de comunicación y límites administrativos. Algunos de estos obstáculos no hacen referencia estrictamente a competencias autonómicas (por ejemplo, agua o límites administrativos), o no en exclusiva; esto pone de manifiesto que la gestión de estas materias se vehicula a través de marcos autonómicos o, en su caso, provinciales y municipales, lo que ya marca diferencias sobre el territorio.

---

[46] Oliveras, X.; Trillo, J.M. (2014). "Fronteras en el contexto español. ¿Barreras o puentes para la cooperación sanitaria?". *Documents d'Anàlisi Geogràfica*, 60(1), 135-159.

Si leemos con detenimiento las consideraciones pormenorizadas de Tort y Galindo[47] para cada uno de los ámbitos de estudio, así como las de Trillo y Paül[48], aparece en todo momento la existencia de actividades y dinámicas transautonómicas; de ahí, precisamente, que resulten patentes los obstáculos generados. En todo caso, sí que se puede establecer una correlación positiva entre mayor intensidad de relaciones e incidencia del efecto barrera de la frontera. Así, en los territorios más poblados y con más núcleos, algunos de carácter urbano, se multiplican las barreras, como es el caso, sobre todo, de los ámbitos del Sénia, Baix Cinca-Baix Segre y Llitera-Segrià de acuerdo con Tort y Galindo[49]. En este sentido, cobra especial interés el mapa generado recientemente por Gómez Giménez[50], reelaborado en la figura 3.

No corresponde en estas páginas analizar el método seguido por Gómez Giménez[51]; en todo caso, cabe apuntar la superación de la tradicional delimitación de áreas metropolitanas por las técnicas habituales[52], de manera que se persigue establecer las regiones funcionales teniendo en cuenta las relaciones entre áreas urbanas y metropolitanas. Sin embargo, resulta de relevancia subrayar que emergen dos regiones funcionales constitutivamente interautonómicas: la del sudeste, que descansa sobre todo en las polaridades de Murcia, Alacant-Elx y Cartagena, cubriendo así el sur valenciano y la Región de Murcia, aunque también se interna en municipios de Castilla-La Mancha y Andalucía; y la que Gómez Giménez[53] denomina «Cantábrico-Ebro» que afecta a casi la totalidad de cuatro comunidades (Cantabria, Navarra, La Rioja y País Vasco) más la mayor parte de

---

47 Tort; Galindo, 2018, *op. cit.*, pp. 45-47, 54-57, 67-69, 75-76, 82-83, 89-91, 98-102, 107-109.

48 Trillo; Paül, 2017, *op. cit.*, pp. 2587-2588.

49 Tort; Galindo, 2018, *op. cit.*, pp. 45-47, 75-76, 82-83.

50 Gómez Giménez, J.M. (2021). *Fracturas socioespaciales en la Península Ibérica, 1986-2016*. Universidad Politécnica de Madrid, pp. 720-721.

51 Gómez Giménez, 2021, *op. cit.*

52 Feria, J.M.; Martínez Bernabéu, L. (2016). "La definición y delimitación del sistema metropolitano español: permanencias y cambios entre 2001 y 2011". *Ciudad y Territorio. Estudios Territoriales*, 48(187), 9-24.

53 Gómez Giménez, 2021, *op. cit.*, p. 716.

Aragón, además de alcanzar a Castilla y León en varios municipios, reproduciendo en buena medida la cartografía de Terán y Solé Sabarís[54] más de medio siglo después en los extremos territoriales de las provincias de Burgos y Soria. En estas amplias regiones funcionales, las potentes dinámicas generadas en los ámbitos laboral, residencial y, en general, socioeconómico, tienen un alcance interautonómico y, por lo tanto, están afectadas de lleno por las fronteras entre comunidades autónomas.

Figura 3. «Regiones funcionales» definidas como sumatorios de áreas urbanas funcionales altamente interrelacionadas (datos correspondientes al año 2011) y comunidades autónomas. Elaboración propia.

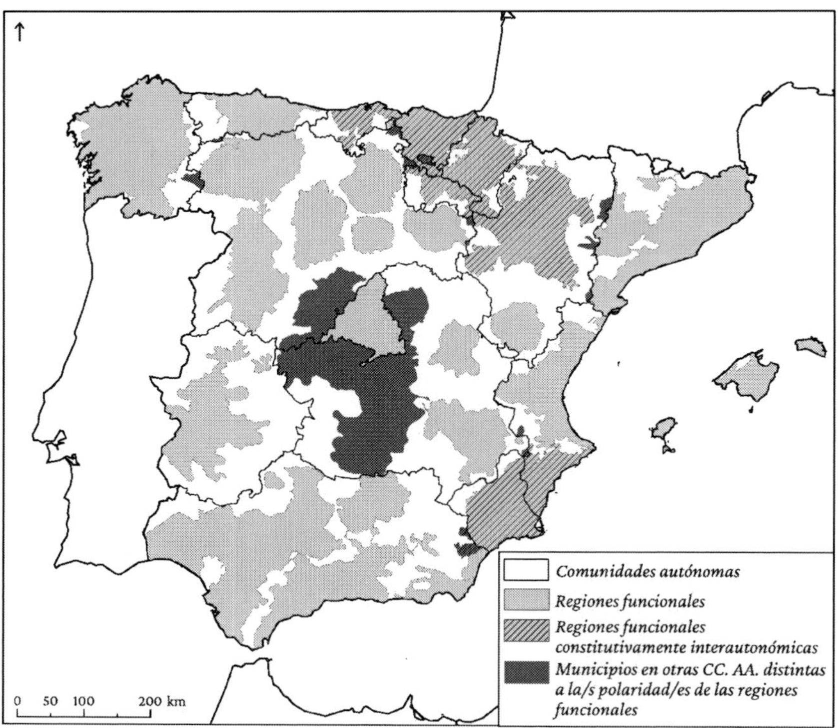

Fuente: Gómez Giménez (2021, p. 716), tomando la base de datos completa disponible en *https://edatos.consorciomadrono.es/dataset.xhtml?persistentId=doi:10.21950/FR6XB5*

---

54 Terán; Solé Sabarís, 1968, p. 23.

Algo semejante sucede en aquellas regiones funcionales constituidas por áreas metropolitanas cuyo alcance ultrapasa las fronteras autonómicas. Si nos detenemos en los territorios que centran nuestro análisis, varios municipios aragoneses se vinculan con intensidad con Cataluña —las consideraciones ya apuntadas de Tort y Galindo[55], e incluso de Soldevila, Iglésies y Solé Sabarís[56], son relevantes en este sentido—. Por su parte, León se expande hacia Valdeorras, en un movimiento que es el contrario al visto por Otero Pedrayo[57] y Terán[58]. Esto pone de manifiesto que la regionalización geográfica puede adoptar configuraciones territoriales distintas en función de los criterios empleados. En todo caso, se constata que las barreras actuales entre Castilla y León y Galicia, en cuanto a la cuestión funcional, están actuando de una manera particular desde la creación de las comunidades autónomas en la década de 1980.

Asimismo, es reseñable que el mapa de Gómez Giménez[59], tal y como lo hemos representado en la figura 3, expresa sobre todo la incongruencia actual entre la división político-administrativa instituida por comunidades autónomas y la región funcional de Madrid, que afecta de lleno a toda la mitad oeste de Castilla-La Mancha y a las provincias de Ávila y Segovia. A pesar de que existen determinados aspectos de gestión integrada en este territorio como las cercanías ferroviarias (administradas por el Estado), e incluso se puede entender en el mismo sentido el tren de alta velocidad a Ciudad Real, Segovia o Toledo, en este caso las barreras resultan especialmente significativas: urbanismo, vivienda, *dumping* fiscal, sanidad, etc. Ello corrobora las consideraciones de Solís[60] al respecto y está detrás en gran medida de la reciente propuesta —controvertida y rompedora— de

55 Tort; Galindo, 2018, *op. cit.*

56 Soldevila; Iglésies; Solé Sabarís, 1958, *op. cit.*

57 Otero Pedrayo, 1965, *op. cit.*

58 Terán, 1968a, *op. cit.*

59 Gómez Giménez, 2021, *op. cit.*, p. 716.

60 Solís, E. (2008). "El horizonte urbano madrileño: más allá de la región político-administrativa". *Anales de Geografía de la Universidad Complutense*, 28(1), 133-162.

Burgueño[61] de reorganización del mapa autonómico, al considerar insatisfactoria «la situación aislada de Madrid, por cuanto supone el desentendimiento de la metrópolis respecto de su entorno regional, bloqueando la lógica derivación de recursos económicos solidarios hacia el ámbito circundante inmediato». Y qué duda cabe que los obstáculos constituyen, ante todo, bloqueos…

Concluimos este apartado contrastando las consideraciones de los últimos párrafos con investigaciones realizadas en la misma dirección, pero a escala comunitaria, en particular las de la MOT (2015)[62] y la Dirección General de Política Regional y Urbana (2016, conocida como DG REGIO)[63], sistematizadas en la tabla 2. Esos trabajos constituyeron antecedentes de la comunicación que aprobó la Comisión Europea (2017)[64] sobre posibles soluciones a la persistencia de obstáculos en áreas de frontera, y que ha dado lugar a varias iniciativas desarrolladas en los últimos años a tal efecto[65]. Si omitimos el último «principal obstáculo» de la MOT, que no se ajusta a la España peninsular, comprobamos que toda la casuística de la MOT resulta plenamente aplicable en los ámbitos fronterizos interautonómicos, realizando, por supuesto, las substituciones semánticas oportunas: «nacional» por «autonómico» y «estado» por «comunidad». En cambio, en el estudio de la DG REGIO al menos se identifican dos «barreras» que no emergen en áreas fronterizas interautonómicas: la segunda y la sexta, en tanto que se observa una continuidad lingüística

---

61 Burgueño, J. (2024b). "Otro mapa autonómico es posible". *GeocritiQ. Plataforma Iberoamericana para la Difusión de la Investigación en ciencias sociales, ambientales y del territorio.*

62 MOT [Mission Opérationnelle Transfrontalière]. (2015). *Cross-border Cooperation: Obstacles to Overcome. Preparation of the Luxembourgish Presidency of the EU Council.*

63 Dirección General de Política Regional y Urbana (2016). *Superación de obstáculos en regiones fronterizas. Informe resumido sobre la consulta pública en línea 21 de septiembre-21 de diciembre de 2015.* Oficina de Publicaciones de la Unión Europea.

64 Comisión Europea (2017). *Impulsar el crecimiento y la cohesión en las regiones fronterizas de la UE.* Comunicación de la Comisión al Consejo y al Parlamento Europeo COM(2017) 534 final.

65 Guillermo, M.; Trillo, J.M. (2023). "Cross-Border Cooperation in a Tumultuous Europe". *Catalan Social Sciences Review*, 13, 139-158.

y cultural o, si hay un diferencial, no se está reportando como «problemático» en el sentido dado por Trillo y Paül[66] y Tort y Galindo[67]. Sin embargo, las otras cinco están presentes en los estudios realizados dentro de España.

En definitiva, un atributo frecuente —de hecho, preeminente y habitualmente inicial[68]— de los estudios fronterizos, como son los obstáculos, encuentran en las fronteras internas de España numerosas realizaciones prácticas. Y estas no difieren mucho de lo que se ha constatado ya en fronteras internacionales, como las existentes entre países miembros de la Unión Europea (UE). Irónicamente, para superar dichos obstáculos en este segundo ámbito se intenta buscar soluciones, como las mencionadas por la Dirección General de Política Regional y Urbana[69] o la Comisión Europea[70], mientras que en las fronteras internas españolas apenas se ha avanzado en este sentido. El próximo apartado aborda esta última cuestión, y volverá a hacerse patente el contraste marcado entre la situación interautonómica española y la internacional comunitaria.

Tabla 2. Sistemática de obstáculos fronterizos en fronteras entre estados de la UE.

«Selección de principales obstáculos» (MOT, 2015)	«Obstáculos»/«barreras» (Dirección General de Política Regional y Urbana, 2016)
a) Falta de compatibilidad de los sistemas nacionales de salud en zonas transfronterizas b) Imposible implantación de proyectos transfronterizos debido a diferentes marcos jurídicos c) Falta de seguridad jurídica para equipamientos transfronterizos y servicios compartidos	1. Jurídicos y administrativos 2. Lingüísticos 3. Difícil acceso físico 4. Disparidades económicas 5. Falta de interés de las administraciones públicas por colaborar 6. Diferencias socioculturales 7. Falta de confianza

66 Trillo; Paül, 2017, *op. cit.*

67 Tort; Galindo, 2018, *op. cit.*

68 Cattaruzza; Monot; Paris, 2020, *op. cit.*; Amilhat Szary, 2020, *op. cit.*

69 Dirección General de Política Regional y Urbana (2016), *op. cit.*

70 Comisión Europea (2017), *op. cit.*

«Selección de principales obstáculos» (MOT, 2015)	«Obstáculos»/«barreras» (Dirección General de Política Regional y Urbana, 2016)
d) Desarrollo económico diferenciado a lo largo de la frontera, debido a las diferentes condiciones del marco nacional e) Difícil financiación de proyectos transfronterizos de pequeña escala que implican estados y autoridades locales de otros estados miembros f) Difícil desarrollo económico transfronterizo en regiones ultraperiféricas europeas por las normas de la UE	

Fuentes: MOT (2015, pp. 10-23) y Dirección General de Política Regional y Urbana (2016, pp. 12-28).

IV. EXPLORACIONES SOBRE LA (AUSENCIA DE) COOPERACIÓN TRANSFRONTERIZA INTERAUTONÓMICA

Cattaruzza, Monot y Paris[71] y Amilhat Szary[72] comparten la idea de que los estudios fronterizos han transitado, de centrarse en los obstáculos vinculados a los efectos de las líneas político-administrativas heredadas, a un entendimiento más amplio de las fronteras, de carácter regional, con un creciente énfasis en la cooperación transfronteriza. En particular, en el marco de la UE, la integración comunitaria no solo ha difuminado en gran medida las antiguas fronteras estatales, sino que también ha dado lugar a regiones transfronterizas que implican nuevas territorialidades emergentes, correspondientes con instituciones más o menos sólidas[73]. Algunas de las mismas se han ve-

71 Cattaruzza; Monot; Paris, 2020, *op. cit.*, pp. 58, 62.

72 Amilhat Szary, 2020, *op. cit.*, p. 12.

73 Paül, V.; Castañer, M.; Trillo, J.M.; Martín-Uceda, J.; Vicente, J. (2017). "La participación española en la cooperación transfronteriza y territorial europea". En Farinós, J.; Olcina, J. (Eds.). *Geografía regional de España. Espacios y comunidades. Bases para una regionalización renovada del territorio español.* Tirant Humanidades; Cattaruzza; Monot; Paris, 2020, *op. cit.;* Amilhat Szary; Hamez, 2020, *op. cit.;* Trillo, 2022, *op. cit.*

hiculado mediante lógicas supramunicipales que han participado de la llamada «revolución intermunicipal», descrita por Subra[74] para el caso de Francia; de este modo, se observa un crecimiento exponencial de las estructuras supralocales, aunque a una escala inferior de las regiones —aquí comunidades autónomas— instituidas. Desplegamos nuestras consideraciones en relación con posibles prácticas de cooperación alrededor de tres tipos de dispositivos supramunicipales e interautonómicos, más potenciales que reales, como tendremos ocasión de explorar en los siguientes párrafos.

En primer lugar, debemos señalar que nuestra investigación se ha focalizado en particular en espacios naturales protegidos afectados por fronteras internas, desde Sancho y Tort[75] para el valle medio de la Noguera Ribagorçana, situado entre Aragón y Catalunya, hasta Vila Lage[76] y Mínguez y Vila Lage[77] para el Parque Nacional de la Sierra de Guadarrama, que se extiende tanto en la Comunidad de Madrid como, en menor medida, en Castilla y León. Este primer tipo presenta un potencial de institucionalización de la cooperación transfronteriza interautonómica alto, partiendo de la constatación habitual en esta materia —reproducida *ad nauseam* tanto en medios políticos como académicos y ecologistas— acerca de que las fronteras son humanas, pero la naturaleza las desconoce. Hemos ensayado en la figura 4 un modelo sistemático de toda la casuística de resultados obtenidos, que pasamos a revisar a continuación.

---

74 Subra, P. (2016). *Géopolitique locale. Territoires, acteurs, conflits.* Armand Colin, pp. 215-234.

75 Sancho, A.; Tort, J. (2012). "Dinàmiques transfrontereres i protecció d'espais en territoris de muntanya desestructurats. La Terreta (Ribagorça) com a cas d'estudi". *Treballs de la Societat Catalana de Geografia,* 74, 151-172.

76 Vila Lage, R. (2024). "A National Park Split by an Internal Border. Analysing the Case of Sierra de Guadarrama (Spain)". *Land Use Policy,* 137(107000).

77 Mínguez, C.; Vila Lage, R. (2024). "El impacto de las actividades turístico-deportivas en la gestión del Parque Nacional de la Sierra de Guadarrama". En Ferrandis, A.; Zornoza, C.; Sanchez Cabrera, J.V. (Eds.). *Repensando los destinos turísticos en tiempos de cambio global.* Universitat de València.

Figura 4. Modelo de espacios naturales (protegidos) en ámbitos de frontera interautonómica.

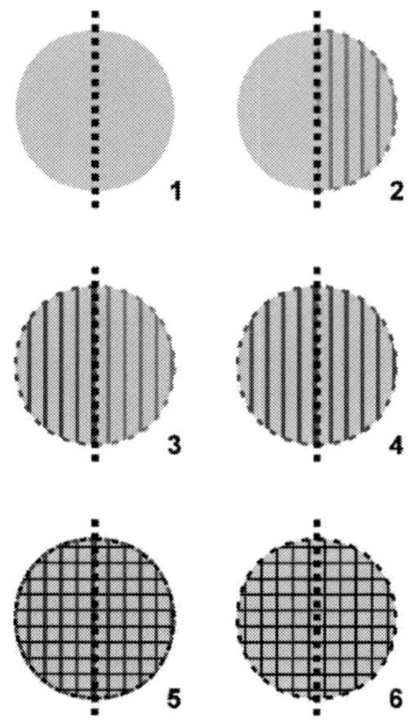

Fuente: Elaboración propia.

La primera situación representada en la figura 4 muestra la ausencia de dispositivos de protección autonómica y, por ende, se imposibilita la existencia de ningún tipo de cooperación. Cabe destacar que, según la exploración practicada por Vila Lage y Otero Varela[78] a escala de España, no es habitual. En efecto, para los gobiernos autonómicos, los espacios de frontera suelen quedar en la periferia de su núcleo de actuaciones y, por lo tanto, de algún u otro modo, resultan más proclives a ser designados protegidos; esto es, son substraídos de las dinámicas de transformación que se privilegian en sus «centros» respectivos. Un ejemplo significativo, privilegiando casos de los ámbitos de estudio base de esta contribución, ya mentados, es la sierra constituida por la Serra de Berganui, al oeste y perteneciente a Aragón, y La Costa d'Orrit i Sapeira, al este e inserta en Cataluña[79]. Esta área se caracteriza por la habitual disposición latitudinal prepirenaica, así como por la existencia de interesantes *obacs* y de topónimos tan reveladores como Teixet u Obac del Teix. Tal y como explicamos en Sancho y Tort, los perímetros protegidos en este ámbito han adoptado otras configuraciones, en especial en el lado catalán, donde dependen de decisiones del

---

78 Vila Lage, R.; Otero Varela, A. (2023). "Espazos naturais protexidos na confluencia entre Asturias, Galiza e Castilla y León: o alcance do límite interautonómico". En Paül, V.; Arozena, M.E.; García-Abad, J.J.; Pintó, J.; Tort, J. (Eds.). *Geografia, paisatge i vegetació. Estudis en homenatge a Josep Maria Panareda.* Asociación Española de Geografía/Grupo de Análise Territorial (ANTE) GI-1871.

79 Sancho; Tort, 2012, *op. cit.*

ayuntamiento de Tremp —este municipio es el más extenso de Catalunya y ha practicado una política territorial singular— y del gobierno catalán, pero que en todo caso excluyen al cordal indicado.

La segunda situación se corresponde con la presencia de un dispositivo protector en un lado, pero no en el otro, lo que evidencia la existencia de una barrera que imposibilita la gestión de un espacio natural protegido de forma coherente. Este estadio ha sido estudiado con detalle en Vila Lage y Otero Varela[80] para el caso de la frontera oriental gallega y occidental asturiana y leonesa. Un caso evidente lo constituye el espacio protegido de la Red Natura 2000 de Galicia denominado Pena Maseira, que, más allá del llamado Penedo dos Tres Reis, no se prolonga en Zamora, a pesar de la continuidad de la Serra de Marabón entre los municipios de A Mezquita (Galicia) y Hermisende (Castilla y León). Curiosamente, el espacio natural protegido gallego sí es contiguo a su homólogo internacional, incluso con un mayor rango: el Parque Natural de Montesinho (Portugal).

A su vez, las situaciones tercera y cuarta recogidas en la figura 4 son también evidencia de efecto barrera: ambas comparten la existencia de espacios naturales protegidos contiguos y adyacentes a la frontera interautonómica, aunque no se produzcan dinámicas cooperativas entre ellos. La tercera situación se refiere a la desigualdad de regímenes, a pesar de tratarse del mismo ámbito físico-natural. Este caso es muy frecuente, y lo hemos analizado en profundidad en los últimos años para el caso de las Montañas de Trevinca[81]. En lo fundamental, mientras que el lado gallego del macizo mantiene una categoría de protección de perfil muy bajo desde hace décadas —no han faltado las llamadas, infructuosas, a su declaración como parque natural—,

---

80 Vila Lage; Otero Varela, 2023, *op. cit.*

81 Entre otros, *vid.* Paül, V.; Trillo, J.M.; Haslam Mckenzie, F. (2019). "The Invention of a Mountain Tourism Destination: An Exploration of Trevinca-A Veiga (Galicia, Spain)". *Tourist Studies*, 19(3), 313-335; Paül, V.; Agrelo, L.M.; Trillo, J.M. (2020). "Montañas de Trevinca: ¿*undertourism* en Galicia y *overtourism* en Sanabria?". *Monografies de la Societat d'Història Natural de les Balears*, 31, 445-456; o Paül, V.; Trillo, J.M. (2022a). "The Emerging Mountain Imaginary of the Galician Highlands: A New National Landscape in an Era of Globalization?". *Geographical Review*, 112(3), 466-492. También aparece recogido en Vila Lage; Otero Varela, 2023, *op. cit.*

en el sanabrés se ha consolidado un parque natural desde 1978, muy dinámico en términos turísticos y territorialmente expansivo que, en estos momentos, comparte casi 30 km de frontera física con Galicia. De acuerdo con nuestros estudios, los dos espacios protegidos viven de espaldas. Por su parte, la cuarta situación representa una variante de la anterior: dos espacios naturales protegidos contiguos y adyacentes, ahora de la misma categoría, aunque persista la ausencia de cooperación transfronteriza interautonómica. Un ejemplo mencionado por Tort y Galindo[82], en estos momentos bajo análisis en el marco del desarrollo de TRANSINTER, lo constituyen los parques naturales de Els Ports y la Tinença de Benifassà, declarados, respectivamente, por la Generalitat de Catalunya en 2001 y la Valenciana en 2006.

Finalmente, llegamos a las únicas dos situaciones representadas en la figura 4 —la quinta y la sexta— que, en materia de espacios naturales protegidos, podemos calificar como de cooperación transfronteriza interautonómica; como ya anticipábamos, resultan muy poco frecuentes. Por un lado, la quinta situación se refiere a dinámicas cooperativas más o menos institucionalizadas entre dos espacios protegidos de la misma categoría en ambos lados de la frontera. Por otro lado, la sexta implica dar un paso más, ya que estaríamos ante la existencia de un espacio protegido interautonómico de por sí, en la medida en la que las dos administraciones autonómicas están implicadas de forma directa en su gestión mediante un dispositivo en común *ad hoc*. En Vila Lage, Paül y Trillo[83] estudiamos, de manera comparada, un caso de cada una de estas situaciones: las dos reservas de la biosfera de los Ancares —la gallega y la leonesa— (quinta) y la reserva de la biosfera Río Eo, Oscos e Terras de Burón, entre Galicia y Asturias (sexta). No corresponde en este punto entrar en el debate sobre la problemática consideración en España de las reservas de la biosfera como espacios naturales protegidos, algo que

---

82 Tort; Galindo, 2018, *op. cit.*, p. 236.

83 Vila Lage, R.; Paül, V.; Trillo, J. M. (2020). "Fronteras autonómicas y áreas protegidas: un análisis de tres reservas de la biosfera en la interfaz entre Galicia, Asturias y León". *Boletín de la Asociación de Geógrafos Españoles*, 86, 1-47.

hemos abordado en Paül, Vila Lage y Trillo[84] y Paül y Hernández Hernández[85]. En todo caso, las declaraciones de las dos primeras, que se sitúan en las mismas montañas (Os Ancares), aunque pertenecen a dos comunidades autónomas (Galicia y Castilla y León), se producen en paralelo en 2006 en el marco de la iniciativa —parece que desestimada— de generar una (Gran) Reserva de la Biosfera Transcantábrica o de la Gran Cantábrica. A su vez, la reserva de la biosfera Río Eo, Oscos e Terras de Burón, que se corresponde con la cuenca baja del río Eo, fue designada en 2007 y es gestionada de manera conjunta entre la administración asturiana y la gallega. La principal conclusión de este estudio defiende que las dos reservas ancaresas, a pesar de conformar sendos organismos independientes, mantienen un mayor grado de cooperación que el detectado en el ámbito de la reserva común del Eo, de modo que «en Ancares, a pesar de no contar con un dispositivo conjunto, irónicamente la cooperación resulta algo más intensa, [y] [...] la existencia de un dispositivo interautonómico no asegura una mayor cooperación transfronteriza en la conservación de la naturaleza»[86]. Finalmente, el paroxismo de la sexta situación de la figura 4 lo representa, sin duda, un parque nacional entre comunidades autónomas. Existen dos en España: Picos de Europa y Guadarrama. Al segundo, declarado en 2013, nos hemos dedicado en Vila Lage[87] y Mínguez y Vila Lage[88]. Las inferencias analíticas no son nada halagüeñas: constatamos que, aunque sobre el papel estaríamos en el modelo de máxima cooperación, a efectos prácticos en el terreno las percepciones reflejan que se trata de «un parque a dos velocidades», «dos subparques» e, incluso, «dos parques nacionales distintos».

---

84 Paül, V.; Vila Lage, R.; Trillo, J. M. (2022). ""The n°1 Country"? A Critical Investigation of the Booming Designation of Biosphere Reserves in Spain". *Landscape and Urban Planning,* 222(104375), 1-10.

85 Paül, V.; Hernández Hernández, M. (2022). "Ordenación del espacio rural". En Farinós, J.; Olcina, J. (Eds.). *Ordenación del territorio y medio ambiente.* Tirant Humanidades.

86 Vila Lage; Paül; Trillo, 2020, *op. cit.*, p. 38.

87 Vila Lage, R., 2024, *op. cit.*

88 Mínguez; Vila Lage, 2024, *op. cit.*

A continuación, introducimos el segundo tipo de dispositivo potencial supramunicipal e interautonómico en el que deseamos testar la cooperación transfronteriza. Se trata de los llamados grupos de acción local (GAL) —en España, comúnmente denominados grupos de desarrollo rural (GDR)—, que han sido los instrumentos mediante los que se han gestionado los fondos de desarrollo LEADER en los espacios rurales europeos[89]. En su fase pionera en los años 1990, estos dispositivos tuvieron un alcance limitado en lo territorial, pero desde los años 2000 se han generalizado, alcanzando una cifra alrededor de 300 GAL/GDR de escala comarcal *lato sensu.* Cabe indicar que, en línea con lo señalado en su día por García Álvarez[90], casi nunca adoptan una configuración interautonómica. Una excepción notable tuvo lugar en el período comunitario 2000-2006, en el que se contabilizaron cinco, cuya conformación puede explicarse por la insistencia del gobierno de Aznar en intentar superar los marcos autonómicos. Para intentar entender su funcionamiento, en Paül, Trillo y Haslam Mckenzie[91] y Paül y Trillo[92] realizamos un estudio de caso específico sobre el GAL que se denominó Peña Trevinca, constituido por cuatro municipios gallegos y dos zamoranos. Nuestras conclusiones apuntan a que, a pesar de que el dispositivo operaba en un macizo montañoso que puede ser entendido como un ámbito de actuación lógico y coherente, la cooperación no fructificó como cabría esperar. Las capitales autonómicas alentaron este GAL, pero los principales hitos en común perseguidos —en particular, un sendero perimetral al macizo y las infraestructuras necesarias, sobre todo viarias, para poder acceder a las partes altas, donde se pretendía implantar una estación de esquí— no se consiguieron. Los problemas internos dentro del perímetro del GAL surgieron en el propio período y, tras este, se volvió a una lógica separativa. Desde entonces, se han desarrollado dos políticas territoriales distintas, que han lleva-

---

89 Paül; Hernández Hernández, 2022, *op. cit.*

90 García Álvarez, J. (2008). "L'evolució dels territoris locals a Espanya (1985-2005). De les inèrcies del mapa municipal a la construcció d'una nova geometria supramunicipal". En Tort, J.; Paül, V.; Maluquer, J. (Eds.). *L'organització del territori. Un repte per al segle XXI?* Fundació Universitat Catalana d'Estiu/Galerada, pp. 181-182.

91 Paül; Trillo; Haslam Mckenzie, 2019, *op. cit.*

92 Paül; Trillo, 2022a, *op. cit.*

do a un resultado opuesto al inicialmente anhelado: de ser centrales en la configuración del GAL interautonómico, las Montañas de Trevinca han pasado a considerarse espacio de margen de los respectivos GAL/GDR autonómicos. De esta manera, el germen de una posible institucionalización transfronteriza interautonómica ha quedado totalmente periclitado.

El tercer dispositivo potencial supramunicipal e interautonómico al que nos queremos referir está considerado por Romero[93] y García Álvarez[94] como una de las grandes asignaturas pendientes de la organización territorial post-1978: las áreas metropolitanas. Aunque no profundizaremos aquí en las razones de su escasa institucionalización, resulta significativo tener en cuenta que varias áreas metropolitanas presentan un carácter netamente interautonómico. Así, Feria y Martínez Bernabéu[95], en una cartografía que sigue los cánones clásicos de la definición de lo metropolitano, indican que cuatro de estas áreas cruzan las fronteras interautonómicas (figura 5). Este hecho nos permite reiterar las consideraciones efectuadas en los apartados anteriores, en particular, respecto de los comentarios de las figuras 1 y 3, en el sentido de la no coincidencia entre los límites político-administrativos y los funcionales. Pero en este punto cabe incidir en el hecho que, si las instituciones metropolitanas se diseñan específicamente para superar los obstáculos a la cooperación interadministrativa[96], tal superación no se ha alcanzado en los contextos de Madrid, Bilbo/Bilbao, Vitoria/Gasteiz y Logroño, donde no se han desarrollado fórmulas de cooperación interautonómica.

---

93 Romero, 2006, op. cit., pp. 176-180; Romero, 2009, *op. cit.*, 182-213.

94 García Álvarez, 2008, *op. cit.*, pp. 178-180.

95 Feria; Martínez Bernabeu, 2016, *op. cit.*

96 Romero, 2006, *op. cit.*; Romero, 2009, *op. cit.*

Figura 5. Áreas metropolitanas definidas de acuerdo con los flujos de movilidad residencia-trabajo (datos correspondientes al año 2011) y comunidades autónomas. Elaboración propia.

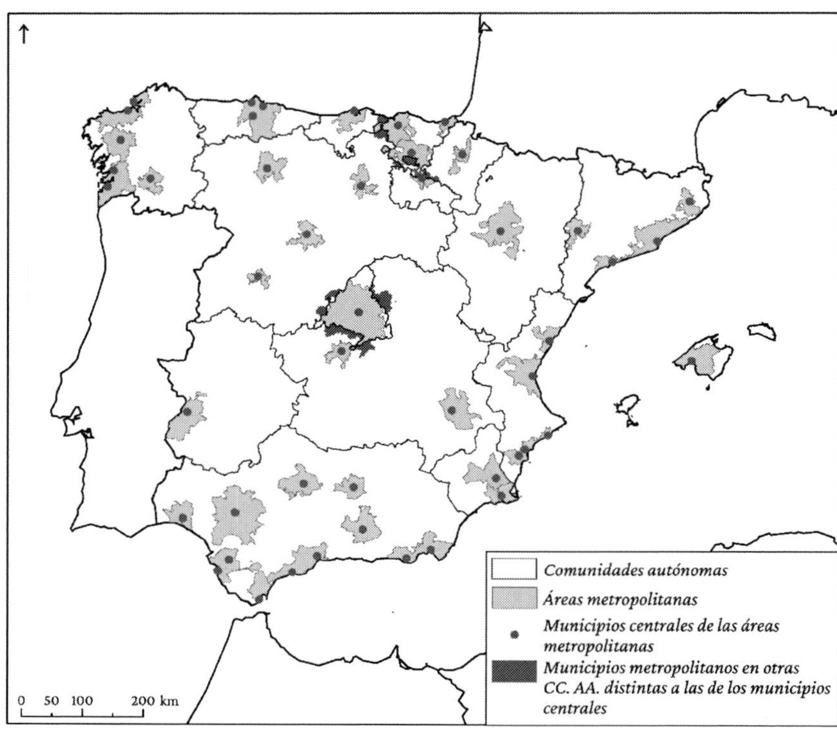

Fuente: Feria y Martínez Bernabéu (2016, p. 14), tomando la base de datos completa disponible en http://centrodedescargas.cnig.es/CentroDescargas/busquedaRedirigida.do?ruta=PUBLICACION_CNIG_DATOS_VARIOS/aneTematico/Espana_Delimitacion-de-las-areas-metropolitanas-segun-la-variable-residencia--trabajo_2011_mapa_14347_spa.zip

Como apunte final, podemos de nuevo citar a Amilhat Szary[97] cuando estima que una de las causas —si no la principal— de la profusión de estructuras de cooperación transfronteriza en la UE es la existencia de programas específicos de promoción y financiación, en particular, Interreg. En Paül *et al*[98]. constatamos que esta afirmación

---

97 Amilhat Szary, 2020, *op. cit*, p. 12.

98 Paül; Castañer; Trillo; Martín-Uceda; Vicente, 2017, *op. cit.*

se podía aplicar al caso de las fronteras externas de España. Las reflexiones efectuadas en este apartado nos permiten plantear la hipótesis de que la ausencia de fórmulas de cooperación transfronteriza interautonómica podría deberse, en gran medida, a la carencia de programas análogos para las fronteras internas. En este sentido, hemos dado cuenta de que los pocos ejemplos de prácticas de cooperación —GAL interautonómico, reserva de la biosfera interautonómica— se explican por un apoyo directo desde el gobierno central. En particular, la profusión de reservas de la biosfera tiene que ver en parte con el deseo de la Administración General del Estado de recuperar su margen de actuación en materia de espacios naturales protegidos, reducido a aspectos meramente formales con la descentralización autonómica[99].

V. CONCLUSIONES

Iniciábamos estas páginas señalando que Del Molino describía las fronteras internas —esto es, las interautonómicas— como «antiguas», «fósiles» y «viejas»[100]. En esta tesitura, nuestra aportación ha evidenciado que, más allá de su dimensión histórica, mantienen una innegable relevancia geográfica actual. De esta manera, es cuestionable considerarlas un mero «guiño sin consecuencias políticas ni administrativas», así como enfrentarlas a las «fronteras vivas» internacionales, de lo que se deduciría que las internas, a su vez, están «muertas». Tal y como hemos demostrado, los obstáculos adscribibles a las fronteras internas resultan homologables a los de las externas. A pesar de ello, las fórmulas cooperativas transfronterizas son mucho menos frecuentes en el contexto de las primeras; esto se debe, probablemente, a la ausencia de programas específicos que las promuevan y financien, como ocurre en el marco de las fronteras entre los estados miembros —y también terceros— de la UE. Más allá de esta constatación, y coincidiendo con Romero[101], se demuestra que el Estado de las autonomías presenta déficits profundos en materia

99 Paül; Vila Lage; Trillo, 2022, *op. cit.*

100 Del Molino, 2018, *op. cit.*, pp. 225, 232.

101 Romero, 2006, *op. cit.*; Romero, 2009, *op. cit.*

de coordinación y de cooperación territorial, que operan tanto en un sentido vertical como horizontal; el presente texto corrobora la pertinencia y vigencia de su certero diagnóstico.

Si retomamos algunos de los textos más antiguos de Geografía Regional analizados —sobre todo Soldevila, Iglésies y Solé Sabarís[102] y Otero Pedrayo[103]—, podría inferirse erróneamente que las fronteras internas estudiadas son relevantes solo a efectos de una componente cultural o identitaria; lo cierto es que tienen efectos, también, en una amplia plétora de aspectos sociales y económicos. Así, cabe insistir en su interrelación problemática con la regionalización funcional, tal y como hemos revisado aquí, lo que queda convenientemente ilustrado en las figuras 1, 3 y 5. En todo caso, tampoco se deben menospreciar las dimensiones simbólicas, culturales y/o identitarias de las fronteras internas, en tanto que construcción al servicio de imaginarios regionalistas; es más, en no pocas ocasiones, emulando los imaginarios creados en las fronteras externas, también se podría hablar de unas dimensiones nacionalistas. En este sentido, Gómez Mendoza[104] ya había alertado de que «toda división regional acaba produciendo un regionalismo», pues, de hecho, la mera «existencia de mapas de determinado ámbito geográfico propone y refuerza identidades»[105]. Subra[106] incluso ha hablado de «nacionalismos regionales» en España y de los «efectos perversos de las comunidades autónomas» —sin que, por otra parte, y como sucede habitualmente en Francia, este autor considere «perverso» el rol del estato-nacionalismo español (o el francés)—. En este sentido, en el denominado *procés* catalán se hizo referencia de forma constante a convertir una frontera interna en externa; un debate que resultó incómodo e incluso una suerte de tabú en Geografía[107].

---

102 Soldevila; Iglésies; Solé Sabarís, 1958, *op. cit.*

103 Otero Pedrayo, 1965, *op. cit.*

104 Gómez Mendoza, 2001, *op. cit.*, p. 25.

105 Burgueño, 2011, *op. cit.*, p. 23

106 Subra, 2016, *op. cit.*, pp. 238-242.

107 Paül, V. (2021). "Vers un "estat independent"? Geografies (polítiques) del procés post-2010". En Burgueño, J. (Ed.). *La nova geografia de la Catalunya post-covid.* Institut d'Estudis Catalans; Paül, V.; Trillo, J.M. (2022b). "The Persistent Catalan-Spanish Turmoil: A Geopolitical Reading of the First Weeks

Estas páginas que ahora concluimos se han guiado por la premisa de equiparar fronteras externas e internas. Tal como hemos expresado a lo largo del texto, creemos que el concepto «frontera» y todos sus significados inherentes pueden —y deben— aplicarse a las distintas realidades territoriales, sin importar si se refieren o no a un estado(-nación). En este sentido, consideramos que «frontera» es un término eminentemente geográfico, y restringir su uso solo a las fronteras internacionales nos parece limitante, tanto en un aspecto ontológico como epistemológico. Así pues, pensamos que debe superarse la distinción mencionada de Terán[108] en lo relativo a las fronteras gallegas —asumiendo como tales solo las del sur, mientras que las del este las denominaba «límites»—, sin perder de vista que el propio autor empleaba «frontera» en el segundo sentido en otros pasajes[109]. Esta diferenciación, que ha seguido presente en la Geografía española en referentes tales como López Trigal[110], la juzgamos, insistimos, innecesaria.

Por otra parte, las consideraciones aquí efectuadas han estado sesgadas en lo territorial y en lo temático. En efecto, nos hemos centrado en la frontera oriental gallega y en la occidental y meridional catalana, por motivos de trayectoria académica y como consecuencia del desarrollo de los casos de estudio comprendidos en el actual proyecto TRANSINTER. No obstante, hemos de indicar que se han ido mencionando de forma repetida ámbitos como el norte de la provincia de Burgos (Condado de Treviño incluido) o el área regida por Madrid fuera de la Comunidad de Madrid, por lo que queda fuera de toda duda que se pueden seguir investigando otros ámbitos fronterizos internos. Asimismo, además del apartado inicial dedicado a las Geografías Regionales «clásicas», los siguientes recogen dos cuestiones identificadas como fundamentales en los estudios fronte-

of the COVID-19 Crisis Management in Catalonia and Spain". *Geographical Review*, 112(4), 493-511.

108 Terán, 1968a, *op. cit.*

109 Terán, 1968b, *op. cit.*

110 López Trigal, L. (Dir.) (2015). *Diccionario de geografía aplicada y profesional. Terminología de análisis, planificación y gestión del territorio.* Universidad de León, pp. 259-260, 366-367.

rizos, de acuerdo con Amilhat Szary y Hamez[111] y Cattaruzza, Monot y Paris[112]: los obstáculos que inherentemente comportan las fronteras y la cooperación que los pretende transcender. Esta dualidad, aunque ontológicamente arraigada en el propio concepto de frontera, como nos recuerda la constante alusión al dios Jano de las puertas y a la diosa Némesis de los límites[113], puede ser, en muchos sentidos, clarificadora; pero, en otros supuestos, puede resultar excesivamente simplificadora. Al respecto, Amilhat Szary[114] y Trillo[115] apuntan a que los estudios fronterizos constituyen un ámbito dilatado cuyo universo se expande constantemente; sin duda, las fronteras internas de España conforman un campo abonado para futuras prospecciones.

Referencias bibliográficas

Amilhat Szary, A.L. (2020). "Épistemologie des frontières: origine et actualité des *border studies*". En Amilhat Szary, A.L.; Hamez, G. (Eds.). *Frontières.* Armand Colin.

Amilhat Szary, A.L.; Hamez, G. (Dirs.) (2020). *Frontières.* Armand Colin.

Burgueño, J. (1996). *Geografía política de la España constitucional. La división provincial.* Centro de Estudios Constitucionales.

Burgueño, J. (2011). *La invención de las provincias.* Catarata.

---

111 Amilhat Szary; Hamez, 2020, *op. cit.*

112 Cattaruzza; Monot; Paris, 2020, *op. cit.*

113 Sampedro, J. L. (1991). *Desde la frontera.* Real Academia Española; Trillo, J.M. (2010). "¿Territorios, paisajes y lugares de memoria transfronterizos? Jano y Némesis, dos dioses para la frontera". En Ortega Cantero, N.; García Álvarez, J.; Mollá Ruiz-Gómez, M. (Eds.). *Lenguajes y visiones del paisaje y del territorio.* Universidad Autónoma de Madrid/Universidad Carlos III de Madrid/Asociación de Geográfos Españoles; Tort; Galindo, 2018, *op. cit.;* Sancho, A. (2023). "Per una Geografia «sampedriana»: sobre la necessitat de superar la confusió entre límits i fronteres". En Paül, V.; Arozena, M.E.; García Abad, J.J.; Pintó, J.; Tort, J. (Eds.). *Geografia, paisatge i vegetació. Estudis en homenatge a Josep Maria Panareda.* Asociación Española de Geografía/ Grupo de Análise Territorial (ANTE) GI-1871.

114 Amilhat Szary, 2020, *op. cit*

115 Trillo, 2022, *op. cit.*

Burgueño, J. (2024a). *España dividida según acostumbran los geógrafos. Origen y evolución del mapa regional (1456-1850).* Universitat de Lleida. https://doi.org/10.21001/españa_dividida_geografos

Burgueño, J. (2024b). *Otro mapa autonómico es posible.* GeocritiQ. Plataforma Iberoamericana para la Difusión de la Investigación en ciencias sociales, ambientales y del territorio. https://geocritiq.org/otro-mapa-autonomico-es-posible/

Cattaruzza, A.; Monot, A.; Paris, F. (2020). *Frontières.* Bréal.

Comisión Europea (2017). *Impulsar el crecimiento y la cohesión en las regiones fronterizas de la UE.* Comunicación de la Comisión al Consejo y al Parlamento Europeo COM(2017) 534 final. https://eur-lex.europa.eu/legal-content/EN/TXT/?uri=CELEX:52017DC0534

Dirección General de Política Regional y Urbana (2016). *Superación de obstáculos en regiones fronterizas. Informe resumido sobre la consulta pública en línea 21 de septiembre-21 de diciembre de 2015.* Oficina de Publicaciones de la Unión Europea. https://doi.org/10.2776/37341

Feria, J.M.; Martínez Bernabéu, L. (2016). "La definición y delimitación del sistema metropolitano español: permanencias y cambios entre 2001 y 2011". *Ciudad y Territorio. Estudios Territoriales,* 48(187), 9-24.

García Álvarez, J. (2002). *Provincias, regiones y comunidades autónomas. La formación del mapa político de España.* Senado.

García Álvarez, J. (2008). "L'evolució dels territoris locals a Espanya (1985-2005). De les inèrcies del mapa municipal a la construcció d'una nova geometria supramunicipal". En Tort, J.; Paül, V.; Maluquer, J. (Eds.). *L'organització del territori. Un repte per al segle XXI?* Fundació Universitat Catalana d'Estiu/Galerada.

Gómez Giménez, J.M. (2021). *Fracturas socioespaciales en la Península Ibérica, 1986-2016.* Universidad Politécnica de Madrid. https://oa.upm.es/70373/ [Tesis doctoral inédita].

Gómez Mendoza, J. (2001). "La Geografía española: final y principio de capítulo". En *Actas del XVII Congreso de Geógrafos Españoles.* Asociación de Geógafos Españoles/Universidad de Oviedo.

Gómez Mendoza, J. (2016). *El imaginario de la España vacía.* Revista de Libros. https://www.revistadelibros.com/el-imaginario-de-la-espana-vacia/

Gómez Mendoza, J. (2018). "Cincuenta años de la Geografía Regional de España, obra universitaria, de escuela y de época (1968-2018)". *Boletín de la Asociación de Geógrafos Españoles,* 79(2744), 1-38. https://doi.org/10.21138/bage.2744

Gómez Mendoza, J. (2019). *Por favor, no la llamen España vacía.* El País. https://elpais.com/elpais/2019/10/10/opinion/1570719088_231313.html

Guillermo, M.; Trillo, J.M. (2023). "Cross-Border Cooperation in a Tumultuous Europe". *Catalan Social Sciences Review,* 13, 139-158. https://doi.org/10.2436/20.3000.02.73

Lois González, R.C.; Trillo, J.M. (2017). "O fundamento de Galicia como territorio nacional: a labor do Seminario de Estudos Galegos e a figura de Ramón Otero Pedrayo". En Beramendi, J.; Diéguez, U.B.; Fernández Pérez-Sanjulián, C.; García Negro, M.P.; González Reboredo, X.M. (Eds.). *Repensar Galicia. As Irmandades da Fala.* Xunta de Galicia/Museo do Pobo Galego.

López Trigal, L. (Dir.) (2015). *Diccionario de geografía aplicada y profesional. Terminología de análisis, planificación y gestión del territorio.* Universidad de León.

Mínguez, C.; Vila Lage, R. (2024). "El impacto de las actividades turístico-deportivas en la gestión del Parque Nacional de la Sierra de Guadarrama". En Ferrandis, A.; Zornoza, C.; Sanchez Cabrera, J.V. (Eds.). *Repensando los destinos turísticos en tiempos de cambio global.* Universitat de València.

Molino, S. del. (2016). *La España vacía. Viaje por un país que nunca fue.* Turner Noema.

Molino, S. del. (2018). *Lugares fuera de sitio. Viaje a las fronteras insólitas de España.* Espasa.

MOT [Mission Opérationnelle Transfrontalière]. (2015). *Cross-border Cooperation: Obstacles to Overcome. Preparation of the Luxembourgish Presidency of the EU Council.* http://www.espaces-transfrontaliers.org/fileadmin/user_upload/documents/Documents_MOT/Etudes_Publications_MOT/Obstacles_to_CBC_LU_EU_presidency.pdf

Oliveras, X.; Trillo, J.M. (2014). "Fronteras en el contexto español. ¿Barreras o puentes para la cooperación sanitaria?". *Documents d'Anàlisi Geogràfica,* 60(1), 135-159. https://doi.org/10.5565/rev/dag.64

Otero Pedrayo, R. (1965). *Guía de Galicia* (4ª ed.). Galaxia.

Otero Varela, A. (2023a). "Monografías comarcais galegas? Ao redor do desenvolvemento da Xeografía Rexional clásica en Galiza (anos 1920-1980)". *Treballs de la Societat Catalana de Geografia,* 95, 113-142. https://doi.org/10.2436/20.3002.01.237

Otero Varela, A. (2023b). *Historia da división comarcal de Galicia.* Universidade de Santiago de Compostela. [Tesis doctoral inédita].

Paül, V. (2017). "El paisatge en la *Geografia de Catalunya* de l'editorial Aedos: algunes lectures interpretatives". *Treballs de la Societat Catalana de Geografia,* 83, 137-171. https://doi.org/10.2436/20.3002.01.127

Paül, V. (2019). "A xeografía de Galiza con e após Fraguas". *Boletín da Real Academia Galega,* 380, 79-104. https://doi.org/10.32766/brag.380.761

Paül, V. (2020). "Mimbres para repensar la tradición, la profesión y la educación geográficas". En Farinós, J. (Ed.). *Desafíos y oportunidades de un mundo en transición. Una interpretación desde la Geografía.* Tirant Humanidades/ Universitat de València.

Paül, V. (2021). "Vers un "estat independent"? Geografies (polítiques) del procés post-2010". En Burgueño, J. (Ed.). *La nova geografia de la Catalunya post-covid.* Institut d'Estudis Catalans.

Paül, V.; Hernández Hernández, M. (2022). "Ordenación del espacio rural". En Farinós, J.; Olcina, J. (Eds.). *Ordenación del territorio y medio ambiente.* Tirant Humanidades.

Paül, V.; Trillo, J.M. (2022a). "The Emerging Mountain Imaginary of the Galician Highlands: A New National Landscape in an Era of Globalization?". *Geographical Review,* 112(3), 466-492. https://doi.org/10.1080/00167428.2021.1897812

Paül, V.; Trillo, J.M. (2022b). "The Persistent Catalan-Spanish Turmoil: A Geopolitical Reading of the First Weeks of the COVID-19 Crisis Management in Catalonia and Spain". *Geographical Review,* 112(4), 493-511. https://doi.org/10.1080/00167428.2021.1945927

Paül, V.; Agrelo, L.M.; Trillo, J.M. (2020). "Montañas de Trevinca: ¿*undertourism* en Galicia y *overtourism* en Sanabria?". *Monografies de la Societat d'Història Natural de les Balears,* 31, 445-456.

Paül, V.; Castañer, M.; Trillo, J.M.; Martín-Uceda, J.; Vicente, J. (2017). "La participación española en la cooperación transfronteriza y territorial europea". En Farinós, J.; Olcina, J. (Eds.). *Geografía regional de España. Espacios y comunidades. Bases para una regionalización renovada del territorio español.* Tirant Humanidades.

Paül, V.; Trillo, J.M.; Haslam Mckenzie, F. (2019). "The Invention of a Mountain Tourism Destination: An Exploration of Trevinca-A Veiga (Galicia, Spain)". *Tourist Studies,* 19(3), 313-335. https://doi.org/10.1177/1468797619833364

Paül, V.; Vila Lage, R.; Trillo, J. M. (2022). ""The n°1 Country"? A Critical Investigation of the Booming Designation of Biosphere Reserves in Spain". *Landscape and Urban Planning,* 222(104375), 1-10. https://doi.org/10.1016/j.landurbplan.2022.104375

Romero, J. (2006). *Espanya inacabada.* Universitat de València.

Romero, J. (2009). *Geopolítica y gobierno del territorio en España.* Tirant lo Blanch.

Sahlins, P. (1990). "Natural Frontiers Revisited: France's Boundaries since the Seventeenth Century". *The American Historical Review,* 95(5), 1423-1451. https://doi.org/10.2307/2162692

Sampedro, J. L. (1991). *Desde la frontera.* Real Academia Española.

Sancho, A. (2017). "Rurizad lo urbano, urbanizad lo rural. La geografía y la ordenación del territorio ante "La España vacía"". *Ería. Revista Cuatrimestral de Geografía,* 37(1), 45-50. https://doi.org/10.17811/er.1.2017.45-50

Sancho, A. (2023). "Per una Geografia «sampedriana»: sobre la necessitat de superar la confusió entre límits i fronteres". En Paül, V.; Arozena, M.E.; García Abad, J.J.; Pintó, J.; Tort, J. (Eds.). *Geografia, paisatge i vegetació. Estudis en homenatge a Josep Maria Panareda.* Asociación Española de Geografía/Grupo de Análise Territorial (ANTE) GI-1871. https://doi.org/10.21138/pgP.2023.7

Sancho, A.; Tort, J. (2012). "Dinàmiques transfrontereres i protecció d'espais en territoris de muntanya desestructurats. La Terreta (Ribagorça) com a cas d'estudi". *Treballs de la Societat Catalana de Geografia,* 74, 151-172. https://doi.org/10.2436/20.3002.01.17

Soldevila, F.; Iglésies, J.; Solé Sabarís, L. (1958). "El territori i la seva delimitació històrica". En Solé Sabarís, L. (Ed.). *Geografia de Catalunya: Vol. I.* Aedos.

Solís, E. (2008). "El horizonte urbano madrileño: más allá de la región político-administrativa". *Anales de Geografía de la Universidad Complutense,* 28(1), 133-162.

Subra, P. (2016). *Géopolitique locale. Territoires, acteurs, conflits.* Armand Colin.

Terán, M. de.; Solé Sabarís, L. (Eds.) (1968). *Geografía Regional de España.* Ariel.

Terán, M. de. (1968a). "Galicia". En Terán, M. de.; Solé Sabarís, L. (Eds.). *Geografía Regional de España.* Ariel.

Terán, M. de. (1968b). "Submeseta meridional. Castilla la Nueva y Extremadura". En Terán, M. de.; Solé Sabarís, L. (Eds.). *Geografía Regional de España.* Ariel.

Tort, J. (1998). *Viatge a la frontera de Ponent. Itinerari geogràfic i literari per la Noguera Ribagorçana.* Pagès.

Tort, J. (2003). *Proyecto docente de las asignaturas de* Geografía de Cataluña *y* Toponimia. [Documento inédito].

Tort, J.; Galindo, R. (Dirs.) (2018). *L'articulació geogràfica i jurídica dels municipis fronterers: radiografia de la cooperació en els límits autonòmics entre Catalunya, Aragó i la Comunitat Valenciana.* Escola d'Administració Pública de Catalunya.

Trillo, J.M. (2010). "¿Territorios, paisajes y lugares de memoria transfronterizos? Jano y Némesis, dos dioses para la frontera". En Ortega Cantero, N.; García Álvarez, J.; Mollá Ruiz-Gómez, M. (Eds.). *Lenguajes y visiones del paisaje y del territorio.* Universidad Autónoma de Madrid/Universidad Carlos III de Madrid/Asociación de Geográfos Españoles.

Trillo, J.M. (2022). "De fronteras y límites en España: un estado de la cuestión". En *La Geografía española actual: estado de la cuestión.* Asociación Española de Geografía.

Trillo, J.M.; Paül, V. (2017). "El efecto barrera de las fronteras interautonómicas: aprendizajes del estudio de As Portelas/Alta Sanabria (Castilla y León) y cuatro municipios de la Galicia sudoriental". En Allende Álvarez, F.; Cañada Torrecilla, R.; Fernández-Mayoralas, G.; Gómez Mediavila, G.; López Estébanez, N.; Palacios García, A.; Rojo Pérez, F.; Vidal Domínguez, M.J. (Eds.). *Naturaleza, territorio y ciudad en un mundo global. Actas del XXV Congreso de la Asociación de Geógrafos Españoles.* Asociación de Geógrafos Españoles/Universidad Autónoma de Madrid.

Vila Lage, R. (2024). "A National Park Split by an Internal Border. Analysing the Case of Sierra de Guadarrama (Spain)". *Land Use Policy,* 137(107000). https://doi.org/10.1016/j.landusepol.2023.107000

Vila Lage, R.; Otero Varela, A. (2023). "Espazos naturais protexidos na confluencia entre Asturias, Galiza e Castilla y León: o alcance do límite interautonómico". En Paül, V.; Arozena, M.E.; García-Abad, J.J.; Pintó, J.; Tort, J. (Eds.). *Geografia, paisatge i vegetació. Estudis en homenatge a Josep Maria Panareda.* Asociación Española de Geografía/Grupo de Análise Territorial (ANTE) GI-1871. https://doi.org/10.21138/pgP.2023.9

Vila Lage, R.; Paül, V.; Trillo, J. M. (2020). "Fronteras autonómicas y áreas protegidas: un análisis de tres reservas de la biosfera en la interfaz entre Galicia, Asturias y León". *Boletín de la Asociación de Geógrafos Españoles,* 86, 1-47. https://doi.org/10.21138/bage.2966

I. LOS INSTRUMENTOS JURÍDICOS DE COOPERACIÓN TRANSFRONTERIZA

Instrumentos de cooperación transfronteriza en el marco del Consejo de Europa: los Tratados Internacionales de Bayona y Valencia

FLOR ARIAS APARICIO
Profesora Titular de Derecho Administrativo
Universidad de Extremadura

Sumario: I. La cooperación transfronteriza dentro del marco del Consejo de Europa: el Convenio Marco Europeo sobre Cooperación Transfronteriza entre Comunidades o Autoridades territoriales. II. La acogida del modelo del Consejo de Europa en España: la firma de tratados de cooperación transfronteriza con los países vecinos. 1. El Tratado entre el Reino de España y la República Francesa sobre cooperación transfronteriza entre entidades territoriales. 2. El Tratado entre el Reino de España y la República Portuguesa sobre cooperación transfronteriza entre entidades e instancias territoriales. 3. El procedimiento regulador de los acuerdos suscritos entre entidades territoriales fronterizas. III. El desarrollo de los tratados bilaterales sobre cooperación transfronteriza. 1. De las comunidades de trabajo a las eurorregiones. 2. Las eurociudades. Referencias bibliográficas.

I. LA COOPERACIÓN TRANSFRONTERIZA DENTRO DEL MARCO DEL CONSEJO DE EUROPA: EL CONVENIO MARCO EUROPEO SOBRE COOPERACIÓN TRANSFRONTERIZA ENTRE COMUNIDADES O AUTORIDADES TERRITORIALES

Se suele identificar al Consejo de Europa como el principal impulsor de la integración territorial en el continente europeo y pionero en ofrecer cobertura institucional a las iniciativas de cooperación transfronteriza. Esta categoría de cooperación, propiciada en la década de los cincuenta del siglo pasado en las fronteras de la Europa occidental y nórdica, es respaldada desde el seno de esta organización internacional a partir del papel relevante que en su composición y funcionamiento ocupan los poderes regionales y locales. En el desarrollo y promoción de políticas de participación de las entidades subestatales pertenecientes a Estados colindantes, se marca como hito decisivo de la generalización de las actividades cooperativas regionales o locales la adopción del Convenio Marco Europeo sobre Cooperación Transfronteriza entre Comunidades o Autoridades Territoriales (también conocido como el Convenio Marco Europeo), hecho en Madrid el 21 de mayo de 1980. Este acuerdo internacional ofrece un marco jurídico a nivel europeo para el desarrollo de la cooperación entre Estados y entre entidades subestatales (regionales o locales) limítrofes o fronterizos[1].

El Convenio Marco Europeo tiene por finalidad facilitar y promover la cooperación transfronteriza entre las comunidades y autoridades territoriales a través de la conclusión de los acuerdos necesarios (art.1). A estos efectos, los Estados asumen una serie de compromisos de carácter general tales como "esforzarse" en resolver las dificultades jurídicas, administrativas y técnicas susceptibles de obstaculizar dicha cooperación (art. 4); o, conceder a las colectividades y autoridades territoriales las mismas facilidades que se otorgarían si esa cooperación se ejerciera en el orden interno de los Estados (art. 5). De igual modo, se acepta el compromiso de intercambiar información con el fin de facilitar la puesta en práctica de las obligaciones convencionales (arts. 6, 7 y 8).

La cooperación transfronteriza pueden realizarla directamente los Estados o las entidades regionales o locales, si estas tienen competencia para ello según el derecho interno. El Convenio Marco Europeo no supone por sí mismo el reconocimiento de un verdadero derecho de las entidades territoriales a participar en los organismos

---

1 Sobre la significación, el contenido y el alcance de este tratado internacional pueden verse dos trabajos clásicos: Remiro Brotons, A. (1983). "El territorio, la frontera y las comunidades fronterizas: reflexiones sobre la cooperación transfronteriza". *I Seminario de Cuestiones Internacionales, Zaragoza,* 103-171; y, Brito, W. (2000). *A Convenção-Quadro europeia sobre a cooperação transfronteiriça entre as colectividades ou autoridades territoriais.* Coimbra Editorial.

de cooperación transfronteriza, como tampoco establece ninguna obligación específica a cargo de los Estado de reconocer la capacidad jurídica de las colectividades o entidades territoriales para concluir acuerdos o contratos de cooperación transfronteriza[2]. Por el contrario, el Convenio ofrece una gama de acuerdos interestatales con miras a posibilitar la cooperación transfronteriza a nivel local o regional de los Estados, teniendo en cuenta que serán estos los que definan el marco de competencias y las entidades concretas llamadas a su consecución[3]. Los Estados tienen la facultad de formular reservas y de condicionar la aplicación del Convenio en el momento de manifestar su consentimiento en obligarse pudiendo señalar el marco, las formas y los límites dentro de los cuales puedan actuar las comunidades y autoridades territoriales interesadas en la cooperación transfronteriza, así como las comunidades y los organismos a los que se les aplica. Son los Estados, por tanto, quienes determinan libremente la forma y el grado de cooperación transfronteriza, delimitando de este modo la acción que las entidades territoriales colindantes a una línea de demarcación fronteriza pueden realizar.

Con posterioridad, y con el propósito de facilitar este tipo de cooperación a través de las fronteras, el Convenio Marco Europeo ha sido complementado mediante la incorporación al mismo de tres protocolos adicionales dirigidos a reforzar la participación regional y local: el primero, establece mecanismos para superar los obstáculos jurídicos que dificultan el desarrollo de la cooperación transfronteriza; el segundo, amplia el espectro de la cooperación del ámbito estrictamente vecinal a la colaboración interterritorial; y, el tercero,

---

2 *Rapport explicatif relatif a la Convention cadre européenne sur la coopération transfrontalière des collectivités territoriales*, Strasbourg, 1980. *Vid.* Martínez Pérez, E.J. (2009). "El derecho de las entidades locales españolas a participar en los organismos de cooperación transfronteriza". *Anuario Aragonés del Gobierno Local*, 1, 235-256.

3 *Rapport explicatif relatif a la Convention cadre européenne sur la coopération transfrontalière des collectivités territoriales*, Strasbourg, 1980. *Vid.* Arenas Meza, M. (2002). "Los instrumentos jurídicos de la cooperación transfronteriza y la práctica convencional europea". En Herrero de la Fuente, A.A. (Ed.). *La Cooperación Transfronteriza Hispano-Portuguesa en 2001*. Tecnos, 213-227.

crea una estructura orgánica para facilitar la cooperación (las agrupaciones eurorregionales de cooperación —AEC—)[4].

II. LA ACOGIDA DEL MODELO DEL CONSEJO DE EUROPA EN ESPAÑA: LA FIRMA DE TRATADOS DE COOPERACIÓN TRANSFRONTERIZA CON LOS PAÍSES VECINOS

El 25 de noviembre de 1990, tres meses después del depósito tras su ratificación, entra en vigor en España el Convenio Marco Europeo, que había sido suscrito el 1 de octubre de 1986[5]. Nuestros países vecinos también firman y ratifican este acuerdo internacional en di-

---

4 El Protocolo Adicional (Protocolo 1) - abierto a la firma el 9 de noviembre de 1995 y entra en vigor el 1 de diciembre de 1998-, detalla los mecanismos de concertación en relación con los convenios de cooperación transfronteriza. Por su parte, el Protocolo número 2 —abierto a la firma el 5 de mayo de 1998 y entra en vigor el 1 de diciembre de 2001—, transforma el término cooperación transfronteriza, utilizado en el Convenio Marco Europeo, en el de cooperación interterritorial, definida como "cualquier concertación dirigida a establecer relaciones entre entidades territoriales de dos o más Partes, distintas de las relaciones de cooperación transfronteriza entre entidades vecinas, inclusive la celebración de convenios con entidades territoriales de otros Estados". Por último, el Protocolo número 3 —abierto a la firma de los Estados miembros del Consejo de Europa en la 16ª Conferencia de Ministros responsables de gobierno local y regional (Utrecht, 16 y 17 de noviembre de 2009)—, pretende posibilitar la constitución de Agrupaciones Eurorregionales de Cooperación (AEC), como estructuras institucionalizadas de cooperación que ofrece una mayor seguridad jurídica a las entidades que pretendan mantener una relación entre ellas. España no ha firmado a día de hoy ninguno de los dos protocolos, debido fundamentalmente a que las respuestas a tales necesidades vienen cubiertas por la normativa vigente en nuestro ordenamiento jurídico en materia de cooperación transfronteriza, transnacional e interregional, entre la que se encuentran los Tratados bilaterales firmados con Francia y Portugal.

5 El Convenio Marco Europeo entró en vigor de forma general el 22 de diciembre de 1981, fecha a partir de la cual los diferentes Estados miembros comienzan a firmar y ratificar dicho texto. Para consultar los Estados que han firmado y ratificado la Convención puede verse: https://www.coe.int/en/web/conventions/full-list

ferentes momentos: mientras que Francia firmó el texto convencional el 10 de noviembre de 1982, siendo ratificado el 14 de febrero de 1984 y entrando en vigor el 15 de mayo de 1984; por su parte, Portugal firma el Convenio Marco el 16 de marzo de 1987, siendo ratificado el 10 de enero de 1989 y entra en vigor en el Estado portugués el 11 de abril de 1989.

La ratificación del Convenio Marco por España va acompañada de dos declaraciones. Una primera, por la que se subordina su aplicación efectiva a la conclusión previa de acuerdos interestatales con la otra Parte contratante[6]. Esta opción, prevista en el texto del Convenio, permite a los Estados condicionar mediante una declaración la conclusión de los instrumentos de cooperación previstos en el mismo a la previa celebración de un tratado internacional con el Estado al que pertenecen las colectividades o autoridades territoriales. Tanto España como Francia hicieron uso de esta posibilidad, no así Portugal (que, aunque no realizó ninguna declaración al Convenio, la declaración española por sí misma impedía a este país aplicar la Convención sino en los mismos términos efectuados por España).

La segunda declaración que se añade tiene por fin permitir que, durante la tramitación de los tratados con Francia y con Portugal (sobre la base del Convenio Marco Europeo), se pudieran establecer instrumentos de cooperación transfronteriza. Se dispone en este sentido que, mientras no se celebraran estos tratados internacionales los acuerdos de cooperación que se concluyeran necesitarían la autorización expresa del Gobierno, de igual manera que los convenios que pudieran suscribir las entidades territoriales españolas requerirían para su eficacia de la conformidad expresa del Gobierno de la Nación. El desarrollo de la cooperación transfronteriza queda así condicionado y pospuesto hasta la celebración de los oportunos tratados con los países vecinos, que serán los que deban fijar los instrumentos jurídicos para su realización efectiva.

Al amparo del Convenio Marco Europeo, España ha suscrito dos tratados internacionales, en distintos momentos pero en términos similares, que regulan la cooperación transfronteriza de nuestro país

---

6 *Vid.* art. 3 del Convenio Marco Europeo.

con los países con los que hace frontera: los conocidos como Tratado de Bayona con Francia, en 1995, y Tratado de Valencia con Portugal, en 2002. Ambos tratados vienen a dar respuesta a las demandas de las entidades subestatales (regionales y locales), españolas, francesas y portuguesas, adyacentes a la demarcación fronteriza para formalizar sus relaciones, cubriendo la ausencia de normas específicas que ordenaran una actividad cooperativa que, bien con carácter general bien atendiendo a las peculiaridades de una concreta franja regional limítrofe, ya venían entablando desde la década de los años ochenta del siglo pasado.

1. El Tratado entre el Reino de España y la República Francesa sobre cooperación transfronteriza entre entidades territoriales

El Tratado entre el Reino de España y la República Francesa sobre cooperación transfronteriza entre entidades territoriales, hecho en Bayona el 10 de marzo de 1995, es el primero de los Tratado bilaterales que España firmó para desarrollar los preceptos del Convenio Marco Europeo. Ambos Estados, conscientes del dinamismo de la cooperación entre las entidades territoriales de un lado y otro de la frontera hispano-francesa, reconocen la necesidad de establecer un marco jurídico apropiado que supere las diferencias polítco-admministrativas y legislativas para promover la cooperación transfronteriza dentro del respeto de sus derechos internos[7]. Con posterioridad se ha adherido a este Tratado el Principado de Andorra, mediante el Protocolo de Enmienda hecho en Andorra la Vella el 16 de febrero de 2010[8].

a) *Los sujetos llamados a estrechar relaciones a través de la cooperación y ámbito de aplicación del Tratado.* El Tratado de Bayona supone la primera regulación en detalle para las comunidades autónomas y las entidades locales del funcionamiento de la colaboración con las instancias territoriales del otro lado de la frontera. De esta suerte, desde

---

7 Fernández de Casadevante Romani, C. (1997). "El Tratado de Bayona de 10 de marzo de 1995 sobre cooperación transfronteriza entre entidades territoriales". *Revista Española de Derecho Internacional*, 49(2), 9-28.

8 BOE de 20 de noviembre de 2012.

el 24 de febrero de 1997, fecha de su entrada en vigor[9], las comunidades autónomas de País Vasco, Navarra, Aragón y Cataluña, los Territorios Históricos, las provincias y los municipios de las mismas, así como las comarcas u otras entidades que agrupen varios municipios de dichas comunidades autónomas, las áreas metropolitanas y las mancomunidades de municipios, cuentan con un marco jurídico específico para cooperar con las regiones francesas de Aquitaine, Midi-Pyrénées, Languedoc-Rousillon, y los departamentos, los municipios y su agrupación en el territorio de estas regiones.

b) *El objeto y la finalidad de la cooperación entre entidades territoriales.* El instrumento jurídico base para articular la cooperación transfronteriza entre las entidades territoriales españolas y francesas es el convenio[10]. Cualquier iniciativa de cooperación entre entidades fronterizas debe formalizarse mediante el correspondiente convenio de cooperación cuyo alcance y contenido queda regulado en el Tratado. La finalidad a la que responde la firma de estos convenios es permitir que, en los ámbitos de interés común, las entidades territoriales creen y gestionen equipamientos o servicios públicos, coordinando sus decisiones. Asimismo, las entidades territoriales pueden mediante convenios crear organismos de cooperación, con o sin personalidad jurídica, o pueden participar en algún organismo ya existente. Como límite objetivo, se establece que los convenios no podrán afectar ni a las potestades normativas y de control de las entidades territoriales ni a las atribuciones que se ejerzan en virtud de delegaciones estatales. Los propios convenios deben determinar el Derecho aplicable a las obligaciones que se asumen, esto es, el Derecho francés o el Derecho español, siendo uno de estos derechos internos el que determine el procedimiento a seguir para su adopción.

c) *Los instrumentos para hacer efectiva la cooperación a través de la frontera.* La vía para hacer efectiva las actividades cooperativas se materializa a través de la creación, o la adhesión, de organismos conforme a las previsiones de la normativa interna francesa o española[11]. Las entidades territoriales españolas podrán participar en las agrupaciones

---

9 BOE núm. 59, de 10 de marzo de 1997.

10 *Vid.* art. 3 del Tratado de Bayona.

11 *Vid.* art. 5 del Tratado de Bayona.

de interés público de cooperación transfronteriza ("groupements d'intérét public de coopération transfrontaliére") y en las sociedades de economía mixta locales ("sociétés d'economie mixte locales") francesas ya existentes, o bien, podrán crearlas conjuntamente con el fin de explotar servicios públicos de interés común[12]. De igual modo, y con el mismo fin, las entidades territoriales francesas podrán integrarse o crear conjuntamente consorcios de acuerdo con la legislación española[13]. Los organismos creados o participados se rigen por el Derecho del Estado en donde radique su sede, así como por lo que establezcan sus estatutos, cuyo contenido mínimo queda fijado por el Tratado[14].

Además, al amparo del Tratado, se podrán crear órganos comunes sin personalidad jurídica para estudiar cuestiones de interés mutuo, formular propuestas de cooperación a las entidades territoriales que los integren e impulsar la adopción de las medidas necesarias para poner en práctica las soluciones previstas[15].

2. *El Tratado entre el Reino de España y la República Portuguesa sobre cooperación transfronteriza entre entidades e instancias territoriales*

El 3 de octubre de 2002, en el marco de la XVIII Cumbre Hispano-Lusa, se firma en Valencia el Tratado entre el Reino de España y la República Portuguesa sobre cooperación transfronteriza entre entidades e instancias territoriales[16]. El Tratado fundamenta su razón

---

12 Las agrupaciones de interés público de cooperación transfronteriza se regulan en el Code général des collectivités territoriales, articles L1115-1 à L1115-4; mientras que para las sociedades de economía mixta hay que tener en cuenta la Loi n.° 83-597 du 7 juillet 1983 relative aux sociétés d'economie mixte locales, y sus modificaciones contenidas en el Code général des collectivités territoriales, articles L.1521-1 à L1525-3.

13 La regulación general de este instrumento se encuentra en la Ley 40/2015, de 1 de octubre, de Régimen Jurídico del Sector Público (arts. 118 a127).

14 *Vid.* art. 6 del Tratado de Bayona.

15 *Vid.* art. 7 del Tratado de Bayona.

16 BOE de 12 de septiembre de 2003. Corrección de erratas en BOE de 23 de octubre de 2003.

de ser en la necesidad de facilitar y desarrollar la aplicación del Convenio Marco Europeo, así como en la conveniencia de adoptar un régimen jurídico apropiado que regule y promueva la cooperación transfronteriza afianzando de esta forma los compromisos asumidos entre ambos países de desarrollar las zonas transfronterizas[17]. En línea con el Tratado de Bayona, el Tratado de Valencia determina las instancias territoriales portuguesas y las entidades territoriales españolas a las que se aplica, así como la legislación a que queda sujeta la cooperación (en régimen de Derecho público) y los mecanismos para hacerla efectiva.

a) *Los sujetos llamados a estrechar relaciones a través de la cooperación y ámbito de aplicación del Tratado.* De manera taxativa, el Tratado de Valencia enumera las entidades a las que les es aplicable. Por parte española, se consideran autoridades territoriales a las Comunidades Autónomas de Galicia, Castilla y León, Extremadura y Andalucía, a las provincias de Pontevedra, Ourense, Zamora, Salamanca, Cáceres, Badajoz y Huelva; a los municipios pertenecientes a estas provincias, a las comarcas y otras entidades que agrupen varios municipios instituidas por las indicadas Comunidades Autónomas, a las áreas metropolitanas y Mancomunidades de Municipios. Por parte portuguesa, el Tratado se aplica a las Comisiones de Coordinación de las regiones fronterizas (Norte, Centro, Alentejo y Algarve), a las Asociaciones de Municipios, a los municipios y a otras estructuras que integren municipios con intervención en el área geográfica de las NUTS III[18].

---

17 Un estudio detallado de este Tratado puede verse en: Merchán Puentes, M.J. (2003). "El Tratado bilateral hispano-portugués sobre cooperación transfronteriza de 2002". *Revista de Derecho Comunitario Europeo,* 15, 717-740; Sobrido Prieto, M. (2004). "El Tratado hispano-portugués sobre la cooperación transfronteriza territorial". *Revista Electrónica de Estudios Internacionales,* 1-16; y más, Salema d'Oliveira Martins, M. (2006). "O regime jurídico-internacional da cooperaçao transfronteiriça entre Portugal e Espanha". *Estudios em homenagem ao Profesor Doutor Marcello Caetano no centenariodo seu nascimento,* Facultade de Direito da Universidade de Lisboa, II, 190-215. Sobre el significado y evolución de este tratado: Arias Aparicio, F. (2023). "Las relaciones transfronterizas hispano-lusas:veinte años de la firma del Tratado de Valencia sobre cooperación entre entidades territoriales colindantes", *Polis,* n. 7 (II série), 9-23

18 *Vid.* art. 3 del Tratado de Valencia.

b) *El objeto y la finalidad de la cooperación entre entidades territoriales.* El convenio de cooperación es también aquí, como en el Tratado de Bayona, el instrumento esencial para formalizar la cooperación transfronteriza entre las entidades e instancias territoriales españolas y portuguesas. Cualquier iniciativa de colaboración a través de las fronteras hispano-portuguesas debe concretarse mediante la suscripción del correspondiente convenio de cooperación. La finalidad principal de las entidades firmantes, que responde al tratamiento de asuntos de interés común, se concreta en fines específicos, tales como: la concertación de iniciativas y la adopción de decisiones; la promoción de estudios, planes, programas y proyectos, especialmente los que sean susceptibles de cofinanciación estatal, comunitaria o internacional; la realización de proyectos de inversión, gestión de infraestructuras y equipamientos y la prestación de servicios de interés público; y, en fin, la promoción de formas de relación entre agentes, estructuras y entidades públicas y privadas, que puedan contribuir al desarrollo de los territorios fronterizos respectivos[19].

A tales fines, quedan, también, concretados en el Tratado el ámbito de actuación y los límites que deben respetar los convenios. El objeto de los convenios puede consistir tanto en el establecimiento de obligaciones jurídicas, como la celebración de contratos con terceros o la creación de organismos de cooperación transfronteriza, con o sin personalidad jurídica. Los convenios de cooperación no podrán disponer, no obstante, sobre las competencias normativas y de seguridad pública, las potestades de control de las instancias y entidades territoriales y las potestades sancionadoras, ni sobre las competencias que se ejerzan por delegación.

c) *Los instrumentos para hacer efectiva la cooperación a través de la frontera.* Entre los instrumentos de cooperación previstos en el Tratado figuran, en primer lugar, la Comisión Hispano-Portuguesa para la Cooperación Transfronteriza, órgano intergubernamental "responsable de supervisar y evaluar la aplicación del presente Tratado, así como de impulsar su desarrollo"[20]. En segundo lugar, se regula la creación o participación mediante el correspondiente convenio de

---

19 *Cfr.* arts. 4.2 y 5.1 del Tratado de Valencia.

20 *Vid.* art. 8 del Tratado de Valencia.

cooperación de organismos que podrán gozar o no de personalidad jurídica. Entre los primeros se encuentran las comunidades de trabajo y los grupos de trabajo, entre los segundos, se mencionan las "associaçees de Direito Público", las "empresas intermunicipais" y los consorcios.

La creación o participación en estos organismos con personalidad jurídica queda sujeto al Derecho interno portugués o español, según las previsiones de estos ordenamientos jurídicos[21]. Así, en el caso de crearse en Portugal, los organismos adoptarán la forma de "associaçao de Direito Público" o de "empresa intermunicipal", siendo aplicable el Derecho portugués propio de tales organismos[22]. En el caso de crearse en España, los organismos adoptarán la forma de consorcio, siendo aplicable el Derecho español propio de este tipo de organismo[23]. La creación de estas personificaciones puede tener como fin la realización de obras públicas, la gestión común de equipamientos o servicios públicos o, en su caso, el desarrollo de las acciones que les permitan beneficiarse de los programas europeos de desarrollo de la cohesión territorial.

En cuanto al régimen de funcionamiento, se rigen por el ordenamiento jurídico del Estado en donde tengan su sede y por lo que establezcan sus estatutos, norma básica de la entidad creada cuyo contenido mínimo queda determinado en el Tratado[24]. Cualquier controversia que pueda surgir de las obligaciones asumidas por los distintos entes territoriales será dirimida por la jurisdicción competente de la parte cuyo derecho sea aplicable[25].

---

21 *Vid.* art. 11 del Tratado de Valencia.

22 Respecto de la regulación de las empresas intermunicipales hay que tener en cuenta las leyes portuguesas: Lei n.º 75/2013, de 12 de Setembro, estabelece o estatuto das entidades intermunicipais; y, Lei n.º 50/2018, de 16 de agosto, de transferencia de competências para as autarquías locais e para as entidades intermunicipais. Por su parte, las asociaciones públicas o de derecho público están reguladas por Lei n.º 2/2013, de 10 de Janeiro.

23 El régimen general de la figura de los consorcios se encuentra regulado en la Ley 40/2015, de 1 de octubre, de Régimen Jurídico del Sector Público (arts. 118 a127).

24 *Vid.* art. 11.7 del Tratado de Valencia.

25 *Vid.* art. 6.3 del Tratado de Valencia.

3. *El procedimiento regulador de los acuerdos suscritos entre entidades territoriales fronterizas*

La celebración de convenios de cooperación transfronterizos por las entidades territoriales españolas conforme a los términos establecidos en los Tratados de Bayona y de Valencia requiere simplemente la comunicación previa al Estado, en los términos reglamentariamente previstos. Este requisito está destinado, fundamentalmente, a garantizar la legalidad de los convenios transfronterizos celebrados por las entidades regionales y locales antes de que empiecen a desplegar sus efectos, mediante su control previo; asimismo, se dirige a verificar la adecuación del convenio a las normas internas e internacionales que se aplican (esto es, al Convenio Marco Europeo y al correspondiente tratado internacional).

El procedimiento para la suscripción de convenios entre entidades territoriales fronterizas se contiene en el Real Decreto 1317/1997, de 1 de agosto, sobre comunicación previa a la Administración General del Estado y publicación oficial de los convenios de cooperación transfronteriza de comunidades autónomas y entidades locales con entidades territoriales extranjeras[26]. Como se desprende del título de la disposición, son dos los requisitos esenciales que han de darse para que puedan producir efectos los convenios de cooperación transfronteriza que las comunidades autónomas y las entidades locales hayan suscrito con entidades territoriales extranjeras: la comunicación previa al Estado y la publicación oficial.

En primer lugar, se establece un procedimiento de "comunicación previa" a la Administración General del Estado de los proyectos de cooperación transfronteriza. Las entidades suscribientes de un proyecto de convenio deben comunicarlo a la Administración estatal. Esta Administración dispone del plazo de un mes para rea-

---

26 El procedimiento a seguir por las entidades territoriales portuguesas se contiene en el Decreto-Lei n.º 161/2009, de 15 de Julho, que estabelece o regime jurídico aplicável à celebração de protocolos de cooperação transfronteiriça, bem como o respectivo procedimento de controlo prévio (Diário da República n.º 135/2009, Série I de 2009-07-15). Mientras que las regiones francesas han de cumplir las previsiones del Code général des collectivités territoriales, articles L1115-1 a L1115-7.

lizar objeciones que han de justificarse y deberán basarse en que el proyecto no respeta los límites que resultan de lo establecido en el Convenio Marco Europeo y, en su caso, en los Tratados bilaterales suscritos para su aplicación. La comunicación previa, por lo tanto, no se configura como una autorización, sino como una obligación cuyo cumplimiento condiciona la eficacia de los convenios entre las entidades firmantes.

Transcurrido el plazo del mes sin comunicación de objeciones se entiende que no existe oposición de la Administración estatal a la firma del convenio. El Real Decreto 1317/1997 especifica que los convenios suscritos que hayan sido previamente comunicados tienen eficacia entre las entidades territoriales firmantes desde su suscripción. Se determina, además, que en caso de firmarse un convenio que previamente no hubiere sido comunicado o cuando este vulnere los límites que resultan de lo establecido en el Convenio Marco Europeo y en los Tratados Internacionales celebrados por el Reino de España para su aplicación, la Administración General del Estado utilizará, para hacer valer su oposición, los medios que el ordenamiento jurídico pone a su disposición para las controversias con las comunidades autónomas y las entidades locales[27].

En segundo lugar, se exige la publicación de los convenios en el Boletín Oficial del Estado para que puedan surtir efectos frente a sujetos distintos de las entidades territoriales firmantes, con independencia de que se publiquen también en otros diarios oficiales. El Real Decreto 1317/1997 precisa en su preámbulo que con este requisito "se trata de extender a los convenios de cooperación transfronteriza una solución que ha ido generalizándose, progresivamente, en la regulación de los instrumentos de cooperación interadministrativa, para resolver la cuestión de su eficacia frente a terceros".

Estas reglas han sido convenientemente desarrolladas mediante dos acuerdos adoptados con las comunidades autónomas y con las

---

27 Estos medios están previstos y regulados fundamentalmente en tres leyes: la Ley Orgánica 2/1979, de 3 de octubre, del Tribunal Constitucional; la Ley 29/1998, de 13 de julio, reguladora de la Jurisdicción Contencioso-Administrativa; y la Ley 7/1985, de 2 de abril, reguladora de las bases del Régimen Local.

entidades locales, en los órganos de concertación correspondientes, esto es, la Conferencia para Asuntos Relacionados con las Comunidades Europeas y la Comisión Nacional de Administración Local, respectivamente. Ambos Acuerdos detallan las reglas procedimentales de la remisión del proyecto en la comunicación previa, el trámite en la Administración General del Estado, el resultado del procedimiento y la superación de las objeciones del Estado, y la publicación en el Boletín Oficial del Estado de los convenios de cooperación transfronteriza[28].

III. EL DESARROLLO DE LOS TRATADOS BILATERALES SOBRE COOPERACIÓN TRANSFRONTERIZA

Los Tratados de Bayona y de Valencia ofrecen la base jurídica a la que se han acogido todas las entidades territoriales fronterizas, y a los que se han ido adaptando todos los acuerdos de cooperación firmados con anterioridad a la entrada en vigor de los mismos al amparo del Convenio Marco Europeo. Las previsiones de ambos Tratados se han ido haciendo efectivas mediante la suscripción, en un primer momento, de protocolos para la constitución de comunidades de trabajo que han ido virando, con posterioridad, hacia estructuras e instrumentos más ágiles para desarrollar proyectos dirigidos a la cohesión económica, social y cultural, y a la cooperación territorial transfronteriza, pero también, fundamentalmente, para canalizar y gestionar los fondos procedentes de la Unión Europea destinados a la potenciación de las zonas de frontera.

---

[28] En el caso de las comunidades autónomas, se trata del Acuerdo de la Conferencia para Asuntos Relacionados con las Comunidades Europeas de 2 de diciembre de 1996 (BOE de 12 de diciembre de 1997), relativo al procedimiento para cumplir lo establecido en el Real Decreto 1317/1997. En el caso de las entidades locales, es el Acuerdo de la Comisión Nacional de Administración Local de 30 de enero de 1997 (BOE de 12 de diciembre de 1997), relativo al procedimiento para cumplir lo establecido en el Real Decreto 1317/1997. Ambos Acuerdos se realizaron en paralelo a la elaboración, aprobación y publicación del propio Real Decreto, y se publicaron con la misma fecha.

Son, precisamente, las políticas europeas, su puesta en marcha y consolidación, así como la financiación comunitaria de proyectos transfronterizos y, sobre todo, la creación de las agrupaciones europeas de cooperación territorial (AECT), en cuanto que estructuras asociativas estables destinadas a canalizar la colaboración, el contexto que marca el devenir de la cooperación transfronteriza bajo el paraguas jurídico ofrecido por el Consejo de Europa. En efecto, el proceso de integración europea y la política comunitaria de cohesión económica, social y territorial han puesto a disposición de las entidades territoriales infraestatales instrumentos que favorecen y facilitan la cooperación territorial[29]. De esta suerte, las entidades regionales y locales fronterizas dispuestas a colaborar pueden recurrir a la diversidad de instrumentos y mecanismos que ofrecen una y otra organización en la medida en que son complementarios y susceptibles de ser utilizados de forma conjunta llegando a confluir en objetivos.

Los convenios transfronterizos firmados por las entidades subestatales españolas al amparo del Convenio Marco Europeo alcanzan, a fecha de 2021, la cifra de sesenta y nueve[30]. De este total, treinta y nueve han sido suscritos con entidades subestatales francesas en el marco del Tratado de Bayona para crear: seis organismos con personalidad jurídica (fundamentalmente consorcios), veintiún organismos sin personalidad jurídica (bajo la forma de grupos de trabajo), mientras que doce de ellos no constituyen ningún tipo de organismo, sino que se dirigen a configurar un marco general para entablar relaciones de cooperación en diferentes áreas y materias. Respecto a su contenido, un mayoritario número de convenios tiene por objeti-

---

29 Herrero de la Fuente, A.A. (2006). "La evolución del marco jurídico de la cooperación transfronteriza en Europa". En Martínez Pérez, E.J. (Coord.). *La adaptación de los organismos de cooperación transfronteriza por las comunidades autónomas.* Gabinete de Iniciativas Transfronterizas/Junta de Castilla y León, 7-23.

30 Estos datos se han extraído del documento "Cooperación transfronteriza realizada por las entidades territoriales españolas", elaborado por la Secretaría de Estado de Política Territorial y Función Pública y la Secretaría General de Coordinación Territorial, Ministerio de Política Territorial y Función Pública, mayo de 2021. Accesible en https://mpt.gob.es/politica-territorial/internacional/cooperacion/Coop_Transfronteriza.html

vo institucionalizar la actividad colaborativa (promoviendo el intercambio de información y la colaboración institucional) para realizar actividades concertadas en los ámbitos de la economía, la cultura, el turismo, la enseñanza, la juventud, el medio ambiente, etcétera (un total de veintisiete convenios); otros, en menor medida, tienen por finalidad llevar a cabo la gestión de un objetivo definido (transporte, vertido y tratamiento de agua o comunicación).

Por su parte, bajo la cobertura del Tratado de Valencia se han firmado diecinueve convenios de cooperación transfronteriza mediante los cuales se han creado once organismos sin personalidad jurídica y ocho organismos con personalidad jurídica. El objetivo de los primeros es la constitución o renovación, en su caso, de comunidades de trabajo y de grupos de trabajo. Además, mediante la figura jurídica de los consorcios se ha procedido a la creación de eurociudades o a la gestión de proyectos culturales intermunicipales; asimismo, se han constituido asociaciones con fines específicos para trabajar temas de interés mutuo.

1. De las comunidades de trabajo a las eurorregiones

Desde principios de la década de los años ochenta y durante los primeros años de la década de los noventa del siglo pasado, comienzan a crearse comunidades de trabajo entre las regiones francesas, portuguesas y españolas colindantes para favorecer la cooperación transfronteriza[31]. La primera que se constituye en la frontera hispano-francesa es la Comunidad de Trabajo de los Pirineos en 1983 y en la que participan las comunidades autónomas de País Vasco, Navarra, Aragón y Cataluña y las regiones francesas del sur de Francia, Nueva Aquitania y Occitania. Del lado hispano-luso, no es extraño que el primer grupo de trabajo transfronterizo surja en la frontera galaico-portuguesa en 1991, la Comunidad de Trabajo Galicia-Norte de Portugal, a la que se suman en años sucesivos otras a lo largo de la frontera rayana: dos entre el Norte de Portugal y Galicia, dos entre el

---

31 Herrero de la Fuente, A.A. (2007). "La cooperación transfronteriza entre regiones europeas. En busca de un instrumento jurídico eficaz". *Revista de Derecho de la Unión Europea*, 13, 125-160.

Norte de Portugal y Castilla y León, y una entre Andalucía y las dos regiones meridionales portuguesas. La finalidad de estos organismos desprovistos de personalidad jurídica es fundamentalmente de estudio, propuestas y promoción de iniciativas de interés común.

La entrada en vigor de los Tratado de Bayona (1997) y de Valencia (2004) ha exigido, en la medida que ambos tratados constituyen la base jurídica para el desarrollo de la cooperación transfronteriza, una necesaria adaptación de los grupos de trabajo y las comunidades de trabajo en funcionamiento sustituyendo los convenios por los que se crearon[32]. De tal manera que, a partir de la firma de los correspondientes convenios transfronterizo entre las entidades implicadas y según el procedimiento legalmente establecido, las comunidades de trabajo han adoptando la forma de eurorregiones. Este tipo de asociaciones de base territorial, sin personalidad jurídica propia, que surgen bajo la cobertura del Convenio Marco Europeo, participan a menudo en proyectos europeos de cooperación territorial. Con el tiempo algunas de estas eurorregiones se han transformado en agrupaciones europeas de cooperación territorial (AECT), entidades con personalidad jurídica cuya creación y funcionamiento está sujeta al Derecho comunitario europeo[33].

En el margen de la frontera hispano-portuguesa, la institucionalización de las relaciones de cooperación ha supuesto la constitución de estructuras estables entre todas las regiones lindantes de ambos países, creándose, de norte a sur, las siguientes eurorregiones y comunidades de trabajo: Eurorregión Galicia-Norte de Portugal[34];

---

32 *Vid.* art 13 del Tratado de Valencia.

33 Reglamento (CE) n. 1082/2006 del Parlamento Europeo y del Consejo, de 5 de julio de 2006, sobre la Agrupación europea de cooperación territorial (AECT); y Reglamento (UE) n. 1302/2013 del Parlamento Europeo y del Consejo, de 17 de diciembre de 2013, por el que se modifica el Reglamento (CE) n. 1082/2006 sobre la Agrupación Europea de Cooperación Territorial (AECT) en lo que se refiere a la clarificación, a la simplificación y a la mejora de la creación y el funcionamiento de tales agrupaciones.

34 *Vid.* arts. 26 a 29 del Decreto 178/2015, de 26 de noviembre, por el que se regula la acción exterior de la Comunidad Autónoma de Galicia.

Castilla y León / Norte de Portugal[35]; Castilla y León / Centro de Portugal[36]; EUROACE: Alentejo-Centro-Extremadura[37]; Eurorregión Alentejo-Centro-Extremadura (EUROACE)[38].

En la frontera hispano-francesa las dos eurorregiones han adoptado con el paso del tiempo la forma jurídica de agrupación europea

---

35 En 1990, por medio de la Declaración de Oporto los Gobiernos de Castilla y León y de la Región Norte de Portugal inician sus relaciones de cooperación formalmente. A este primer documento es suma, en 1995, el Protocolo de Cooperación entre la Región Norte de Portugal y Castilla y León, por el que se institucionalizan las relaciones entre ambas regiones, al que sigue el Acuerdo Constitutivo de la Comunidad de Trabajo Castilla y León-Norte de Portugal en el año 2000 creándose la Comunidad de Trabajo Castilla y León-Norte de Portugal. Hortelano Mínguez, L.A.; Mansvelt Beck, J. (2017). "El desarrollo local y la cooperación transfronteriza en la raya de Castilla y León". Polígonos. Revista de Geografía, 29, 37-60.

36 En 1990, por medio de la Declaración de Coimbra, los Gobiernos de Castilla y León y de la Región Norte de Portugal inician sus relaciones de cooperación formalmente. En 1995 ambos territorios estrechan los lazos de colaboración con el Protocolo de Cooperación entre la Región Centro de Portugal y Castilla y León, por el que se institucionalizan las relaciones entre ambas regiones, creándose una estructura estable de cooperación transfronteriza: la Comunidad de Trabajo Castilla y León-Centro de Portugal.

37 Resolución de 2 de febrero de 2010, de la Secretaría de Estado de Cooperación Territorial, por la que se publica el Convenio de cooperación transfronteriza entre la Comunidad Autónoma de Extremadura, la Comisión de Coordinación y Desarrollo Regional del Alentejo y la Comisión de Coordinación y Desarrollo Regional de la Región Centro de Portugal, para la constitución de la Comunidad de Trabajo de la Eurorregión Alentejo-Centro-Extremadura (EUROACE) (BOE n. 43, de 18 de febrero de 2010). Campesino Fernández, A. J. (2017). "Cooperación transfronteriza en la EUROACE: Extremadura (2007-2014)". Polígonos. Revista de Geografía, 29, 61-87.

38 Resolución de 28 de junio de 2010, de la Secretaría de Estado de Cooperación Territorial, por la que se publica el Convenio de cooperación transfronteriza con la Comunidad Autónoma de Andalucía, la Comisión de Coordinación y Desarrollo Regional del Alentejo y la Comisión de Coordinación y Desarrollo Regional del Algarve, para la constitución de la Comunidad de Trabajo "Eurorregión Alentejo-Algarve-Andalucía". Márquez Domínguez, J.A.; Jurado Almonte, J.M.; Pazos García, F.J. (2017). "La cooperación transfronteriza luso-andaluza. Un camino difícil". Polígonos. Revista de Geografía, 29, 89-118.

de cooperación territorial. La Eurorregión Pirineos Mediterráneo, constituida en octubre 2004, con la voluntad de unir esfuerzos para crear en el noroeste del Mediterráneo un polo de desarrollo sostenible basado en la innovación y la inclusión, social y territorial, se transforma en 2009 en AECT, estando formada por la región francesa de Occitania (unión de regiones de Languedoc-Rosellón y Mediodía-Pirineos), por Cataluña y por las Islas Baleares. Por su parte, la Eurorregion Nueva Aquitania-Euskadi-Navarra, AECT desde 2011, se organiza a partir de la Comunidad de Trabajo de los Pirineos creada en 1983 con el fin de dotar a la zona pirenaica de una estructura de cooperación transfronteriza similar a las existentes en otras fronteras europeas.

2. *Las eurociudades*

La cooperación transfronteriza a escala local, mediante la unión de municipios próximos, constituye otra novedosa posibilidad para la gestión integrada de los territorios fronterizos. Sus manifestaciones en las fronteras de nuestro país con los países vecinos presentan divergencias. Mientras que en la línea hispano-francesa es muy incipiente pero escasa, más numerosas son las iniciativas locales en la raya hispano-lusa que comienzan a emerger en la primera década de 2000. La eurociudad se configura como la forma que adopta la cooperación entre ciudades próximas, vinculadas históricamente, a una frontera común. Se trata de una estructura institucionalizada que nace del acuerdo entre entidades locales que siempre han mantenido relaciones socioeconómicas y culturales notables y que se unen con el fin de compartir recursos y sinergias para la promoción conjunta[39]. Esta unión se produce, principalmente, para la prestación de servicios comunes, pero también, y sobre todo, para poder optar a proyectos y fondos europeos, estatales y regionales, vinculados con

---

39 Jurado Almonte, J.M.; Pazos García, F.J.; Castanho, A. (2020). "Eurocities of the Iberian Border-land: A Second Generation of Border Cooperation Structures. An Analysis of Their Development Strate-gies". *Sustainability*, 12(16).

la promoción y el desarrollo de la gestión integrada de los territorios fronterizos.

La creación de una eurociudad se realiza a través de un convenio de cooperación transfronterizo mediante la constitución de un consorcio, si bien, algunas de ellas han evolucionado o se han configurado desde su inicio como agrupación europea de cooperación transfronteriza (AECT) para poder gestionar proyectos vinculados a la cooperación transfronteriza; o bien, en fin, han creado estructuras con personalidad jurídica para facilitar el desarrollo de sus proyectos. Este último es el caso de la Eurociudad Vasca Bayonne-San Sebastián, ejemplo de eurociudad en la frontera pirenaica, que nace el 18 de enero de 1993 con el fin de crear sinergias entre las entidades locales próximas a la frontera (agrupa a 42 entidades locales), y que en 1997 deciden crear la Agencia transfronteriza para el desarrollo de la Eurociudad Vasca, bajo la forma legal de una agrupación europea de interés económico (AEIE), entidad con personalidad jurídica sometida al Derecho europeo[40].

Del lado de la frontera hispano-portuguesa se cuentan siete eurociudades. De entre estas, dos se han transformado con el paso del tiempo en AECT: son los casos de la Eurociudade Chaves-Verín (2013) y la Eurociudad del Guadiana (2018). La Eurociudad Puerta de Europa (Ciudad Rodrigo, Fuentes de Oñoro, Almeida y la freguesía Vilar Formoso) se crea directamente como una AECT en 2023. Otro supuesto es la integración de una eurociudad en una AECT: los ejemplos nos lo proporcionan la Eurociudad Tui-Valençado Minho (2012), la Eurodiudad Salvatierra de Miño-Monção (2015), y la Eurociudad Tomiño-Vila Nova de Cerveira (2018) que se integran en la AECT Rio Minho (2013). Cierra la lista de las eurociudades rayanas la Eurociudad Badajoz-Elvas-Campomayor (2018), otra manifestación de estructura cooperativa con la que se pretende institucionalizar los estrechos lazos socioeconómicos y culturales que unen a estos municipios rayanos, compartir recursos públicos, crear sinergias y ser visibles en el ámbito administrativo.

---

[40] Reglamento (CEE) n. 2137/85 del Consejo, de 25 de julio de 1985, relativo a la constitución de una agrupación europea de interés económico (AEIE).

Referencias bibliográficas

Arenas Meza, M. (2002). "Los instrumentos jurídicos de la cooperación transfronteriza y la práctica convencional europea". En Herrero de la Fuente, A.A. (Ed.). *La Cooperación Transfronteriza Hispano-Portuguesa en 2001.* Tecnos, 213-227.

Arias Aparicio, F. (2023). "Las relaciones transfronterizas hispano-lusas:veinte años de la firma del Tratado de Valencia sobre cooperación entre entidades territoriales colindantes" *Polis,* n. 7 (II série), 9-23.

Brito, W. (2000). *A Convenção-Quadro europeia sobre a cooperação transfronteiriça entre as colectividades ou autoridades territoriais.* Coimbra Editorial.

Campesino Fernández, A. J. (2017). "Cooperación transfronteriza en la EUROACE: Extremadura (2007-2014)". *Polígonos. Revista de Geografía,* 29, 61-87.

Fernández de Casadevante Romani, C. (1997). "El Tratado de Bayona de 10 de marzo de 1995 sobre cooperación transfronteriza entre entidades territoriales". *Revista Española de Derecho Internacional,* 49(2), 9-28.

Herrero de la Fuente, A.A. (2006). "La evolución del marco jurídico de la cooperación transfronteriza en Europa". En Martínez Pérez, E.J. (Coord.). *La adaptación de los organismos de cooperación transfronteriza por las comunidades autónomas.* Gabinete de Iniciativas Transfronterizas/Junta de Castilla y León, 7-23.

Herrero de la Fuente, A.A. (2007). "La cooperación transfronteriza entre regiones europeas. En busca de un instrumento jurídico eficaz". *Revista de Derecho de la Unión Europea,* 13, 125-160.

Hortelano Mínguez, L.A.; Mansvelt Beck, J. (2017). "El desarrollo local y la cooperación transfronteriza en la raya de Castilla y León". *Polígonos. Revista de Geografía,* 29, 37-60.

Jurado Almonte, J.M.; Pazos García, F.J.; Castanho, A. (2020). "Eurocities of the Iberian Border-land: A Second Generation of Border Cooperation Structures. An Analysis of Their Development Strate-gies". *Sustainability,* 12(16).

Márquez Domínguez, J.A.; Jurado Almonte, J.M.; Pazos García, F.J. (2017). "La cooperación transfronteriza luso-andaluza. Un camino difícil". *Polígonos. Revista de Geografía,* 29, 89-118.

Martínez Pérez, E.J. (2009). "El derecho de las entidades locales españolas a participar en los organismos de cooperación transfronteriza". *Anuario Aragonés del Gobierno Local,* 1, 235-256.

Merchán Puentes, M.J. (2003). "El Tratado bilateral hispano-portugués sobre cooperación transfronteriza de 2002". *Revista de Derecho Comunitario Europeo,* 15, 717-740.

Remiro Brotons, A. (1983). "El territorio, la frontera y las comunidades fronterizas: reflexiones sobre la cooperación transfronteriza". *I Seminario de Cuestiones Internacionales,* Zaragoza, 103-171.

Rodríguez Barrigón, J.M. (2020). "El marco normativo de la cooperación transfronteriza". En Moreno González. G. (Dir.). *Extremadura-Portugal. Una guía para la cooperación transfronteriza,* Junta de Extremadura, Dirección General de Acción Exterior, Gabinete de Iniciativas Transfronterizas, 23-47.

Salema d'Oliveira Martins, M. (2006). "O regime jurídico-internacional da cooperaçao transfronteiriça entre Portugal e Espanha". *Estudios em homenagem ao Profesor Doutor Marcello Caetano no centenariodo seu nascimento,* Facultade de Direito da Universidade de Lisboa, II, 190-215.

Sobrido Prieto, M. (2004). "El Tratado hispano-portugués sobre la cooperación transfronteriza territorial". *Revista Electrónica de Estudios Internacionales,* 1-16.

Instrumentos de cooperación transfronteriza en el marco de la Unión Europea: las Agrupaciones Europeas de Cooperación Territorial (AECT)

FLOR ARIAS APARICIO
Profesora Titular de Derecho Administrativo
Universidad de Extremadura

Sumario: I. El papel de la cooperación transfronteriza en el proceso de integración europea. 1. La cooperación territorial como tercera dimensión de la política de cohesión europea. 2. Los mecanismos para promover la cooperación transfronteriza. II. Las Agrupaciones Europeas de Cooperación Territorial (AECT) como organismo de cooperación territorial de Derecho comunitario. 1. La conformación y el ámbito de acción de las AECT. 2. La constitución de AECT en la Unión Europea. III. La creación de AECT en el ordenamiento jurídico español. 1. El procedimiento de creación de una AECT con sede en España. 2. La constitución de AECT en las fronteras hispano-portuguesa e hispano-francesa. Referencias bibliográficas.

I. EL PAPEL DE LA COOPERACIÓN TRANSFRONTERIZA EN EL PROCESO DE INTEGRACIÓN EUROPEA

La cooperación transfronteriza ocupa un lugar destacado en la conformación de la Unión Europa. La eliminación de las barreras estatales y la creación de un mercado interior europeo han propiciado un contexto favorable para el desarrollo, la intensificación y puesta en valor de esta categoría de cooperación dirigida a dar respuestas coordinadas a los nuevos problemas y las nuevas demandas que surgen como consecuencia del incremento de los intercambios económicos y sociales a través de las fronteras.

Desde muy pronto, el proceso de construcción comunitaria dio relevancia a las políticas dirigidas a promover el desarrollo territorial y económico, así como a potenciar las regiones menos favorecidas con el objeto último de lograr un progreso armonioso del conjunto de la Unión. La cooperación transfronteriza se presenta, en este contexto, como un elemento clave para la integración europea que supone un gran valor añadido de naturaleza política, institucional, económica y social, y, en este sentido, las regiones fronterizas se conciben como "laboratorios vivientes de la integración europea"[1].

Las regiones fronterizas tienden a enfrentarse a condiciones más difíciles para el desarrollo social y económico, motivadas, en ocasiones, por la baja densidad de población. Las barreras físicas y geográficas contribuyen a limitar la cohesión económica, social y territorial de los espacios fronterizos, afectados por muchos inconvenientes derivados del hecho periférico que inciden, principalmente, en la carencia de servicios o infraestructuras, el aislamiento político, la lejanía de los centros administrativos, la despoblación, etcétera[2]. Los desafíos a los que se enfrentan las regiones fronterizas provienen, en su mayoría, de los obstáculos que representan las legislaciones nacionales divergentes a ambos lados de la frontera, los procesos administrativos incompatibles o la falta de planificación territorial común[3].

La cooperación transfronteriza en la Unión Europa aparece estrechamente vinculada a su política de cohesión económica, social y territorial. Esta política está dirigida fundamentalmente a reducir las disparidades entre los niveles de desarrollo de las distintas regiones de la Unión. La cooperación territorial europea, en la que se integra como categoría específica la cooperación transfronteriza (junto a dos niveles más: la cooperación transnacional y la cooperación interterritorial), es el instrumento de la política de cohesión concebida

---

1 Dictamen del Comité de las Regiones. *Reforzar la cooperación transfronteriza: ¿es necesario un marco normativo mejor?* (2015/C 423/02), 17.12.2015.

2 *Vid.* Resolución, de 17 de abril de 2018, sobre el refuerzo de la cohesión económica, social y territorial en la Unión Europea: séptimo informe de la Comisión Europea, P8_TA (2018)0105.

3 Comunicación de la Comisión al Consejo y al Parlamento Europeo. *Impulsar el crecimiento y la cohesión en las regiones fronterizas de la UE.* COM (2017) 534 final de 20.9.2017.

para solucionar los problemas que transcienden las fronteras, que requieren de una solución común, y para desarrollar de forma conjunta el potencial de los distintos territorios[4].

1. La cooperación territorial como tercera dimensión de la política de cohesión europea

Uno de los objetivos principales de la Unión Europea, marcados en el Tratado de Funcionamiento de la Unión Europea (TFUE), consiste en fortalecer su cohesión económica, social y territorial, "a fin de promover un desarrollo armonioso del conjunto de la Unión", y, en particular, "reducir las diferencias entre los niveles de desarrollo de las diversas regiones y el retraso de las regiones menos favorecidas", con especial atención, entre otras zonas vulnerables, a las regiones transfronterizas. En concreto, el párrafo 3 del artículo 174 TFUE delimita el tipo de regiones preferentes en los siguientes términos: "Entre las regiones afectadas se prestará especial atención a las zonas rurales, a las zonas afectadas por una transición industrial y a las regiones que padecen desventajas naturales o demográficas graves y permanentes como, por ejemplo, las regiones más septentrionales con una escasa densidad de población y las regiones insulares, transfronterizas y de montaña".

La cooperación territorial europea es, en concreto, el instrumento de la política de cohesión de la Unión concebido para solucionar aquellos problemas que trascienden las fronteras nacionales que requieren una solución común, y para desarrollar de forma conjunta el potencial de los distintos territorios. La consecución de los objetivos de cohesión europea se promueve, fundamentalmente, mediante la utilización de los fondos estructurales y de inversión. Estos fondos están destinados a contribuir a distintas finalidades todas ellas confluyentes en el objetivo común de reducir las disparidades entre regio-

4 *Vid.* el artículo 174, párrafos segundo y tercero, del Tratado de Funcionamiento de la Unión Europea y el Reglamento (UE) n. 1299/2013 del Parlamento Europeo y del Consejo, de 17 de diciembre de 2013, por el que se establecen disposiciones específicas relativas al apoyo del Fondo Europeo de Desarrollo Regional al objetivo de cooperación territorial europea.

nes, con especial atención a las que padecen desventajas naturales o demográficas graves y permanentes[5]. Son estas las razones que hacen que la cooperación territorial europea y, en consecuencia, la cooperación transfronteriza, sean una de las principales destinatarias de los fondos estructurales. Las acciones de cooperación territorial reciben, en particular, el apoyo del Fondo Europeo de Desarrollo Regional (FEDER), fondo concebido para contribuir a corregir los principales desequilibrios regionales de la Unión[6].

2. *Los mecanismos para promover la cooperación transfronteriza*

La actividad desarrollada por la Unión Europea para facilitar y potenciar los territorios que hacen frontera se diversifica en una pluralidad de iniciativas y programas de intervención que involucran a las entidades locales y regionales colindantes en procesos de colaboración[7]. Las técnicas utilizadas para hacer efectiva esta cooperación quedan comprendidas en dos líneas o ámbito de actuación: por un lado, aquellas de contenido económico, estrechamente conectadas con los fondos estructurales y de inversión dirigidos a financiar, con carácter general, el desarrollo regional y la cooperación territorial; por otro lado, aquellas de contenido jurídico, dirigidas a proporcionar estructuras concretas de cooperación transfronteriza entre entidades territoriales dotadas de personalidad jurídica.

---

5 Reglamento (UE) n. 1303/2013 del Parlamento Europeo y del Consejo, de 17 de diciembre de 2013, por el que se establecen disposiciones comunes relativas al Fondo Europeo de Desarrollo Regional, al Fondo Social Europeo, al Fondo de Cohesión, al Fondo Europeo Agrícola de Desarrollo Rural y al Fondo Europeo Marítimo y de la Pesca, y por el que se establecen disposiciones generales relativas al Fondo Europeo de Desarrollo Regional, al Fondo Social Europeo, al Fondo de Cohesión y al Fondo Europeo Marítimo y de la Pesca, y se deroga el Reglamento (CE) n. 1083/2006 del Consejo.

6 *Vid.* art. 176 del Tratado de Funcionamiento de la Unión Europea.

7 Taillefait, A. (2020). "Les cadres juridiques européens de la coopération transfrontalière des collectivités et autonomies locales: évolutions et perspectives". *Revista General de Derecho Administrativo*, 55.

En el primer caso, las primeras iniciativas de cooperación transfronteriza, y su posterior desarrollo, surgen vinculadas a los fondos que la Comunidad Europea empezaba a asignar primero en el marco de la política regional y, después, en el de la política de cohesión económica y social[8]. La iniciativa comunitaria sobre zonas fronterizas denominada INTERREG nace como un programa destinado a fomentar una ordenación armoniosa y equilibrada de los espacios fronterizos y a intensificar la cooperación en las fronteras interiores y exteriores de la Comunidad a través de la financiación de proyectos de cooperación europeos.

En el caso de la creación de organismos de cooperación específicos, las acciones comunitarias europeas han evolucionado desde las primeras figuras previstas para facilitar la cooperación, sometidas al derecho privado (la Agrupación Europea de Interés Económico y la Sociedad Cooperativa Europea), hasta las Agrupaciones Europeas de Cooperación Territorial (AECT), entidades sujetas fundamentalmente al derecho público. Tanto la agrupación europea de interés económico como la sociedad cooperativa europea surgen como figuras asociativas con la finalidad de facilitar o desarrollar la actividad económica de sus miembros y su expansión progresiva en el mercado interior de la Unión Europea. Las características y finalidades de ambos organismos, sin embargo, no han resultado ser en la práctica muy adecuados para la cooperación transfronteriza entre entidades territoriales, por lo que su utilización en este ámbito ha sido escaso y ha servido para motivar y fundamentar la creación de un instrumento jurídico más apto como es la AECT[9]. Estas agrupaciones compues-

---

8 Arias Aparicio, F. (2019). "La cooperación territorial europea y la cohesión de las regiones fronterizas: el potencial de las Agrupaciones europeas de cooperación territorial". *Revista General de Derecho Administrativo,* 52, pp. 1-34.

9 En el considerando 4 del Reglamento que regula las AECT se señala que las Agrupaciones europeas de interés económico no han logrado estructurar de forma eficiente la cooperación dentro de los fondos estructurales y su aplicación a la iniciativa INTERREG. En este sentido, se apunta que "esta figura, a pesar de su proliferación en el ámbito del Derecho privado y entre entidades mercantiles es insuficiente, ya que no ampara el desarrollo de actividades de cooperación transfronteriza por parte de otras entidades y agentes de carácter público y/o que atañen a la sociedad civil", Embid

tas por sujetos de diversa naturaleza jurídica representan una nueva modalidad de iniciativa de cooperación territorial con el objetivo de poder acceder con mayor facilidad a los fondos existentes en el marco de la política regional comunitaria, especialmente de los fondos estructurales y los fondos de desarrollo regional[10].

II. LAS AGRUPACIONES EUROPEAS DE COOPERACIÓN TERRITORIAL (AECT) COMO ORGANISMO DE COOPERACIÓN TERRITORIAL DE DERECHO COMUNITARIO

Con la finalidad de reforzar la cohesión económica y social y superar las dificultades con las que tropieza la cooperación transfronteriza, transnacional e interregional, nacen en 2006 las Agrupaciones europeas de cooperación territorial (AECT) como instrumento de cooperación a escala comunitaria. En efecto, las AECT se perfilan como una herramienta institucional diseñada para la cooperación territorial, tal y como pone de manifiesto el preámbulo el Reglamento (CE) n. 1082/2006 del Parlamento Europeo y del Consejo, de 5 de julio de 2006, sobre la Agrupación europea de cooperación territorial (AECT), al señalar que: "Habida cuenta de las importantes dificultades que los Estados miembros y, en concreto, las autoridades regionales y locales encuentran a la hora de llevar a cabo y gestionar las actividades de cooperación territorial, conforme a legislaciones

---

Irujo, A.; Fernández de Casadevante Romani, C. (2008). *Las agrupaciones europeas de cooperación territorial. Consideraciones desde el Derecho comunitario y español.* Iustel, 49-54. En el mismo sentido, Medina, E. (2017). "Marco jurídico y principales instrumentos de la cooperación transfronteriza institucionalizada en Europa". *Investigaciones Regionales,* 37, 189-206.

10 Beltrán, S. (2007). "Qué esperar de la figura europea de la Agrupación europea de cooperación territorial (AECT) en relación a los organismo de cooperación creados por las comunidades autónomas". *Revista General de Derecho Europeo,* 14, 1-32; Martínez Pérez, E. J. (2010). "Las Agrupaciones Europeas de Cooperación Territorial (Unión Europea) frente a las Agrupaciones Eurorregionales de Cooperación (Consejo de Europa): ¿competencia o complementariedad?". *Revista de Estudios Europeos,* 56, 109-126.

y procedimientos nacionales diferentes, procede adoptar medidas adecuadas para paliar dichas dificultades". En esta línea, el Reglamento (CE) n. 1082/2006 ha sido modificado sustancialmente por el Reglamento (UE) n. 1302/2013 del Parlamento Europeo y del Consejo, de 17 de diciembre de 2013, con el fin de clarificar, simplificar y mejorar las cuestiones relacionadas con la participación y el funcionamiento de estas agrupaciones.

La configuración de la AECT como organismo de cooperación territorial de Derecho comunitario, dotado de personalidad jurídica y capacidad de obrar, tiene como objetivo primordial facilitar la cooperación transfronteriza, transnacional e interregional. El Reglamento europeo establece los perfiles de esta figura y deja un cierto margen de discreción a los Estados para concretar su regulación, de tal manera que, a pesar de que el reglamento goza de aplicabilidad directa, la aplicación del mismo y el despliegue de efectos están condicionados a que cada Estado adopte medidas internas[11].

La regulación de esta nueva estructura cooperativa queda sujeta, por tanto, al Reglamento (CE) n. 1082/2006, a las disposiciones del convenio que la crea y a su estatuto, y, con carácter supletorio, al Derecho del Estado miembro en que tenga su sede. Este peculiar sistema de fuentes y las amplias remisiones a la voluntad de las partes y a la legislación nacional, que aproximan este reglamento a las directivas en cuanto que otorgan un amplio margen de posibilidades de aplicación, han llevado a la doctrina a destacar el escaso contenido normativo de la regulación comunitaria[12] y la flexibilidad de las formas que puede adoptar esta figura en cada uno de los Estados miembros al aplicar las previsiones del reglamento europeo[13].

---

11 *Vid.* art. 16 del Reglamento (CE) n. 1082/2006 según la redacción dada por el Reglamento (CE) n. 1302/2013.

12 Embid Irujo; Fernández de Casadevante Romani, "Las Agrupaciones europeas de cooperación territorial… ", *op. cit.*, 75.

13 Sanz Rubiales, I. (2008). "La agrupación europea de cooperación territorial (AECT): ¿una nueva administración pública de derecho comunitario? Algunos problemas". *Revista de Derecho Comunitario Europeo,* 31, 673-710.

1. La conformación y el ámbito de acción de las AECT

La AECT nace como un nuevo instrumento jurídico dirigido a superar las dificultades que los Estados miembros y sus autoridades regionales y locales se han encontrado a la hora de llevar a cabo y gestionar la actividad de cooperación territorial, en particular, aquellas que surgen de la disparidad de legislaciones y procedimientos estatales diferentes. Este objetivo se refleja fundamentalmente en la heterogeneidad de los posibles participantes que pueden componer una AECT, ampliándose el ámbito de participación para adaptarse y tener en cuenta la asimétrica organización territorial-institucional de los Estados. De esta suerte, pueden ser miembros de una AECT sujetos de diversa naturaleza: Estados miembros de la Unión, autoridades regionales y locales, empresas públicas[14] y organismos de Derecho público, empresas a las que se confíen actividades de servicio de interés económico general; autoridades nacionales, regionales y locales, empresas y organismos de terceros Estados, incluidos los territorios de ultramar; y asociaciones formadas por organismos pertenecientes a una o más estas categorías[15]. La asociación voluntaria de

---

14 Empresas públicas a efectos del artículo 2, apartado 1 b) de la Directiva 2004/17/CE del Parlamento Europeo y del Consejo, de 31 de marzo de 2004, sobre la coordinación de los procedimientos de adjudicación de contratos en los sectores del agua, de la energía, de los transportes y de los servicios postales, u organismos de Derecho público a efectos del artículo 1.9, párrafo segundo, de la Directiva 2004/18/CE, del Parlamento Europeo y del Consejo; la Directiva 2004/177CE, del Parlamento Europeo y del Consejo, de 31 de marzo de 2004, sobre coordinación de los procedimientos de adjudicación de los contratos públicos de obras, de suministro y de servicios.

15 La participación de organizaciones no comunitarias en la AECT es introducida por el Reglamento (UE) n. 1302/2013 del Parlamento Europeo y del Consejo de 17 de diciembre de 2013, por el que se modifica el Reglamento (CE) n. 1082/2006. Esta heterogeneidad en la participación renueva completamente el cuadro subjetivo hasta entonces existente en el derecho de cooperación transfronteriza, Russo, A.M. (2013). "Un nuevo 'juego interactivo' en el tablero de ajedrez del derecho transnacional: la cooperación territorial transfronteriza en el marco jurídico europeo". *Revista catalana de Dret Públic*, 47.

estos sujetos diferentes exige, en todo caso, que al menos dos de los sujetos participantes pertenezcan a dos Estados miembros distintos.

El objetivo principal que se persigue con la creación de una AECT reside en la facilitación y el fomento de la cooperación territorial entre los miembros que la conforman con el propósito exclusivo de reforzar la cohesión económica y social transfronteriza, transnacional e interregional[16]. Sus funciones, que deben encomendarse de manera expresa y detallada en el convenio que crea la agrupación, consisten, principalmente, en la gestión de los fondos estructurales, siendo el instrumento adecuado para el desarrollo y ejecución de los programas y proyectos de cooperación financiados, con o sin participación de la Unión Europa[17]. Además de administrar fondos públicos, una AECT puede gestionar infraestructuras, prestar servicios públicos y garantizar servicios de interés general.

Las principales finalidades a las que responde la creación de este instrumento jurídico europeo son, en definitiva, fundamentalmente las dos siguientes: por un lado, la agrupación como entidad con personalidad jurídica permite una mejor gestión y una más adecuada estructuración de proyectos financiados por los programas europeos; por otro lado, la agrupación como estructura estable facilita el desarrollo de actividades y proyectos de interés común para los miembros que la constituyen[18]. Sus competencias se limitan, por tanto, al ámbito prestacional. De hecho, el Reglamento europeo establece

---

16 Alcolea Martínez, A. (2014). "Towards a New Generation of European Groupings of Territorial Cooperation". *European Structural and Investment Funds Journal,* 89-100; Biot, V. (2013). "Les systèmes de gouvernance des territoires transfrontalières: la mise en ouvre du règlement européen sur les GECT". *Belgio,* 1; Janer Torrens, J. D. (2010). "La participación de los entes regionales y locales españoles en las agrupaciones europeas de cooperación territorial". *Revista de Derecho Constitucional Europeo,* 35, 117-142.

17 *Vid.* apartados 2 y 3 del artículo 7 del Reglamento (CE) n. 1082/2006 según la redacción dada por el Reglamento (UE) n. 1302/2013.

18 Se advierte, sin embargo, las importantes limitaciones que las AECT se encuentran en el desempeño de tal función al no permitir el desarrollo efectivo de proyectos más sustanciales ligados a la prestación de servicios públicos conjuntos (Sanz Rubiales, "La agrupación europea de cooperación territorial...", *op. cit.*).

expresamente que las AECT no pueden ejercer potestades públicas de autoridad, como tampoco puede ser objeto de asignación a una AECT el ejercicio de funciones destinadas a salvaguardar los intereses generales del Estado, tales como las competencias policiales y reglamentarias, la justicia y la política exterior[19].

2. *La constitución de AECT en la Unión Europea*

En el procedimiento de creación de una AECT, además de las prescripciones del Reglamento comunitario, hay que tener en cuenta las medidas adoptadas por el Derecho interno de los Estados para su aplicación. En este sentido, la iniciativa de crear una AECT corresponde a los miembros futuros que la promueven, quienes deberán notificarla a sus respectivos Estados y que se constituirá con arreglo al Derecho interno del Estado en el que la agrupación decida tener su sede. Recibida la notificación, el Estado miembro está obligado a autorizar al sujeto solicitante la participación en la AECT a no ser que el Estado miembro considere que concurre alguna de las siguientes circunstancias limitantes: que la participación o el convenio de constitución no sean conformes con la normativa europea relativa a la AECT o al Derecho nacional relativo a los poderes y competencias del futuro miembro; que la participación no esté justificada por razones de interés público o de orden público; o, que los estatutos no son coherentes con el convenio[20]. Esta determinación taxativa de las causas de denegación lleva a afirmar a una parte de la doctrina que el Estado miembro carece de discrecionalidad para autorizar o denegar la participación en una AECT [21].

---

19 *Vid.* art. 7.4 del Reglamento (CE) n. 1082/2006 según la redacción dada por el Reglamento (UE) n. 1302/2013.

20 *Vid.* arts. 3.1 y 4.3 del Reglamento (CE) n. 1082/2006. El convenio establece los elementos constitutivos de la futura AECT [art. 8 del Reglamento (CE) n. 1082/2006]; mientras que los estatutos contienen disposiciones de aplicación y debe ser aprobado sobre la base del convenio y de conformidad con este [art. 9 del Reglamento (CE) n. 1082/2006].

21 Embid Irujo; Fernández de Casadevante Romani, "Las Agrupaciones europeas de cooperación territorial...", *op. cit.*, 83. En sentido contrario, se ha señalado que aun cuando las causas de denegación están tasadas el estado

La norma europea fija también la organización mínima de la agrupación que deberá contar con una asamblea, constituida por representantes de sus miembros, y un director, que representará y actuará en nombre de la agrupación. Los estatutos, por su parte, podrán establecer órganos de gobierno adicionales[22].

El Reglamento comunitario exige, además, que las AECT creadas se inscriban en el Registro de AECT de la UE, que gestiona el Comité de las Regiones. Es el Comité de las Regiones el encargado de publicar estas inscripciones tanto en el Registro, así como las modificaciones subsiguientes, como en el Diario Oficial de la Unión Europea (DOUE).

La proliferación de las AECT, desde su creación en 2006, constituye un buen ejemplo de la puesta en común de iniciativas encaminadas a superar las dificultades asociadas al hecho transfronterizo, así como de la generación de sinergias y de la confluencia de intereses comunes[23]. El aumento constante y la permanencia, en cuanto que la mayoría son creadas por tiempo ilimitado, de las AECT en toda la

---

goza de un limitado poder discrecional para valorar los supuestos denegatorios recogidos en el Reglamento comunitario: "El uso de conceptos jurídicos indeterminados como 'interés público' reducen, pero no eliminan la discrecionalidad; dichos conceptos son valorativos y admiten un margen amplio de apreciación administrativa", Sanz Rubiales, I. (2018). "Cooperación transfronteriza: el papel de los organismo jurídico-administrativos". En D'Oliveira Martins, A. (Dir.). *O Direito Administrativo Transnacional (Direito Administrativo, International, Europeo e Global) e as suas implicaçoes no Dirito Administrativo de Espanha e de Portugal.* Universidade Lusiada Editora, CEJEA, Centro de Estudios Juridicos, Económicos e Ambientais, 350.

22 *Vid.* art.10 del Reglamento (CE) n. 1082/2006 según la redacción dada por el Reglamento (UE) n. 1302/2013.

23 En esta línea, se observa que la cooperación transfronteriza está pasando a percibirse como un proceso natural y legítimo que contribuye a "transitar poco a poco del concepto tradicional de 'frontera-separación' al nuevo concepto de 'frontera-reencuentro'..., donde empiezan a generarse y organizarse estrategias singulares de diálogo e interrelación, desencadenando nuevas sinergias y nuevos procesos de movilización y agregación de intereses", Rojo Salgado, A. (2009). "La cooperación transfronteriza y sus consecuencias: hacia la reestructuración territorial en Europa". *Investigaciones Regionales*, 18, 141-154.

Unión Europea muestran el valor de este instrumento jurídico que permite a una pluralidad de sujetos colaborar en el marco de una estructura común con personalidad jurídica y autonomía financiera a través de las fronteras (internas) europeas.

A fecha de 14 de abril de 2025 se han creado 89 AECT, según constan inscritas en el registro gestionado por el Comité de las Regiones[24]. La finalidad con la que se han constituido es muy diversa: la mayoría tienen por objetivo la gestión integrada de un territorio con el fin de salvar las dificultades asociadas a los territorios transfronterizos; otras están destinadas a gestionar un proyecto de cooperación específico (un hospital transfronterizo o un parque natural transfronterizo); otras se han creado para gestionar un programa europeo Interreg; otras, en fin, se constituyen en plataformas de intercambio de ideas y experiencias en ámbito del desarrollo urbano, el patrimonio, la cultura o el turismo. La primera AECT en Europa fue la *Eurométropole Lille-Kortrijk-Tournai,* creada en 2008 en la frontera franco-belga, con la finalidad principal de realizar estrategias de desarrollo elaboradas en común para facilitar la vida de sus habitantes. La última registrada ha sido la AECT Euro Contrôle Route, con sede en Rijswijk (Países Bajos), en marzo de 2024, que tiene por finalidad mejorar la seguridad en las carreteras europeas mediante la formación, el intercambio de información y la armonización normativa.

III. LA CREACIÓN DE AECT EN EL ORDENAMIENTO JURÍDICO ESPAÑOL

La creación en nuestro ordenamiento jurídico de las agrupaciones europeas de cooperación territorial ha de ajustarse a las reglas previstas en el Real Decreto 23/2015, de 23 de enero, por el que se adoptan las medidas necesarias para la aplicación del Derecho comunitario que regula estas agrupaciones. Esta disposición tiene por objeto introducir las novedades realizadas en la regulación europea de las AECT —y así "garantizar la aplicación efectiva"—, que habían

---

24 La lista oficial de las AECT inscritas en el registro puede consultarse en: https://portal.cor.europa.eu

sido incorporadas a nuestro ordenamiento jurídico por el Real Decreto 37/2008, de 18 de enero[25]. En el marco de la regulación contenida en el Reglamento comunitario, el Real Decreto 23/2015, de 23 de enero, regula el procedimiento para su creación o para la adhesión a una ya creada, el Registro de AECT, los controles sobre la gestión de fondos públicos y la actividad de las AECT, así como su disolución. La creación o la participación en una AECT con sede en uno de nuestros países vecinos habrán de ajustarse a las disposiciones previstas en el Derecho portugués[26]y en el Derecho francés[27] en aplicación del Reglamento europeo.

1. El procedimiento de creación de una AECT con sede en España

a) *La formulación de la solicitud ante la autoridad estatal competente.* La presentación de una solicitud dirigida a la Secretaría General de Coordinación Territorial[28] por parte del miembro español que pre-

---

25 El Real Decreto 23/2015, de 23 de enero, deroga el Real Decreto 37/2008, de 18 de enero, por el que se adoptan las medidas necesarias para la aplicación efectiva del Reglamento (CE) n. 1082/2006, del Parlamento Europeo y del Consejo, de 5 de junio de 2006, sobre la Agrupación Europea de Cooperación Territorial (AECT).

26 Decreto-Ley n.º 376/2007, de 8 de novembro, adopta as medidas necessárias para garantir a aplicação em Portugal do Regulamento (CE) n.º 1082/2006, do Parlamento Europeu e do Conselho, de 5 de julho de 2006, sobre os agrupamentos europeus de cooperação territorial (AECT) y Decreto-Lei n.º 60/2015, de 22 de abril.

27 Loi n° 2008-352 du 16 avril 2008 visant à renforcer la coopération transfrontalière, transnationale et interrégionale par la mise en conformité du code général des collectivités territoriales avec le règlement communautaire relatif à un groupement européen de coopération territoriale.

28 Las referencias a los órganos competentes contenidas en el Real Decreto 23/2015, de 23 de enero, han sido adaptadas a la nueva estructura organizativa departamental con competencia en la materia establecida en el Real Decreto 355/2018, de 6 de junio, por el que se reestructuran los departamentos ministeriales, que crea el Ministerio de Política Territorial y Función Pública como departamento encargado de las relaciones con las comunidades autónomas y las entidades que integran la Administración Local y las relativas a la organización territorial del Estado; el Real Decreto 595/2018, de 22 de junio, por el que se establece la estructura orgánica bá-

tenda participar en una AECT constituye el primer paso a dar en el procedimiento de constitución de una AECT con domicilio social en nuestro país[29]. Esta solicitud debe ir acompañada de la siguiente documentación[30]: el texto del convenio propuesto, una propuesta de estatutos, la documentación acreditativa de la personalidad jurídica de los futuros miembros, así como de la posible limitación de responsabilidad, y la certificación que acredite la intención de participación de la entidad concernida en la AECT (expresada en acuerdo del Consejo de Gobierno de la Comunidad Autónoma, del Pleno del Ayuntamiento, del Consejo de Administración, Patronato o del órgano correspondientes).

La solicitud debe ser informada por parte de los Ministerios competentes por razón de la materia, y, en todo caso, con carácter preceptivo, por el Ministerio de Asuntos Exteriores, Unión Europea y de Cooperación, quien deberá, por un lado, comunicar a los demás Estados miembros afectados las solicitudes recibidas en España en las que se proyecte la participación en una AECT de alguna entidad de dichos Estados; y, por otro lado, dar traslado de las comunicaciones recibidas de los mismos a los restantes departamentos y Administraciones públicas implicados[31]. Además, con carácter preceptivo y vinculante, se requiere informe de la Secretaría de Estado de Presupuestos y Gastos, por lo que respecta al uso de fondos europeos o de la Administración General del Estado, sus empresas u organismos públicos o de las demás entidades de Derecho público[32]. Asimismo, será preceptivo el informe de la Comunidad Autónoma en relación

sica de los departamentos ministeriales; y el Real Decreto 863/2018, de 13 de julio, por el que se desarrolla la estructura orgánica básica del Ministerio de Política Territorial y Función Pública.

29 *Vid.* art. 4 del Real Decreto 23/2015, de 23 de enero.

30 Los términos en que esta documentación tiene que ser elaborada se establecen en los arts. 7, 8 y 9 del Reglamento (CE) n. 1082/2006, en su versión modificada por el Reglamento (UE) n. 1302/2013, artículos a los que se remite el art. 4.1 del Real Decreto 23/2015, de 23 de enero, al referirse a cada uno de estos documentos.

31 Vid. art. 4 del Real Decreto 23/2015, de 23 de enero.

32 Vid. art. 5 del Real Decreto 23/2015, de 23 de enero.

con las solicitudes de aquellas AECT en las que se integren alguno de los sujetos correspondientes a su ámbito territorial[33].

Recibidos los informes solicitados, o transcurrido el plazo de un mes para su emisión, la Secretaría General de Coordinación Territorial podrá emitir informe de observaciones y proponer las modificaciones necesarias del convenio y de los estatutos. Y esta misma Secretaría, evacuados los informes correspondientes, formulará una propuesta de resolución.

La resolución de la aprobación de la participación y el convenio corresponde al Consejo de Ministros, a propuesta del titular del Ministerio de Política Territorial, en el supuesto de que uno de los integrantes futuros de la AECT sea un Estado, un órgano de la Administración General del Estado, una empresa pública o un organismo de derecho público dependiente del mismo, o una o varias comunidades autónomas o sus organismos públicos dependientes. En los demás casos, la competencia para resolver corresponde al titular del Ministerio Política Territorial.

En cuanto al contenido de la resolución, esta aprobará el convenio y la participación del miembro español en la AECT proyectada, o, en su caso, denegará dicha participación de forma motivada, cuando concurran alguna de las siguientes circunstancias[34]: esa participación o el convenio no es conforme la normativa reguladora de la AECT contenida en el Derecho europeo y el Derecho nacional relativo a los poderes y competencias del futuro miembro; esa participación no está justificada por razones de interés público o de orden público de dicho Estado miembro; o, los estatutos no son coherentes con el convenio.

El plazo máximo para la resolución del procedimiento será de seis meses a partir de la presentación de una solicitud. Transcurrido este plazo sin que se haya dictado resolución, la solicitud se entenderá estimada; ahora bien, la estimación por silencio positivo no elimina la obligación de aprobar formalmente el convenio para permitir la

---

33 Vid. art. 6 del Real Decreto 23/2015, de 23 de enero.

34 *Vid.* apartado 3 del artículo 4 Reglamento (CE) n. 1082/2006, en su versión modificada por el Reglamento (UE) n. 1302/2013.

creación de una AECT cuando el domicilio social vaya a situarse en España. Si la AECT proyectada no se constituye en el plazo de un año desde la emisión de la aprobación se producirá la caducidad de la aprobación emitida[35].

b) *La inscripción en el Registro de Agrupaciones Europeas de Cooperación Territorial como requisito constitutivo.* La inscripción registral representa el momento a partir del cual la AECT podrá efectuar las actuaciones administrativas necesarias para poder llevar a cabo la actividad para la que ha sido constituida. Esta inscripción se produce una vez acreditada la concesión de la aprobación a todos los miembros de la AECT proyectada mediante la remisión al Ministerio de Asuntos Exteriores, Unión Europea y de Cooperación del texto suscrito del convenio y de los correspondientes estatutos, y en su caso, de las autorizaciones pertinentes. Se trata de un Registro de carácter público y constitutivo (pues la inscripción es habilitante), gestionado por el Ministerio de Asuntos Exteriores, en el que deberán inscribirse el convenio y los estatutos de cada una de las AECT con domicilio social en España, así como sus modificaciones[36]. Además, el convenio y los estatutos de las AECT con domicilio social en España, así como sus modificaciones, deben ser publicados en el Boletín Oficial del Estado[37].

En el supuesto de que la AECT no tenga su domicilio social en España, los miembros de la misma constituidos con arreglo al derecho español, deberán notificar al Ministerio de Asuntos Exteriores toda información relativa a la fecha de publicación y/o registro en el Estado donde tenga su domicilio social remitiendo copia del convenio suscrito y de los correspondientes estatutos. En todo caso, la AECT debe remitir al Comité de las Regiones solicitud informando de su registro; y el Comité de las Regiones debe transferir dicha solicitud a la Oficina de Publicaciones Oficiales de la Unión Europea para que publique una nota en la serie C del Diario Oficial de la Unión Europea en la que anuncie la creación de la AECT[38].

---

35 Vid. art. 7 del Real Decreto 23/2015, de 23 de enero.

36 *Vid.* art. 8 del RD 23/2015, de 23 de enero.

37 *Vid.* art.10 del RD 23/2015, de 23 de enero.

38 *Vid.* art. 5 del Reglamento (CE) n. 1082/2006, en su versión modificada por el Reglamento (UE) n. 1302/2013.

c) *El control y la supervisión de las AECT radicadas en España a lo largo de su existencia.* El control del Estado sede sobre la AECT tiene lugar en dos momentos: en el de su creación, aprobando o denegando su constitución, y durante su funcionamiento. En este segundo supuesto, la AECT está sujeta al control financiero y económico que realizará la autoridad que se haya indicado en el convenio o los estatutos[39]. La designación de dicha autoridad se debe realizar antes de dar su aprobación a la participación en la AECT y recaerá, en todo caso, en uno o más órganos de las Administraciones públicas que, de acuerdo con la legislación interna, tenga atribuidas competencias en materia de control financiero y auditoría del sector público. En el caso de nombramiento de una pluralidad de órganos, el convenio o los estatutos establecerán las reglas para la toma de decisiones en forma colegiada. La autoridad designada informará a los otros Estados interesados de las incidencias detectadas en la realización de los controles de gestión de fondos. Las dotaciones de personal, retribuciones y demás gastos de personal de las AECT con domicilio social en España deberán atenerse a lo dispuesto en las Leyes de Presupuestos Generales del Estado y demás normativa relativa al gasto público o a la restricción de incrementos de retribuciones en el sector público.

Junto al control financiero y económico, la AECT está también sujeta a un control de legalidad, de tal suerte que el Consejo de Ministros podrá prohibir toda actividad de la AECT en territorio español que contravenga las disposiciones internas en materia de orden público, seguridad pública, sanidad pública o moralidad pública, así como las contrarias al interés público; o, en su caso, solicitar a los miembros españoles de la AECT su retirada de la misma, a menos que la AECT ponga fin a estas actividades[40].

d) *Las causas y el procedimiento de disolución de una AECT.* La disolución de la AECT podrá producirse por alguna de las causas previstas

---

39 *Vid.* art. 11 del RD 23/2015, de 23 de enero. Este control suele realizarse, generalmente, por los órganos de intervención presupuestaria y contable de las distintas administraciones territoriales y los órganos de control de naturaleza externa, como el Tribunal de Cuentas u órganos de naturaleza análoga.

40 *Vid.* art. 12 del RD 23/2015, de 23 de enero.

en el convenio de constitución y deberá ser inscrita en el Registro de Agrupaciones Europeas de Cooperación Territorial. La disolución producirá efectos a partir del momento en que sea publicada en el Boletín Oficial del Estado. Asimismo, el Consejo de Ministros, bien a iniciativa propia, bien previa solicitud del Gobierno de otro Estado miembro, de la Comisión Europea o de cualquier autoridad competente española con un interés legítimo, podrá acordar la disolución de la AECT con domicilio social en España si se apreciara un incumplimiento de los objetivos o de las funciones propios de esta figura, esto es, que no contribuyan a reforzar la cohesión económica, social y territorial de la Unión, o a superar los obstáculos existentes en el mercado interior, o, respecto de las funciones, que no ejecuten los programas u operaciones que reciben apoyo de la Unión a través de los fondos estructurales[41].

Con carácter previo a la disolución, el Consejo de Ministros formulará requerimiento a la AECT para que regularice la situación en el plazo máximo de un mes, procediendo a decretar su disolución si dicho requerimiento no es atendido. El Ministerio de Asuntos Exteriores informará a todos los Estados miembros en virtud de cuya legislación se hayan asociado los miembros de una AECT de cualquier solicitud de disolución de la misma recibida en el territorio español.

---

41 *Vid.* artículos 1, apartado 2, y 7 del Reglamento (CE) n. 1082/2006 en su versión modificada por el Reglamento (UE) n. 1302/2013. En concreto, el apartado 2 del artículo 1 subraya que el objetivo de la AECT será facilitar y fomentar entre sus miembros "la cooperación territorial, incluidas una o varias de las formas de cooperación transfronteriza, transnacional e interregional, con el fin de reforzar la cohesión económica, social y territorial de la Unión." Por su parte, el apartado 2 del artículo 7 señala como funciones de la AECT "la facilitación y el fomento de la cooperación territorial para fortalecer la cohesión económica, social y territorial de la Unión, y la superación de los obstáculos existentes en el mercado interior". Y, en el apartado 3 de mismo artículo, se especifica que "las funciones de la AECT podrán referirse a la ejecución de los programas, o partes de estos, o a la ejecución de operaciones que reciben apoyo de la Unión a través del Fondo Europeo de Desarrollo Regional, el Fondo Social Europeo y/o el Fondo de Cohesión".

2. *La constitución de AECT en las fronteras hispano-portuguesa e hispano-francesa*

El número de AECT constituidas hasta la fecha en España hace un total de dieciocho, de las cuales ocho han sido creadas en la frontera hispano-francesa y diez en la raya hispano-lusa. De las diez AECT creadas en la raya hispano-lusa, siete tienen su sede en nuestro país, siendo aplicable en este caso el Derecho español, mientras que tres de ellas han sido creadas conforme al Derecho portugués. Del lado de la frontera hispano-francesa, cinco AECT se acogen al Derecho español, mientras que las tres restantes tienen sede en Francia y se regulan de acuerdo con el Derecho francés. Además, entidades territoriales de España, Francia y Portugal se integran en AECT que están formadas por miembros de varios países europeos que no comparten frontera geográfica. Es el caso de la AECT Ciudades de la Cerámica[42] (con sede en Talavera de la Reina, en la que participan casi un centenar de municipios de España, Portugal, Francia Italia, Rumania, República Checa y Alemania); o la AECT Archimed (con sede en Taormina, en la que participan las Islas Baleares, las regiones italianas de Sicilia y Cerdeña y la Agencia de Desarrollo de Larnaca de Chipre).

En los considerandos que preceden a los convenios por los que se crean las distintas AECT a lo largo de la frontera rayana y pirenaica, se insiste de forma reiterativa en las mismas ideas en las que las entidades participantes ponen de relieve la realidad y las virtudes de la cultura colaborativa, el crecimiento de una conciencia mutua y la necesidad de fomentar las relaciones de cooperación territorial, así como la consolidación de unas relaciones fluidas y cordiales entre los territorios. De tal forma que, se destaca, en primer lugar, “que el resultado más prominente del balance acumulado es la creación de un espacio eurorregional más integrado”, vía por la que se pretende “sacar ventaja de su posición periférica, en relación a los tradicionales centros de decisión económica y política a nivel europeo”. En segundo lugar, se subrayan los elementos de identidad histórica,

---

42 Resolución de 7 de enero de 2014, de la Secretaría General Técnica, por la que se registra y publica el convenio y estatutos de la Agrupación Europea de Cooperación Territorial “Ciudades de la Cerámica, AECT Limitada” (BOE núm. 21, de 24 de enero de 2014).

patrimonial, geográfica..., "evidencias de la necesidad de establecer fórmulas de cooperación territorial que consigan el acercamiento económico y social". Estrechar aún más si cabe la cultura de la cooperación es, en fin, el argumento principal que se invoca con vistas a la creación de una persona jurídica "aprovechando la posibilidad de emplear nuevos y más eficientes instrumentos en la programación, gestión, seguimiento y evaluación conjunta de las políticas de desarrollo eurorregional".

a) *AECT en la frontera hispano-portuguesa.* La primera AECT en la raya hispano-portuguesa, creada en 2008, es la Agrupación europea de cooperación territorial Galicia-Norte de Portugal[43]. En esta misma línea fronteriza se han constituido dos AECT más: la Eurociudade Chaves-Verin[44] y la AECT Rio Minho[45].

En la franja rayana de Castilla y León, se han constituido cinco Agrupaciones europeas de cooperación territorial: la Agrupación europea de cooperación territorial "Duero-Douro"[46], la Agrupación europea de cooperación territorial "ZASNET/AECT"[47], la Agrupación

---

43 Resolución de 23 de octubre de 2008, de la Secretaría General Técnica, por la que se publica la inscripción de los estatutos de la Agrupación Europea de Cooperación Territorial Galicia-Norte de Portugal (GNP, AECT) (BOE núm. 262, de 30 de octubre de 2008).

44 Resolución de 17 de julio de 2013, de la Secretaría General Técnica, por la que se publica la inscripción de los estatutos de la Agrupación Europea de Cooperación Territorial Eurocidade Chaves-Verín en el Registro de Agrupaciones Europeas de Cooperación Territorial. (BOE núm. 178, de 26 de julio de 2013).

45 Anuncio n. 111/2018. Reglamento interno de organizaçao e funcionamiento do Secretariado Técnico e Servicios do Agrupamento Europeu de Cooperaçao Territorial do Rio Minho (Diário da República, 2ª serie_ N. 127_4 de Julio de 2018).

46 Resolución de 31 de marzo de 2009, de la Secretaría General Técnica, por la que se da publicidad a la inscripción de los estatutos de la "Agrupación Europea de Cooperación Territorial Duero-Douro" (BOE núm. 97, de 21 de abril de 2009).

47 Aviso n. 5838/2010. Constituçao de Agrupamento Europeu de Cooperaçao Territorial_ZASNET, AECT (Diário da República, 2ª serie_ N. 55_19 de Março de 2010).

europea de cooperación "AECT León-Bragança" [48], la Agrupación europea de cooperación "Interpal-Medio Tejo"[49] y la AECT Eurocidade Porta da Europa[50].

En la franja rayana de Andalucía, se han constituido dos Agrupaciones europeas de cooperación territorial: la AECT Faja Pirítica Ibérica[51] y a Eurociudad del Guadiana[52].

b) *AECT en la frontera hispano-francesa.* El Hospital de la Cerdanya[53], un centro hospitalario que da cobertura sanitaria a las comarcas españolas y francesas aledañas al Pirineo Oriental, es la primera AECT creada en la frontera pirenaica en 2010. En 2011 se crean las AECT Pirineus-Cerdanya y la Euroregion Aquitaine-Euskadi, ambas con sede en Francia y sujetas al Derecho francés. También tiene su sede en Francia la AECT País de Arte e Historia Transfronterizo "Los Valles Catalanes del Tec y del Ter", creada en 2015. En 2016 se crea la

---

48 Resolución de 17 de diciembre de 2015, de la Secretaria General Técnica, por la que se registra y publica el Convenio y los Estatutos de la Agrupación Europea de Cooperación Territorial "León-Bragança" (BOE núm. 311, de 29 de diciembre de 2015).

49 Resolución de 24 de noviembre de 2016, de la Secretaria General Técnica, por la que se registra y publica el Convenio y los Estatutos de la Agrupación Europea de Cooperación Territorial "Interpal-Medio Tejo" (BOE núm. 303, de 16 de diciembre de 2016).

50 Anuncio n. 54/2023, de 22 de março. Constituição do Agrupamento Europeu de Cooperação Territorial - Eurocidade Porta da Europa Escritura pública de constituição do Agrupamento Europeu de Cooperação Territorial (Diário da República n.38, Série II de 2023-03-22).

51 Resolución de 14 de octubre de 2014, de la Secretaría General Técnica, por la que se acuerda la inscripción de los estatutos de la Agrupación Europea de Cooperación Territorial "Faja Pirítica Ibérica" (BOE núm. 257, de 23 de octubre de 2014).

52 Resolución de 7 de febrero de 2018, de la Secretaría General Técnica, por la que se registra y publica el Convenio y Estatutos de la Agrupación Europea de Cooperación Territorial Eurociudad Ayamonte-Castro Marim-Vila Real de Santo Antonio-Eurociudad del Guadiana (BOE núm. 98, de 23 de abril de 2018).

53 Resolución de 13 de diciembre de 2010, de la Secretaría General Técnica, por la que se publica la inscripción de los estatutos de la "Agrupación Europea de Cooperación Territorial Hospital de la Cerdaña" (BOE núm. 36, de 11 de febrero de 2011).

AECT Instituto Micológico Europeo[54]. La última AECT en esta frontera es del año 2020: la AECT Pirineos-Pyrénées[55]. Se han disuelto, no obstante, dos AECT: Huesca Pirineos-Hauts Pyrénées[56] y la AECT "Espacio Portalet"[57].

Referencias bibliográficas

Alcolea Martínez, A. (2014). "Towards a New Generation of European Groupings of Territorial Cooperation". *European Structural and Investment Funds Journal*, 89-100.

Arias Aparicio, F. (2019). "La cooperación territorial europea y la cohesión de las regiones fronterizas: el potencial de las Agrupaciones europeas de cooperación territorial". *Revista General de Derecho Administrativo*, 52, pp. 1-34.

Beltrán, S. (2007). "Qué esperar de la figura europea de la Agrupación europea de cooperación territorial (AECT) en relación a los organismos de cooperación creados por las comunidades autónomas". *Revista General de Derecho Europeo*, 14, 1-32.

Biot, V. (2013). "Les systèmes de gouvernance des territoires transfrontalières: la mise en ouvre du règlement européen sur les GECT". *Belgio*, 1, 1-14.

54 Resolución de 10 de mayo de 2016, de la Secretaría General Técnica, por la que se registra y publica el Convenio y Estatutos de la Agrupación Europea de Cooperación Territorial "European Mycological Institute" (BOE núm. 122, de 20 de mayo de 2016).

55 Resolución de 25 de junio de 2020, de la Secretaría General Técnica, por la que se registra y publica el Convenio y Estatutos de la Agrupación Europea de Cooperación Territorial "Pirineo-Pyrénées" (BOE núm. 185, de 6 de julio de 2020).

56 Resolución de 11 de noviembre de 2014, de la Secretaría General Técnica, por la que se registra y publica el convenio y estatutos de la Agrupación Europea de Cooperación Territorial "Huesca Pirineos-Hautes Pyrénées (HP-HP)" (BOE núm. 282, de 21 de noviembre de 2014).

57 Resolución de 3 de junio de 2011, de la Secretaría General Técnica, por la que se publica la inscripción de los estatutos de la Agrupación Europea de Cooperación Territorial "Espacio Portalet" (BOE núm. 144, de 17 de junio de 2011).

Embid Irujo, A.; Fernández de Casadevante Romani, C. (2008). *Las agrupaciones europeas de cooperación territorial. Consideraciones desde el Derecho comunitario y español.* Iustel.

Janer Torrens, J. D. (2010). "La participación de los entes regionales y locales españoles en las agrupaciones europeas de cooperación territorial". *Revista de Derecho Constitucional Europeo,* 35, 117-142.

Martínez Pérez, E. J. (2010). "Las Agrupaciones Europeas de Cooperación Territorial (Unión Europea) frente a las Agrupaciones Eurorregionales de Cooperación (Consejo de Europa): ¿competencia o complementariedad?". *Revista de Estudios Europeos,* 56, 109-126.

Medina, E. (2017). "Marco jurídico y principales instrumentos de la cooperación transfronteriza institucionalizada en Europa". *Investigaciones Regionales,* 37, 189-206.

Rojo Salgado, A. (2009). "La cooperación transfronteriza y sus consecuencias: hacia la reestructuración territorial en Europa». *Investigaciones Regionales,* 18, 141-184.

Russo, A.M. (2013). "Un nuevo 'juego interactivo' en el tablero de ajedrez del derecho transnacional: la cooperación territorial transfronteriza en el marco jurídico europeo". *Revista catalana de Dret Públic,* 47, 159-180.

Sanz Rubiales, I. (2018). "Cooperación transfronteriza: el papel de los organismo jurídico-administrativos". En D'oliveira Martins, A. (Dir.). *O Direito Administrativo Transnacional (Direito Administrativo, International, Europeo e Global) e as suas implicaçoes no Dirito Administrativo de Espanha e de Portugal.* Universidade Lusiada Editora, CEJEA, Centro de Estudios Juridicos, Económicos e Ambientais, 339-350.

Sanz Rubiales, I. (2008). "La agrupación europea de cooperación territorial (AECT): ¿una nueva administración pública de derecho comunitario? Algunos problemas". *Revista de Derecho Comunitario Europeo,* 31, 673-710.

Taillefait, A. (2020). "Les cadres juridiques européens de la coopération transfrontalière des collectivités et autonomies locales: évolutions et perspectives". *Revista General de Derecho Administrativo,* 55, 1-14.

Los fondos estructurales y de inversión de la Unión Europea dirigidos a financiar el desarrollo regional y la cooperación territorial: la regulación de Interreg

ENRIQUE HERNÁNDEZ-DIEZ
Profesor contratado doctor de Derecho Administrativo y de la Unión Europea
Universidad de Extremadura

I. INTRODUCCIÓN

La denominada cooperación territorial europea ha sido una pieza clave de la política de cohesión desde los orígenes de las Comunidades europeas en la década de 1950. Entre los instrumentos de los que la actual Unión Europea se ha dotado para alcanzar sus objetivos en este ámbito sobresale la dotación de fondos estructurales y de inversión especializados.

Para el apoyo de toda la cooperación territorial (en sus vertientes transfronteriza, transnacional o interregional), se creó en 1975 el Fondo Europeo de Desarrollo Regional (FEDER). El artículo 147 (párrafo 3) del Tratado de Funcionamiento de la Unión Europea contempla, de forma explícita, la especial atención de este instrumento a las regiones transfronterizas, y así se ha desarrollado desde su primer Reglamento hasta la actualidad, a lo largo de los diversos marcos financieros plurianuales.

En sintonía con la especialización progresiva de los instrumentos financieros, y con el inicial objetivo específico de paliar las desventajas de las áreas de frontera, la Comisión Europea adoptó la Iniciativa Comunitaria INTERREG en 1990[1]. La evolución de su regulación durante las tres décadas siguientes (atendiendo a los sucesivos marcos financieros) permite apreciar cuatro rasgos principales: a) la ampliación del ámbito territorial elegible o zonas subvencionables, que ya no se ciñe a las áreas de frontera sino a la dimensión propiamente regional —autonómica, en el caso español—; b) el aumento constante de los recursos financieros destinados a la cooperación territorial —transfronteriza pero también interregional no fronteriza—; c) el mayor peso relativo de la población frente a la renta de los territorios para la asignación de los fondos; y d) la transición de un enfoque basado en la solidaridad a otro basado en la eficacia económica del desarrollo económico integral de la Unión (Gracias Durán, Millet, y Casanova, 2009).

Los fondos estructurales de la Unión Europea (o FEIE, por las siglas de Fondos Estructurales y de Inversión Europeos), con carácter general, se concretan mediante la implantación de programas (operativos) pactados entre las autoridades europeas y nacionales. Así sucede, especialmente, en el caso de Interreg (como objetivo), que comprende más de un centenar de programas de muy distinto alcance territorial, divididos en cuatro capítulos, y soportados por

---

1 A pesar del empleo original de las mayúsculas, en la actualidad, la documentación de la Unión Europea emplea el uso solo de la mayúscula inicial y el resto en minúsculas, para referirse a este objetivo «Interreg», a sus programas y a sus fondos.

dos principales líneas de financiación (FEDER y los instrumentos de financiación exterior).

Este estudio aborda dónde y cómo se recoge la regulación de estos instrumentos financieros, y cómo se ordena (a grandes rasgos) la participación en su diseño, ejecución y seguimiento, de las distintas autoridades autonómicas españolas afectadas.

II. EL MARCO REGULADOR ORIGINARIO

Los FEIE son una herramienta de la Unión Europea para la consecución de sus metas, y como cualquier instrumento de esta, se rigen por dos planos de ordenación principales en el ámbito de la Unión: el derecho originario y el derecho derivado.

Aunque el derecho originario se compone de más textos jurídicos, me referiré aquí solo a tres que recogen referencias al objeto de estudio: el Tratado de la Unión Europea (TUE), el Tratado de Funcionamiento de la Unión Europea (TFUE) y la Carta de Derechos Fundamentales de la Unión Europea (CDFUE).

El derecho originario, primario o de los tratados, aborda tres cuestiones vinculadas de forma directa con estos fondos. La primera es la delimitación de los objetivos de la Unión Europea en materia de cooperación territorial y desarrollo regional, con su consiguiente habilitación competencial para la intervención sobre la cuestión dentro de la política europea de cohesión (económica, social y territorial). La segunda es la alusión explícita a algunos de los fondos en particular, probablemente por su consolidación histórica, y que suponen una garantía mínima sobre la organización financiera de la Unión Europea. La tercera es la organización presupuestaria de la Unión Europea, de la que se derivan las ayudas, que ilustra cómo y quién incide en su ordenación.

1. *La cooperación y la cohesión territorial como objetivos de la Unión Europea*

El Tratado de la Unión Europea establece varias prescripciones sobre la cooperación de connotación territorial. De manera simplificada, podemos atender a los objetivos internos, de una parte, y a los objetivos externos, de otra.

La dimensión de la cooperación territorial en el seno de la Unión Europea persigue difuminar las fronteras interiores. El artículo 3 TUE recoge la razón de ser de la UE («promover la paz, sus valores y el bienestar de sus pueblos») mediante una serie de objetivos que aluden, de forma explícita, a la dimensión territorial. En particular, dice que la «Unión fomentará la cohesión económica, social y territorial y la solidaridad entre los Estados» (tercer párrafo del artículo 3.3 TUE). Estas tres líneas de cohesión determinan, precisamente, la Política homónima (la Política de Cohesión) con tres instrumentos financieros principales (Fondo de Cohesión, Fondo Social Europeo [hoy con el apelativo añadido "Plus", o FSE+] y Fondo Europeo de Desarrollo Regional, o FEDER). En suma, la finalidad de estos mandatos de cooperación es la cohesión.

Para lograr las metas marcadas, el derecho originario configura esta "cohesión territorial" como competencia compartida entre la Unión Europea y los Estados miembros, según el artículo 4.2.c) TFUE. Además, entre los principios que condicionan el ejercicio general de las competencias de la UE (exclusivas, compartidas o de apoyo, en síntesis), la dimensión territorial es evidente en el reconocimiento explícito a la autonomía local y regional, además del principio de subsidiariedad.

Sea como fuere, para concretar el ámbito competencial se desarrollan una serie de prescripciones específicas desde el artículo 174 al 178 TFUE (que conforman el Título XVIII, sobre "Cohesión económica, social y territorial"). Estos preceptos permiten identificar una serie de mandatos programáticos que vinculan la intervención sobre la cohesión territorial. Como muestra, el artículo 174 TFUE dice que la «Unión se propondrá, en particular, reducir las diferencias entre los niveles de desarrollo de las diversas regiones y el retraso de las regiones menos favorecidas».

Los instrumentos disponibles de la UE para alcanzarlos no están tasados o limitados a los expresamente referidos, a título ejemplificativo («fondos con finalidad estructural», o el Banco Europeo de Inversiones), y podrían adoptarse otras cuando se «manifestare la necesidad de acciones específicas al margen de los fondos» y las demás políticas ya implementadas (tercer párrafo del artículo 175 TFUE). La ejecución de la competencia incluye, de hecho, un régimen particular de rendición de cuentas. Así, de forma trienal, «la Comisión presentará un informe al Parlamento Europeo, al Consejo, al Comité Económico y Social y al Comité de las Regiones sobre los avances realizados en la consecución» de la cohesión territorial, incluyendo eventuales propuestas *ex novo* (segundo párrafo del artículo 175 TFUE).

Por último, conviene aludir al artículo 36 de la Carta de Derechos Fundamentales de la Unión Europea. Este precepto trata el derecho de "acceso a los servicios de interés económico general", bajo la premisa de que "la Unión reconoce y respeta" este acceso "tal como disponen las legislaciones y prácticas nacionales, de conformidad con los Tratados, con el fin de promover la cohesión social y territorial de la Unión".

Fuera de las fronteras de la Unión, por otra parte, también existe una habilitación explícita para dar cobertura a la cooperación con "países vecinos". En concreto, el artículo 8.1 TUE dice que la «Unión desarrollará con los países vecinos relaciones preferentes, con el objetivo de establecer un espacio de prosperidad y de buena vecindad basado en los valores de la Unión y caracterizado por unas relaciones estrechas y pacíficas fundadas en la cooperación». Esto ha permitido dar cabida a países y regiones fronterizas con los Estados miembros en algunos de los programas y capítulos o ramas de Interreg. Las metas hacia las que se orientará tal cooperación con territorios exteriores vienen contempladas en el artículo 21.2 TUE (defender los valores de la UE, prevenir conflictos internacionales, etc.).

2. *Las alusiones a los fondos de cooperación territorial en los Tratados*

Para la política general de cohesión, la Unión Europea se dota, según su derecho originario, de al menos las siguientes tres herramientas financieras concretas:

a) El Fondo Social Europeo (hoy, Plus). Nace en 1957 al amparo del Tratado de Roma de 1957 (por el que se crea la Comunidad Económica Europa), pero a partir del Tratado de Lisboa (en vigor desde 2009) es regulado en los artículos 162 y 164 TFUE.

b) El Fondo Europeo de Desarrollo Regional (FEDER). Surge en 1975, y hoy se dedica a él el contenido explícito de los artículos 176 y 178 TFUE, sin perjuicio de otros preceptos alusivos de forma implícita.

c) Y el Fondo de Cohesión, creado en 1994, y hoy amparado expresamente por el segundo párrafo del artículo 177 TFUE[2].

Como puede intuirse, al objetivo de la cooperación territorial se destina específicamente el FEDER, sin perjuicio de la concurrencia en otros objetivos comunes con los demás fondos.

El artículo 176 TFUE señala que el FEDER «estará destinado a contribuir a la corrección de los principales desequilibrios regionales dentro de la Unión mediante una participación en el desarrollo y en el ajuste estructural de las regiones menos desarrolladas y en la reconversión de las regiones industriales en declive». Parece obvia su naturaleza redistributiva y de cohesión. El artículo siguiente (177 TFUE) apela a la coherencia en el uso de estos instrumentos, mediante la vigilancia de la eficacia y la coordinación entre fondos. El artículo 178 TFUE indica la forma de desarrollar la regulación del

---

2 Este artículo 177 TFUE afecta también a la ordenación de los demás FEIE, y dice: «Sin perjuicio de lo establecido en el artículo 178, el Parlamento Europeo y el Consejo, mediante reglamentos adoptados con arreglo al procedimiento legislativo ordinario, y tras consultar al Comité Económico y Social y al Comité de las Regiones, determinarán las funciones, los objetivos prioritarios y la organización de los fondos con finalidad estructural, lo que podrá suponer la agrupación de los fondos. Mediante el mismo procedimiento,. se determinarán asimismo las normas generales aplicables a los fondos, así como las disposiciones necesarias para garantizar su eficacia y la coordinación de los fondos entre sí y con los demás instrumentos financieros existentes. Un Fondo de Cohesión, creado con arreglo al mismo procedimiento, proporcionará una contribución financiera a proyectos en los sectores del medio ambiente y de las redes transeuropeas en materia de infraestructuras del transporte».

FEDER, mediante el procedimiento legislativo ordinario (que incluye consulta, entre otros, al Comité de las Regiones).

3. La organización presupuestaria primaria de la Unión Europea

La última pieza del derecho originario que condiciona de forma evidente la configuración de los FEIE es la ordenación presupuestaria contemplada en los Tratados. En particular, dos piezas clave contempladas en el TFUE son el marco financiero plurianual (MFP) y los presupuestos generales de la Unión Europea.

En el artículo 312 TFUE determina qué es y cómo opera la programación plurianual (vía MFP). Establecidos para periodos de cinco o más años (frecuentemente han sido hasta siete), la UE ha aprobado seis hasta el momento, y tienen forma y valor de Reglamento de la Unión desde la vigencia del Tratado de Lisboa (antes eran acuerdos interinstitucionales). Su contenido delimita los máximos de gasto por "rúbricas", que los presupuestos anuales deben respetar. Los FEIE se ajustan a estos límites, y suelen aprobarse sus normas conforme al periodo que rija el correspondiente MFC.

Entre los artículos 310 y 314 TFUE se contienen diversas disposiciones sobre el presupuesto general de la UE. Este es el plan financiero anual de la Unión en el que se recogen las previsiones de todos los ingresos y gastos de la UE.

La adopción de estos instrumentos corresponde a los órganos con potestad de codecisión legislativa y presupuestaria, es decir, al Consejo de la Unión Europea y al Parlamento Europeo, de forma conjunta. Pero en este caso se hace mediante procedimientos legislativos especiales, no ordinarios, que pueden requerir la unanimidad del Consejo (salvo que lo excepcione el Consejo Europeo), entre otras particularidades. La Comisión retiene, en todo caso, la potestad de formular el proyecto de presupuesto anual, y lo que ello supone para la asignación de los programas y fondos Interreg.

Con tales previsiones, deberá ejecutarse conforme a reglas definidas de acuerdo con los mínimos de los artículos 217 a 219 TFUE (sobre ejecución del presupuesto y aprobación de la gestión). Estas reglas dan pie, en términos simplificados, a tres modelos de gestión de los fondos: gestión compartida (entre la Comisión y los Estados), gestión directa (por la Comisión o sus agencias ejecutivas) o gestión indirecta (confiando la ejecución a terceras partes).

Por último, conviene anotar que el derecho originario es parco en las referencias a una participación con enfoque territorial infraestatal en el diseño de estos instrumentos financieros. Los preceptos antedichos del TFUE no contemplan que, en este procedimiento especial, los órganos consultivos más relevantes (y, en lo que interesa aquí, el Comité de las Regiones) deban emitir de forma preceptiva sus posiciones durante los debates de estos instrumentos. La participación de las autoridades regionales en las grandes decisiones presupuestarias de la UE queda restringida a las reglas generales, resumidas en dos.

De una parte, la especificidad de los procedimiento antedicho no impide la capacidad consultiva del Comité de las Regiones para emitir su opinión por propia iniciativa, sin ser requerido para ello (cuarto párrafo del artículo 307 TFUE), y sí debería ser consultado de forma preceptiva en aquellos casos en los que las decisiones del Parlamento, del Consejo o de la Comisión afecten a la cooperación transfronteriza (mismo precepto, primer párrafo), que es algo poco cuestionable en la aprobación de partidas para dicha cooperación. De hecho, así sucede y se hace constar en las partes expositivas de los Reglamentos UE que adoptan el MFP o los presupuestos anuales.

De otra parte, corresponde al derecho interno de los Estados la ordenación de mecanismos de participación de sus autoridades territoriales descentralizadas en la formación de la posición de las autoridades presentes en el Consejo Europeo y en el Consejo de la Unión Europea. A esta última cuestión y su concreción en España dedico unas breves referencias al final de este estudio, previas a las conclusiones.

III. EL ESQUEMA FINANCIERO GENERAL DE 2021-2027

Los FEIE son instrumentos ya consolidados en la Unión Europea, antes incluso de la vigencia del Tratado de Lisboa (2009). Pero su ordenación específica se contiene en normas resultantes de las pautas antedichas por el derecho originario, es decir, en normas de derechos derivado.

En particular, lo que hoy se denomina «Interreg» ha sido regulado mediante tres técnicas distintas en los últimos treinta años. Primero, lo fue como "iniciativa comunitaria" entre 1990 y 1999. Después, transitoriamente estuvo integrado dentro de la regulación común de los fondos estructurales, entre 2000 y 2013. Y finalmente ha contado con su propia regulación separada desde 2014 (renovada en 2021), aunque es sostenido por dos líneas de financiación: el Fondo Europeo de Desarrollo Regional (FEDER) y los instrumentos de financiación exterior.

1. Los condicionantes coyunturales del marco financiero plurianual

El carácter temporal de los marcos financieros hace que cualquier foto fija del estado de la cuestión pueda verse superada en pocos años por transformaciones sustanciales. El MFP de 2021-2027 se empezó a debatir en 2018. Entonces existían dos preocupaciones condicionantes sobre la mesa: el Brexit, entonces inconcluso, y la erosión del respeto al Estado de derecho por Hungría y Polonia. Antes de la adopción definitiva, sin embargo, se sumó otro condicionante clave: el descomunal impacto de la pandemia de la covid-19. Al poco de su adopción, la Unión Europea debió hacer frente a la guerra de agresión de Rusia a Ucrania, a partir de febrero de 2022.

Los cuatro condicionantes antedichos influyen en tres decisiones sustanciales de la política financiera de la Unión Europea.

En primer lugar, el MFP para 2021-2027 evidencia que las autoridades de la UE y los Estados miembros optaron por un escenario de profundización en la Unión Europea, y no de retracción o reducción de los esfuerzos compartidos, como llegó a barajarse tras los resultados del referéndum del Brexit. En concreto, permite un límite máximo global de más de un billón de euros (1.085.300 millones de euros a precios de 2018, lo que representa un incremento de 2.000 millones más que para el periodo anterior, de 2014 a 2020).

En segundo lugar, se impuso un mecanismo de condicionalidad en la ejecución de los fondos, frente a las vulneraciones de los principios del Estado de derecho. A ello sirvió el Reglamento (UE, Euratom) 2020/2092 del Parlamento Europeo y del Consejo de 16 de diciembre de 2020 sobre un régimen general de condicionalidad para la protección del presupuesto de la Unión[3]. Por primera vez en la historia de la UE, algunas autoridades nacionales pueden perder el acceso a la gestión compartida y a la financiación derivada de numerosos fondos esenciales para los objetivos de cohesión territorial.

En tercer lugar, y también de forma inédita, se adoptó un instrumento financiero de enormes proporciones al margen del MFP (750.000 millones de euros a precios de 2018), y que incluía el permiso a la UE para emitir deuda compartida en los mercados de capitales. Así consta en el Reglamento (UE) 2020/2094 del Consejo de 14 de diciembre de 2020 por el que se establece un Instrumento de Recuperación de la Unión Europea para apoyar la recuperación tras la crisis de la covid-19.

2. *El contenido del marco financiero plurianual de 2021 a 2027*

A partir del mencionado artículo 312 del Tratado de Funcionamiento de la Unión Europea (TFUE), se adoptó el Reglamento (UE, Euratom) 2020/2093 del Consejo, de 17 de diciembre de 2020, por el que se establece el marco financiero plurianual para el período 2021-2027. El Anexo I concreta los importes máximos de gasto de la UE en torno a siete grandes bloques, o rúbricas, aun con numerosas reglas de excepción y modificación parcial de las cuantías señaladas[4]. Estas son: 1) Mercado único, innovación y economía digital; 2) Cohe-

---

3 Como su rúbrica indica, el Reglamento despliega efectos también sobre el marco de Euratom (la Comunidad Europea de la Energía Atómica), a la que no he aludido en la descripción del derecho originario, por su relevancia solo tangencial para el objeto de estas páginas. Pero su tratado constitutivo (de 1957) también forma parte del derecho primario, y comparte instituciones y numerosas reglas de ingresos y gastos con el resto del entramado de la Unión Europea.

4 El Reglamento consigna de forma separada los límites específicos de siete programas con asignaciones adicionales de crédito (Anexo II): Horizonte

sión, resiliencia y valores [subdividida en 2a) Cohesión económica, social y territorial; y 2b) Resiliencia y valores]; 3) Recursos naturales y medio ambiente; 4) Migración y gestión de las fronteras; 5) Seguridad y defensa; 6) Vecindad y resto del mundo; y 7) Administración pública europea.

De todos ellos, pueden ser destinados a la cooperación territorial mediante programas y fondos Interreg los importes combinados parcialmente de las rúbricas 2a y 6. A la primera de estas, la Unión Europea ha previsto destinar un máximo de 330.235 millones de euros (a precios de 2018), y a la segunda un límite de 98.419 millones de euros (también al valor de 2018)[5].

3. *Los actuales fondos europeos útiles a la política de cooperación territorial*

Sin ánimo de exhaustividad, y desde la óptica de la política de cooperación regional, la evolución de las últimas décadas permite diferenciar cuatro grandes grupos principales de Fondos EIE consolidados. Cada uno de estos grupos se alinea con algunos de los bloques políticos de mayor relevancia para la Unión Europea, pero solo los dos primeros conjuntos tienen relación financiera directa con los denominados programas Interreg (y, en consecuencia, son denominados "fondos Interreg").

En primer término, y de importancia clave para el asunto que nos ocupa, sobresalen los fondos vinculados a la llamada la Política de

---

Europa, Fondo InvestEU, EU4Health, Erasmus+, Europa Creativa, Derechos y Valores, y el Fondo para la Gestión Integrada de Fronteras.

5 Estas cuantías, no obstante, no contemplaban los reajustes que han sido considerados inevitables por la invasión rusa de Ucrania en febrero de 2022. Esta motiva una importante reforma mediante el Reglamento (UE, Euratom) 2022/2496 del Consejo, de 15 de diciembre de 2022, que modifica el Reglamento (UE, Euratom) 2020/2093 por el que se establece el marco financiero plurianual para el período 2021-2027. No obstante, poco de estas nuevas dotaciones puede considerarse orientada a la cooperación territorial en el sentido que nos ocupa ahora.

Cohesión[6]: FEDER, FSE+ y FC. El primero es el principal instrumento financiero de la política europea de cooperación territorial, pero los tres comparten otro segundo objetivo común: la inversión para el crecimiento y el empleo.

En segundo término, Interreg también obtiene respaldo financiero explícito de los denominados "instrumentos de financiación exterior", es decir, aquellos que permiten implementar los objetivos de la acción de la Unión Europea fuera de sus fronteras. En particular, contribuyen financieramente a la cooperación territorial desde 2021 tres de estas herramientas principales: a) el Instrumento de Vecindad, Cooperación al Desarrollo y Cooperación Internacional - Europa Global (conocido por las siglas IVDCI); b) la tercera edición del Instrumento de Ayuda Preadhesión (IAP III); y c) la asociación de los países y territorios de ultramar (PTU).

En tercer término, podemos identificar, en sentido amplio, los fondos de la Política Agraria Común (que comprende la de pesca)[7]. Tienen una relevancia financiera enorme en términos cuantitativos para ciertos territorios, pero apenas tangencial en términos programáticos para la política de cooperación territorial en sentido estricto.

Por último, otros fondos y programas europeos accesibles a los esfuerzos de cooperación territorial, pero solo de forma incidental, son el conjunto heterogéneo de fondos como el nuevo de Transición

---

6 Las prioridades de la Política de Cohesión de la UE en el periodo 2021-2027 pueden ser sintetizadas en cinco ejes: 1) Crecimiento inteligente [fomentar la innovación, la digitalización y la competitividad en empresas e industrias]; 2) Transición verde [apoyar el cambio hacia una economía sostenible y baja en carbono y promover la protección del medio ambiente]; 3) Inclusión social [mejorar el acceso a oportunidades de empleo, educación y formación de calidad y fomentar la cohesión social]; 4) Desarrollo territorial [fortalecimiento del desarrollo regional, las conexiones urbano-rurales y la cooperación transfronteriza]; y 5) Infraestructura eficiente y sostenible [invertir en transporte, energía e infraestructura digital para mejorar la conectividad y la sostenibilidad].

7 Me refiero, por ejemplo, al Fondo Europeo Agrícola de Desarrollo Rural (FEADER, que soporta la mayor parte de las ayudas bajo metodología LEADER), el Fondo Europeo de Garantía Agraria (FEAGA) y el Fondo Europeo Marítimo, de Pesca y de Acuicultura (FEMPA).

Justa, o la reformulación de los actuales Horizonte Europa, Erasmus+, EU4Health, InvestEU, Derechos y Valores (antes Europa con los Ciudadanos), y Europa Creativa (sin ser esta más que una lista ejemplificativa).

IV. LA CONFIGURACIÓN DE INTERREG DESDE 2021

Para comprender la regulación general de Interreg a partir de 2021 es indispensable poder diferenciar las distintas acepciones con las que se emplea el término, que dan pie a una regulación compleja, a pesar de los intentos por su simplificación.

1. Algunas aclaraciones del marco conceptual

El paso del tiempo, y una técnica quizá poco propicia a facilitar la comprensión externa de los sistemas, ha complicado de forma notable dilucidar con claridad a qué se refieren las normas de la Unión Europea cuando mencionan a «Interreg», antes INTERREG[8].

De acuerdo con el objeto y ámbito de aplicación de las principales normas de derecho derivado vigentes sobre la cuestión, Interreg (como término independiente) es hoy un objetivo de la Unión Europea, que expresa en una sola palabra la meta de cooperación territorial europea. Dado que el objetivo se concreta jurídicamente en consonancia con el marco financiero plurianual, entre 2021 y 2027 hablamos de Interreg VI, por tratarse del sexto periodo del objetivo alineado a la disposición de medios que ordena el correspondiente MFP.

---

8 Baso este esquema en el contenido esencial del artículo 1 del Reglamento (UE) 2021/1059 del Parlamento Europeo y del Consejo, de 24 de junio de 2021, sobre disposiciones específicas para el objetivo de cooperación territorial europea (Interreg) que recibe apoyo del Fondo Europeo de Desarrollo Regional y de los instrumentos de financiación exterior. Volveremos a él *ad infra*.

Interreg no es, por tanto, una parte o un capítulo de FEDER, sino una noción autónoma. Sin embargo, FEDER es una de las herramientas más importantes de Interreg, en tanto cuanto es el fondo (un instrumento) que financia de manera mayoritaria la realización del objetivo.

Las intervenciones alineadas con el objetivo Interreg VI son los denominados "programas Interreg". Estos programas son numerosos, y en cada marco financiero plurianual pueden superar el centenar. Entre ellos están los once que financian acciones en territorio español: ESPON 2030, Interreg Europe, Interact, URBACT, SUDOE, POCTEP, POCTEFA, Euro-MED, MAC, Atlantic Area, y ENI CBC Med. Todos están agrupados en lo que se ha denominado "Capítulos Interreg", por dimensiones geográficas (son cuatro, dando lugar a Interreg A, Interreg B, Interreg C e Interreg D).

Las ayudas para sostener financieramente estos programas parten de cuatro fondos, esencialmente. El principal es FEDER, pero también existen partidas orientadas a este objetivo de cooperación territorial en los llamados «instrumentos de financiación exterior de la Unión». Estos instrumentos son tres: 1º) la tercera edición del Instrumento de Ayuda Preadhesión (de ahí las siglas IAP III); 2º) Instrumento de Vecindad, Desarrollo y Cooperación Internacional (IVDCI); y 3º) la financiación para todos los países y territorios de ultramar (PTU) en el período de programación de 2021 a 2027.

Las ayudas de FEDER y de estos otros instrumentos que sirven para financiar los programas Interreg son lo que se denomina (a todos, en conjunto) «fondos Interreg». Hay otros porcentajes de estos instrumentos que sirven a otros objetivos distintos, al margen de estos programas, por lo que (por ejemplo) no todo FEDER es fondo Interreg.

Un último concepto relevante para la normativa de la cooperación territorial es la nomenclatura de unidades territoriales (NUTS)[9]. Los

---

9 Es regulada por el Reglamento (CE) 1059/2003 del Parlamento Europeo y del Consejo, de 26 de mayo de 2003, por el que se establece una nomenclatura común de unidades territoriales estadísticas (NUTS), reformado en varias ocasiones hasta la actualidad.

NUTS tienen una primera función estadística, pero es un sistema utilizado de forma recurrente para delimitar el ámbito espacial y el reparto de los fondos asignados a los programas. Por ello, suelen buscarse equivalencias con los niveles de descentralización política y territorial de los Estados. El Reglamento de 2003 (con numerosas reformas) ordena una clasificación de tres niveles (NUTS 1, 2 o 3), según población:

a) El primer nivel (NUTS 1) se corresponde con territorios con una población de entre 3 y 7 millones de habitantes. En España hay siete NUTS 1 (en general, agrupan a varias comunidades autónomas[10].

b) El segundo nivel (NUTS 2) comprende unidades territoriales con una población de entre 3 millones y 800.000 personas. En España se ha considerado tales, directamente, a las comunidades y ciudades autónomas, con independencia de la población[11].

c) El tercer nivel (NUTS 3) abarca a los territorios con poblaciones de entre 150.000 y 800.000 habitantes. En España se consideran de este nivel las provincias peninsulares, las islas y las ciudades de Ceuta y Melilla[12].

2. *Un esquema de las normas específicas más relevantes*

Entre las fuentes del derecho derivado de la Unión Europea, hay un acto legislativo cuyo objeto explícito es regular Interreg VI: el Re-

---

10 Los NUTS 1 españoles son: ES1, Galicia, Principado de Asturias y Cantabria; ES2, País Vasco, Comunidad Foral de Navarra, La Rioja y Aragón; ES3, la Comunidad de Madrid; ES4, Castilla y León, Castilla-La Mancha y Extremadura; ES5, Cataluña, Comunidad Valenciana e Illes Balears; ES6, Andalucía, Región de Murcia y las Ciudades Autónomas de Ceuta y Melilla; y ES7, Canarias.

11 Estas, y el resto de referencias sobre los NUTS, pueden consultarse en el Informe "Statistical regions in the European Union and partner countries – NUTS and statistical regions", editado en 2022 por última vez, por el Servicio de Publicaciones de la Unión Europea [doi:10.2785/321792].

12 Estas dos son, al mismo tiempo, NUTS 2 y NUTS 3.

glamento (UE) 2021/1059 del Parlamento Europeo y del Consejo, de 24 de junio de 2021, sobre disposiciones específicas para el objetivo de cooperación territorial europea (Interreg) que recibe apoyo del Fondo Europeo de Desarrollo Regional y de los instrumentos de financiación exterior (en adelante, Reglamento Interreg). Es la norma con más contenido directamente orientado a la regulación de los mecanismos concretos de financiación a la cooperación territorial.

El Reglamento Interreg, en todo caso, es complementado por otras cinco normas de especial importancia, y que regulan los fondos Interreg (aunque su objeto trascienda a Interreg VI). Estas son:

1°) El Reglamento FEDER-FC, o Reglamento (UE) 2021/1058 del Parlamento Europeo y del Consejo, de 24 de junio de 2021, relativo al Fondo Europeo de Desarrollo Regional y al Fondo de Cohesión[13].

2°) El Reglamento de disposiciones comunes, o Reglamento (UE) 2021/1060 del Parlamento Europeo y del Consejo, de 24 de junio de 2021, por el que se establecen las disposiciones comunes relativas al Fondo Europeo de Desarrollo Regional, al Fondo Social Europeo Plus, al Fondo de Cohesión, al Fondo de Transición Justa y al Fondo Europeo Marítimo, de Pesca y de Acuicultura, así como las normas financieras para dichos Fondos y para el Fondo de Asilo, Migración e Integración, el Fondo de Seguridad Interior y el Instrumento de Apoyo Financiero a la Gestión de Fronteras y la Política de Visados.

---

13 Reemplazan a las anteriores normas derivadas, entre las que destaca el Reglamento (UE) n° 1301/2013 del Parlamento Europeo y del Consejo, de 17 de diciembre de 2013, sobre el Fondo Europeo de Desarrollo Regional y sobre disposiciones específicas relativas al objetivo de inversión en crecimiento y empleo y por el que se deroga el Reglamento (CE) n° 1080/2006. Este último estuvo acompañado, como lo estarán los antedichos ahora vigentes en los próximos años, por una pléyade de Reglamentos de desarrollo y de ejecución, adoptados por la Comisión, por su correspondiente habilitación en cada caso.

3°) El Reglamento IVDCI, o Reglamento (UE) 2021/947 del Parlamento Europeo y del Consejo de 9 de junio de 2021 por el que se establece el Instrumento de Vecindad, Cooperación al Desarrollo y Cooperación Internacional - Europa Global [...].

4°) El Reglamento IAP, o Reglamento (UE) 2021/1529 del Parlamento Europeo y del Consejo de 15 de septiembre de 2021 por el que se establece el Instrumento de Ayuda Preadhesión (IAP III).

5°) La Decisión de Asociación PTU, o Decisión (UE) 2021/1764 del Consejo de 5 de octubre de 2021 relativa a la Asociación de los países y territorios de ultramar con la Unión Europea, incluidas las relaciones entre la Unión Europea, por una parte, y Groenlandia y el Reino de Dinamarca, por otra (Decisión de Asociación Ultramar, incluida Groenlandia).

3. Los capítulos de Interreg VI y sus programas

El artículo 3 del Reglamento Interreg define cuatro capítulos para la ordenación y configuración de programas de cooperación territorial: de cooperación transfronteriza (Interreg A), de cooperación transnacional (Interreg B), de cooperación interregional (Interreg C) y de cooperación con países ultraperiféricos y con otros actores lejanos (Interreg D). Todos ellos agrupan programas que involucran a las comunidades autónomas españolas, en distinto grado.

3.1. Interreg A: los programas de cooperación transfronteriza

El primer capítulo (Interreg A) abarca al mayor número de programas, con sesenta y cuatro de ellos a principios del MFP 2021-2027. Son programas que buscan "promover el desarrollo regional integrado y armonioso entre regiones fronterizas terrestres y marítimas vecinas" (artículo 3 del Reglamento Interreg). Esta cooperación puede ser, a su vez, de carácter interno o externo (artículo 4).

Se considera cooperación transfronteriza interna aquella realizada entre regiones adyacentes de dos o más Estados de la UE, con algunas excepciones[14]. En esta categoría se ubican los denominados "Programas Interreg de la UE", que son cuarenta y nueve de los sesenta y cuatro en 2025. En sentido estricto, solo dos de estos afectan a España[15].

El primero es el Programa Operativo de Cooperación Transfronteriza España-Portugal (POCTEP). Del lado español, involucra a catorce NUTS 3 (las provincias de A Coruña, Ávila, Badajoz, Cáceres, Cádiz, Córdoba, Huelva, León, Lugo, Ourense, Pontevedra, Salamanca, Sevilla, Valladolid y Zamora). Por ello, se ven involucradas autoridades de las comunidades autónomas de Galicia, Castilla y León, Extremadura y Andalucía. Del lado portugués, los NUTS 3 no siempre se corresponden con autoridades políticas estrictas, sino regiones geográficas que agrupan a más de una cámara municipal en cada caso, a veces llamadas comunidades intermunicipales[16].

El segundo es el Programa Operativo de Cooperación Transfronteriza España-Francia-Andorra (POCTEFA). De hecho, aunque Andorra no es Estado miembro de la Unión Europea, la cláusula de excepción del artículo 4.2 del Reglamento Interreg permite su parti-

---

14 En particular, el artículo 4 delimita que estos, a pesar de ser internos, "podrán abarcar regiones de Noruega, el Reino Unido y Suiza que sean equivalentes a las regiones NUTS de nivel 3, así como Andorra, Liechtenstein, Mónaco y San Marino".

15 *Cfr.* la Decisión de Ejecución (UE) 2023/1635 de la Comisión de 14 de agosto de 2023 que modifica la Decisión de Ejecución (UE) 2022/74 por la que se establece la lista de programas Interreg y se indica el importe global de la ayuda total del Fondo Europeo de Desarrollo Regional y de cada instrumento de financiación exterior de la Unión para cada programa y la lista de los importes transferidos entre capítulos en el marco del objetivo de cooperación territorial europea para el período 2021-2027 [notificada con el número C(2023) 5459].

16 En concreto: Alentejo Central, Alentejo Litoral, Algarve, Alto Alentejo, Alto Minho, Alto Tâmega, Ave, Bajo Alentejo, Beira Baixa, Beiras y Sierra de la Estrella, Cávado, Douro, Médio Tejo, Oeste, Región de Averigo, Región de Coimbra, Región de Leiria, Terras de Trás-os-Montes, Tâmega e Sousa, Viseu Dão Lafões, y el Área Metropolitana de Oporto.

cipación como unidad territorial única. Del lado español, los NUTS 3 implicados son Álava, Barcelona, Bizkaia, Gipuzkoa, Girona, Huesca, La Rioja, Lleida, Navarra y Zaragoza (por lo que involucra a las autoridades del País Vasco, Cataluña, La Rioja, Navarra y Aragón). Del lado francés, son los departamentos de Pyrénées-Atlantiques, Ariège, Haute-Garonne, Hautes-Pyrénées, Pyrénées-Orientales.

Además de estos Programas Interreg de la UE, existen otros dos conjuntos de Interreg A, como programas de cooperación transfronteriza exterior, cuando los socios externos sean Estados destinatarios de las ayudas IAP III o de los fondos del IVDCI. Ello da lugar a quince más (hasta los sesenta y cuatro totales), aunque no afectan a España directamente:

1) Diez programas Interreg A IAP, principalmente dedicados a facilitar la política de ampliación de la UE en la región de los Balcanes[17].
2) Cinco programas Interreg A NEXT, en las fronteras exteriores orientales y meridionales de la Unión Europea[18].

3.2. Interreg B: los programas de cooperación transnacional

Al inicio de la implementación del MFP 2021-2027, los fondos Interreg dan soporte a un total de catorce programas de la denominada cooperación transnacional (dando lugar al denominado Interreg

---

17 En concreto, facilitan la cooperación entre: a) regiones de Bulgaria con regiones de Macedonia del Norte (1), Serbia (2) y Turquía (3); b) de regiones croatas con regiones de Serbia (4) y Bosnia y Herzegovina y con Montenegro (5); c) de regiones de Grecia con adyacentes de Albania (6) y de Macedonia del Norte (7); d) de regiones de Hungría con regiones serbias (8); e) de regiones italianas con regiones de Albania y Montenegro (9); y f) de regiones rumanas con colindantes serbias (10).

18 Son, en particular, los que permiten la cooperación entre: (1) regiones adyacentes de Hungría, Eslovaquia y Rumanía con Ucrania; (2) regiones de Italia y Túnez; (3) regiones de Polonia y Ucrania; (4) regiones de Rumanía y de la República de Moldavia; y (5) regiones de Rumanía y Ucrania (distintas de las del primero mencionado). Están suspendidos los que, antes de 2022, implicaban a autoridades rusas y bielorrusas.

B). En general, involucran a regiones de varios Estados miembros de la UE que forman áreas más grandes, y en algunos casos junto a regiones de otros Estados, en especial con aquellos beneficiarios del IAP (Interreg B IPA III) o del IVDCI (existen, por tanto, programas Interreg B NEXT), aunque no exclusivamente.

Esta dimensión transnacional involucra a regiones NUTS 2 de la Unión, incluidas las ultraperiféricas, considerando las estrategias macrorregionales y las estrategias de cuencas marítimas (artículo 5 Reglamento Interreg).

Cuatro de ellos permiten la participación de autoridades y territorios españoles. Son los programas Interreg SUDOE, Interreg Euro-MED, Interreg Atlantic Area y ENI CBC Cuenca del Mar Mediterráneo.

El programa Interreg [B] SUDOE (para el sudoeste europeo) da cobertura a proyectos de España, Francia, Portugal y Andorra (hasta 2020 también Reino Unido, por Gibraltar). En el caso español, participan todos los NUTS 2 (recordemos, son las comunidades y ciudades autónomas) con la única excepción de Canarias (también están excluidas las regiones no continentales de Francia y Portugal).

Para el área mediterránea se instituyó el programa Interreg [B] Euro-MED. En él participan algunos NUTS 2 de España, Francia, Italia y Portugal, junto a los territorios completos de Bulgaria, Croacia, Chipre, Grecia, Malta y Eslovenia (de los UE27), además de algunos balcánicos del IAPIII (Albania, Bosnia y Herzegovina, Macedonia del Norte y Montenegro). Por la parte española participan los NUTS 2 de la cuenca mediterránea en sentido amplio: Cataluña, Comunidad Valenciana, Illes Balears, Andalucía, Región de Murcia, Castilla-La Mancha, Aragón, Comunidad de Madrid, Extremadura, Ciudad Autónoma de Ceuta y Ciudad Autónoma de Melilla.

Ampliando el alcance del Euro-MED, el ENI CBC Med (o programa para la Cuenca del Mar Mediterráneo) también se enmarca en Interreg B, aunque con dotaciones de fondos distintos del primero. Comprende algunos NUTS 2 de España, Francia, Italia, Portugal y regiones equivalentes de Túnez y Egipto, junto al territorio íntegro de Chipre, Grecia, Malta, San Marino, Jordania, Palestina, Israel y Líbano (son elegibles para el destino de fondos, aunque no pueden participar activamente, regiones de Marruecos, Argelia, Libia y Turquía). En España, permite participar a ocho comunidades autónomas, aunque divididas en dos grados de intensidad. Como regiones nucleares, participan Andalucía, Región de Murcia, Comunidad Valenciana, Cataluña e Illes Balears; y en un segundo plano (regiones adjuntas) pueden participar Extremadura, Castilla-La Mancha y Aragón.

Finalmente, en el programa Interreg [B] Atlantic Area se integran toda Portugal, toda la República de Irlanda, más de una veintena de departamentos occidentales franceses, y las comunidades autónomas españolas consideradas atlánticas (Navarra, La Rioja, País Vasco, Cantabria, Principado de Asturias, Galicia, Canarias y Andalucía).

3.3. Interreg C: los programas de cooperación interregional

Los cuatro programas del capítulo C de Interreg persiguen mejorar la eficacia de la política de cohesión, a través de distintas líneas de complemento a los capítulos precedentes (A y B). Todos ellos dan cobertura a proyectos desde todos los Estados miembros de la UE (y en algunos casos con Estados asociados). Por tanto, las autoridades españolas toman parte en todos ellos, aun con distinta intensidad, según los programas, en los niveles de la Administración General del Estado, las comunidades autónomas o el ámbito local.

En primer término, el programa ESPON 2030 persigue apoyar el desarrollo de políticas basadas en evidencias, conectando los resultados científicos a la aplicación de políticas públicas en los ámbitos regionales y locales. Los países que pueden participar en los proyectos financiados bajo este programa son, además de los veintisiete de la UE, los cuatro de la Asociación Europea de Libre Comercio (EFTA): Islandia, Liechtenstein, Noruega y Suiza.

En segundo término, el programa Interreg Europe persigue la calidad de la gestión pública regional a través de la mejora de las capacidades de las instituciones públicas, procurando «"una mejor gobernanza de la cooperación", en relación con la definición, la difusión y la transmisión de buenas prácticas en las políticas de desarrollo regional» [artículo 3.3)a) del Reglamento Interreg]. Pueden participar en su marco veintinueve Estados (los de la UE, más Noruega y Suiza).

En tercer término, el programa Interact es una pieza clave para la mejora del rendimiento de todo el sistema Interreg (objetivos, fondos, resultados de los demás programas, etc.). Busca desarrollar en toda Europa y sus autoridades (locales, regionales y nacionales) el intercambio de experiencias, enfoques innovadores y desarrollo de capacidades, para la armonización y simplificación de los programas Interreg, el aprovechamiento de los resultados, y el apoyo a la creación, el funcionamiento y la utilización de agrupaciones europeas de cooperación territorial (AECT), entre otros fines establecidos por el Reglamento Interreg (artículo 3). Participan los veintisiete Estados de la UE, más Noruega y Suiza.

Por último, el programa URBACT está centrado en la cooperación en el plano local (no estrictamente urbano) para la cooperación y el intercambio de ideas entre ciudades dentro de redes temáticas. La cuarta edición de este (URBACT IV), en el marco de Interreg VI, abre la puerta del programa por primera vez a los Estados beneficiarios de IAP III, por lo que trasciende de forma más amplia que el resto de Interreg C las fronteras de la UE de los veintisiete.

3.4. Interreg D: los programas de cooperación con países y territorios de ultramar

Desde un punto de vista conceptual, en un término intermedio entre la cooperación transfronteriza externa y el Capítulo cuarto (Interreg D) se encuentra el MAC 2021-2027 (para las regiones de Madeira, Azores y Canarias), aunque se ha configurado formalmente en como parte de Interreg VI-D[19]. Es el único con incidencia para España, por tanto, de las cinco regiones a las que da cobertura jurídica la

---

19 La regulación del MAC se encuentra recogida en la Decisión de la Comisión (2022) 6877, de fecha 21 de septiembre de 2022, por la que se aprueba el Programa de Cooperación Interreg VI-D Madeira-Açores-Canarias (MAC) para el periodo 2021-2027 en el marco del objetivo de cooperación territorial europea (Interreg) con la participación de los países terceros

ordenación del Capítulo D del Reglamento Interreg (los otros cuatro son Amazonia, Caribe, Canal de Mozambique y Océano Índico).

4. *La financiación de Interreg hasta 2027*

Como anticipé, Interreg obtiene financiación de distintos fondos. En perspectiva histórica, la inversión en Interreg se ha multiplicado por diez en las últimas tres décadas. En su nacimiento daba cobertura a 11 países, con una dotación de 1.000 millones de euros en precios corrientes a fecha de 1990. En la actualidad, sobrepasa los 10.000 millones para 27 Estados miembros y los demás beneficiarios en el VI periodo (2021-2027). Esta cuantía proviene de la suma de todos los fondos Interreg (FEDER, IAP e IVDCI).

En particular, de FEDER se destinarán a Interreg VI alrededor de 8.000 millones de euros (a precios de 2018). Estos recursos se reparten del siguiente modo: primero, el 72,2 % (hasta 5.812,79 millones de euros) para la cooperación transfronteriza terrestre y marítima (Interreg A); segundo, el 18,2 % (hasta 1.466 millones de euros) para la cooperación transnacional (Interreg B), tercero, el 6,1 % (hasta 490 millones de euros) para la cooperación interregional (Interreg C), y cuarto, el 3,5 % (hasta 281,21 millones de euros) para la cooperación de las regiones ultraperiféricas (Interreg D).

A estas cifras hay que sumar las dotaciones del IAP para Interreg VI, que su Reglamento establece en el 3% de la dotación total (14.162 millones de euros para el período 2021-2027), en virtud del artículo 10.1 del Reglamento IAP. Esto supone un incremento de 424,86 millones de euros. También se añade el 5% de la dotación de Vecindad del IVDCI, lo que representa 958,1 millones de euros adicionales, tal como prevén los artículos 6 y 22 del Reglamento IVDCI.

Cabo Verde, Costa de Marfil, Gambia, Ghana, Mauritania, Senegal y Santo Tomé y Príncipe.

V. LA PARTICIPACIÓN DE LAS COMUNIDADES AUTÓNOMAS ESPAÑOLAS EN LA DEFINICIÓN DE INTERREG

No es objeto de este epígrafe el impacto de Interreg en el desarrollo autonómico español, pero sí la definición de este o, en otros términos, en qué medida las comunidades autónomas españolas participan en su configuración prescriptiva, como sujetos activos. Podemos diferenciar dos planos de incidencia: uno genérico (aquel que permite a las comunidades autónomas ser agentes activos del derecho de la UE, en general), y otro específico (que concreta la posición de las comunidades autónomas en la gestión de los programas Interreg). Dada la existencia de estudios especializados en aquel plano genérico, en las siguientes páginas dirijo la atención a unas nociones elementales sobre la segunda participación, aun de forma meramente descriptiva.

No obstante, y a modo de síntesis, los cauces genéricos de participación autonómica en la configuración y ejecución del derecho de la Unión Europea se han sistematizado en las denominadas fase ascendente y descendente. En suma, permiten a las autoridades de las comunidades autónomas, de un lado, incidir en la posición de España en el Consejo de la Unión Europea, sin perjuicio del papel consultivo directamente en el Comité de las Regiones; y, de otro lado, reconoce la autonomía institucional y el marco competencial interno del Estado, que no se ve alterado por el ejercicio de competencias de la UE cuando opere sobre materias que internamente corresponden a las comunidades autónomas. Tanto para incidir en la elaboración normativa como en su desarrollo y aplicación de forma coordinada, las comunidades disponen de un importante instrumento orgánico en las denominadas Conferencias Sectoriales, de las que para el seguimiento de Interreg tiene especial relevancia la Conferencia para Asuntos Relacionados con la Unión Europea[20], sin perjuicio de otras

---

20 Creada en 1988, hoy se rige conforme a la Ley 2/1997, de 13 de marzo, por la que se regula la Conferencia para Asuntos Relacionados con las Comunidades Europeas.

por razón de la materia concreta que justifique un marco dado de cooperación territorial europea.

Más allá de los mecanismos generales antedichos (fases ascendente y descendente), la propia regulación Interreg VI contempla una serie de preceptos sobre el papel que pueden desempeñar las autoridades nacionales (también descentralizadas regionalmente) en la gestión, ejecución y seguimiento de los programas de cooperación territorial. En particular, fruto del Reglamento Interreg, emergen tres conceptos que merecen atención: las autoridades de gestión, las autoridades de auditoría y los comités de seguimiento.

El artículo 45 del Reglamento Interreg determina la existencia de autoridades de gestión y autoridades de auditoría, como figuras únicas para cada programa Interreg. En síntesis, cada programa opera bajo la responsabilidad de una única autoridad de gestión identificada ante la Comisión Europea, de acuerdo entre los Estados participantes (artículos 16 a 18, 22, 36 y 46 del Reglamento Interreg). Las autoridades de gestión son autoridades públicas establecidas en un Estado, pero no necesariamente una autoridad nacional. En el mismo Estado en el que se encuentre la autoridad de gestión se designará, también, una autoridad de auditoría, distinta de la anterior, como responsable unificada de la vigilancia contable (artículos 37 y del 45 al 48 del Reglamento).

El Reglamento Interreg incentiva que las autoridades de gestión sean agrupaciones europeas de cooperación territorial (AECT), o entidades jurídicas transfronterizas, como instrumentos administrativos personificados dependientes de autoridades públicas de más de un Estado miembro (Considerando 32 del Reglamento Interreg)[21]. El éxito de este llamamiento en los programas Interreg en los que participa España parece más bien limitado, pero ello no es obstáculo para una intensa y relevante participación de las autoridades regionales (las comunidades autónomas, en el caso de España) en la gobernanza y gestión de estos programas, como sujetos activos y no meros destinatarios pasivos de las operaciones e inversiones.

21 Véanse, entre otras, el capítulo precedente a este de Arias Aparicio.

En seis de los once programas Interreg en los que participan NUTS españoles la autoridad de gestión es una autoridad regional de un Estado miembro: 1°) el Gobierno de Cantabria actúa como tal en el Interreg SUDOE; 2°) la región francesa de La Provenza-Alpes-Costa Azul lo es en el Eur-MED; 3°) la región italiana de Cerdeña en el ENI CBC Med; 4°) el Gobierno de Canarias para el MAC; 5°) la región francesa de Hauts-de-France para Interreg Europe; y 6°) la región eslovaca de Bratislava asume el papel en Interact.

En cambio, en cuatro de los programas es una autoridad nacional. Primero, en el POCTEP es la Subdirección General de Cooperación Territorial Europea, del Ministerio de Hacienda y Función Pública del Gobierno de España. Es significativa esta decisión, pese a tratarse de uno de los programas específicamente transfronterizos. Segundo, un órgano desconcentrado del gobierno portugués (la *Comissão de Coordenação e Desenvolvimento Regional do Norte*) lo es en el Atlantic Area. Tercero, en URBACT es la Agencia Nacional francesa de Cohesión Territorial. Y cuarto, el Gobierno de Luxemburgo ejerce como tal en el ESPON 2030.

Finalmente, solo en uno es una AECT de vocación transfronteriza, que es el caso del POCTEFA, donde ejerce como autoridad de gestión el Consorcio de la Comunidad de Trabajo de los Pirineos (CTP), creado en 1983.

Las autoridades de auditoría, por su parte, deben ser instituciones en el Estado de la autoridad de gestión, pero no tiene por qué guardar correlación en el nivel territorial correspondiente (por ejemplo, la Intervención General de la Administración General del Estado —español— ejerce estas funciones de auditoría tanto en el SUDOE como en el POCTEP, pero es la Intervención General de la Comunidad Autónoma de Canarias la que actúa como tal autoridad de auditoría en el MAC).

Con independencia del liderazgo en la gestión de los programas, las autoridades regionales pueden desempeñar, también, un importante papel colegiado en los comités de seguimiento, en su condición de autoridades pertinentes en el territorio (artículo 29 del Reglamento Interreg). Las funciones de estos son fundamentales para el desarrollo de los programas, su evaluación, modificaciones, rendimientos y eventuales conflictos, como acredita el amplio catálogo del artículo 30 del Reglamento Interreg.

VI. CONCLUSIONES

Como hemos visto, Interreg es fruto de una dilatada trayectoria de las instituciones europeas, interesadas en favorecer la cohesión territorial de la Unión considerando las fronteras regionales internas y externas. Desde hace más de treinta años, los programas y los fondos Interreg propician la cooperación concreta en torno a áreas geográficas particulares y ámbitos sectoriales específicos. La dotación de fondos de la UE se ha multiplicado por diez, al tiempo que se diversifican las opciones, con más de cien programas, once de ellos sobre territorios españoles.

La principal idea que se puede extraer de lo antedicho es que Interreg se dota de una regulación compleja, cuyo manejo y aplicación requiere (posiblemente) un alto grado de especialización técnico-jurídica. El marco normativo es amplio, en algunos casos exhaustivo. Y, sin perjuicio de los valiosos estudios ya existentes sobre las agrupaciones europeas de cooperación territorial, algo que la realidad de estos programas parece seguir evidenciando es que son necesarios marcos más eficaces para desarrollar la existencia de las personas jurídicas transnacionales a escala regional. Sin embargo, parece también obvio que el vigente Reglamento Interreg procura facilitar una amplia flexibilidad en los mecanismos de gobernanza de los programas, y la adaptación de las ayudas a la realidad de cada lugar, para la consecución de los objetivos comunes. La localización de la información sobre las reglas específicas de cada programa no es particularmente difícil, al publicarlos todas sus autoridades de gestión a través de internet. Más complejo ha resultado disponer de una visión de conjunto sobre el sistema a escala general, por la abrumadora cantidad de información, su heterogénea formulación, y su dispersión, que dificultan poder ubicar cada pieza en su correspondiente lugar y dimensión. En cualquier caso, a resolverlo trata de contribuir este estudio.

A la vista de los resultados expuestos, parece apropiado señalar algunas posibles líneas futuras de investigación sobre la materia, que mejore la comprensión de su impacto para la cooperación efectiva entre autoridades autonómicas españolas. En particular, sería de gran ayuda disponer de análisis monográficos (históricos, jurídicos y económicos, al menos) sobre la gobernanza interna de los once programas en los que participan diversas autoridades autonómicas, cómo aplican las reglas en la resolución de conflictos en los comités de seguimiento y por qué se determinan de forma tan dispar las autoridades de gestión en los programas transfronterizos. Finalmente, puede ser útil la formulación de mínimos comunes más claros sobre la participación de las autoridades autonómicas en los programas de cooperación territorial, en concreto cuando revisten una especial importancia regional.

Referencias bibliográficas

Alonso García, R.; Sáenz de Santamaría, P.A. (2022). *El sistema europeo de fuentes.* Fundación Coloquio Jurídico Europeo.

Álvarez García, V.; Arias Aparicio, F. (2018). *Lecciones de derecho público autonómico, estatal y europeo.* Tecnos.

Arias Aparicio, F. (2019). "La cooperación territorial europea y la cohesión de las regiones fronterizas: el potencial de las Agrupaciones europeas de cooperación territorial". *Revista General de Derecho Administrativo,* 52.

Guiband, D.; Rufi, J.V. (2018). "Los espacios transfronterizos europeos: ¿un objeto geográfico de difícil definición? Una aproximación desde la perspectiva de los "soft spaces"". *Document d'analisi geográfica,* 3, 421-441.

Gracias Durán, P.; Millet, M.; Casanova, M.E. (2009). "La nueva cooperación territorial transfronteriza y sus implicaciones para España". *Revista de Derecho Comunitario,* 32, 121-150.

Henceval, M. (2015). "Interreg: 25 años de cooperación territorial (Cooperación que "crea Europa")". *Cuadernos Manuel Giménez Abad,* 9, 47-49.

Heredero de Pablos, M.I.; Olmedillas Blanco, B. (2009). "Las fronteras españolas en Europa: de INTERREG a la cooperación territorial europea". *Investigaciones Regionales,* 16, 191-215.

Kölling, M. (2017). "Las relaciones intergubernamentales en el Estado autonómico en el marco de los asuntos europeos". *Revista General de Derecho Constitucional,* 24.

Mangas Martín, A.; Liñán Nogueras, D.J. (2020). *Instituciones y derecho de la Unión Europea* (10ª ed.). Tecnos.

Martínez Pérez, E. J. (2014). "La renovación de los instrumentos jurídicos para la cooperación territorial en Europa". *Revista General de Derecho Europeo,* 34.

Medina García, E. (2021). "Marco jurídico y principales instrumentos de la cooperación transfronteriza institucional en Europa". *Investigaciones Regionales,* 37, 189-206.

Rojo Salgado, A. (2010). "La cooperación transfronteriza y sus consecuencias: hacia la reestructuración territorial en Europa". *Investigaciones Regionales,* 18, 141-154.

Touriño Guerra, L. (2010-2011). "Ayudas institucionales en el marco de la cooperación territorial europea". *Razón y palabra,* 74.

II. LOS INSTRUMENTOS JURÍDICOS DE COOPERACIÓN INTERAUTONÓMICA

La cooperación horizontal a través de los acuerdos, convenios y protocolos

RAMON GALINDO CALDÉS
Profesor Agregado de Derecho Administrativo
Universitat de Barcelona

I. INTRODUCCIÓN

Cualquier Estado descentralizado necesita de instrumentos de cooperación entre el poder estatal y cada una de sus partes, así como entre ellas mismas. Dicho de otra forma, se necesita un marco de cooperación vertical y otro de cooperación horizontal. En el contexto español se traduce en la necesidad de mecanismos de cooperación entre el Estado y las Comunidades Autónomas (cooperación vertical), y entre las propias Comunidades Autónomas (cooperación horizontal). Ello es así porque el reparto competencial comporta la articulación de mecanismos que permitan el "ejercicio mancomunado" de las competencias atribuidas al Estado y a las Comunidades Autónomas[1].

---

1 Tajaura Tejada, J. (2010). *El principio de cooperación en el Estado Autonómico.* Comares.

El art. 145.2 de la CE prevé que los Estatutos de Autonomía de las Comunidades Autónomas pueden prever la celebración de supuestos, requisitos y términos en que éstas puedan celebrar convenios entre sí para la gestión y prestación de servicios propios. Establece también la posibilidad de acuerdos entre Comunidades Autónomas para otras materias. Se prevé también la comunicación a las Cortes Generales de los convenios y la autorización de éstas en el caso de los acuerdos. La celebración de estos convenios y acuerdos ha tenido un desarrollo reducido, mostrando las limitaciones de este mandato constitucional. La voluntariedad, la falta de cultura de cooperación —de una cultura federal— y la realidad —multinivel— de los agentes implicados hacen que buena parte de la cooperación adopte otras fórmulas, restringiendo la extensión de los convenios y acuerdos del art. 145.2 CE como expresión de la cooperación horizontal.

La cooperación horizontal puede llevarse a cabo a través de diferentes mecanismos, como reuniones sectoriales, encuentros bi o multilaterales, etc[2]. Sin embargo, este capítulo pretende centrarse en los convenios, acuerdos y protocolos de colaboración. Debemos abordar, en primer lugar, la cooperación horizontal y su concreción en el texto constitucional a través de los acuerdos y convenios del art. 145.2 CE, dejando a un lado la regulación concreta del convenio administrativo —que se estudia en otro capítulo de esta obra—, pero incluyendo, de forma breve, los protocolos de colaboración. En segundo lugar, se concretan algunos aspectos materiales de la cooperación horizontal, como son su desequilibrio respecto al volumen de cooperación vertical, la extensión del uso del protocolo, la concreción de la cooperación sobre zonas limítrofes, el ámbito material de la cooperación, y la existencia de ámbitos geográficos en los que la cooperación horizontal se da con mayor frecuencia. En tercer lugar, a modo de conclusión, hacemos un breve balance de cuatro décadas de cooperación horizontal en las zonas limítrofes, de la cultura del pacto y de la cultura federal.

---

2 Colino realiza un "inventario" de los diferentes tipos de relaciones horizontales entre ejecutivos autonómicos en Colino, C. (2011). "Federalismo horizontal en el Estado autonómico. La evolución de los mecanismos de cooperación horizontal en España". *Cuadernos Giménez Abad*, 2.

II. LA REGULACIÓN DE LA COOPERACIÓN HORIZONTAL EN EL ESTADO AUTONÓMICO

Este capítulo no pretende ser un estudio sobre el régimen de convenios y acuerdos, materia sobre la que existe una extensa bibliografía[3]. Sí hacemos un breve esbozo de la principal previsión constitucional de la cooperación horizontal, como es el contenido y desarrollo del art. 145.2 CE.

1. La cooperación horizontal en el texto constitucional

Tal y como ha descrito Tajadura, el principio de cooperación en el Estado autonómico tiene una doble dimensión[4]. Por un lado, el deber de colaboración, no explícitamente contenido en la CE, pero sí en el Derecho positivo, por ejemplo, en el art. 141 de la Ley 40/2015, de 1 de octubre, de Régimen Jurídico del Sector Público (LRJSP) —y anteriormente en el art. 4 de la Ley 30/1992, de 26 de noviembre, de Régimen Jurídico de las Administraciones Públicas y del Procedimiento Administrativo Común—. Por otro lado, el ejercicio mancomunado de las competencias que ya hemos mencionado, que tiene como mayores expresiones las conferencias sectoriales —reguladas en la LRJSP— y el contenido del art. 145.2 CE, que establece que "los Estatutos podrán prever los supuestos, requisitos y términos en que las Comunidades Autónomas podrán celebrar convenios entre sí para la gestión y prestación de servicios propios de las mismas, así como el carácter y efectos de la correspondiente comunicación a las Cortes Generales. En los demás supuestos, los acuerdos de cooperación entre las Comunidades Autónomas necesitarán la autorización de las Cortes Generales."

---

3 Entre otros *vid.* González García, I. (2009). "Un distingo constitucionalmente relevante: convenios de colaboración vs. acuerdos de cooperación entre Comunidades Autónomas". Revista de Estudios Políticos, 145, 97-118; Tajaura Tejada, 2010, *op. cit.*; Montilla Martos, J.A. (2006). "El marco normativo de las relaciones gubernamentales". En García Morales, M.J.; Montilla Martos, J.A.; Arbós Marín, X. *Las relaciones intergubernamentales en el Estado Autonómico.* CEPC.

4 Tajaura Tejada, 2010, *op. cit.*, pp. 44 y ss.

1.1. Alcance territorial de los convenios

Las competencias autonómicas se basan en el principio de territorialidad, lo que supone un límite relativo al ejercicio de las competencias, en cuanto que éstas pueden tener efectos extraterritoriales. En el caso de los convenios autonómicos, éstos suponen el reconocimiento constitucional de una esfera de intereses que sin ser estrictamente regionales tampoco han de caer necesariamente en el campo de actuación del Estado central[5]. Las Comunidades Autónomas, de acuerdo con el principio de autonomía, ejercen sus competencias y recurren a la cooperación horizontal cuando es necesaria la colaboración, sin que sea necesaria ni admisible la intervención o tutela del Estado.

1.2. El objeto de acuerdos y convenios

La diferencia entre acuerdos y convenios es el objeto de los mismos, que implica la necesidad de recabar autorización por parte de las Cortes Generales o la simple comunicación de su suscripción por las partes. El texto del art. 145.2 CE no es claro al respecto, ya que solo dispone que "las Comunidades Autónomas podrán celebrar convenios entre sí para la gestión y prestación de servicios propios de las mismas". Ello nos lleva a concluir que el convenio de colaboración se convierte en la vía necesaria en los casos en que el objeto sea la "gestión y prestación de servicios propios", es decir, sobre materias de su competencia, y que se produzca entre dos o más Comunidades Autónomas. Por el contrario, en el caso de los acuerdos de coope-

---

5 Santolaya Machetti, P. (1984). *Descentralización y cooperación.* Instituto de Estudios de Administración Local, p. 379. En este sentido, el Tribunal Constitucional ya advirtió que el Estado no puede desnaturalizar la competencia autonómica de gestión de espacios naturales protegidos con el argumento de su carácter supraautonómico. El TC defendía que la gestión estatal de estos espacios es excepcional y que en "la supraterritorialidad no determina título competencial alguno a favor del Estado, siendo lo procedente el establecimiento de mecanismos de coordinación y cooperación entre las Comunidades en cuyo territorio se sitúa el parque con el fin de que aquéllas puedan ejercer sus respectivas competencias." (STC 194/2004, de 10 de noviembre, FJ 15º).

ración se refieren a competencias que el Estado ha delegado en las Comunidades Autónomas firmantes.

La mayoría de los casos son convenios, siendo los acuerdos minoritarios, y las propias Comunidades Autónomas velarán para que la colaboración tenga forma de convenio y no de acuerdo, ya que ello implica un proceso más complejo y lento. Es más, muchos de los convenios ni siquiera se comunican a las Cortes Generales, o se vehicula la cooperación a través de otras fórmulas, como los protocolos.

2. *La concreción autonómica de los acuerdos y convenios de cooperación*

Lo que regula el art. 145.2 CE, según ha establecido el Tribunal Constitucional, es la delimitación por su contenido de los "requisitos a que ha de atenerse la regulación de esta materia en los Estatutos y establece el control por las Cortes Generales de los Acuerdos y Convenios de cooperación"[6]. El marco constitucional y estatutario es aplicable a los convenios de colaboración y acuerdos de cooperación, "pero no se extiende a supuestos que no merezcan esa calificación jurídica, como pudieran ser declaraciones conjuntas de intenciones, o propósitos sin contenido vinculante o la mera exposición de directrices o líneas de actuación"[7].

En cualquier caso, los convenios deberían cumplir los requisitos que los Estatutos y demás normativa autonómica al respecto. Sin entrar en un análisis de los Estatutos de autonomía[8], hay que tener en cuenta que podrán prever los supuestos, requisitos y términos de dichos convenios. En efecto, lo hacen configurando un régimen que no ha ayudado a la cooperación, estableciendo incluso requisitos adicionales y dificultando la formalización de pactos interautonómicos.

---

6 STC 44/1986, de 17 de abril.

7 STC 44/1986, de 17 de abril.

8 Hay diversos trabajos que analizan en detalle este tema. Por todos vid. Tajaura Tejada, 2010, *op. cit.*; y número especial de la *Revista jurídica de Castilla y León* (núm. 19, 2009) para un análisis individualizado de cada uno de los nuevos Estatutos.

Los Estatutos de nueva generación no han solventado esta situación, por lo que el régimen para suscribir convenios entre Comunidades Autónomas previsto por la Constitución sigue siendo el mismo que el de 1978[9]. En nuestro caso concreto hay que añadir que las referencias estatutarias a la colaboración no hacen —en general— mención expresa a las Comunidades Autónomas vecinas o a la colaboración respecto a zonas limítrofes[10].

3. Más allá del convenio como instrumento de cooperación: los protocolos

El marco constitucional y estatutario es aplicable a los convenios de colaboración y acuerdos de cooperación, pero como ha afirmado el Tribunal Constitucional, "no se extiende a supuestos que no merezcan esa calificación jurídica, como pudieran ser declaraciones conjuntas de intenciones, o propósitos sin contenido vinculante o la mera exposición de directrices o líneas de actuación"[11].

Efectivamente, buena parte de la colaboración entre Comunidades Autónomas no se produce a través de los convenios y acuerdos del art. 145.2 CE, sino a través de pactos o protocolos[12], acuerdos que sólo contienen compromisos de colaboración que deberían con-

---

9 García Morales, M.J. (2009). "Convenios de colaboración entre el Estado y las Comunidades Autónomas y entre Comunidades Autónomas". En Tornos Mas, J. (Dir.). *Informe Comunidades Autónomas 2008*. IDP, p. 182.

10 Como excepción, el Estatuto castellanoleonés afirma que la comunidad podrá establecer relaciones de colaboración en asuntos de interés común con otras Comunidades Autónomas, "especialmente con las limítrofes" (art. 60.1) o el caso navarro que prevé una entrada en vigor más rápida —además de otras especialidades— para los convenios con territorios limítrofes (70.2 LORAFNA).

11 STC 44/1986, de 17 de abril.

12 Como advertía Albertí en 1998, "continúan produciéndose acuerdos entre Comunidades Autónomas que se vehiculan a través de instrumentos que no reciben la denominación "convenio de colaboración" ni "acuerdo de cooperación" y que no siguen el régimen que el art. 145.2 CE prevé para los mismos." Albertí Rovira, E. (1998). "Relaciones de colaboración con las Comunidades Autónomas". En Tornos Mas, J. (Dir.). *Informe Comunidades Autónomas 1997*, IDP, p. 72.

cretarse a posteriori a través de otros instrumentos. El carácter de protocolos y otros instrumentos de colaboración implica por tanto que supongan declaraciones de voluntad, pero no impliquen obligaciones jurídicas concretas y exigibles. Éste es, de hecho, el rasgo que permite distinguir los convenios de los protocolos y otros instrumentos de cooperación[13], tal y como establece el art. 47.1 de la LRJSP, que establece que "no tienen la consideración de convenios, los Protocolos Generales de Actuación o instrumentos similares que comporten meras declaraciones de intención de contenido general o que expresen la voluntad de las Administraciones y partes suscriptoras para actuar con un objetivo común, siempre que no supongan la formalización de compromisos jurídicos concretos y exigibles."

Tal y como veremos más adelante el uso de los protocolos se ha extendido como alternativa a la rigidez del procedimiento de aprobación de acuerdos y convenios.

III. LAS DIMENSIONES DE LA COOPERACIÓN HORIZONTAL

Vemos que los convenios son los instrumentos que el ordenamiento prevé como principales mecanismos de cooperación. Su desarrollo ha sido escaso, más si lo comparamos con el volumen de convenios de cooperación entre el Estado y las Comunidades Autónomas. Si nos centramos en las áreas limítrofes restringimos aún más la cooperación, que obtiene como resultado apenas un centenar de convenios, y otro centenar de acuerdos y protocolos, aun siendo muy laxos en la consideración del objeto como referido a las zonas limítrofes. Revisamos las cifras, forma y materia, así como la constatación de la existencia de "espacios de colaboración interautonómica", netamente diferenciados.

---

13 Vilalta Reixach, M. (2016). "Los convenios interadministrativos en el ordenamiento jurídico español desde un punto de vista contractual". *Revista Digital de Derecho Administrativo,* 15, p. 88.

1. Cooperación vertical y horizontal: una relación desequilibrada

Los convenios suscritos entre el Estado y las Comunidades Autónomas se han convertido en un mecanismo habitual en la cooperación vertical, especialmente a partir de los años 90. Sin embargo, los convenios suscritos entre las propias Comunidades Autónomas, es decir, la expresión principal de la cooperación horizontal, ha sido escasa e informal —y muy esporádica en las cinco primeras legislaturas (1979-1996)[14]—. La cooperación vertical alcanzó el millar de convenios anuales en 2006, en contraste con los menos de una decena de convenios entre Comunidades Autónomas, teniendo en común la bilateralidad y la proximidad geográfica[15]. A partir de 2008 aumentaron los convenios multilaterales, fruto de los Encuentros de Comunidades Autónomas (2008-2010) y de la Conferencia de Presidentes (2010-2011) sobre diversos temas (caza y pesca, prevención y extinción de incendios, protección civil y emergencias, etc.)[16], aunque no tuvieron continuidad. Se siguieron suscribiendo convenios horizontales en materias relacionadas con áreas limítrofes, generalmente sobre sanidad, transportes o prevención y extinción de incendios, pero han sido fruto de relaciones bilaterales.

Con la crisis económica, los convenios entre el Estado y las Comnidades Autónomas se redujeron a cifras de entre 238 y 601 anuales en el período 2012-2018. Lo mismo sucedió con los convenios entre

---

14 Al final de esta época Albertí Rovira describía las relaciones de colaboración horizontal como raquíticas, en comparación con otros Estados compuestos (Albertí Rovira, 1998, op. cit., p. 73). El mismo autor criticaba el desconocimiento de su potencialidad para abordar y resolver problemas de común interés sin necesidad de apelar a la intervención del Estado. Albertí Rovira, E. (1992). "Relaciones de colaboración con las Comunidades Autónomas". En Aja, E. (Dir). *Informe Pi i Sunyer sobre Comunidades Autónomas 1991.* Fundació Pi i Sunyer.

15 García Morales, M.J. (2007). "Relaciones de colaboración con las Comunidades Autónomas". En Tornos Mas, J. (Dir.). *Informe Comunidades Autónomas 2006.* IDP, p. 95.

16 Ramos Gallarín, J. A.; Alda Fernández, M. (2021). "Las relaciones de cooperación entre comunidades autónomas: un balance centrado en el periodo 2004-2020". En Colino, C. (Coord.). *Retos de la gobernanza multinivel y la coordinación en el estado autonómico: de la pandemia al futuro.* INAP.

Comunidades Autónomas, con apenas una decena de convenios suscritos en el período 2012 y 2015. A través de los convenios entre el Estado y las Comunidades Autónomas se territorializaban subvenciones en diferentes ámbitos, como el de los servicios sociales o la educación, por lo que los recortes presupuestarios impactaron en esta forma de cooperación. De hecho, la mayor parte de estos convenios son derivados de planes ministeriales o de normas estatales, y en general el estímulo a la participación de las Comunidades Autónomas es económico. Ello permite a las Comunidades Autónomas financiar determinados servicios, pero coloca a la Administración General del Estado en una posición de coordinador, que en palabras del TC "conlleva un cierto poder de dirección. Consecuencia de la posición de superioridad en que se encuentra el que coordina respecto al coordinado"[17], reduciendo el margen de decisión autonómico y su capacidad de adaptarse a contextos locales.

La cooperación horizontal es en nuestro contexto la opción preferible, pero aun después de la crisis económica sigue mostrando unas cifras muy modestas, muestra de que la cooperación horizontal en España no es intensa y en cualquier caso los convenios a menudo no son el instrumento escogido para colaborar con las Comunidades Autónomas vecinas, son renovaciones de convenios existentes, o no tienen por objeto la prestación de servicios en zonas limítrofes. En definitiva, se han aprobado pocos convenios —en relación con las posibilidades de colaboración—, en un contexto marcado por una regulación que dificulta su aprobación y su voluntariedad, lo que hace que dependa para su aprobación del contexto político y la voluntad de las partes[18].

---

17 STC 214/1989, de 21 de diciembre, FJ 20º f).

18 González García, I. (2016). "El papel de la norma en la cooperación interterritorial". *Revista d'Estudis Autonòmics i Federals*, 23, p. 163.

2. *La cooperación horizontal sobre zonas limítrofes*

Es difícil conocer la cifra exacta de los convenios celebrados entre Comunidades Autónomas[19], y de hecho los distintos autores han ofrecido cifras divergentes[20]. A grandes rasgos podemos afirmar que los acuerdos y convenios del art. 145.2 CE se sitúan alrededor del centenar, aumentando de forma progresiva. A efectos de este trabajo hemos realizado un recuento de acuerdos y convenios, así como de protocolos, con el énfasis en que traten directa o indirectamente de las zonas limítrofes entre las Comunidades firmantes, lo que deja de lado otros que también suponen cooperación horizontal[21].

---

19 No existe una fuente única, fiable ni actualizada sobre convenios y protocolos de cooperación interautonómica. La principal fuente de información sobre acuerdos y convenios es el Boletín Oficial del Senado, lo que deja fuera otros convenios y todos los protocolos. Hay que destacar la tarea de seguimiento de la mayor experta en este ámbito, M. Jesús García Morales, en las sucesivas ediciones del Informe Comunidades Autónomas (ICA) que edita anualmente el Observatorio Instituto de Derecho Público de la Universidad de Barcelona. Aun así, parte de la cooperación —especialmente la que se lleva a cabo a través de protocolos— puede pasar inadvertida, de ahí que no existan datos claros al respecto.

20 Tomando como fuente los convenios y acuedos comunicados al Senado, Ridaura contabiliza 73 hasta 2013 (Ridaura Martínez, M.J. (2013). "Las relaciones horizontales de colaboración entre Comunidades Autónomas: marco jurídico, funcionamiento y rendimiento". *Revista de Derecho Político,* 88, p. 238); Solís y Mohíno, 121 hasta 2018 (90 sin contar las adendas y renovaciones) (Solís Trapero, E.; Mohíno Sanz, I. (2020). "Los convenios de colaboración y acuerdos de cooperación entre Comunidades Autónomas. Pensar y actuar sobre nuevos territorios". *Ciudades,* 23, 95-114); y Ramos; Alda, 2021, *op. cit.*, 111 hasta 2020 (contabilizando también 7 protocolos). La propia Ridaura, sin embargo, advierte que las cifras oficiales del Senado no recogen toda la realidad convencional, ya que no todos los convenios se comunican.

21 Se han buscado, en 15 registros de convenios autonómicos y en el del Senado, convenios y protocolos de cooperación que tienen como objeto principal las zonas limítrofes entre Comunidades Autónomas, aun siendo conscientes de que existen convenios y protocolos de cooperación sobre cuestiones no centradas en dichas zonas limítrofes. El objeto de las excluidas es diverso, aunque los más habituales son el turismo (p.e. rutas como el Camino de Santiago o del Quijote), tecnología, o cultura. Otras son más específicas, sobre reciprocidad de TV autonómicas (TV3, C9 o EITB) o len-

La selección de los datos responde a este contexto, y por tanto no son comparables con otros recuentos, que toman en consideración todos los acuerdos y convenios, pero excluyen protocolos. De acuerdo con este criterio hemos localizado un total de 16 acuerdos, 100 convenios, 76 protocolos y 6 declaraciones. Se trata de casi dos centenares (198) de "acuerdos" fruto de la cooperación horizontal, de diferente naturaleza, alcance y contenido. Más de la mitad de ellos son acuerdos (8%) o convenios (51%), y contemplan por tanto compromisos para las partes, pero buena parte de ellos son protocolos (38%) o simples declaraciones (3%), que, si bien no comportan compromisos de obligado cumplimiento, sí muestran una voluntad de cooperación entre las partes.

Como vemos en el siguiente gráfico, se produce un incremento de la firma de convenios en el período 2005-2009 —con Aragón y Castilla y León como comunidades más activas—, manteniéndose alrededor de la veintena en cada período desde entonces, mientras que los acuerdos siempre han representado una parte muy pequeña de la cooperación horizontal. Los protocolos, con algún altibajo, han supuesto una parte importante de la cooperación horizontal desde el período 2000-2004.

---

gua (especialmente sobre el euskera o el catalán, entre País Vasco y Navarra en el primera caso y Cataluña, Baleares y Comunidad Valenciana en el segundo). Centrarse en la cooperación en zonas limítrofes nos lleva a hacerlo sobre el límite interautonómico terrestre, lo que nos hace excluir a las Comunidades Autónomas de Baleares y Canarias.

Gráfico 1. Número de acuerdos, convenios, protocolos y declaracione firmadas, por periodo

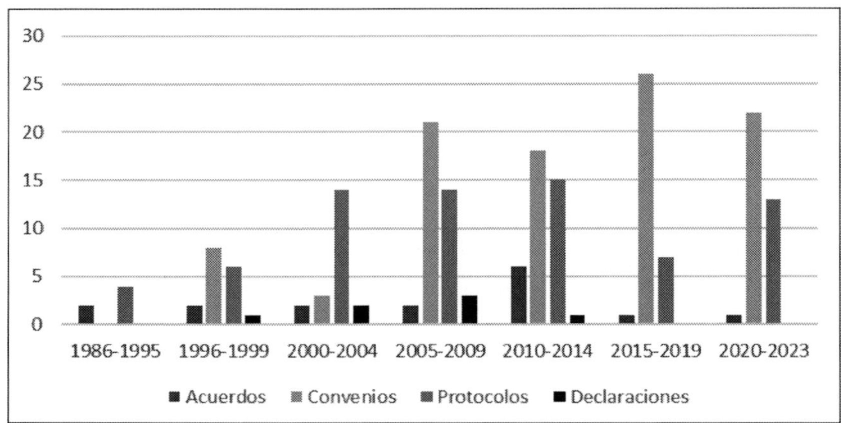

Fuente: elaboración propia.

3. *Ámbito material de la cooperación sobre zonas limítrofes*

Los convenios y protocolos entre Comunidades Autónomas tienen en general como nota característica la bilateralidad. En el caso en el que el objeto son las áreas limítrofes dicha bilateralidad tiene mayor sentido, en cuanto que se intentan abordar problemas concretos y compartidos alrededor del límite administrativo interautonómico. El siguiente gráfico muestra los ámbitos materiales de la cooperación en zonas limítrofes, que tienen la prestación de servicios públicos como principal objeto.

Gráfico 2. Objeto del acuerdo, convenio o protocolo

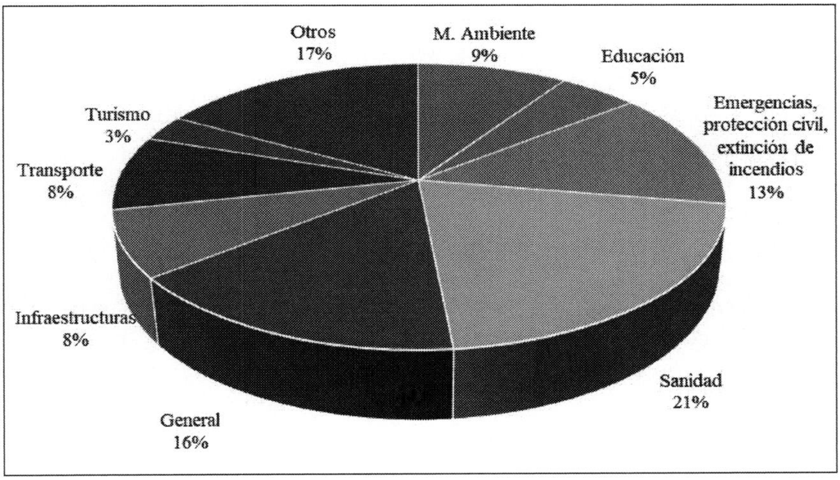

Fuente: elaboración propia.

Sanidad es el ámbito en el se ha cooperado más, generalmente a través de convenios o acuerdos, y principalmente en las comunidades del valle del Ebro, Castilla y León, Galicia, Cataluña o Aragón. Generalmente se trata de asistencia sanitaria en zonas limítrofes, o acceso a servicios especializados. El segundo gran ámbito es el de emergencias, protección civil y extinción de incendios, especialmente centrados en el último aspecto y tanto a través de convenios como protocolos. Un tercer ámbito relevante es el de las infraestructuras y los transportes —éste último tema casi exclusivamente entre Madrid y ambas Castillas—. Parece lógico que las infraestructuras sean relevantes como objeto de la cooperación —todas las áreas limítrofes están conectadas por carreteras y puentes, lo que las convierte en un objeto necesario de la colaboración interadministrativa—, aunque llama la atención el reducido número de convenios, y que éstos se concentren en determinadas Comunidades Autónomas. En parte, la razón es que muchas de las carreteras y vías interautonómicas son de titularidad local (provincial o municipal), por lo que los convenios se suscriben entre entidades locales[22]. Otros temas que abordan los acuerdos, convenios o protocolos son el medio ambiente, la educación o el turismo. Hay que señalar finalmente que un porcentaje relevante de la cooperación —un 16%— se lleva a cabo a través de protocolos generales, que incluyen diversos temas, entre los cuales suelen encontrarse los citados anteriormente.

4. *Espacios de colaboración interautonómica*

A pesar de la fragilidad de la cooperación horizontal, se afirmaba en 2007 la consolidación de unos espacios de colaboración interautonómica[23], en áreas con Comunidades Autónomas más proclives a la cooperación. Si bien la sintonía política facilita la consecución de acuerdos de distinto signo, sí han existido Comunidades Autónomas más proclives a la colaboración en diferentes ámbitos, independientemente de la coincidencia política de los firmantes. La siguiente tabla nos muestra la actividad cooperativa de las diferentes Comunidades Autónomas[24].

Tabla 1. Convenios de cooperación entre Comunidades Autónomas

	AND	AR	AS	CAN	CAT	CLM	CV	CyL	EX	GAL	LR	MAD	MU	NA	PV
AND						4			3				5		
AR					8[(1)]	2	5[(1)]	2			1			2	
AS				4[(2)]				2[(2)]		2[(3)]					

22 Podemos citar, a modo de ejemplo, diversos convenios en el límite interautonómico catalán, entre la Diputación de Tarragona y las diputaciones de Castellón y Teruel de reconocimiento de la titularidad de diversas carreteras —CV-100 y CV-105 en el primero, y TEV-3303 en el segundo—, y por tanto de la responsabilidad de su mantenimiento.

23 García Morales, 2007, *op. cit.*, p. 95.

24 En los datos se incluyen, como cooperación de la Comunidad Autónoma del País Vasco, los convenios firmados por las diputaciones forales de Bizkaia (1 con Cantabria), Álava (2 con La Rioja y 2 con Navarra) y Gipuzkoa (1 con Navarra). No se han contabilizado 1 acuerdo y 6 convenios firmados por diversas Comunidades Autónomas, no necesariamente limítrofes.

	AND	AR	AS	CAN	CAT	CLM	CV	CyL	EX	GAL	LR	MAD	MU	NA	PV
CAN			4[2]					2							2
CAT		8[1]					4								
CLM	4	2					—	—	1			10[4]	—		
CV		5[1]			4	—							1		
CyL		2	2[2]	2		—			1	6[5]	7[6]	8[4]			—
EX	3					1		1							
GAL			2[3]					6[5]							
LR		3						7[6]						12[7]	7[8]
MAD						10[4]		8[4]							
MU	5					—	—								
NA		4									12[7]				7
PV				2				—			7[8]			7	
Total	12	24	8	8	12	17	9	28	4	8	27	18	6	21	16

Fuente: elaboración propia.

Acrónimos: Andalucía (AND), Aragón (AR), Principado de Asturias (AS), Cantabria (CAN), Cataluña (CAT), Castilla-La Mancha (CLM), Comunitat Valenciana (CV), Castilla y León (CyL), Extremadura (EX), Galicia (GAL), La Rioja (LR), Comunidad de Madrid (MAD), Región de Murcia (MU), Comunidad Foral de Navarra (NA), País Vasco (PV).

(1) Incluido uno tripartito, en 1998, entre Aragón, Cataluña y Comunidad Valenciana.

(2) Ambos tripartitos, en 2004, entre Asturias, Cantabria y Castilla y León

(3) Uno de ellos, en 2006, acuerdo de cooperación.

(4) Uno de ellos prórroga, otro, adenda.

(5) Uno de ellos, en 2001, acuerdo de cooperación.

(6) Tres de ellos, en 1991, 1996 y 2005, acuerdos de cooperación.

(7) Incluyen dos acuerdos y tres convenios específicos (administrativos).

(8) Tres de ellos, en 2012 y 2013, acuerdos de cooperación.

Los datos nos muestran algunos datos que confirman que hay Comunidades Autónomas con una actividad convencional mayor que el resto, a saber, Madrid, ambas Castillas, Aragón, Navarra, País Vasco (Álava) y La Rioja. Observando con detalle las dinámicas de cooperación vemos que, efectivamente, existen dichos espacios, especialmente entre Madrid y ambas Castillas —fruto de la metropolitanización, y centrada en carreteras y transporte público—, y en las Comunidades del valle del Ebro[25] —ocupando La Rioja el centro de este espacio "cooperativo", que responden a menudo a dinámicas urbanas y de prestación de servicios. Vemos que existen otros ámbitos en los que se da una cooperación regular, entre Aragón y Cataluña y Comunidad Valenciana, y entre las dos últimas en los últimos años; o entre Castilla y León y Galicia. Nos cabe la duda, que no podemos resolver aquí, de cuáles son las Comunidades que impulsan dicha cooperación. Algunas de ellas, lógicamente, tienen más espacios susceptibles de cooperación (Castilla y León es limítrofe con 9 Comunidades Autónomas, Castilla-La Mancha con 7, Aragón con 6, y el resto entre 2 y 4), pero vemos que ambos factores no están relacionados. Por ejemplo, prácticamente toda la cooperación de Castilla-La Mancha responde a convenios con Madrid o algunos de protección del lince con Andalucía, pero prácticamente no coopera con el resto de Comunidades vecinas, tampoco a través de protocolos. De hecho, si observamos la cooperación a través de protocolos vemos que el esquema planteado no varía.

Tabla 2. Protocolos de cooperación entre Comunidades Autónomas

	AND	AR	AS	CAN	CAT	CLM	CV	CyL	EX	GAL	LR	MAD	MU	NA	PV
AND						—			1				—		
AR					6	—	1	1			7[(1)]			7[(1)]	
AS				2[(2)]				2[(2)]		4[(3)]					
CAN			1[(3)]					—							2[(4)]
CAT		6					3								
CLM	—	—					—	1	—			8	—		
CV		1			3	—							—		
CyL		1	2[(2)]	—		1			—	1	8[(5)]	15			1
EX	1					—		—							
GAL			4[(3)]					1							

25 Solís y Mohíno proponen un "Esquema de territorios transfronterizos interregionales", como regiones que comparten problemas similares que requieren respuestas conjuntas y coordinadas. Solís Trapero; Mohíno Sanz, 2020, *op. cit.*, pp. 99-100.

	AND	AR	AS	CAN	CAT	CLM	CV	CyL	EX	GAL	LR	MAD	MU	NA	PV
LR		7[1]						8[5]						6	2
MAD						8		15							
MU	—					—	—								
NA		5[1]									6				7
PV				2[4]				1			2			7	
Total	1	20	7	4	9	9	4	29	1	5	23	23	-	20	11

Fuente: elaboración propia.

Acrónimos: Andalucía (AND), Aragón (AR), Principado de Asturias (AS), Cantabria (CAN), Cataluña (CAT), Castilla-La Mancha (CLM), Comunitat Valenciana (CV), Castilla y León (CyL), Extremadura (EX), Galicia (GAL), La Rioja (LR), Comunidad de Madrid (MAD), Región de Murcia (MU), Comunidad Foral de Navarra (NA), País Vasco (PV).

(1) Incluye un protocolo y una declaración, entre Aragón, La Rioja y Navarra.

(2) Ambos tripartitos, en 2006, entre Asturias, Cantabria y Castilla y León.

(3) Incluye tres declaraciones bilaterales, en los años 2003, 2006 y 2008 (I, II y III Encuentro institucional)

(4) Incluye una declaración bilateral (I Encuentro institucional), en 2009.

(5) Se trata de tres protocolos generales (2002, 2005 y 2008), al último de los cuales se han añadido un anexo y tres adendas en los años siguientes (2009, 2010, 2014). Se incluye también una declaración (2004).

Por otra parte, detectamos ámbitos limítrofes en los que la cooperación es muy reducida, sobre temas menores, o incluso nula. Las Comunidades Autónomas de la mitad sur de España-Andalucía, Murcia, Extremadura y Castilla-La Mancha no cooperan con las vecinas en materias relacionadas con las zonas limítrofes —a excepción de la última, solo con Madrid—. Otras han tenido amplios períodos de tiempo sin colaboración, fruto del contexto político, como Cataluña con Comunidad Valenciana —hasta los últimos años—, o País Vasco con Cantabria o Castilla y León.

IV. CONCLUSIONES: COOPERACIÓN HORIZONTAL Y CULTURA FEDERAL

Sin entrar en la discusión de la naturaleza del Estado —descentralizado, federal o cuasifederal— parece claro que, como en el resto de Estados federales o descentralizados, es necesaria una cierta cultura de cooperación, de lealtad entre las partes del Estado, que se ha denominado "cultura federal". A pesar de momentos de encuentro y acuerdo, lo habitual es la desconfianza y el recelo ante el pacto entre dos o más Comunidades, especialmente si el contenido del pacto tiene un trasfondo político.

1. Cooperación y falta de cultura federal

La voluntad en muchas ocasiones de cooperación entre als Comunidades Autónomas no se ha trasladado a acuerdos a menudo. Diferentes autores han enfatizado la falta de una cultura federal[26], entendida como "la conciencia, por parte de todos los protagonistas públicos, de la existencia de "materias comunes", de la pluralidad de las instancias competentes en esas materias, y de la necesidad de establecer vías de colaboración entre ellas."[27]. El contexto político o la coincidencia política entre los ejecutivos autonómicos suele ser un factor determinante: la existencia de un conflicto dificulta el pacto entre las partes, a pesar de la existencia de intereses comunes. La relación de vecindad es un factor importante para detectar problemas comunes y articular la colaboración necesaria para solucionarlos[28], aunque los gobiernos autonómicos a menudo no son conscientes de que dicha vecindad implica la existencia de zonas limítrofes en las que hay intereses compartidos —entre otros no necesariamente

---

26 Romero, J. (2008). "Autonomía política y nacionalismos. Sobre la acomodación de la diversidad en España". Pasajes: *Revista de pensamiento contemporáneo*, 26, p. 21; Moreno, L. (2008). La federalización de España. Poder Político y Territorio. Siglo XXI; González García, 2018, *op. cit.*, p. 148. Como afirma Romero, "En España se necesitan más gestos federales y más cultura federal. Federal, entendido como sinónimo de cultura del pacto (*foedus*), de lealtad constitucional e institucional, de coordinación y cooperación entre esferas y niveles de gobierno, de respeto mutuo, de claridad, de transparencia en la información, de multilateralismo, de equidad, de corresponsabilidad, de solidaridad... pero también de autonomía política y de capacidad para desarrollar políticas públicas muy diferentes entre las Comunidades Autónomas." (Romero, 2008, *op. cit.*, p. 21).

27 López Guerra, L. (2007). "El futuro del Estado de las Autonomías". *Boletín de la Academia de Jurisprudencia y Legislación de las Illes Balears*, 9, p. 169.

28 García Morales, 2007, op. cit., p. 95.

ligados a la proximidad—. Existen numerosos ejemplos en los que el conflicto disuade la colaboración, por motivos territoriales —por ejemplo Treviño— o lingüísticas —*franja* de Aragón—, entre otros.

Los convenios, acuerdos o protocolos suscritos por Comunidades Autónomas pueden tener su origen en contactos previos —sectoriales o institucionales— o reuniones bilaterales o multilaterales entre las Comunidades Autónomas. Los Encuentros de Comunidades Autónomas o las conferencias de presidentes fueron una experiencia efímera, a pesar de que se firmaron convenios en diferentes ámbitos y en su momento crearon cierto optimismo[29]. La existencia de zonas limítrofes implica la necesidad de pacto en materias como la sanidad, turismo, protección civil, extinción de incendios u homologación de licencias, entre otras. Contar con un foro de discusión facilitaría llegar a acuerdos multilaterales, independientemente del color político de los gobiernos de turno. Ante su ausencia hay que insistir en la necesidad de bilateralidad y de la plasmación de la cooperación en convenios u otros instrumentos de colaboración.

2. Los recelos ante la bilateralidad

Ante la imposibilidad de una cultura cooperativa federal, la práctica se inclina por una desigual práctica de la bilateralidad —o multilateralidad—, con una intensidad mucho menor que la protagonizada por el Estado. En otras palabras, la cooperación vertical es la norma, mientras que la horizontal es residual. A ello contribuye no solo la voluntariedad —y por tanto dependencia del contexto político— sino la percepción en ocasiones de la bilateralidad como una cuestión potencialmente conflictiva[30], especialmente si la cooperación versa

---

29 Matia Portilla, F.J. (2011). "La cooperación horizontal: un impulso tan necesario como esperado". *Revista Jurídica de Castilla y León*, 23; Ridaura Martínez, 2013, *op. cit.*

30 Como afirma Carranza, "no hay que dejar de advertir que la intensidad de las relaciones que se entablen puede, en definitiva, ser un caldo de cultivo de conflictos de reconocimiento allí donde, por ejemplo, se fomente la *bilateralidad* o se dificulte materialmente la *multilateralidad*, pues eso en definitiva implica el desconocimiento de otras unidades que merecen el mismo trato y genera malestares sistémicos que pueden derivar en conflictos de

sobre aspectos que puedan ser controvertidos —por ejemplo, lengua— o exista la percepción de parte del espectro político de que dicha cooperación bilateral tiene como objetivo socavar el papel del Estado en el centro del sistema. La propia redacción del art. 145 CE es sintomática al respecto, ya que inicia en su primer apartado prohibiendo las federaciones de Comunidades Autónomas, recelando de la cooperación horizontal desde el propio momento fundacional del Estado autonómico[31].

3. Un balance de cuatro décadas de cooperación horizontal

Se ha afirmado que es mucho más sencillo firmar un convenio vertical —e incluso convenios de colaboración transfronteriza o en materia de acción exterior—, que un convenio entre Comunidades Autónomas[32], lo que facilita el uso de los protocolos —mucho menos concretos, sin obligaciones para las partes y sobre todo sin un procedimiento de suscripción y comunicación al Senado. Incluso a través de instrumentos de derecho privado, que permiten situar a la acción

---

alto riesgo para la unidad del Estado". Carranza Galaico, G. G. (2019). "Las oportunidades del principio de cooperación en el Estado autonómico". *Cuadernos Manuel Giménez Abad*, 18, p. 69.

31 Como recordaba Machetti, "La causa de ese tratamiento es de tipo político, se parte de la visión errónea de que cualquier tipo de cooperación de las regiones entre sí obedece necesariamente a tendencias centrífugas y como tales son tratados, ignorando, sin embargo, que, salvo en supuestos absolutamente patológicos, los convenios cumplen un importante papel de integración". Santolaya Machetti, *op. cit.*, pp. 392-393.

32 García Morales lo describe muy gráficamente: "La colaboración entre Comunidades Autónomas en los proyectos INTERREG es un interesante fenómeno. No existe cooperación entre Comunidades Autónomas institucionalizada (permanente) dentro de España. Pero las Comunidades Autónomas sí se encuentran y cooperan entre ellas de forma estable con otras regiones europeas a través de los programas INTERREG y de los instrumentos de la cooperación transfronteriza (...). De hecho, la mayor parte de los nuevos Estatutos contempla la cooperación transfronteriza, que da prestigio a las Comunidades y es más sencilla de formalizar que la colaboración horizontal." García Morales, M.J. (2009). "Los nuevos estatutos de autonomía y las relaciones de colaboración. un nuevo escenario, ¿una nueva etapa?". *Revista Jurídica de Castilla y León*, 19, p. 420.

concertada entre comunidades en una zona bastante gris y, por lo tanto, muy poco transparente[33].

En este sentido, uno de los problemas respecto a los convenios entre las Comunidades Autónomas —y en general a otros pactos y protocolos, y también los convenios entre otras Administraciones— es si son realmente eficaces. Si conocer los convenios —pactos y acuerdos en general— entre las Comunidades Autónomas presenta muchas dificultades, su seguimiento es aún más complicado[34]. No es posible saber, en la mayoría de las Comunidades Autónomas, su evolución, eficacia o cumplimiento. Tampoco sabemos si las comisiones de seguimiento que a menudo se prevén en los convenios se han creado o si realmente funcionan. No hay información al respecto y su análisis detallado sobrepasa el alcance de este trabajo, lo que nos genera dudas sobre hasta qué punto esta cooperación formalizada funciona de forma efectiva.

Como decíamos, la evolución del Estado autonómico ha comportado el desarrollo de ordenamientos jurídicos diferenciados en cada una de las Comunidades Autónomas, aplicables en su propio territorio —principio de territorialidad— y generando dinámicas de inclusión y exclusión en estos espacios limítrofes y creando una auténtica frontera jurídica. Todo aumento de la descentralización debe ir acompañada de instrumentos de coordinación y cooperación. Sin embargo, se considera de forma generalizada que la cooperación horizontal ha tenido un funcionamiento deficiente lo que se traduce en muy pocos convenios de colaboración aprobados[35], en un contexto

---

33 García Morales, M.J. (2008). "Los instrumentos de las relaciones intergubernamentales". *Activitat Parlamentària,* 15, p. 56.

34 García Morales, M.J. (2010). "Convenios de colaboración entre el Estado y las Comunidades Autónomas y entre Comunidades Autónomas". En Tornos Mas, J. (Dir.). *Informe Comunidades Autónomas 2009.* IDP, p. 178.

35 García Morales, M.J. (2006). "Las relaciones gubernamentales en el Estado Autonómico: estado de la cuestión y problemas pendientes". En García Morales, M.J.; Montilla Martos, J.A.; Arbós Marín, X. *Las relaciones intergubernamentales en el Estado Autonómico.* CEPC, p. 32; Aja, E. (2014). *Estado autonómico y reforma federal.* Alianza Editorial, p. 212.

excesivamente vinculado a factores políticos[36]. El transcurso de los años ha ido poniendo en evidencia las limitaciones del convenio de colaboración para articular la complejidad del entorno fronterizo, y la necesidad, por un lado, de la reforma de su regulación constitucional[37] y por otro de fomentar una cultura de la cooperación[38]. Se produce la paradoja de un fortalecimiento de la cooperación transfronteriza en el seno de la Unión Europea con unas relaciones horizontales entre Comunidades Autónomas limítrofes deficientes[39].

Es muy común destacar la deficiente articulación de los mecanismos de cooperación, especialmente de los convenios y acuerdos del art. 145.2 CE. A pesar de que se ha defendido la necesidad de reformar su regulación[40], también se ha manifestado la postura contraria, en tanto que los cambios en el régimen jurídico de esta materia no contribuirían a modificar la voluntad de los actores[41]. La regulación de los convenios entre Comunidades Autónomas explica sólo en parte su poca incidencia en la cooperación horizontal, siendo más bien la poca predisposición a llegar a acuerdos y la utilización de otros instrumentos la causa del escaso éxito de la cooperación horizontal a través de los convenios.

---

36 González García, I. (2018). "La revisión del artículo 145 CE en el contexto de una reforma federal de la Constitución". *Revista de Derecho Político,* 103, p. 163.

37 Tajaura Tejada, 2010, *op. cit.*, pp. 94-97.

38 García Morales, 2006, *op.cit.*, pp. 70-71.

39 Montilla Martos, J.A. (2006). "El marco normativo de las relaciones gubernamentales". En García Morales, M.J.; Montilla Martos, J.A.; Arbós Marín, X. *Las relaciones intergubernamentales en el Estado Autonómico.* CEPC, pp. 84-85. Se ha afirmado que algunos sectores, como el urbanismo, la ordenación del territorio o las infraestructuras obligan a que el Derecho administrativo tome en consideración la realidad fronteriza (Canals Ametller, D.; Galán Galán, A. (Dirs.) (2008). *Entidades locales y fronteras. Instrumentos jurídicos de cooperación transfronteriza.* Fundació Pi i Sunyer, p. 14). El desarrollo de la cooperación transfronteriza en la Unión Europea ha tenido un gran desarrollo en los últimos años. No así en el caso de la cooperación interregional, en el que poco se ha avanzado.

40 Tajaura Tejada, 2010, *op. cit.*, pp. 94.97.

41 González García, 2018, *op. cit.*, p. 148.

Como se ha afirmado, "el federalismo es horizontalidad entendida como una cultura de la inclusión de grupos y territorios en la toma de decisiones. En España no hay relaciones intergubernamentales horizontales. La culpa no la tiene la Constitución o no la tiene sólo la regulación de la Constitución. La culpa radica en que las Comunidades Autónomas no quieren colaborar entre ellas"[42]. Sin discrepar del argumento de fondo, es decir, la falta de cultura de cooperación, hay que decir que sí existe cooperación horizontal, pero ésta es escasa, precaria y fragmentaria. La misma autora concluye que en España hay un problema de aceptación de la diversidad. En lo que respecta al objeto de este trabajo, los espacios fronterizos o áreas limítrofes entre Comunidades Autónomas, esto es especialmente cierto. La actitud en general de las Comunidades Autónomas —de sus centros de decisión— respecto a la cooperación en las zonas limítrofes —generalmente periféricas— es la indiferencia cuando no la hostilidad. Reconocer esta realidad híbrida y dual de estos espacios —desde un punto de vista socioeconómico, cultural e incluso identitario— supone contemplar el territorio de forma integradora. La cooperación horizontal en dichas zonas limítrofes sigue siendo, cuatro décadas después de los primeros convenios, una asignatura pendiente y necesaria para la articulación del Estado descentralizado.

Referencias bibliográficas

Aja, E. (2014). *Estado autonómico y reforma federal.* Alianza Editorial.

Albertí Rovira, E. (1992). "Relaciones de colaboración con las Comunidades Autónomas". En Aja, E. (Dir.). *Informe Pi i Sunyer sobre Comunidades Autónomas 1991.* Fundació Pi i Sunyer.

Albertí Rovira, E. (1998). "Relaciones de colaboración con las Comunidades Autónomas". En Tornos Mas, J. (Dir.). *Informe Comunidades Autónomas 1997.* IDP.

Canals Ametller, D.; Galán Galán, A. (Dirs.) (2008). *Entidades locales y fronteras. Instrumentos jurídicos de cooperación transfronteriza.* Fundació Pi i Sunyer.

42 García Morales, M.J. (2019). "Estado autonómico y ¿cultura federal?". *Cuadernos Manuel Giménez Abad,* 17, p. 35.

Carranza Galaico, G. G. (2019). "Las oportunidades del principio de cooperación en el Estado autonómico". *Cuadernos Manuel Giménez Abad*, 18.

Colino, C. (2011). "Federalismo horizontal en el Estado autonómico. La evolución de los mecanismos de cooperación horizontal en España". *Cuadernos Giménez Abad*, 2.

García Morales, M.J. (2006). "Las relaciones gubernamentales en el Estado Autonómico: estado de la cuestión y problemas pendientes". En García Morales, *M.J.*; Montilla Martos, J.A.; Arbós Marín, X. *Las relaciones intergubernamentales en el Estado Autonómico.* CEPC.

García Morales, M.J. (2007). "Relaciones de colaboración con las Comunidades Autónomas". En Tornos Mas, J. (Dir.). *Informe Comunidades Autónomas 2006.* IDP.

García Morales, M.J. (2009). "Convenios de colaboración entre el Estado y las Comunidades Autónomas y entre Comunidades Autónomas". En Tornos Mas, J. (Dir.). *Informe Comunidades Autónomas 2008.* IDP.

García Morales, M.J. (2009). "Los nuevos estatutos de autonomía y las relaciones de colaboración. un nuevo escenario, ¿una nueva etapa?". *Revista Jurídica de Castilla y León*, 19.

García Morales, M.J. (2010). "Convenios de colaboración entre el Estado y las Comunidades Autónomas y entre Comunidades Autónomas". En Tornos Mas, J. (Dir.). *Informe Comunidades Autónomas 2009.* IDP.

García Morales, M.J. (2019). "Estado autonómico y ¿cultura federal?". *Cuadernos Manuel Giménez Abad*, 17, 34-37.

González García, I. (2009). "Un distingo constitucionalmente relevante: convenios de colaboración vs. acuerdos de cooperación entre Comunidades Autónomas". *Revista de Estudios Políticos*, 145, 97-118.

González García, I. (2016). "El papel de la norma en la cooperación interterritorial". *Revista d'Estudis Autonòmics i Federals*, 23, 160-200.

González García, I. (2018). "La revisión del artículo 145 CE en el contexto de una reforma federal de la Constitución". *Revista de Derecho Político, 103.*

López Guerra, L. (2007). "El futuro del Estado de las Autonomías". *Boletín de la Academia de Jurisprudencia y Legislación de las Illes Balears*, 9, 157-170.

Matia Portilla, F.J. (2011). "La cooperación horizontal: un impulso tan necesario como esperado". *Revista Jurídica de Castilla y León*, 23.

Montilla Martos, J.A. (2006). "El marco normativo de las relaciones gubernamentales". En García Morales, M.J.; Montilla Martos, J.A.; Arbós Marín, X. *Las relaciones intergubernamentales en el Estado Autonómico.* CEPC.

Ramos Gallarín, J. A.; Alda Fernández, M. (2021). "Las relaciones de cooperación entre comunidades autónomas: un balance centrado en el periodo 2004-2020". En Colino, C. (Coord.). *Retos de la gobernanza multinivel y la coordinación en el estado autonómico: de la pandemia al futuro.* INAP.

Ridaura Martínez, M.J. (2013). "Las relaciones horizontales de colaboración entre Comunidades Autónomas: marco jurídico, funcionamiento y rendimiento". *Revista de Derecho Político,* 88, 215-244.

Romero, J. (2008). "Autonomía política y nacionalismos. Sobre la acomodación de la diversidad en España". *Pasajes: Revista de pensamiento contemporáneo,* 26, 13-24.

Santolaya Machetti, P. (1984). *Descentralización y cooperación.* Instituto de Estudios de Administración Local.

Solís Trapero, E.; Mohíno Sanz, I. (2020). "Los convenios de colaboración y acuerdos de cooperación entre Comunidades Autónomas. Pensar y actuar sobre nuevos territorios". *Ciudades,* 23, 95-114. https://doi.org/10.24197/ciudades.23.2020.95-114

Tajaura Tejada, J. (2010). *El principio de cooperación en el Estado Autonómico.* Comares.

Vilalta Reixach, M. (2016). "Los convenios interadministrativos en el ordenamiento jurídico español desde un punto de vista contractual". *Revista Digital de Derecho Administrativo,* 15.

Las relaciones de cooperación entre Administraciones Públicas

CLÀUDIA GIMENO FERNÁNDEZ
Profesora Ayudante Doctora de Derecho Administrativo
Universitat de València

I. LAS RELACIONES ENTRE LAS DISTINTAS ADMINISTRACIONES PÚBLICAS

En el actual Estado constitucional compuesto y descentralizado, las relaciones que establecen entre sí dos o más Administraciones Públicas territoriales para garantizar el efectivo y correcto ejercicio de las competencias que les corresponden se denominan relaciones interadministrativas[1]. Estas relaciones no son homogéneas. Según la intensidad y tipo de relación pueden ordenarse en una escala que va de un extremo en el que las relaciones suponen una situación de clara disputa entre Administraciones a otro en el que se situan aquellas en las que la relación tiene un carácter más colaborativo y asociativo. Esto supone ordenarlas, de menor a mayor colaboración, en relaciones (1) de conflicto explícito entre Administraciones, (2)

---

1 Almeida Cerreda, M. (2023). "Un posible régimen especial para los pequeños municipios justificación, naturaleza, contenido y articulación ". *Revista de Estudios de la Administración Local y Autonómica: Nueva Época*, 19, pp. 59-81.

de control directo de una Administración por otra, (3) de obligatoria coordinación de una Administración por otra y (4), de cooperación o colaboración voluntaria y libre.

Especialmente interesantes a los efectos del proyecto de investigación que da origen a esta obra son las relaciones de cooperación. Su interés, asimismo, se justifica por la escasa regulación y difusión que este tipo de relaciones (especialmente las de tipo interautonómico) han tenido en el Estado español, a diferencia de lo ocurrido en otros países de nuestro entorno[2].

Pese a la fragmentada regulación de este tipo de relaciones, es el Capítulo III del Título III de la Ley 40/2015, de 1 de octubre, de Régimen Jurídico del Sector Público (LRJSP) el que desarrolla, dentro de los distintos tipos de relaciones interadministrativas, las distintas técnicas de cooperación entre las distintas Administraciones Públicas existentes en el ordenamiento jurídico español, más allá de los convenios y acuerdos previstos por el art. 145 de la Constitución Española[3]. En este sentido, la LRJSP ahonda en la sucinta regula-

---

2 Galindo Caldés, R. (2020). "Territorialidad, cooperación horizontal y fronteras interiores". *Revista General de Derecho Administrativo,* 55; García Morales, M.J. (2019). "Estado autonómico y ¿cultura federal?". *Cuadernos Manuel Giménez Abad,* 17, 34-37; Matia Portilla, F.J. (2011). "La cooperación horizontal: un impulso tan necesario como esperado". *Revista Jurídica de Castilla y León,* 23, 105-144; Navarro Munera, A. E. (1989). "Las relaciones interautonómicas de colaboración: Mecanismos y posibilidades de articulación orgánica". *Revista de Administración Pública,* 120, 401-414; Albertí Rovira, E. (1994). "Los convenios entre Comunidades Autónomas". *Documentación Administrativa,* 240.

3 El análisis en otros capítulos de esta obra de los convenios y acuerdos previstos por el art. 145 de la Constitución Española, a los que me refiero para su estudio, justifica la escueta referencia a los mismos que aquí se hace. Más allá de estos, tampoco los Estatutos de Autonomía de las distintas Comunidades Autónomas prevén, con carácter general, otros instrumentos de cooperación interautonómica. Así, entre las máximas innovaciones previstas en estos —muy modestas—, encontramos que el Estatut catalán prevé la comunicación, el intercambio cultural y la cooperación con las Comunidades y los territorios, pertenecientes o no al Estado español, que tienen vínculos históricos, lingüísticos y culturales con Cataluña y a tales efectos, la Generalitat y el Estado, según proceda, podrán suscribir convenios, tratados y otros instrumentos de colaboración en todos estos ámbitos, que pueden

ción previa del fenómeno por la Ley 30/1992, de 26 de noviembre, de Régimen Jurídico de las Administraciones Públicas y del Procedimiento Administrativo Común (LRJPAC) y la Ley 7/1985, de 2 de abril, Reguladora de las Bases del Régimen Local (LBRL)[4], pese a la inexistente referencia a este principio en la Constitución y establece distintas técnicas de cooperación entre las Administraciones.

Entre ellas recoge la participación en órganos de cooperación o en órganos consultivos, la prestación de medios materiales, económicos o personales, la cooperación para la aplicación coordinada de la normativa reguladora de una determinada materia y la emisión de informes no preceptivos. Asimismo, regula con cierta profundidad distintas técnicas orgánicas de cooperación, como lo son los órganos de cooperación (art. 145), la Conferencia de Presidentes (art. 146), las Conferencias Sectoriales (art. 147 a 152), las Comisiones Bilaterales de Cooperación (art. 153) y las Comisiones Territoriales de Coordinación (art. 154).

Este trabajo analiza los distintos órganos e instrumentos de cooperación previstos por la LRJSP, haciendo especial énfasis en aquellos casos en que la cooperación que se prevé es de carácter horizontal. Todo esto, con la finalidad de sistematizar el régimen vigente y de deducir el potencial de desarrollo, aplicación y actuación por parte de las Administraciones Públicas en la materia, atendida la escasa (aunque creciente) colaboración para la defensa de los intereses públicos entre las distintas Administraciones españolas.

---

incluir la creación de organismos comunes (art. 6 y 12 del Estatut). El Estatut balear, por su parte, prevé la posibilidad de que se suscriban protocolos con otras Comunidades autónomas para la celebración de actos de carácter cultural en otras Comunidades Autónomas, especialmente con las que se comparten la misma lengua y cultura (art. 119). Y, finalmente, el Estatuto de Autonomía de Extremadura prevé expresamente la participación de las instituciones de la Comunidad Autónoma en cuantos foros de cooperación horizontal resulten convenientes (art. 67).

4 Indica Vilalta Reixach al respecto que la regulación de la LRJSP no resulta "absolutamente novedosa u original", sino que simplemente supone un desarrollo de normas e instituciones antes vigentes. Vilalta Reixach, M. (2017). "Las relaciones interadministrativas en la nueva Ley de régimen jurídico del sector público". *Cuadernos de derecho local*, 44, p. 50.

II. LA COOPERACIÓN ENTRE ADMINISTRACIONES PÚBLICAS: PRINCIPIOS Y TÉCNICAS

En la regulación que la LRJSP prevé de las relaciones interadministrativas se establecen una serie de principios generales que rigen estas relaciones. Entre ellos encontramos, además del de lealtad institucional, de adecuación al orden de distribución de competencias, de responsabilidad, de coordinación estatal o el de solidaridad interterritorial, un conjunto de principios que imponen la necesaria actuación conjunta o coordinada de las dinstinas Administraciones Públicas (art. 140 LRJSP).

Entre estos destacan el principio de colaboración, el de eficiencia y el de cooperación. El principio de colaboración exige la actuación conjunta con el resto de Administraciones para el logro de fines comunes. Por su parte, el de eficiencia requiere lograr los resultados deseados en la gestión de los recursos públicos con el mínimo posible de recursos, precisamente a través del uso compartido de recursos comunes. Finalmente, el principio de cooperación se materializa en la asunción voluntaria de compromisos específicos en aras a una acción común.

Pese a las diferencias entre ellos, los dos primeros imponen un deber genérico de actuación colaborativa, de asistencia o auxilio para la acuación eficiente en la actuación pública y en el uso de recursos públicos —en este sentido los desarrollan el art. 141 y el art. 142 LRJSP, que recoge distintas técnicas de colaboración, entre las que destaca el suministro de información, datos, documentos o medios, probatorios, la creación de sistemas integrados y seguros de información o la asistencia y auxilio entre Administraciones—. El tercero, en cambio, exige una concertación o actuación conjunta, una contribución bi- o multilateral a las acciones que se concreten. Asimismo, integra tanto mecanismos de cooperación de carácter vertical, en la que se dan relaciones entre distintas Administraciones Públicas de distinto ámbito territorial, como lo son el Estado y las Comunidades Autónomas; como mecanismos de cooperación horizontal, que se da entre Administraciones territoriales equivalentes, como es el caso de las relaciones entre Comunidades Autónomas.

De estos principios se deducen una serie de características esenciales de las técnicas de cooperación. Entre ellas encontramos (1), la voluntariedad en la participación en estas relaciones, expresada de modo formalizado a través de acuerdos del órgano de cooperación o convenios que deberán prever las condiciones y compromisos asumidos y deberán ser recogidos en un registro electrónico (como así exigen el art. 143.2 y el 144.2 y 3 de la LRJSP); (2), la necesaria sumisión al interés general en su desarrollo, que conecta el ejercicio de estas competencias con la idea de buena administración —el deber de ponderación de todos los intereses y competencias para que la cooperación se arbitre de forma que persiga el interés general, como exigencia derivada no sólo del artículo 143.1 de la LRJSP, sino también del artículo 103.1 de la Constitución[5]— (3), el hecho de que en las mismas deba respetarse en todo momento el ejercicio de competencias propias, y (4), la libertad en la elección de las distintas técnicas de cooperación empleadas por las Administraciones[6]. En este sentido, pese a ser exhaustivo, a la hora de enumerar las distintas

---

5 Mancilla i Muntada, F. (2016). "Artículo 143. Cooperación entre Administraciones Públicas". En Recuerda Girela, M.A. (Ed.). *Régimen jurídico del Sector Público y Procedimiento Administrativo Común.* Cizur Menor, Thomson Reuters Aranzadi.

6 En línea también con estos principios se ha pronunciado el Tribunal Constitucional en Sentencia 194/2004, de 4 de novembre (FJ 9.°), que ha delimitado el principio de cooperación como uno (1) que "se encuentra implícito en la propia esencia de la forma de organización territorial del Estado que se implanta en la Constitución" (STC 18/1982, de 4 de mayo, FJ 14), pues entronca con "la necesidad de hacer compatibles los principios de unidad y autonomía" [STC 214/1989, FJ 20 e)]"; (2), que se distingue del de coordinación en cuanto que "la voluntariedad en el caso de la cooperación frente a la imposición en la coordinación es, por sí mismo, un elemento diferenciador de primer orden, lo que explica y justifica que, desde la perspectiva competencial distintas hayan de ser las posibilidades de poner en práctica unas y otras fórmulas" [STC 214/1989, de 21 de diciembre, FJ 20 f)]"; (3), cuya "instrumentación y puesta en práctica no permite alterar las competencias de los sujetos llamados a cooperar" y (4), en el cual no hay una técnica correcta o única para su instrumentalización, sino que el "Tribunal ha venido reconociendo un margen de discrecionalidad en la determinación de los específicos mecanismos cooperativos, lo que no implica que dicho margen se conciba como un espacio totalmente inmune al control jurisdiccional, pues la, en principio, amplia esfera de libertad aludida

técnicas de cooperación el art. 144 LRJSP no establece un listado taxativo ni cerrado, sino que deja que estas opten por aquellas que "estimen más adecuadas", además de prever la posibilidad que las leyes establezcan otras distintas de la que la LRJSP enumera.

Se analizan a continuación las principales técnicas de cooperación que establece la LRJSP en su artículo 144. A todas ellas caben sumar 1), los casos de órganos de cooperación previstos por distintas normas sectoriales, como, por ejemplo, el Consejo de Política Fiscal y Financiera, que prevé la la Ley Orgánica 8/1980, de 22 de septiembre, de Financiación de las Comunidades Autónomas, y 2) las tareas de colaboración que el Estado realiza con otras Administraciones Públicas a través de las Delegaciones y Subdelegaciones de Gobierno en las Comunidades Autónomas y las provincias[7].

1. *La participación en órganos de cooperación*

La primera de las técnicas que prevé el art. 144 LRJSP es la participación en órganos de cooperación con el fin de deliberar y, en su caso, acordar medidas en materias sobre las que tengan competencias diferentes Administraciones Públicas. Por su importancia, esta técnica, que comprende la creación de órganos como la Conferencia de Presidentes, las Conferencias Sectoriales, las Comisiones Bilaterales de Cooperación o las Comisiones Territoriales de Coordinación se analizará en profundidad en el epígrafe tercero de este capítulo. En todos estos casos, los órganos creados carecen de personalidad jurídica propia y no pueden ser sujetos de relaciones jurídicas, sino que se constituyen como un elemento de encuentro, de transmisión

---

puede eventualmente comprimirse en función de la relevancia del ámbito de la política autonómica concernido en cada caso (STC 68/1996, FJ 10)".

7 Entre las distintas funciones de estas figuras encontramos la comunicación y recepción de información, la promoción de convenios, especialmente en relación con los programas de financiación estatal, la coordinación en materia de ejecución de políticas públicas y la participación en determinados órganos de colaboración como las Comisiones bilaterales de cooperación, que se analizarán después.

y recopilación de información, sin capacidad para ejecutar y gestionar esos acuerdos[8].

2. *La participación en órganos de otras Administraciones Públicas*

La participación de una Administración Pública en órganos consultivos o en organismos públicos o entidades dependientes o vinculadas a otras Administraciones Públicas es la segunda de las técnicas de cooperación que prevé el art. 144 de la LRJSP.

Esta técnica, especialmente interesante, en la medida en que no supone la creación de órganos adicionales sino la integración constructiva de miembros de una Administración en los órganos de otra, encuentra un desarrollo escaso en nuestra legislación. Con todo, el art. 21 de la LRJSP sí que prevé que en los órganos colegiados de la Administración General del Estado y de sus Organismos públicos podrá haber representantes de otras Administraciones Públicas, siempre que estas lo acepten voluntariamente, que un convenio así lo establezca o que una norma aplicable a las Administraciones afectadas lo determine. Por lo tanto, cabe deducir que estas serán las principales vías para establecer esta participación: predisposición en una norma o un convenio o simple voluntariedad de las Administraciones interesadas, convirtiéndose esta en una técnica de colaboración que puede alcanzar un grado de informalidad y flexibilidad elevado.

3. *La prestación de medios materiales, económicos o personales*

La tercera de las técnicas que prevé la LRJSP es la prestación de medios materiales, económicos o personales. En este aspecto, la Ley establece el deber de asistencia y auxilio para atender las solicitudes formuladas por otras Administraciones para el mejor ejercicio de sus competencias (en especial cuando los efectos de su actividad administrativa se extiendan fuera de su ámbito territorial) y restringe los

---

8 Esteve Pardo, J. (2015). *Lecciones de Derecho Administrativo* (5ª ed.). Marcial Pons, pp. 141-142.

supuestos en los que la asistencia y colaboración puede negarse por parte de la Administración requerida.

En este sentido, se establece que esta asistencia y colaboración sólo podrá negarse cuando el organismo público o la entidad no esté facultado para prestarla de acuerdo con lo previsto en su normativa específica, no disponga de medios suficientes para ello o cuando hacerlo causara un perjuicio grave a los intereses cuya tutela tiene encomendada o al cumplimiento de sus propias funciones o cuando la información solicitada tenga carácter confidencial o reservado. Se refuerza este deber con la especial indicación de que la negativa a prestar la asistencia se comunicará motivadamente a la Administración solicitante. En relación con la colaboración y auxilio para la ejecución de actos fuera de el ámbito territorial de la Administración se refuerza dicho deber y se prevé que los posibles costes que pueda generar el deber de colaboración podrán ser repercutidos cuando así se acuerde (art. 141 LRJSP).

En este contexto, la LRJSP establece distintas técnicas de colaboración o relación, especialmente electrónica, entre las Administraciones Públicas. Entre ellas destaca, en primer lugar, el establecimiento del deber general entre Administraciones de facilitar el acceso de las restantes a los datos relativos a los interesados que obren en su poder, con la expresa previsión de diferentes garantías en aras a asegurar la protección de los datos de carácter personal (art. 155). En segundo lugar, la creación y el mantenimiento de sistemas integrados de información, a través del denominado "Esquema Nacional de Interoperabilidad", que comprende el conjunto de criterios y recomendaciones en materia de seguridad, conservación y normalización de la información, de los formatos y de las aplicaciones que deberán ser tenidos en cuenta por las Administraciones Públicas para la toma de decisiones tecnológicas que garanticen la interoperabilidad (art. 156 LRJSP). Y, en tercer lugar, con la específica previsión de cesión de sistemas y aplicaciones informáticas propiedad de la Administración. Esto se prevé, entre otras, mediante (1) la obligatoria creación de directorios y puesta a disposición para las demás Administraciones de las aplicaciones desarrolladas por sus servicios o que hayan sido objeto de contratación y de cuyos derechos de propiedad intelectual sean titulares (con la posible repercusión del coste de adquisición o fabricación de las aplicaciones cedidas) y (2) la expresa previsión de la obligación de consultar si existen soluciones disponibles para su reutilización que puedan satisfacer total o parcialmente las necesidades a cubrir y de utilizarlas en ese caso (arts. 157 y 158 LRJSP). Finalmente, especialmente en relación con el objeto de este trabajo, se establece la creación de un Registro Electrónico estatal de Órganos e Instrumentos de Cooperación, con efecto constitutivo, de forma que la información relativa a los órganos de cooperación y coordinación en los que participa la Administración General del Estado y sus organismos públicos y entidades vinculados o dependientes y los convenios en vigor puedan ser de general conocimiento.

4. La emisión de informes no preceptivos

La emisión de informes no preceptivos con el fin de que las diferentes Administraciones expresen su criterio sobre propuestas o actuaciones que incidan en sus competencias es otra de las técnicas que prevé la LRJSP. Esta técnica, estudiada ampliamente por Escartín Escudé[9] y García Morales[10], se da sobretodo en sectores como el del dominio público marítimo-terrestre, viario, ferroviario e hidráulico, los puertos del Estado, las minas, los montes, el turismo, las vías pecuarias, la industria, el comercio, el patrimonio histórico, el sector de las telecomunicaciones, el ambiental, etc. Pese a que en muchos casos se establece por la normativa reguladora de estos sectores que estos informes sean preceptivos y vinculantes (y sirven, de facto, para que la Administración que representa el interés general más amplio controle la actuación de otras Administraciones Públicas), el art. 144 LRJSP prevé expresamente esta posibilidad de incorporar formas más colaborativas y menos "impositivas" de relación entre las dístintas Administraciones Públicas, cuyo recurso, en la línea de lo que aquí se analiza, sería positivo que se potenciase.

---

9 Escartín Escudé, V. (2009). *El periurbanismo estatal. La ordenación urbanística del dominio público del Estado.* Marcial Pons.

10 García Morales, 2019, *op. cit.*

5. Otras técnicas

Finalmente, se prevén por la LRJSP dos técnicas adicionales de cooperación. La primera de ellas es la cooperación para la aplicación coordinada de la normativa reguladora de una determinada materia. Respecto de esta previsión no se establece ningún tipo más de puntualización o concreción, deviniendo en una cláusula general que las distintas técnicas y mecanismos de colaboración (especialmente los de tipo convencional) podrán prever y en la que resultaría muy positivo que se trabajase. En este aspecto, se observan ejemplos no solo de aplicación coordinada de normativa, sino de incluso adopción compartida de normas, que no dejan de ser puntuales, pero que son muy positivos en cuanto al desarrollo de la cooperación interadministrativa[11].

En segundo lugar, la norma prevé las actuaciones de cooperación en materia patrimonial, incluidos los cambios de titularidad y la cesión de bienes. En este caso, la LRJSP delega en la legislación patrimonial la regulación de la colaboración específicamente patrimonial. Actualmente, esta regulación la encontramos en el Título VIII de la Ley 33/2003, de 3 de noviembre, del Patrimonio de las Administraciones Públicas, que establece, entre otras, (1) la creación de la Conferencia Sectorial de Política Patrimonial como órgano de cooperación y coordinación entre la Administración General del Estado y las Comunidades Autónomas en materia patrimonial (art. 184); (2) la posibilidad de que la Administración General del Estado y sus organismos públicos celebren convenios patrimoniales y urbanísticos con otras Administraciones públicas o con personas jurídicas de derecho público o de derecho privado pertenecientes al sector público, con el fin de ordenar las relaciones de carácter patrimonial y urbanístico entre ellas en un determinado ámbito o realizar actuaciones en relación con los bienes y derechos de sus respectivos patrimonios (arts. 186 a 188); y (3), la obligatoria comunicación a la

---

11 En este sentido es muy interesante el caso que resalta Galindo Caldés (2020) respecto de la coordinación normativa de los ejecutivos madrileño y castellano-leonés, que han regulado a través de idénticos decretos tanto el Plan de Ordenación de los Recursos Naturales (2009, 2010) como el Plan Rector de Uso y Gestión (2019, 2020).

Administración titular de determinados hitos relativos a instrumentos de planeamiento y ejecución urbanística que afecten a bienes de su titularidad (arts. 189 a 191).

III. LA CREACIÓN DE ÓRGANOS COMO TÉCNICA DE COOPERACIÓN INTERADMINISTRATIVA

Además de regular las técnicas de cooperación desde un punto de vista instrumental, la LRJSP también incorpora y desarrolla, como se ha anticipado, distintas técnicas orgánicas para la cooperación entre Administraciones Públicas. Estas integran casos tanto de cooperación multilateral como bilateral. Esto implica la potencial participación de representantes de la Administración General del Estado, de las Administraciones de las Comunidades o Ciudades de Ceuta y Melilla o, en su caso, de las Entidades Locales, para acordar voluntariamente actuaciones que mejoren el ejercicio de las competencias que cada Administración Pública tiene atribuídas. Siempre que participe la Administración General del Estado, estos órganos de cooperación deberán inscribirse en el Registro estatal de Órganos e Instrumentos de Cooperación para que resulte válida su sesión constitutiva[12].

Por lo que hace al objeto de estos órganos, este puede ser tanto de cooperación general interadministrativa como de carácter más específico, para el trabajo y concertación en una materia concreta (art. 145.1 LRJSP). Por su parte, los acuerdos podrán adoptarse por estos órganos a través de un procedimiento simplificado, por suscripción sucesiva de las partes, o por cualquiera de las formas admitidas en Derecho, en los términos que se establezcan de común acuerdo entre las Administraciones implicadas (art. 145.4 LRJSP).

---

12 Además, la LJRSP prevé, en su disposición adicional séptima, que se eleve al Consejo de Ministros, por parte de la persona titular del Ministerio competente en materia de Política Territorial, un informe sobre la actividad de los órganos de cooperación existentes a partir de los datos y análisis proporcionados por el Registro Electrónico estatal de Órganos de Instrumentos de Cooperación —Sección Órganos—.

1. La Conferencia de Presidentes

La Conferencia de Presidentes, regulada por primera vez en una norma con rango de ley en el artículo 146 de la LRJSP, es un órgano de cooperación multilateral entre el Gobierno de la Nación y los respectivos Gobiernos de las Comunidades Autónomas formado por el Presidente del Gobierno, que la preside, y por los Presidentes de las Comunidades Autónomas y de las Ciudades de Ceuta y Melilla.

Constituída por primera vez en octubre de 2004 con la finalidad de institucionalizar y normalizar el diálogo entre los máximos responsables de los Gobiernos del Estado y de las Comunidades Autónomas, la Conferencia de Presidentes tiene por objeto la deliberación de asuntos y la adopción de acuerdos de interés para el Estado y las Comunidades Autónomas. Está asistida para la preparación de sus reuniones por un Comité preparatorio del que forman parte un Ministro del Gobierno, que lo preside, y un Consejero de cada Comunidad Autónoma. Su constitución se basa en órganos similares de otros modelos descentralizados de gobierno, en los que se había demostrado la utilidad de un espacio de encuentro de estas características, y se ha convertido con el tiempo en una pieza clave para el desarrollo del estado autonómico. Pese a que de ella se ha destacado que contribuye a paliar el hecho de que el Senado no es una verdadera cámara de representación territorial, se ha criticado su marcado carácter vertical[13].

Su funcionamiento se encuentra regulado por la Orden TER/257/2022, de 29 de marzo, por la que se dispone la publicación del Reglamento de la Conferencia de Presidentes, que se aprobó por unanimidad en la Conferencia de Presidentes celebrada el día 13 de marzo de 2022 en la vigesimosexta reunión desde su constitución en el año 2004[14]. El reglamento introduce distintas novedades en el

---

[13] García Morales, M.J. (2008). "Los instrumentos de las relaciones intergubernamentales". *Activitat Parlamentària*, 15, 48-62.

[14] Esta regulación sustituye a la Orden TER/3409/2009, de 18 de diciembre, por la que se dispone la publicación del reglamento interno de la Conferencia de Presidentes, que se aprobó en la cuarta reunión de la Conferencia de Presidentes. Un análisis de esta primera regulación lo encontramos en González García (2016).

funcionamiento de la Conferencia. En primer lugar, facilita la participación electrónica de sus miembros con la asistencia mediante videoconferencia en las sesiones del Comité preparatorio. En segundo lugar, incrementa la capacidad de incidir en la toma de decisiones de las Administraciones que están representadas en la Conferencia (permite que introduzcan asuntos en el orden del día las Comunidades Autónomas, por mayoría, las Conferencias Sectoriales, por unanimidad de sus miembros, o el Senado, según su reglamento interno). En tercer lugar, refuerza la continuidad de la Conferencia, fijando como mínimo en dos las reuniones que deberá celebrar a lo largo del año (frente a una, que preveía el Reglamento anterior)[15] y mediante la creación de una Oficina que presta apoyo técnico y administrativo a la acción de la Conferencia, el Comité preparatorio y las Comisiones y grupos de trabajo que se constituyan. En cuarto lugar, el Reglamento de 2022 mejora la imbricación de la Conferencia de Presidentes con las Conferencias Sectoriales en funcionamiento. Así, se introduce, entre las funciones de la Conferencia de Presidentes, la facultad de acordar directrices de funcionamiento para las Conferencias Sectoriales.

Entre las cuestiones que el Reglamento mantiene encontramos el sistema de adopción de acuerdos y recomendaciones vigente hasta el momento. Según este, las reuniones se celebrarán a puerta cerrada (art. 6) y los principales instrumentos adoptados por la Conferencia serán los acuerdos y las recomendaciones (art. 7). Mientras que los acuerdos se adoptan por consenso de todos los miembros presentes en la Conferencia, siempre que asistan dos tercios de los Presidentes Autonómicos, las recomendaciones se adoptan por el Presidente del Gobierno y como mínimo dos tercios de los Presidentes Autonómicos presentes y comprometen tan solo a los miembros que las han adoptado.

Se acompaña a continuación un resumen de las reuniones celebradas hasta la fecha por la Conferencia, así como las temáticas

---

15 Con todo, es de resaltar que pese a esta previsión, a la fecha de redacción de este trabajo (octubre de 2023), la Conferencia de Presidentes todavía no ha celebrado ninguna reunión desde la última convocada el 13 de marzo de 2022, en que se aprobó dicho Reglamento.

tratadas en estas reuniones. De estas se deducen que el principal trabajo de la Conferencia se ha centrado en materias relacionadas con competencias como la sanitaria, en relación con la adopción de normativa y gestión de fondos europeos y en problemas o cuestiones compartidos como la situación económica, el reto demográfico o la violencia de género.

Tabla 1. Reuniones celebradas por la Conferencia de Presidentes

I	28 de octubre de 2004	Se institucionaliza la Conferencia, se articulan estrategias de participación de las CCAA en los Asuntos Comunitarios Europeos y se realiza un análisis de la financiación de la asistencia sanitaria.
II	10 de septiembre de 2005	Análisis de la financiación de la asistencia sanitaria.
III	11 de enero de 2007	Debates en materia de investigación, desarrollo tecnológico e innovación. Asunción de un acuerdo para la creación de las Conferencias Sectoriales del Agua y de Inmigración.
IV	14 de diciembre de 2009	Aprobación del Reglamento interno de la Conferencia. Declaración sobre la Presidencia Española del Consejo de la Unión Europea, para 2010, apoyando las prioridades definidas para la Presidencia. Declaración sobre Violencia de Género y la necesidad de impulsar los instrumentos para luchar contra ella. Debate General sobre Empleo, Economía sostenible, y Agricultura, Ganadería, Pesca y Política Hidráulica.
V	2 de octubre de 2012	Estudio de cuestiones en materia de estabilidad fiscal y la situación económica y laboral de España.
VI	17 de enero de 2017	Asunción de acuerdos en: (1) políticas de empleo, (2) cooperación en el ejercicio de las competencias en materia de protección civil, (3), estrategia nacional frente al reto demográfico, (4), pacto social y político por la educación, (5), desarrollo y aplicación de la ley de garantía de la unidad de mercado, administración digital y empleo público, (6), el impulso de la tarjeta social, (7), el establecimiento de mecanismos de protección al consumidor vulnerable de energía eléctrica, (8), la sostenibilidad del estado del bienestar y la reforma de la financiación autonómica, (9), el desarrollo de la participación de las Comunidades Autónomas en los asuntos de la Unión Europea, (9), relación con la modificación del Reglamento de la Conferencia de Presidentes y (10), el Pacto de estado contra la violencia de género.

VII a XX	15, 22 y 29 de marzo; 5, 12, 19 y 26 de abril; de 3, 10, 17, 24 y 31 de mayo y de 7 y 14 de junio de 2020	Conferencias de Presidentes Extraordinarias por la Covid 19.
XXI	31 de julio de 2020	Sanidad, fondos europeos.
XXII	4 de septiembre de 2020	Educación, sanidad, fondos europeos.
XXIII	26 de octubre de 2020	Coordinación del Fondo de Recuperación y Resiliencia Next Generation EU y educación.
XXIV	30 de julio de 2021	Coordinación del Fondo de Recuperación de la Unión Europea, el Reto Demográfico y el proceso de vacunación.
XXV	22 de diciembre de 2021	Análisis de la situación de la pandemia de la Covid 19 y proceso de vacunación.
XXVI	13 de marzo de 2022	Despliegue de fondos europeos y articulación del Plan Nacional de Respuesta a las consecuencias de la guerra en Ucrania (ayuda humanitaria y acogida de refugiados, respuesta al alza del precio de la energía).

Fuente: Elaboración propia a partir de los datos publicados por el Ministerio de Política Territorial.

2. *Las Conferencias Sectoriales*

El segundo de los órganos de cooperación previsto por la LRJSP son las Conferencias Sectoriales. Las Conferencias Sectoriales son un órgano de cooperación, de composición multilateral y ámbito sectorial determinado, que reúnen, como Presidente, al miembro del Gobierno que, en representación de la Administración General del Estado, resulte competente por razón de la materia, y a los correspondientes miembros de los Consejos de Gobierno, en representación de las Comunidades Autónomas y de las Ciudades de Ceuta y Melilla (art. 147.1 LRJSP). En estos órganos se comparte información, se debaten cuestiones de interés común como el reparto de fondos y se adoptan criterios homogéneos en aquellas materias en las que se estime conveniente.

Las Conferencias Sectoriales son el órgano más temprano de nuestro proceso de descentralización política, ya que su primera regulación se remonta a la Ley 12/1983, de 14 de octubre, del Proceso Autonómico. Tras ella se sucedió la creación de distintas conferencias, como las competentes en materia de financiación autonómica, de agricultura, de turismo, de sanidad, de educación y de consumo, conforme fue creciendo el protagonismo autonómico en la gestión de competencias[16].

En la actualidad hay constituídas 43 conferencias, en las que participan con carácter general todas las Comunidades Autónomas[17]. Por lo que hace a su actividad, esta ha sido especialmente intensa tras la pandemia, y en el año 2020 el número de encuentros triplicó la media de encuentros de los años anteriores, pasando de un número variable en torno a 57 reuniones anuales, a un total de 171. En el año 2021 esta tendencia no solo se mantuvo, sino que incluso se llegó a incrementar el número con un total de 175 encuentros[18].

Pese a disponer, cada Conferencia Sectorial, de un reglamento de organización y funcionamiento interno aprobado por sus miembros, la LRJSP establece una serie de reglas comunes. Entre ellas, establece pautas relacionadas con la convocatoria de las reuniones (art. 149 LRJSP), su secretaría (art. 150) y órganos de trabajo (art. 152) y sus funciones, que pueden ser consultivas, decisorias o de coordinación orientadas a alcanzar acuerdos sobre materias comunes (art. 148 LRJSP). De entre estas funciones destaca la de ser informadas sobre anteproyectos de leyes y los proyectos de reglamentos del Gobierno de la Nación o de los Consejos de Gobierno de las Comunidades Autónomas, cuando afecten de manera directa al ámbito competencial de las otras Administraciones Públicas o cuando así esté previsto en la normativa sectorial aplicable. También sirven de plataforma para

---

16 Dirección General de Cooperación Autonómica y Local (2023). El sistema de cooperación entre el Estado y las comunidades autónomas. Informe sobre la actividad de los Órganos de Cooperación en 2022. Ministerio de Política Territorial.

17 Hay algunos casos concretos en los que no participan todas las CCAA, por no tener atribuidas las competencias (Dirección General de Cooperación Autonómica y Local, 2023).

18 Dirección General de Cooperación Autonómica y Local, 2023, *op. cit.*

el establecimiento de planes específicos de cooperación y para el intercambio de información entre Comunidades Autónomas en la materia sectorial correspondiente.

Entre las decisiones que pueden adoptar las Conferencias Sectoriales encontramos las recomendaciones y los acuerdos (art. 151 LRJSP). Las recomendaciones implican el compromiso de quienes hayan votado a favor a orientar sus actuaciones en esa materia en el sentido acordado, con la obligación de motivar su no seguimiento. Por su parte, los acuerdos, que podrán adoptar la forma de planes conjuntos, serán de obligado cumplimiento para todos los miembros no discrepantes y serán exigibles ante el orden jurisdiccional contencioso-administrativo. Finalmente, se prevé que cuando la Administración General del Estado ejerza funciones de coordinación, de acuerdo con la jurisprudencia constitucional, el acuerdo será obligatorio para todas las Administraciones de la conferencia sectorial (con independencia del sentido de su voto). En este caso, tal y como apunta Mancilla i Muntada[19], este instrumento órganico de cooperación deberá ser igualmente calificado de coordinación, ya que aquí la Administración General del Estado ejercerá funciones de coordinación de acuerdo con el orden constitucional de competencias.

Finalmente, cabe señalar la posibilidad de que se celebren Conferencias Intersectoriales, que constituyen encuentros de dos o más conferencias sectoriales con un punto común del orden del día, que afecta al ámbito de actuación y a las competencias de todos los órganos convocados. Este tipo de Conferencias no suponen la creación de un órgano específico *ad hoc*[20].

3. *Las Comisiones Bilaterales de Cooperación*

Caracterizadas como el órgano más importante en las relaciones entre sus respectivos Gobiernos, las Comisiones Bilaterales de Cooperación entre el Estado y cada una de las Comunidades Autónomas (además de las ciudades autónomas de Ceuta y Melilla) tienen

---

19 Mancilla Muntada, 2016, *op. cit.*

20 Dirección General de Cooperación Autonómica y Local, 2023, *op. cit.*

como finalidad permitir la articulación de mecanismos de colaboración que eviten interferencias y flexibilicen y prevengan disfunciones derivadas del sistema de distribución de competencias[21]. Por este motivo, una de las funciones más importantes de estas Comisiones Bilaterales —y que motivó, incluso, una reforma en el año 2000 de la Ley Orgánica del Tribunal Constitucional (LOTC)[22]—, es la de llegar a acuerdos intergubernamentales para evitar la interposición del recurso de inconstitucionalidad. Esta función se potenció mediante dicha reforma, principalmente, para reducir el elevado número de litigios ante el Tribunal Constitucional y para favorecer los procedimientos de negociación entre el Estado y las Comunidades Autónomas[23].

El origen de estas Comisiones es temprano, comparado con la mayoría de los instrumentos aquí estudiados, ya que se remonta al

---

21 Ridaura Martínez, M. J. (2007). "Las comisiones bilaterales de cooperación en el sistema autonómico español". *Cuadernos constitucionales de la Cátedra Fadrique Furió Ceriol*, 60-61, 65-84.

22 La reforma del artículo 33 LOTC, efecutada mediante la Ley Orgánica 1/2000, de 7 de enero, adiciona dos apartados (el 2 y el 3), en los que se regula la utilización de este mecanismo bilateral. La nueva regulación de la LOTC amplía a nueve meses el plazo para que el Presidente del Gobierno de la Nación y los órganos colegiados ejecutivos de las Comunidades Autónomas puedan interponer el recurso de inconstitucionalidad contra leyes, disposiciones, o actos con fuerza de ley en aquellos casos en que se reúna la Comisión Bilateral de Cooperación, se acuerde el inicio de negociaciones para resolver las discrepancias, se ponga en conocimiento del TC y se publique este acuerdo en los Boletines oficiales del Estado y de la Comunidad Autónoma en el plazo de 3 meses desde la publicación de la norma controvertida. Tal y como ha venido indicando la doctrina, la modificación de la LOTC en el año 2000 evidencia la voluntad del legislador de potenciar las funciones de estos órganos y dotarlos de un marco legal, caracterizados por constituir un mecanismo de resolución extrajudicial de las discrepancias competenciales entre el Estado y las Comunidades Autónomas (González Beilfuss, 2007).

23 Latorre Vila, L. (2012). "La Comisión Bilateral de Cooperación Aragón-Estado". *Revista Aragonesa de Administración Pública*, 39-40, 317-355; Roig Molés, E. (2015). "Contenido y eficacia de los acuerdos de las Comisiones Bilaterales en el procedimiento del artículo 33.2 LOTC". *En Informe comunidades autónomas*. Institut de Dret Públic de la Universitat de Barcelona.

año 1987, que fue cuando se aprobaron las normas reguladoras de las primeras Comisiones (Cataluña, País Vasco y Andalucía). Poco después encontraron una primera regulación con carácter general en el ordenamiento jurídico español mediante la modificación de los artículos 4 y 5 de la LRJPAC llevada a cabo por la Ley 4/1999 de 13 de enero, y la del artículo 33 de la LOTC a través de la Ley Orgánica 1/2000, de 7 de enero, ya mencionada.

Asimismo, hay numerosos Estatutos de Autonomía (especialmente los que se reformaron a partir del año 2006, Cataluña, Andalucía, Aragón, Castilla y León, Navarra y Extremadura) que regulan este fenómeno de cooperación. Estos Estatutos que han incluido mención expresa relativa a las Comisiones Bilaterales han servido para "destacar la relevancia de las Comisiones Bilaterales, al ser reguladas en la propia norma institucional básica autonómica", y así, mediante esta regulación, "se ha elevado el rango de su ley reguladora, que ahora pasa a ser una Ley Orgánica", con un contenido más amplio y más detallado que el de la normativa básica estatal[24/25].

Actualmente, esta regulación la encontramos en el artículo 153 de la LRJSP, que indica que las Comisiones Bilaterales de Cooperación son órganos de cooperación de composición bilateral que reúnen,

---

24 Latorre Vila, L. (2013). "¿Competencia legislativa de las comisiones bilaterales de cooperación?: el acuerdo de la Comisión bilateral de cooperación Aragón-Estado en relación con la Ley 5/2012, de 7 de junio, de estabilidad presupuestaria de Aragón". *Cuadernos Manuel Giménez Abad*, 6, p. 87.

25 Sin embargo, otros estatutos adoptados en ese momento, como el valenciano, no previeron este órgano de cooperación. La explicación que se puede dar a esta inexistente regulación es quizás que, como indica Boix Palop, A. (2013). *Una nova planta per als valencians. Possibilitats i límits per a l'organització política i administrativa del País Valencià dins la Constitució de 1978.* Fundació Nexe, "el Estatut valenciano, el primero de los que se aprobaron considerados de "nueva generación", es en realidad más un instrumento jurídico homologable, por su escasa ambición, a la generación anterior de estatutos" (pág. 61, la traducción es mía). Por su parte, Ridaura Martínez, M. J. (2013). "Artículo Quincuagésimo Noveno". En Garrido Mayol, V. (Dir.). *Comentarios al Estatuto de Autonomía de la Comunitat Valenciana.* Tirant lo Blanch, explica esta omisión en la posible preferencia del Consell de potenciar las relaciones multilaterales con el Gobierno central en contraposición a las bilaterales.

por número igual de representantes, a miembros del Gobierno, en representación de la Administración General del Estado, y miembros del Gobierno de la Comunidad Autónoma en cuestión, entre cuyas funciones destaca la de llegar a acuerdos relativos a la mejora de la coordinación entre ambas administraciones en relación con asuntos que afectan de forma singular a esa Comunidad Autónoma. Asimismo, dicho artículo 153 prevé que estas Comisiones también ejercen funciones de consulta y adopción de acuerdos que tengan por objeto la mejora de la coordinación entre las respectivas Administraciones en asuntos que afecten de forma singular a la Comunidad Autónoma, a la Ciudad de Ceuta o a la Ciudad de Melilla. Finalmente, prevé que las decisiones adoptadas por las Comisiones Bilaterales de Cooperación revestirán la forma de acuerdos y serán de obligado cumplimiento, cuando así se prevea expresamente, para las dos Administraciones que lo suscriban y en ese caso serán exigibles conforme a lo establecido en la Ley 29/1998, de 13 de julio.

A pesar de que la sensación generalizada es que los fines para los cuales fueron creadas se han cumplido, en atención al creciente número de acuerdos adoptados entre el Gobierno estatal y los autonómicos gracias a estas Comisiones, un análisis del funcionamiento de estas comisiones nos lleva a pensar que tal vez este éxito es solo parcial[26].

Así, entre las críticas al funcionamiento de las Comisiones encontramos la falta generalizada de transparencia y publicidad tanto de estos procesos de negociación —p.ej., de las personas que participan en los mismos—, como del acuerdo finalizador de las discrepancias existentes entre ambas administraciones. Y es que, pese a que es obligatoria, en cualquier caso, la publicación del acuerdo iniciador de las mismas en el supuesto previsto en el artículo 33 de la LOTC (en relación con el inicio de negociaciones para la consecución de acuerdos intergubernamentales que eviten la interposición del recurso de inconstitucionalidad por parte de una de las dos Administraciones), en los restantes supuestos de negociaciones no se prevé, en muchos

---

26 Gimeno Fernández, C. (2020). "Un èxit només parcial: Avaluació dels primers vint anys d'acords al si de la Comissió Bilateral de Cooperació Estat-Generalitat Valenciana". *Revista Catalana de Dret Públic*, 61, 175-170.

Estatutos reguladores de estas comisiones, la obligatoria publicación de las actas.

En este sentido, Casas i Rondoní señala que "la falta de transparencia de este tipo de órganos —y, por consiguiente, la falta de información sobre toda su actividad— puede sesgar en mayor o menor grado las conclusiones alcanzadas"[27]. Además, como Latorre Vila apunta, "si se desconocen los motivos jurídicos concretos en que se fundamentan las discrepancias sobre una Ley que motivan la adopción de un Acuerdo de inicio de negociaciones por los Gobiernos para evitar la interposición de un recurso de inconstitucionalidad, y asimismo se ignoran las personas, autoridades o cargos que van a participar en dichas negociaciones, el sistema establecido a partir de lo dispuesto en el artículo 33.2 LOTC adolece de una grave carencia de publicidad y transparencia, que contrasta notablemente con el procedimiento legislativo seguido en los Parlamentos para el debate, discusión y votación de una iniciativa legislativa" [28]. Roig Molés[29] también critica que la noción de partes procesales que actúan en cuanto gobiernos (por lo tanto, no como legisladores, sino esencialmente como aplicadores de la norma) aleja el proceso de las exigencias de publicidad, pluralismo y transparencia propias del debate normativo y que los únicos elementos sobre los que se impone una cierta dinámica de formalización son, de manera similar al proceso jurisdiccional, el planteamiento y el cierre de la negociación.

La segunda de las críticas formuladas a estos órganos es el desigual recurso a las mismas por los distintos gobiernos. Así, mientras es una herramienta muy utilizada por el estatal, los gobiernos autonómicos no recurren a la misma con igual asiduidad, lo que se puede explicar por un desigual poder de negociación[30] y por la desigual regulación de la posibilidad de suspensión de la norma impugnada:

---

[27] Casas i Rondoní, M. (2011). "La comissió bilateral Generalitat-Estat: Regulació i activitat pràctica". *Revista catalana de Dret Públic*, 42, p. 11.

[28] Latorre Vila, 2013, *op. cit*, p. 92.

[29] Roig Molés, 2015, *op. cit.*

[30] Roig Molés, 2015, *op. cit.*, apunta que el Estado tiende a acudir a la Comisión Bilateral con mayor frecuencia que las Comunidades Autónomas, que optan en más ocasiones (proporcionalmente) por el recurso directo al TC".

mientras la ley estatal no puede suspenderse y la eventual impugnación no afecta a su vigencia, la ley autonómica está sometida a la regla de suspensión automática del artículo 161.2 CE, con lo que la Comunidad Autónoma tiene un incentivo fundamental para evitar la impugnación, que condiciona fuertemente su posición negociadora en estas comisiones[31]. Esto supone que el habitual resultado de las negociaciones suele ser el compromiso autonómico de promover una o más iniciativas legislativas para modificar la norma aprobada o para derogar alguno de sus preceptos. Y además, no siempre por cuestiones competenciales, sino que en muchas ocasiones se utiliza el procedimiento con una finalidad más política, hasta el punto de que este se convierte en un control generalizado de la norma en relación con orientaciones políticas, normalmente, del Gobierno central, vinculadas a defensas muy débiles de la autonomía y el autogobierno por parte de los ejecutivos autonómicos, excesivamente dispuestos —pese a su incompetencia[32]— a modificar sus textos legales en beneficio del acuerdo con el Estado[33].

---

31 Roig Molés, 2015, *op. cit.*, también subraya la importancia de los efectos de esta regla, afirmando que incluso se puede hablar de dos procedimientos diferentes: la negociación de leyes estatales (con grados altos de inicio y más reducidos de acuerdo y nulos de acuerdo de modificación) y la negociación de leyes autonómicas (con grados menores de inicio, y muy altos de acuerdo y de modificación), que confirman la considerable asimetría en la posición de Estado y Comunidad Autónoma en estas negociaciones.

32 Me refiero a la incompetencia del gobierno autonómico para adoptar cambios normativos. Será el legislador autonómico el que deba proceder, si así lo considera, a tales modificaciones. Así, tal como indica Latorre Vila (2013), la atribución de este tipo de competencias es totalmente ajena a nuestro ordenamiento jurídico y esta clase de acuerdos carecen, por tanto, de eficacia jurídica.

33 Roig Molés, 2015, *op. cit.*, p. 26. En este sentido, tal como indican Corretja, Vintró y Bernadí, las relaciones no se establecen entre sujetos o entes políticos primarios, sino entre Gobiernos, por lo cual las competencias afectadas tan solo pueden ser, en sentido estricto y en términos de cooperación voluntaria, las correspondientes a uno y a otro poder ejecutivo. Corretja i Torrens, M.; Vintró i Castells, J.; Bernadí Gil, X. (2011). "Bilateralidad y multilateralidad. La participación de la Generalitat en Política y organismos estatales, y la Comisión Bilateral". *Revista d'estudis autonòmics i federals*, 12, 403-446.

Finalmente, se evidencia un problema subyacente en todos estos acuerdos relativo a la obligatoriedad de su cumplimiento. Y es que, a pesar de que el artículo 153.4 LRJSP establece que estos acuerdos serán de obligado cumplimiento "cuando así se prevea expresamente, para las dos Administraciones que lo suscriban y en ese caso serán exigibles conforme a lo establecido en la Ley 29/1998, de 13 de julio", la exigibilidad jurídica y judicial de estos acuerdos presenta algunos obstáculos, relativos a su naturaleza política —en la mayoría de los casos estos acuerdos son políticos y, por tanto, de difícil exigibilidad judicial posterior— y a la inexistente regulación, en la Ley 29/1998, de 13 de julio, reguladora de la Jurisdicción Contencioso-administrativa, del procedimiento para su impugnación —no existe ningún precepto relativo a la forma ni al órgano ante el cual estos se deben impugnar—[34]. Es por esto por lo generalmente se sostiene que la vinculatoriedad de estos pactos es más bien política y que su cumplimiento, por lo regular, depende de la voluntad y el compromiso político de ambos Gobiernos.

Por otro lado, en relación con aquellos acuerdos que establecen la interpretación y/o aplicación de una previsión normativa de una determinada manera, sin que esta necesite de modificación normativa también se identifican problemas relacionados con la exigibilidad jurídica y judicial del cumplimiento de los mismos. Y esto porque este tipo de pactos pueden tener consecuencias para la ciudadanía desde el momento en que se adoptan y, por tanto, puede ser cuestionada en sede judicial su naturaleza y legalidad, así como el hecho de que estos acuerdos vinculen a los órganos judiciales en sus decisiones.

Por todo esto, y a pesar de que es importante subrayar el incremento en el uso de las Comisiones Bilaterales y su consolidación como mecanismo de comunicación y diálogo entre las Administraciones implicadas, surgen dudas a la hora de considerar que la valoración global de este mecanismo de negociación haya de entenderse claramente positiva. En primer lugar, porque estas han funcionado

---

34 Vega Labella, J. I. (2016). "Relaciones interadministrativas en la Ley 40/2015, de 1 de octubre, de Régimen Jurídico del Sector Público". *Asamblea: revista parlamentaria de la Asamblea de Madrid*, 34, 285-323.

de forma totalmente asimétrica[35]; en segundo lugar, porque el incremento de reuniones y acuerdos en el seno de estas Comisiones no ha supuesto una disminución correlativa del número de recursos de inconstitucionalidad planteados por los respectivos Gobiernos[36]; y, finalmente, en atención a la evidente falta de publicidad y transparencia de estas negociaciones.

4. Las Comisiones Territoriales de Coordinación

Las Comisiones Territoriales de Coordinación son una técnica orgánica abierta a las Administraciones cuyos territorios sean coincidentes o limítrofes. Así, cuando razones de proximidad territorial o de concurrencia de funciones lo exijan, se podrán crear estos órganos de composición multilateral con la finalidad de mejorar la coordinación de la prestación de servicios, prevenir duplicidades y mejorar la eficiencia y calidad de los servicios (art. 154 LRJSP).

Estos órganos multilaterales pueden integrar tanto representantes de la Administración General del Estado y representantes de las Entidades Locales, representantes de las Comunidades Autónomas y representantes de las Entidades locales o incluso representantes de la Administración General del Estado, representantes de las Comunidades Autónomas y representantes de las Entidades Locales. Es decir, todo tipo de Administraciones territoriales. Además de incorporar sus características principales, la Ley prevé que las decisiones adoptadas por las Comisiones Territoriales de Cooperación revestirán la forma de acuerdos, que serán certificados en acta y serán de obligado cumplimiento para las Administraciones que los suscriban y exigibles conforme a lo establecido en la Ley 29/1998, de 13 de julio, reguladora de la Jurisdicción Contencioso-administrativa. Asimismo, la LRJSP establece que el régimen de las convocatorias y la secretaría será el mismo que el establecido para las Conferencias Sectoriales en los artículos 149 y 150, salvo la regla prevista sobre quién debe ejercer las funciones de secretaria, que se designará según su reglamento interno de funcionamiento.

---

35 Roig Molés, 2015, *op. cit.*

36 Íbidem, pp, 7 y 20. Gimeno Fernández, 2020, *op. cit.*

Esta es, por tanto, la única técnica de cooperación prevista por la LRJSP en la que no necesariamente ha de participar la Administración General del Estado y que viene a solucionar una carencia evidente en las relaciones territoriales, cuya falta de regulación hasta el momento se ha visto evidenciada por situaciones de solapamientos o vacíos, especialmente en la prestación de servicios públicos.

Pese a la novedad en la regulación de estas Comisiones, sí que es cierto que se mantiene la regulación prevista por la Ley 7/1985, de 2 de abril, de Bases de Régimen Local (LBRL), relativa a distintas técnicas de coordinación voluntaria, que pueden considerarse un antecedente de las Comisiones Territoriales de Coordinación. Esto es, las técnicas previstas por el art. 57 de la LBRL —los denominados mecanismos voluntarios de cooperación económica, técnica y administrativa entre la Administración local y las Administraciones del Estado y de las Comunidades Autónomas, tanto en servicios locales como en asuntos de interés común, que se articulan mediante la suscripción de convenios o la creación de consorcios—, y los órganos de colaboración interadministrativa y las comisiones territoriales de administración local previstas en el art. 58.1 de la LBRL para conseguir la colaboración entre la Administración del Estado o, en su caso, las Comunidades Autónomas, y de las entidades locales. Estos últimos órganos, como prevé dicho artículo 58 de la LRBL, deberán ser creados mediante norma con rango de ley y sus funciones serán únicamente deliberantes o consultivas.

Como apunta De la Fuente Ruiz[37], entre las diferencias más notables entre la regulación prevista en la LRJSP y las técnicas previstas por la LBRL se encuentran, 1) que las primeras, a diferencia de las previstas por el art. 58 LBRL, no exigen una disposición con rango de Ley para su creación; 2), que se atribuyen a estos órganos facultades decisoras; y 3), que con estas no se persigue la creación de nuevos entes con personalidad jurídica diferenciada de las administraciones

---

37 De la Fuente Ruiz, F.J. (2016). "Artículo 154. Comisiones Territoriales de Coordinación". En Recuerda Girela, M.A. (Ed.). *Régimen jurídico del Sector Público y Procedimiento Administrativo Común*. Cizur Menor, Thomson Reuters Aranzadi.

que participen en ellas[38]. Esto es, con la regulación prevista por la LRJSP se refuerza el carácter vinculante de las decisiones adoptadas por estos órganos, que se entienden verdaderos órganos administrativos capaces de adoptar decisiones vinculantes para las Administraciones que los adopten (no en cambio, para las que se separen de o no adopten dicho acuerdo, pese a intervenir en la reunión), sin la necesidad de que los acuerdos se materialicen necesariamente a través de convenios de colaboración.

IV. REFLEXIONES FINALES

Del análisis de los distintos órganos e instrumentos de cooperación previstos por la LRJSP se deducen una serie de conclusiones que permiten valorar críticamente la efectividad del modelo actual. En primer lugar, si bien es cierto que la LRJSP ha supuesto un avance en la sistematización formal de la cooperación interadministrativa, todavía quedan aspectos en los que trabajar, especialmente en relación con la cooperación horizontal. Así, a pesar de que se ha previsto un órgano de cooperación en el que no necesariamente debe de participar la Administración General del Estado y cuya regulación merece una valoración claramente positiva (las Comisiones Territoriales de Coordinación, cuyos acuerdos ahora pueden ser vinculantes para las Administraciones firmantes, pero que quedan limitadas a territorios limítrofes); la realidad es que en términos generales la regulación introducida ha venido a reforzar en gran medida la cooperación interadministrativa de tipo vertical (a través de las Conferencia de Presidentes, las Conferencias Sectoriales y las Comisiones Bilaterales de Cooperación), en la que la Administración General del Estado siempre ha de estar presente. Junto a esta asimetría estructural, el marco normativo evidencia falta de ambición en relación con técnicas que podrían tener un elevado potencial en el fortalecimiento de la cooperación diaria entre administraciones. La participación en órganos de otras administraciones o la emisión de informes no

---

[38] Con todo, el mismo De la Fuente Ruiz, 2016, *op. cit.*, apunta que parece posible que la coexistencia de los tres regímenes pueda generar problemas interpretativos.

preceptivos son ejemplos de instrumentos cuyo desarrollo legal es deficiente y cuya utilización práctica es escasa. Esta infrautilización pone de manifiesto no solo una omisión normativa, sino también la ausencia de una estrategia institucional que fomente su aplicación y promueva una lógica de gobernanza multinivel más abierta, flexible y transversal. Asimismo, persisten graves déficits estructurales en relación con la transparencia, la rendición de cuentas y la eficacia vinculante de los acuerdos adoptados en el seno de muchos de estos órganos. La opacidad de los procedimientos, la falta de mecanismos claros de exigibilidad y el carácter político de muchos acuerdos minan su legitimidad y efectividad. Con todo, debe de reconocerse que se establecen en esta regulación los mimbres para un desarrollo más ambicioso de este tipo de relaciones entre Administraciones. Restará por ver si las Administraciones territoriales "recogen el guante" de estas prescripciones y profundizan en la cooperación interadministrativa como técnica imprescindible para asegurar la máxima eficiencia y efectividad en el ejercicio de las competencias que tienen atribuídas.

Referencias bibliográficas

Albertí Rovira, E. (1994). "Los convenios entre Comunidades Autónomas". *Documentación Administrativa,* 240.

Almeida Cerreda, M. (2023). "Un posible régimen especial para los pequeños municipios justificación, naturaleza, contenido y articulación". *Revista de Estudios de la Administración Local y Autonómica: Nueva Época,* 19, 59-81.

Boix Palop, A. (2013). *Una nova planta per als valencians. Possibilitats i límits per a l'organització política i administrativa del País Valencià dins la Constitució de 1978.* Fundació Nexe.

Casas i Rondoní, M. (2011). "La comissió bilateral Generalitat-Estat: Regulació i activitat pràctica". *Revista catalana de Dret Públic,* 42, 1-20.

Corretja i Torrens, M.; Vintró i Castells, J.; Bernadí Gil, X. (2011). "Bilateralidad y multilateralidad. La participación de la Generalitat en Política y organismos estatales, y la Comisión Bilateral". *Revista d'estudis autonòmics i federals,* 12, 403-446.

De la Fuente Ruiz, F.J. (2016). "Artículo 154. Comisiones Territoriales de Coordinación". En Recuerda Girela, M.A. (Ed.). *Régimen jurídico del Sector Público y Procedimiento Administrativo Común.* Cizur Menor, Thomson Reuters Aranzadi.

Dirección General de Cooperación Autonómica y Local (2023). *El sistema de cooperación entre el Estado y las comunidades autónomas. Informe sobre la actividad de los Órganos de Cooperación en 2022.* Ministerio de Política Territorial. https://mpt.gob.es/dam/es/portal/politica-territorial/autonomica/coop_autonomica/Conf_Sectoriales/Documentacion/Conf_Sect_anuales/parrafo/0/text_es_files/INFORME-ORGANOS-COOPERACION-2022.pdf.

Escartín Escudé, V. (2009). *El periurbanismo estatal. La ordenación urbanística del dominio público del Estado.* Marcial Pons.

Esteve Pardo, J. (2015). *Lecciones de Derecho Administrativo* (5ª ed.). Marcial Pons.

Galindo Caldés, R. (2020). "Territorialidad, cooperación horizontal y fronteras interiores". *Revista General de Derecho Administrativo,* 55.

García Morales, M.J. (2008). "Los instrumentos de las relaciones intergubernamentales". *Activitat Parlamentària,* 15, 48-62.

García Morales, M.J. (2019). "Estado autonómico y ¿cultura federal?". *Cuadernos Manuel Giménez Abad,* 17, 34-37.

García Morales, V.Y. (2019). *Prevalencia en la planificación territorial.* Tecnos.

Gimeno Fernández, C. (2020). "Un èxit només parcial: Avaluació dels primers vint anys d'acords al si de la Comissió Bilateral de Cooperació Estat-Generalitat Valenciana". *Revista Catalana de Dret Públic,* 61, 175-170.

González Beilfuss, M. (2007). "La resolución extrajudicial de las discrepancias competenciales entre el Estado y las Comunidades Autónomas: el mecanismo del artículo 33.2 de la LOTC". En *Informe sobre las Comunidades Autónomas* 2007, 17-45.

González García, I. (2016). "El papel de la norma en la cooperación interterritorial". *Revista d'Estudis Autonòmics i Federals,* 23, 160-200.

Latorre Vila, L. (2012). "La Comisión Bilateral de Cooperación Aragón-Estado". *Revista Aragonesa de Administración Pública,* 39-40, 317-355.

Latorre Vila, L. (2013). "¿Competencia legislativa de las comisiones bilaterales de cooperación?: el acuerdo de la Comisión bilateral de cooperación Aragón-Estado en relación con la Ley 5/2012, de 7 de junio, de estabilidad presupuestaria de Aragón". *Cuadernos Manuel Giménez Abad,* 6, 80-100.

Mancilla i Muntada, F. (2016). "Artículo 143. Cooperación entre Administraciones Públicas". En Recuerda Girela, M.A. (Ed.). *Régimen jurídico del Sector Público y Procedimiento Administrativo Común.* Cizur Menor, Thomson Reuters Aranzadi.

Matia Portilla, F.J. (2011). "La cooperación horizontal: un impulso tan necesario como esperado". *Revista Jurídica de Castilla y León,* 23, 105-144.

Navarro Munera, A. E. (1989). "Las relaciones interautonómicas de colaboración: Mecanismos y posibilidades de articulación orgánica". *Revista de Administración Pública,* 120, 401-414.

Ridaura Martínez, M. J. (2007). "Las comisiones bilaterales de cooperación en el sistema autonómico español". *Cuadernos constitucionales de la Cátedra Fadrique Furió Ceriol,* 60-61, 65-84.

Ridaura Martínez, M. J. (2013). "Título V. Relaciones con el Estado y otras comunidades autónomas". En Garrido Mayol, V. (Dir.). *Comentarios al Estatuto de Autonomía de la Comunitat Valenciana.* Tirant lo Blanch.

Ridaura Martínez, M. J. (2013). "Artículo Quincuagésimo Noveno". En Garrido Mayol, V. (Dir.). *Comentarios al Estatuto de Autonomía de la Comunitat Valenciana.* Tirant lo Blanch.

Roig Molés, E. (2015). "Contenido y eficacia de los acuerdos de las Comisiones Bilaterales en el procedimiento del artículo 33.2 LOTC". En *Informe comunidades autónomas.* Institut de Dret Públic de la Universitat de Barcelona.

Vega Labella, J. I. (2016). "Relaciones interadministrativas en la Ley 40/2015, de 1 de octubre, de Régimen Jurídico del Sector Público". *Asamblea: revista parlamentaria de la Asamblea de Madrid,* 34, 285-323.

Vilalta Reixach, M. (2017). "Las relaciones interadministrativas en la nueva Ley de régimen jurídico del sector público". *Cuadernos de derecho local,* 44, 48-82.

El convenio administrativo como instrumento de cooperación interadministrativa

MARC VILALTA REIXACH
Profesor Titular de Derecho Administrativo
Universitat de Barcelona

I. INTRODUCCIÓN

No hace falta insistir mucho en la idea que la colaboración interadministrativa es, hoy en día, un elemento indisociable de nuestro modelo de organización territorial[1]/[2]. La proliferación de distintos niveles de gobierno y administración en un mismo espacio físico requiere, indudablemente, de instrumentos jurídicos que permitan garantizar la coherencia y eficacia de las diferentes políticas públicas. De esta manera, la Constitución española conceptualiza la Adminis-

---

1 Parejo Alfonso, L. (2007). "Notas para una construcción dogmática de las relaciones interadministrativas". *Revista de Administración Pública,* 174, pp. 162-163; o Fernández Montalvo, R. (2000). *Relaciones interadministrativas de colaboración y cooperación.* Marcial Pons, p. 8.

2 También el Tribunal Constitucional ha establecido el carácter "implícito del deber de colaboración a la propia esencia del modelo de organización territorial del Estado". Entre otras muchas, podemos citar la Sentencia núm. 18/1982, de 4 de mayo o la Sentencia núm. 96/1986, de 10 de julio.

tración Pública como un único sistema complejo y ordenado de piezas separadas, dirigido a la satisfacción de unas mismas finalidades de interés general (*ex* art. 103.1 CE).

Ahora bien, más allá de este planteamiento general, la concreción de los mecanismos jurídicos a través de los cuales articular las relaciones entre los diferentes órganos y entidades públicas es una tarea que la Constitución no asume de forma expresa, sino que remite al legislador ordinario. Así, en lo que nos interesa más a nosotros, podemos decir que ha sido la Ley 40/2015, de 1 de octubre, de Régimen Jurídico del Sector Público (en adelante, LRJSP) la que más recientemente se ha ocupado de desarrollar, con carácter sistemático y general, el complejo universo de las relaciones entre las distintas administraciones públicas.

En este sentido, tal y como se expone detalladamente a lo largo de esta Obra, son muchos los instrumentos que la Ley pone a disposición de las diferentes administraciones públicas para articular sus relaciones[3]: desde la posibilidad de crear formas personificadas de cooperación [como los consorcios (art. 118 LRJSP)], pasando por otros instrumentos orgánicos sin personalidad jurídica [como las conferencias sectoriales (art. 146 LRJSP)], hasta llegar a la posibilidad de recurrir a técnicas de cooperación carácter funcional, en el sentido de que no requieren necesariamente de la creación de un nuevo órgano administrativo.

A pesar de que todos estos instrumentos de relación entre administraciones públicas tienen contenidos y regulaciones muy diversas, muchos de ellos —especialmente, las técnicas de cooperación de ca-

---

3 Un interesante esfuerzo de sistematización de las diferentes fórmulas de colaboración y cooperación entre administraciones públicas podemos encontrarla en Mellado Ruiz, L. (2018). "Introducción: marco normativo actual de la gestión cooperativa o relacional en la administración local. Una propuesta sistematizadora". En Mellado Ruiz, L.; Fornieles Gil, Á. (Coords.). *Gestión cooperativa en el ámbito local.* Tirant lo Blanch, pp. 29-40. En términos similares, Vilalta Reixach, M. (2017). "Las relaciones interadministrativas en la nueva Ley de régimen jurídico del sector público". *Cuadernos de derecho local,* 44, 48-82.

rácter funcional— parecen compartir un elemento en común: su formalización mediante un convenio administrativo (art. 144.2 LRJSP).

Es por ello que, ante la imposibilidad de abordar en estas breves páginas un estudio completo de *todos* los instrumentos de cooperación previstos en nuestro ordenamiento jurídico, dedicaremos nuestro trabajo a analizar únicamente la figura de los convenios administrativos. Y es que, como se ha afirmado en muchas ocasiones, éstos se configuran como una pieza esencial en todo nuestro sistema de relaciones interadministrativas, llegando a constituir la técnica de cooperación por excelencia[4].

A tal efecto, para realizar una descripción general del régimen jurídico de los convenios administrativos, iniciaremos nuestra exposición definiendo qué entendemos cómo tales. No en vano, a pesar de la notable atención que han suscitado en la doctrina administrativista española, lo cierto es que, hasta la aprobación de la LRJSP, no podíamos hablar de la existencia de un concepto legal —siquiera dogmático— de convenios entre administraciones públicas. Por el contrario, dicha denominación se utilizaba de un modo meramente genérico, sin remitir a un único y preciso concepto. De ahí que, ante la variopinta magnitud de la institución convencional, incluso se llegara a afirmar que los convenios administrativos no existían como categoría jurídica[5].

II. EL CONCEPTO LEGAL DE CONVENIOS ADMINISTRATIVOS

A pesar de que es cierto que en muchos aspectos la LRJSP no fue una norma absolutamente innovadora en su contenido, sí que

---

4 Rodríguez de Santiago, J.M. (1997). *Los convenios entre administraciones públicas.* Marcial Pons, pp. 95-96; Martin Huerta, P. (2000). *Los convenios interadministrativos.* Instituto Nacional de Administración Pública (INAP), pp. 27-34.

5 Rodríguez de Santiago, 1997, *op. cit.*, pp. 95-96; Bustillo Bolado, R. (2004). *Convenios y contratos administrativos: transacción, arbitraje y terminación convencional del procedimiento.* Thompson Reuters, Aranzadi, p. 171.

ha supuesto un paso adelante importante en lo que se refiere a la regulación de las relaciones interadministrativas. No sólo porque, como apuntábamos anteriormente, regula de manera sistemática los principios generales que rigen dichas relaciones y algunos de los instrumentos y técnicas para llevarlos a cabo[6], sino también porque, en lo que a nosotros más nos interesa, introduce por primera vez en la legislación básica estatal una regulación jurídica general de los convenios administrativos, procediendo a definir legalmente qué debemos entender cómo tales.

En concreto, el artículo 47.1 de la LRJSP señala que "Son convenios los acuerdos con efectos jurídicos adoptados por las Administraciones Públicas, los organismos públicos y entidades de derecho público vinculadas o dependientes o las Universidades públicas entre sí o con sujetos de derecho privado para un fin común [...]".

Como puede comprobarse, la LRJSP parte de una noción bastante amplia de los convenios administrativos. Sin embargo, de esta noción resulta posible identificar, como mínimo, tres elementos propios e indispensables para la existencia de este tipo de negocio jurídico: su carácter bilateral, su contenido jurídico-obligatorio y la existencia de un fin común a las partes.

1. Los convenios como acuerdos de carácter bilateral

De la definición de los convenios administrativos prevista en la LRJSP se deriva, en primer lugar, que éstos son siempre negocios jurídicos de carácter bilateral. Efectivamente, para poder hablar de un convenio se exige el acuerdo de voluntades entre dos, o más, sujetos diferenciados. Por lo que, en consecuencia, quedaran fuera de la

---

6 Si bien es cierto que, de la regulación de las relaciones interadministrativas prevista en la LRJSP, se ha criticado también su carácter amplio, plagado de declaraciones generales y platónicas, así como de clasificaciones dogmáticas, por cuanto éstas no contribuyen a clarificar su régimen jurídico. *Vid.* Jiménez-Blanco Carrillo de Albornoz, A. (2015). "Organización administrativa y relaciones Interadministrativas". *Documentación Administrativa*, 2, p. 5.

definición legal como *convenios* los pactos o acuerdos que pudieran establecerse entre órganos de una *misma* administración pública.

Sin negar la importancia y la juridicidad de las relaciones que puedan establecerse entre las distintas unidades funcionales dentro de una misma organización administrativa, el hecho de que, por principio, carezcan de personalidad jurídica propia —y, por tanto, no puedan ser sujetos de Derecho— impide poder calificar las relaciones inter-orgánicas como un negocio jurídico de carácter bilateral.

Partiendo de esta premisa, el artículo 47.1 de la LRJSP parece referirse también a los sujetos que pueden formalizar dichos convenios. Así, se prevé que éstos deberán ser, por un lado, una entidad de derecho público (ya sea ésta una administración pública territorial, un organismo público u otra entidad de derecho público vinculada o dependiente o una universidad pública) y, por el otro, otra entidad, ya sea de derecho público o privado.

Ajustándonos a la temática de esta *Obra* colectiva, dejaremos de lado todos aquellos pactos o acuerdos que las entidades públicas pueden suscribir con personas privadas. Sin embargo, nos interesa especialmente hacer referencia al ámbito subjetivo de los convenios regulados por la LRJSP por cuanto puede plantear algunas dudas prácticas. Por ejemplo, ¿qué sucedería con los "convenios" celebrados por las sociedades mercantiles públicas con otras personas privadas? O, de acuerdo con la LRJSP, ¿podríamos validar los estatutos de una fundación pública que le permitieran celebrar "convenios" con otras entidades privadas?

Ciertamente, la respuesta a estas preguntas resulta compleja. En la medida en que estos ejemplos se formalizan exclusivamente entre entidades de derecho privado, deberíamos llegar a la conclusión de que estos negocios jurídicos no encajarían en la definición legal de *convenio* prevista en el artículo 47.1 de la LRJSP. Y, por lo tanto, su regulación quedaría fuera de dicha norma.

Ahora bien, en nuestra opinión, ello no supone, necesariamente, impedir la posibilidad de que dichas entidades privadas puedan suscribir pactos y acuerdos con otras personas públicas o privadas. Por el contrario, ésta podría encontrar un amparo legal específico en otras normas sectoriales o, incluso, de forma genérica, en la propia

Ley 9/2017, de 8 de noviembre, de Contratos del Sector Público (en adelante, LCSP)[7].

Y es que, a pesar de que, como hemos afirmado, la LRJSP regula, con carácter general, esta figura, tal y como ha declarado el propio Tribunal Constitucional, en la Sentencia núm. 132/2018, de 13 de diciembre (FJ. 7), esta norma legal no pretende establecer un régimen completo y exhaustivo del *convenio administrativo*, como categoría jurídica, sino que se contrae únicamente a la fijación de determinados límites a esta figura relacionados con la eficiencia y el gasto público. Por lo que podemos entender que, al margen de la LRJSP, pueden existir otros tipos de convenios, que se regularían por su normativa específica y, en su defecto, por la LCSP.

De hecho, la propia LRJSP ya contempla expresamente esta posibilidad. Por ejemplo, cuando, al establecer una tipología de convenios administrativos[8], prevé que los convenios interadministrativos suscritos entre dos o más Comunidades Autónomas para la gestión y prestación de sus servicios propios, se regirán, no por lo previsto en la LRJSP, sino por sus respectivos Estatutos de autonomía [art. 47.2 a) LRJSP][9].

Finalmente, debemos mencionar también que el artículo 48.1 de la LRJSP condiciona la posibilidad de las diferentes entidades públi-

---

7 En efecto, al hacer referencia a los convenios administrativos que pueden quedar excluidos del ámbito de aplicación material de la legislación de contratos del sector público, el art. 6.1 de la LCSP parece admitir que puedan celebrar convenios no sólo las entidades jurídico-públicas, sino también las personas jurídico-privadas.

8 Sin poder entrar ahora en estas cuestiones, sí que debemos señalar que la doctrina ha criticado dicha sistematización, no solo porque la clasificación establecida resulta imprecisa, sino también porque de ella no parecen derivarse consecuencias jurídicas. *Vid.* Toscano Gil, F. (2017). "La nueva regulación de los convenios administrativos en la Ley 40/2015 de régimen jurídico del sector público". *Revista General de Derecho Administrativo*, 45, pp. 26-28; o Fernández Farreras, G. (2016). "Encomiendas de gestión y convenios". *Cuadernos de Derecho Local*, 41, pp. 143-145.

9 Sobre el régimen jurídico de los convenios suscritos entre dos o más Comunidades Autónomas nos remitimos al capítulo específico publicado en esta *Obra* colectiva.

cas de celebrar convenios administrativos a hacerlo "en el ámbito de sus respectivas competencias". De esta manera, se incorpora a la Ley la jurisprudencia constitucional —contenida, por ejemplo, la Sentencia núm. 13/1992, de 6 de febrero— de que los convenios solo pueden referirse a materias de la competencia de las administraciones que los suscriben y no pueden suponer la renuncia de sus propias competencias[10].

2. *El convenio como instrumento al servicio de una finalidad común a las partes*

En segundo lugar, para poder hablar de la existencia de un convenio administrativo, la LRJSP exige que dicho acuerdo persiga un "fin común" a las partes intervinientes (art. 47.1 LRJSP). De esta manera, se concreta el elemento causal que caracterizaría este tipo de negocios jurídicos: el convenio se presenta como una manifestación del principio de cooperación interadministrativa [art. 140 d) LRJSP], en la medida que supone la asunción voluntaria de determinados compromisos específicos en aras de una acción común.

Por supuesto, en nuestro ordenamiento jurídico esta idea no resulta en absoluto innovadora pues, como decíamos en el apartado introductorio, la doctrina y la jurisprudencia han sido unánimes en considerar a los convenios como la técnica de cooperación interadministrativa por excelencia. Incluso el propio Tribunal Constitucional —por ejemplo, en la Sentencia núm. 95/1986, de 10 de julio— ha señalado expresamente que los convenios no son más que una aplicación del principio de colaboración que caracteriza nuestro modelo de organización territorial (FJ. 3).

De todos modos, nos interesa destacar este elemento por varias razones. En primer lugar, porque la incorporación de esta precisión legal juega un papel importante a la hora de analizar la posible sujeción, o no, de los convenios entre entidades públicas a la legislación

---

10 Pérez de los Cobos Hernández (2017). "El nuevo marco de los convenios a la luz de la reforma de la Administración Pública". *Revista Andaluza de Administración Pública*, 98, p. 64.

contractual (*ex* art. 6.1 LCSP). Pero, sobre todo, porque este requisito teleológico de los convenios no queda sólo como una mera exigencia abstracta, sino que va ligada a algunas de las nuevas exigencias procedimentales preceptivas previstas en la LRJSP.

En particular, el artículo 50.1 de la LRJSP prevé que, sin perjuicio de las especialidades que la legislación autonómica pueda prever, la suscripción del convenio deberá acompañarse de una memoria justificativa donde, entre otros, se analice su necesidad y oportunidad. Por lo tanto, se introduce con carácter básico la necesidad de incorporar un nuevo documento en la tramitación de los convenios; en el que, como decíamos, las partes deberán justificar y concretar los objetivos o finalidades de interés público compartidas que se persiguen con la suscripción del convenio[11].

Continuando, precisamente, con las finalidades perseguidas por los convenios, debemos hacer también referencia al art. 48.3 de la LRJSP. Y es que, sin perjuicio de la mencionada finalidad de interés común que persiguen (art. 47.1 LRJSP), la LRJSP introduce como requisitos de validez y eficacia de los convenios su orientación a determinados fines. Así, el art. 48.3 de la LRJSP prevé que la suscripción de convenios:

> "[...] deberá mejorar la eficiencia de la gestión pública, facilitar la utilización conjunta de medios y servicios públicos, contribuir a la realización de actividades de utilidad pública y cumplir con la legislación de estabilidad presupuestaria y sostenibilidad financiera".

En nuestra opinión, se trata de una previsión problemática, por cuanto plantea algunas dudas interpretativas. Por ejemplo, entre otras cuestiones, podemos preguntarnos: ¿debe entenderse que es-

---

11 Precisamente, ésta había sido una de las recomendaciones expresada por el Tribunal de Cuentas en la Moción núm. 878, de 30 de noviembre de 2010, a las Cortes Generales sobre la necesidad de establecer un adecuado marco legal para el empleo del convenio de colaboración por las administraciones públicas (BOE, núm. 64, de 15 de marzo de 2013). Igualmente, debemos destacar que, antes de la aprobación de la LRJSP, algunas leyes autonómicas en materia de régimen local habían ya previsto dicha obligación, incluso en unos términos un poco más precisos. Véase, por ejemplo, el artículo 83.4 de la Ley 5/2010, de 11 de junio, de Autonomía Local de Andalucía.

tamos ante requisitos de eficacia o de validez? Por otro lado, en la medida que el art. 48.3 de la LRJSP se expresa de forma copulativa, ¿deben de cumplirse simultáneamente todas las finalidades previstas en este precepto a la hora de suscribir un determinado convenio? También resulta criticable el hecho de que la LRJSP prevea como un requisito de eficacia o validez el cumplimiento de la legislación de estabilidad presupuestaria o sostenibilidad financiera. ¿Acaso la sujeción a ésta —u otras leyes— puede ser disponible por las partes del convenio?[12]

De todas formas, sin perjuicio de estas cuestiones, es evidente que se trata de un precepto que pretende limitar el margen de decisión de que disponen las diferentes administraciones públicas a la hora de suscribir convenios, exigiéndoles que justifiquen que éstos contribuyen realmente a lograr determinados fines previstos legalmente. Es cierto que, desde un punto de vista abstracto, esta exigencia de motivación puede verse como una limitación a la potestad de autoorganización. Sin embargo, en nuestra opinión no nos parece excesiva o irrazonable. Menos si tenemos en cuenta los abusos que, en no pocas ocasiones, pueden producirse como consecuencia del insuficiente control de la utilización de esta figura.

3. *Carácter jurídico-obligatorio*

Finalmente, para poder hablar de la existencia de un convenio administrativo, la LRJSP exige un tercer requisito: que se trate de un acuerdo de carácter obligatorio. Como se desprende claramente del artículo 47.1 de la LRJSP, los convenios no son solamente "acuerdos

---

12 En este sentido, se ha afirmado que "el *cumplimiento de la legislación de estabilidad presupuestaria y sostenibilidad financiera* no puede ser en sí mismo ni un objetivo ni una finalidad de los convenios, sino, sencillamente, una obligación a observar por las entidades públicas firmantes [...], y cuya cita no se explica sino a partir de la obsesión del legislador de los años de la crisis económica aguda (2011-2015) por el cumplimiento de estos principio". Mahillo García, P.; Martínez-Alonso Camps, J.L. (2020). "¿Convenios Interadministrativos de duración cuatrienal para satisfacer necesidades permanentes? Especial referencia a la cooperación local". *Cuadernos de Derecho Local,* 52, p. 147.

con efectos jurídicos" para los sujetos intervinientes (art. 47.1 LRJSP) sino que, además, los compromisos jurídicos que se deriven de ellos deben ser "concretos y exigibles" (*a sensu contrario*, art. 47.1 LRJSP).

De ahí que, posteriormente, en el artículo 49 de la LRJSP, cuando se regula el contenido mínimo de los convenios administrativos, se prevea que éstos deben concretar las obligaciones y compromisos económicos asumidos por cada una de las partes, así como las consecuencias aplicables en caso de incumplimiento.

Por lo tanto, el convenio administrativo se nos presenta como un instrumento para la creación de un vínculo obligacional entre las partes, cuyo incumplimiento podría denunciarse incluso ante los tribunales de justicia. Es cierto que, en la práctica, la conflictividad jurisdiccional derivada de los convenios quizá no es muy elevada —sobre todo si la comparamos con el ingente número de convenios administrativos que se suscriben anualmente[13]—. Sin embargo, la jurisprudencia se ha ocupado reiteradamente de recordarnos la naturaleza jurídica-obligatoria de los convenios, así como el carácter vinculante de los compromisos asumidos por las partes[14].

La eficacia obligatoria que se deriva de los convenios nos sirve también para diferenciar esta figura de todos aquellos otros instru-

---

13 A ello puede contribuir también el hecho que, como prevé el artículo 49 f) de la LRJSP, en el propio convenio las partes deban prever expresamente mecanismos de seguimiento, vigilancia y control de la ejecución del convenio y de los compromisos adquiridos por las partes; mecanismos que, en caso de conflicto, puede coadyuvar a resolver las posibles discrepancias.

14 Podemos citar, entre otras, la Sentencia del Tribunal Supremo núm. 2075/2017, de 22 de diciembre, en la que, refiriéndose a un convenio entre el Estado y una Comunidad Autónoma, afirma: "No cabe duda del carácter vinculante de los Convenios de Colaboración como fuente de obligaciones para las partes que los suscriben [...], como negocios jurídicos bilaterales celebrados entre Administraciones en plano de igualdad y no meros pactos de caballeros" (FJ. 4). En términos muy similares, véase también la Sentencia del Tribunal Supremo núm. 255/2018, de 19 de febrero, (FJ. 4). Incluso el Tribunal Constitucional, en la Sentencia núm. 44/1986, de 17 de abril, al analizar los convenios entre comunidades autónomas celebrados al amparo del artículo 145 de la Constitución, ha identificado también como uno de sus elementos estructurales de los convenios su carácter vinculante (F.J. 3).

mentos que, aun articulándose a través de un acuerdo entre entidades públicas, carecen de efectos jurídicos directos. Así, por ejemplo, los convenios en sentido estricto se diferenciarían de los denominados legalmente como *protocolos generales de actuación* que, como prevé el artículo 47.1 LRJSP, consisten en meras declaraciones de intenciones de contenido general o en la expresión de una simple voluntad de actuar con un objetivo común, pero sin que se formalicen compromisos jurídicos concretos y exigibles.

Dichos protocolos generales son bastante habituales para la formalización de acuerdos programáticos entre administraciones públicas diferenciadas. Ahora bien, en nuestra opinión, en la medida que se trata de acuerdos no obligatorios, su regulación quedaría fuera del ámbito del concepto de *convenio* administrativo regulado por la LRJSP[15]. Como dice expresamente el propio art. 47.1 LRJSP, los protocolos generales no tienen la consideración de convenios.

De todas formas, algunas Comunidades Autónomas parecen haber optado por una solución distinta y más amplia, considerando los protocolos como un tipo de convenio administrativo, pero sin efectos jurídicos obligatorios. De ahí que, en estos supuestos, sí que les resulten plenamente aplicables los requisitos de eficacia y validez, así como los procedimentales previstos específicamente para los convenios.

Es el caso, por ejemplo, del artículo 33 de la Ley 3/2022, de 12 de mayo, del Sector Público Vasco, que, al regular de forma general los convenios de colaboración, afirma:

> "3. Los convenios que se limiten a establecer pautas de orientación sobre la actuación de cada administración pública en cuestiones de interés común o a fijar el marco general y la metodología para el desarrollo de la cooperación en un área de interrelación competencial o en un asunto de mutuo interés se denominarán protocolos generales".

---

15 Algunas normas autonómicas han regulado algunos aspectos concretos del régimen jurídico de dichos protocolos. Es el caso, por ejemplo, de la Ley 26/2010, de 3 de agosto, de Régimen Jurídico y Procedimiento de las Administraciones Públicas de Catalunya, que se refiere, entre otros, a su contenido mínimo o publicidad (art. 110.2 y 110.3).

O incluso podemos encontrar una tercera vía intermedia, como ocurre con el artículo 16 de la Ley 4/2005, de 1 de junio, de Funcionamiento y Régimen Jurídico de la Administración de La Rioja, que, sin considerar a los protocolos generales como convenios, sí que les extiende la aplicación de su régimen jurídico "en todo aquello que les sea de aplicación".

Sea como fuere, como puede imaginarse, más allá de las consideraciones anteriores, a la hora de calificar jurídicamente un determinado acuerdo entre dos entidades públicas debemos prescindir de la denominación formal dada por las partes y comprobar siempre su contenido por cuanto, a veces, se articulan verdaderos compromisos jurídicos obligatorios a través de instrumentos denominados genéricamente protocolos, acuerdos marco o similares[16].

III. RÉGIMEN JURÍDICO DE LOS CONVENIOS ADMINISTRATIVOS

Al margen de la definición de qué debemos entender legalmente por convenio administrativo, los artículos 47-53 de la LRJSP regulan de forma muy detallada su régimen jurídico. En este sentido, para aproximarnos a esta cuestión y ante la imposibilidad de hacer un análisis en profundidad de todos ellos, centraremos nuestra atención solamente en cuatro aspectos fundamentales de su regulación: en primer lugar, el ámbito de aplicación de esta normativa; en segundo lugar, el objeto de los convenios administrativos, para pasar, seguidamente, a su contenido y efectos, y, por último, las causas de extinción.

---

16 Por ejemplo, podemos citar el "Protocolo de apoyo a la candidatura de Barcelona a *Mobile World Capital*", suscrito entre el Ministerio de Industria, Turismo y Comercio, la Administración de la Generalitat de Catalunya y el Ayuntamiento de Barcelona (DOGC, núm. 6075, de 27 de febrero de 2012, p. 9279). A pesar de su denominación, en su articulado se deja bien claro que se trata de un convenio administrativo, mediante el cual las partes asumen directamente obligaciones económicas relevantes.

1. Ámbito de aplicación

Uno de los objetivos específicos de la LRJSP, tal y como consta en su Exposición de Motivos, consiste en establecer una regulación integral de las relaciones interadministrativas, que sea aplicable por *todas* las administraciones públicas. En consecuencia, el ámbito de aplicación esta norma legal en esta materia es sensiblemente más amplio que el previsto anteriormente por la Ley 30/1992, de 26 de noviembre, de Régimen Jurídico de las Administraciones Públicas y del Procedimiento Administrativo Común (en adelante, LRJPAC), por cuanto se aplica no sólo por la administración estatal y autonómica —como ocurría con la legislación anterior (arts. 6 y 9 LRJPAC)—, sino también en lo que a las relaciones de éstas con las entidades que integran la Administración local se refiere.

En este sentido, parece lógico entender también que la regulación de los convenios administrativos prevista en la LRJSP se aplica con independencia de la administración pública que los suscriba. De ahí, que la propia LRJSP, en su Disposición adicional octava, exija la necesaria adaptación a la nueva regulación de todos los convenios suscritos por *cualquier administración pública.*

No obstante, es precisamente este carácter de norma común, para el conjunto de administraciones públicas, el que puede plantearnos algunas dudas acerca de cuál es el régimen jurídico de los convenios interadministrativos. Y es que, por ejemplo, ¿qué ocurre con la regulación de los convenios que se preveía hasta ahora en la legislación básica de régimen local?

Como es sabido, la vigente Ley 7/1985, de 2 de abril, de Bases del Régimen Local (en adelante, LBRL), contiene varias referencias a los convenios entre administraciones públicas, configurándolos no sólo como el principal instrumento de cooperación económica, técnica y administrativa de la Administración local con los restantes niveles de gobierno y administración (art. 57.1 LBRL), sino también como un cauce para fusionar municipios (art. 13.4 LBRL) o coordinar la prestación de determinados servicios municipales [art. 36.1 i) LBRL].

Desde esta perspectiva, si comparamos la regulación prevista actualmente en la LBRL con la nueva regulación básica de los convenios administrativos que se recoge en la LRJSP podremos comprobar cómo algunas previsiones no coinciden. Por ejemplo, el artículo 49 h) de la LRJSP prevé que los convenios administrativos deberán tener una duración determinada, que no podrá ser superior a cuatro años; mientras que, por el contrario, el artículo 57 de la LBRL no prevé ninguna duración máxima de los convenios administrativos en el ámbito local. Y ello resulta relevante, porque, como se ha puesto de relieve (Mahillo García y Martínez-Alonso Camps, 2020: 150), la aplicación de las limitaciones temporales derivadas de la LRJSP resultan altamente disfuncionales cuando se trata de instrumentar convenios para satisfacer necesidades permanentes de los entes locales.

En nuestra opinión, la respuesta a esta situación no resulta nada fácil. A pesar de que no parece que la voluntad de la LRJSP haya sido la de derogar expresamente el régimen jurídico de los convenios interadministrativos locales[17], lo cierto es que ésta sí que ha tenido en cuenta su existencia, puesto que prevé un régimen específico para un determinado tipo de convenio local —los convenios que tengan por objeto la delegación de competencias a entidades locales, cuya regulación se sigue remitiendo a lo previsto en la LBRL (art. 48.7 LRJSP)—. Por lo tanto, si la LRJSP es consciente de la existencia de esta dualidad de regímenes y solamente ha optado por remitir a la LBRL un determinado tipo de convenio interadministrativo, podemos entender *a sensu contrario* que, en todos los demás supuestos, la LRJSP sí que ha derogado tácitamente la regulación local.

Sin embargo, como se ha apuntado por la doctrina, las posibles antinomias que pudieran surgir entre ambas regulaciones podrían solucionarse acudiendo a los criterios tradicionales de resolución de conflictos normativos; en concreto, al tratarse de normas con un

---

[17] De hecho, la Disposición derogatoria única de la LRJSP no menciona, de forma expresa, el artículo 57 de la LBRL que regula los convenios administrativos en el ámbito local. Así, se ha afirmado que: "no hay ningún elemento racional que permita pensar que la nueva ley pretende derogar, en 2015, la compleja reforma del régimen local de 2013 (LRSAL)". *Vid.* Velasco Caballero, F. (2016). "Régimen jurídico-organizativo de la Administración local tras la Ley de Régimen Jurídico del Sector Público de 2015". *Anuario de Derecho Municipal 2015*, pp. 40-41.

mismo rango jerárquico, acudiendo al criterio temporal y de especialidad[18].

En consecuencia, solamente deberíamos entender derogadas aquellas disposiciones de la LBRL relativas a los convenios administrativos que directamente se opongan, contradigan o resulten incompatibles con la regulación básica prevista en la LRJSP. De manera que, en aquello no previsto expresamente por la LRJSP, podrían seguir siendo aplicables aquellas disposiciones específicas de la LBRL que disciplinan el régimen jurídico de los convenios interadministrativos en el ámbito local[19].

2. *Objeto de los convenios administrativos*

En segundo lugar, debemos hacer referencia al objeto de los convenios administrativos. En este caso, el punto de partida lo encontraremos en el artículo 47.1 de la LRJSP, *in fine*, que prevé que "los convenios no podrán tener por objeto prestaciones propias de los contratos. En tal caso, su naturaleza y régimen jurídico se ajustará a lo previsto en la legislación de contratos del sector público".

¿Cómo debemos interpretar este artículo? ¿Significa esto que, a partir de ahora, debemos considerar nulos todos aquellos convenios administrativos que tengan contenido contractual? A primera vista, podría pensarse que sí, puesto que el artículo 47.1 de la LRJSP prohíbe, literalmente, que los convenios administrativos puedan tener por

---

18 Velasco Caballero, 2016, *op. cit.*, pp. 41-42; Gosálbez Pequeño, H. (2016). "Principios de la actividad administrativa conveniada de las administraciones locales". En Gosálbez Pequeño, H. (Dir.). *La Ley 40/2015, de 1 de octubre, de Régimen Jurídico del Sector Público y las Administraciones Locales.* CEMCI, pp. 513-514.

19 En este punto, debemos recordar que la ya citada Sentencia del Tribunal Constitucional núm. 132/2018, de 13 de diciembre, considera que la regulación básica de los convenios administrativos prevista en la LRJSP no impide la existencia de otras normativas —autonómicas y locales— que puedan desarrollar la regulación estatal e, incluso, aplicarse de manera preferente en aquello que desborde el ámbito de lo básico (FJ. 7). En el mismo sentido, véase también la Sentencia del Tribunal Constitucional núm. 33/2019, de 14 de marzo.

objeto prestaciones propias de los contratos. Además, el artículo 50.1 de la LRJSP parece confirmar esta interpretación cuando, al mencionar la memoria que debe acompañar necesariamente la suscripción de los convenios, afirma que ésta no sólo debe justificar la necesidad y oportunidad del convenio sino también "el carácter no contractual de la actividad en cuestión".

Ahora bien, debemos ser conscientes que, si esto fuera realmente así, estaríamos limitando notablemente la posible aplicación práctica de esta figura. Si tenemos en cuenta la enorme amplitud del ámbito material de aplicación de la normativa contractual española, podríamos llegar a la conclusión de que se reducirían drásticamente los espacios para la posible cooperación entre entidades públicas mediante convenio. La única posibilidad serían los convenios para la realización de potestades administrativas o actividades que no pudieran encajar en las prestaciones propias del tráfico mercantil privado[20].

Para hacernos una idea más clara de lo que queremos expresar basta con tomar en consideración la definición legal del *contrato de servicios* que se prevé en el vigente artículo 17 de la LCSP. Según este precepto, este tipo contractual comprende todos aquellos contratos "cuyo objeto son prestaciones de hacer consistentes en el desarrollo de una actividad o dirigidas a la obtención de un resultado distinto de una obra o suministro [...]".

Desde esta perspectiva, subrayando la enorme amplitud con la que se expresa el artículo 17 de la LCSP, podríamos preguntarnos: ¿qué clase de actividades materiales de nuestras administraciones públicas no resultarían susceptibles de ser subsumidas, siquiera residualmente, dentro de esta categoría contractual?

---

20 Si bien, como ha señalado acertadamente la doctrina, la gama de prestaciones que las empresas privadas o los particulares pueden llevar a cabo es cada vez más extensa, pudiendo abarcar la gran mayoría de actividades que hoy en día desarrolla la Administración Pública. En este sentido, *Vid.* Ávila Orive, J.L. (2002). *Los convenios de colaboración excluidos de la Ley de Contratos de las Administraciones Públicas.* Civitas, pp. 95-102; Canals Ametller, D. (2003). *El ejercicio por particulares de funciones de autoridad. Control, inspección y certificación.* Comares, p. 45.

Por lo tanto, a no ser que quiera "sacrificarse" la figura del convenio administrativo, deberíamos optar por otra posible interpretación. Así, una lectura sistemática del artículo 47.1 de la LRJSP podría llevarnos a entender que este precepto no pretende limitar las prestaciones materiales que pueden ser objeto de un convenio, sino llamar la atención sobre la posible naturaleza contractual de dicho acuerdo.

Como hemos analizado detalladamente en otras muchas ocasiones anteriores[21], los convenios administrativos, en la medida que pueden configurarse como un negocio jurídico bilateral, de contenido obligatorio y carácter oneroso[22], pueden definirse conceptualmente también como un *contrato público* a efectos del artículo 2.1 de la LCSP. Y es que, como advirtió tempranamente el Tribunal de Justicia de la Unión Europea —por ejemplo, en la Sentencia de 13 de enero de 2005, as. C-84/03, *Comisión de las Comunidades Europeas/Reino de España*—, el mero hecho de que se trate de una relación convencional entre dos personas jurídico-públicas no justifica que ésta quede, de forma absoluta e incondicionada, fuera del ámbito de ámbito de aplicación de la legislación contractual.

---

21 *Vid.* Vilalta Reixach, M. (2018a). "Los convenios administrativos a la luz de la nueva Ley de contratos del sector público". En Gimeno Feliu, J.M. (Dir.). *Estudio sistemático de la ley de contratos del sector público.* Thomson Reuters, Aranzadi, pp. 348-349.

22 En este punto, debe tenerse presente que el TJUE —por ejemplo, en la Sentencia de 25 de marzo de 2010, asunto C-451/08, *Helmut Müller GbmH.* (FJ. 48)— ha interpretado el requisito de la onerosidad de los contratos públicos de una forma amplia, entendiendo que lo que se exige es que exista un intercambio de prestaciones entre las partes, esto es que el poder adjudicador reciba una prestación a cambio de una contraprestación, con independencia que el contratista tenga ánimo de lucro o una presencia continuada en el mercado. De ahí que, en nuestra opinión, el hecho de que el artículo 48.6 de la LRJSP prevea que "Las aportaciones financieras que se comprometan a realizar los firmantes no podrán ser superiores a los gastos derivados de la ejecución del convenio", no excluya el posible carácter oneroso de los convenios interadministrativos. Vilalta Reixach, M. (2018b). "Los convenios interadministrativos (locales) y la Ley de Contratos del Sector Público: ¿Convenio o contrato?". *Anuario de Derecho Municipal,* 12, pp. 72-74.

Por lo tanto, entendemos que la LRJSP no ha pretendido prohibir que puedan celebrarse convenios entre administraciones públicas que tengan un objeto contractual, sino que, tal y como afirma el último apartado del artículo 47.1 de la LRJSP, "en tal caso", esto es, cuando los convenios administrativos tengan por objeto prestaciones propias de los contratos —y, por lo tanto, se configuren como verdaderos contratos públicos—, su régimen jurídico deberá de ajustarse también a lo previsto en la LCSP[23].

Ahora bien, en este punto, debemos hacer otra precisión importante. El hecho de afirmar que, de acuerdo con el artículo 47.1 de la LRJSP, los convenios administrativos con contenido contractual deban de sujetarse a las prescripciones de la LCSP no significa, automáticamente, que su adjudicación deba realizarse siempre mediante los procedimientos competitivos previstos en ésta. Por el contrario, como hemos expuesto ampliamente en otras ocasiones[24], siempre que se cumplan determinadas condiciones, ligadas principalmente a la finalidad cooperativa perseguida por las partes del convenio, el artículo 6.1 de la LCSP nos permite excluir este tipo de negocios jurídicos entre entidades públicas del ámbito de aplicación material de dicha norma legal.

De ahí, que, a pesar de conceptualizar los convenios administrativos como contratos públicos a efectos de la LCSP, e incluso de que éstos tengan por objeto prestaciones propias de los contratos, la aplicación de la LCSP permite que los convenios celebrados entre entidades públicas puedan seguir suscribiéndose de forma *directa* entre las administraciones interesadas.

---

23 En el mismo sentido, entre otros, Amoedo Souto, C.A. (2019). "La colaboración público-público en el ámbito local tras la Ley 9/2017, de Contratos del Sector Público". *Anuario del Gobierno Local 2018*, Barcelona, pp. 284-285; Huergo Lora, A. (2017). "Los convenios interadministrativos y la legislación de contratos públicos". *Revista de Estudios de la Administración Local y Autonómica* (REALA), 8, pp. 12-15; o Villar Rojas, F.J. (2017). "Los contratos para la prestación conjunta de servicios públicos". *Revista de Estudios de la Administración Local y Autonómica* (REALA), 7, pp. 15-17.

24 Vilalta Reixach, 2018a, *op. cit.*

3. Contenido y efectos

En lo relativo al contenido de los convenios administrativos, debemos señalar que, tal y como ocurría con la anterior Ley 30/1992, de 26 de noviembre, la LRJSP identifica, de forma expresa, un conjunto de materias que, necesariamente, deben de incluirse en dichos acuerdos. Así, entre otros, el artículo 49 de la LRJSP afirma que, como mínimo, deberán de identificarse las partes que intervienen en el convenio, la competencia que fundamenta su actuación, el objeto del convenio y de las actuaciones a realizar por cada sujeto para su cumplimiento o el régimen de modificación del convenio.

En nuestra opinión, al margen del notable grado de detalle con el que se expresa el artículo 49 de la LRJSP, creemos que la legislación básica estatal no introduce ninguna gran novedad en esta materia, sino que recoge el contenido habitual a este tipo de instrumentos —que, por otro lado, se caracterizan por su notable atipicidad, en el sentido de que es cada acuerdo convencional el que determina su propio contenido—. Ahora bien, debe tenerse presente que, a diferencia del anterior artículo 6.2 de la LRJPAC, el artículo 49 de la LRJSP sí que formula dicho listado de materias con carácter imperativo. Tal y como prevé expresamente este precepto, "como mínimo" deberán de hacerse constar estas indicaciones. De manera que la ausencia de alguno de los requisitos del mencionado precepto sería suficiente, por sí sólo, para declarar su invalidez.

Por lo que se refiere a los efectos de los convenios administrativos, lo cierto es que la LRJSP resulta menos precisa que la regulación contenida anteriormente en la LRJPAC[25]. Así, el artículo 48.8 de la LRJSP se limita a indicar que los convenios "se perfeccionan por la prestación del consentimiento de las partes", pero renuncia a fijar, con carácter general, el momento a partir del cual estos convenios devienen eficaces. Solamente en el caso de los convenios suscritos por la Administración General del Estado o alguno de sus organismos públicos o entidades de derecho público vinculados o depen-

---

25 Toscano Gil, F. (2017). "La nueva regulación de los convenios administrativos en la Ley 40/2015 de régimen jurídico del sector público". *Revista General de Derecho Administrativo*, 45, p. 33.

dientes se añade que éstos resultarán eficaces una vez inscritos, en el plazo de 5 días hábiles desde su formalización, en el Registro Electrónico estatal de Órganos e Instrumentos de Cooperación del sector público estatal.

Por lo tanto, debemos entender que la eficacia de los demás convenios administrativos dependerá de aquello que establezca la normativa sectorial o autonómica que resulte de aplicación. En este sentido, es habitual que la legislación de las diferentes Comunidades Autónomas se refiera a la eficacia de los convenios que pueden celebrar sus respectivas administraciones. Un buen ejemplo de ello lo encontramos en el artículo 112 de la Ley 26/2010, de 3 de agosto, de Régimen Jurídico y Procedimiento de las Administraciones Públicas de Catalunya (en adelante, LRJPCat), que prevé que los convenios obligan desde el momento de su firma, salvo que en ellos se disponga otra cosa. Sin embargo, en determinados supuestos (cuando se afecte a terceras personas, suponga una alteración del ejercicio de las competencias administrativas o cuando así se establezca legal o reglamentariamente) esta regla general se modifica y la legislación catalana remite la eficacia del convenio a la íntegra publicación en el diario oficial correspondiente.

4. Trámites procedimentales para la suscripción de convenios administrativos

Junto con los requisitos de validez y eficacia de los convenios, la LRJSP se refiere también, mínimamente, al procedimiento de elaboración de los convenios administrativos. No obstante, teniendo en cuenta el carácter básico de la Ley, ésta se limita a exigir solamente que, cualquiera que sea la entidad pública que participe en el convenio, deberá de presentarse una memoria justificativa en la que se analice su necesidad y oportunidad, su impacto económico, el carácter no contractual de la actividad en cuestión, así como el cumplimiento del resto de previsiones de la Ley (art. 50.1 LRJSP). A partir de aquí, el procedimiento de elaboración de los convenios se remite a la normativa autonómica o sectorial que resulte aplicable[26].

No obstante, para los convenios suscritos por la Administración General del Estado y sus entidades dependientes, el artículo 50.2 de la LRJSP sí que detalla una serie de requisitos específicos, como, por ejemplo, contar con el informe de su servicio jurídico o la autorización previa del Ministerio de Hacienda y Función Pública para su firma, modificación, prórroga y resolución por mutuo acuerdo entre las partes.

Al mismo tiempo, fruto de la mencionada Moción del Tribunal de Cuentas núm. 878, de 30 de noviembre de 2010, a las Cortes Generales sobre la necesidad de establecer un adecuado marco legal para el empleo del convenio de colaboración por las administraciones públicas, la LRJSP incorpora también la obligación de comunicar al Tribunal de Cuentas (u órgano externo de fiscalización autonómico), dentro de los tres meses siguientes a su suscripción, de todos aquellos convenios administrativos cuyos compromisos económicos asumidos superen los 600.000 euros; así como las posibles modificaciones o prórrogas (art. 53 LRJSP).

Se trata, como puede imaginarse, de comunicar a los órganos de control económico aquella información básica sobre los convenios administrativos que puedan resultar necesarios para el ejercicio de las funciones de fiscalización que corresponden a dichos órganos, pero también para identificar áreas de riesgo o para seleccionar muestras para el desarrollo de los controles[27].

---

26 En este sentido, podemos encontrar muchas normas autonómicas dirigidas a regular específicamente estas cuestiones. Sirvan de ejemplo, entre otras muchas, el Decreto 11/2019, de 11 de febrero, por el que se regula la actividad convencional y se crean y regulan el Registro General Electrónico de Convenios del Sector Público de la Comunidad Autónoma y el Registro Electrónico de Órganos de Cooperación de la Administración Pública de la Comunidad Autónoma de Canarias; el artículo 90 de la Ley Foral 11/2019, de 11 de marzo, de la Administración de la Comunidad Foral de Navarra y del Sector Público Institucional Foral o el Decreto 48/2019, de 10 de junio, por el que se regula la actividad convencional de la Comunidad de Madrid.

27 En el caso del Tribunal de Cuentas, el contenido y procedimiento a seguir por las diferentes administraciones públicas para cumplir con dicha obliga-

De todas formas, la LRJSP no prevé, de forma expresa, ninguna consecuencia derivada del incumplimiento de esta obligación legal. De ahí, que se haya criticado no sólo el carácter tan amplio con el que se configura este deber de comunicación, sino que, ante la falta de consecuencias jurídicas, se corre el riesgo de convertir al Tribunal de Cuentas en un mero "buzón de correos"[28].

5. *Extinción de los convenios administrativos*

Finalmente, la LRJSP se ocupa también de regular la extinción de los convenios administrativos y los efectos que se derivan de ésta. En este punto, la Ley parte de la consideración que la forma normal de extinción de los convenios es el cumplimiento de las actuaciones que constituyen su objeto (art. 51.1 LRJSP). Ahora bien, al margen de su cumplimiento, el artículo 51.2 de la LRJSP recoge un listado, no exhaustivo, de causas que pueden dar lugar a la resolución del convenio.

Dentro de estas causas de resolución encontramos, en primer lugar, el transcurso del plazo de vigencia por el que se haya suscrito el convenio. Como ya hemos visto, el artículo 49 de la LRJSP exige que las partes identifiquen la duración del convenio, la cual no podrá ser superior a cuatro años, salvo que normativamente se prevea un plazo superior. Por lo tanto, de acuerdo con la LRJSP, no caben convenios de vigencia indefinida[29]. Ahora bien, la Ley permite que, en cualquier momento antes de la finalización del plazo previsto, las partes del convenio puedan acordar su prórroga por un período de hasta cuatro años adicionales.

---

ción legal se desarrollan en la Resolución de 20 de julio de 2018, por la que se publica el Acuerdo del Pleno de 20 de junio de 2018 (BOE, núm. 182, de 28 de julio de 2018).

28 Jiménez-Blanco Carrillo de Albornoz, 2015, *op. cit.*, p. 5; Bensusan Martín, M.P. (2016). "La nueva regulación de los convenios: la conversión en derecho positivo de una práctica administrativa". *Revista Andaluza de Administración Pública*, 96, p. 34.

29 Pascual García, J. (2016). "La regulación de los convenios administrativos en la Ley de régimen jurídico del sector público". *Revista Española de Control Externo*, XVIII, 54, p. 182.

En segundo lugar, el artículo 51.2 de la Ley prevé la resolución del convenio por el acuerdo unánime de todos los firmantes. Parece lógico que, si este negocio jurídico nace de la concurrencia de voluntades de las diferentes entidades públicas que lo suscriben, éstas puedan acordar libremente también su extinción. Sin embargo, en este punto es importante destacar que la LRJSP exige el acuerdo de *todos* los firmantes del convenio, por lo que, a *sensu contrario,* debemos entender que la LRJSP no admite como causa de resolución la denuncia unilateral de una de las partes intervinientes.

De todos modos, algunos autores han considerado que, en la medida que los convenios actúan sobre competencias administrativas y éstas son irrenunciables, sí que debería admitirse la posibilidad de que una de las partes del convenio pudiera abandonarlo de forma unilateral cuando entienda que la defensa de los intereses públicos así lo aconseja y siempre, obviamente, que esta posibilidad se hubiera previsto de forma expresa en el convenio[30].

En cualquier caso, la denuncia unilateral del convenio no debe confundirse con otra de las causas de resolución de los convenios prevista por el artículo 51.2 de la LRJSP: el incumplimiento de las obligaciones y compromisos asumidos por parte de alguno de los firmantes. Como ya hemos apuntado anteriormente, los convenios se configuran como una relación jurídica-obligatoria entre las partes, de ahí que la determinación de las consecuencias aplicables en caso de incumplimiento del convenio por alguna de las partes firmantes sea uno de los contenidos que, necesariamente, deben de incluirse en dicho negocio jurídico [*ex* art. 49 e) LRJSP].

Así, en caso de incumplimiento, el artículo 51.2 c) de la LRJSP establece que cualquiera de las partes podrá notificar a la entidad pública incumplidora un requerimiento para que, en un determinado plazo, cumpla con las obligaciones y compromisos que haya asumido. Requerimiento que, además, deberá ser comunicado al responsable del mecanismo de seguimiento, vigilancia y control del convenio [*ex* art. 49 f) LRJSP] y demás partes firmantes. Si transcurrido el plazo indicado persistiera el incumplimiento, la parte interesada notificará

---

30 Martín Huerta, 2000, *op. cit.*, p. 286.

a los demás intervinientes del convenio la concurrencia de esta causa de resolución y se dará por finalizado el convenio; sin perjuicio de la indemnización de los daños y perjuicios que se puedan haber generado.

Referencias bibliográficas

Amoedo Souto, C.A. (2019). "La colaboración público-público en el ámbito local tras la Ley 9/2017, de Contratos del Sector Público". *Anuario del Gobierno Local 2018*, Barcelona, 263-298.

Ávila Orive, J.L. (2002). *Los convenios de colaboración excluidos de la Ley de Contratos de las Administraciones Públicas.* Civitas.

Bensusan Martín, M.P. (2016). "La nueva regulación de los convenios: la conversión en derecho positivo de una práctica administrativa". *Revista Andaluza de Administración Pública*, 96, 13-46.

Bustillo Bolado, R. (2004). *Convenios y contratos administrativos: transacción, arbitraje y terminación convencional del procedimiento.* Thompson Reuters, Aranzadi.

Canals Ametller, D. (2003). *El ejercicio por particulares de funciones de autoridad. Control, inspección y certificación.* Comares.

Fernández Farreras, G. (2016). "Encomiendas de gestión y convenios". *Cuadernos de Derecho Local*, 41, pp. 129-143.

Fernández Montalvo, R. (2000). *Relaciones interadministrativas de colaboración y cooperación.* Marcial Pons.

Gosálbez Pequeño, H. (2016). "Principios de la actividad administrativa conveniada de las administraciones locales". En Gosálbez Pequeño, H. (Dir.). *La Ley 40/2015, de 1 de octubre, de Régimen Jurídico del Sector Público y las Administraciones Locales.* CEMCI, 497-554.

Huergo Lora, A. (2017). "Los convenios interadministrativos y la legislación de contratos públicos". *Revista de Estudios de la Administración Local y Autonómica* (REALA), 8, 5-26.

Jiménez-Blanco Carrillo de Albornoz, A. (2015). "Organización administrativa y relaciones Interadministrativas". *Documentación Administrativa*, 2, 1-5.

Mahillo García, P.; Martínez-Alonso Camps, J.L. (2020). "¿Convenios Interadministrativos de duración cuatrienal para satisfacer necesidades permanentes? Especial referencia a la cooperación local". *Cuadernos de Derecho Local*, 52, 140-159.

Martin Huerta, P. (2000). *Los convenios interadministrativos.* Instituto Nacional de Administración Pública (INAP).

Mellado Ruiz, L. (2018). "Introducción: marco normativo actual de la gestión cooperativa o relacional en la administración local. Una propuesta sistematizadora". En Mellado Ruiz, L.; Fornieles Gil, Á. (Coords.). *Gestión cooperativa en el ámbito local.* Tirant lo Blanch.

Parejo Alfonso, L. (2007). "Notas para una construcción dogmática de las relaciones interadministrativas". *Revista de Administración Pública,* 174, 161-191.

Pascual García, J. (2012). *Convenios de colaboración entre administraciones públicas y convenios con administrados.* Ministerio de la Presidencia, BOE.

Pascual García, J. (2016). "La regulación de los convenios administrativos en la Ley de régimen jurídico del sector público". *Revista Española de Control Externo,* XVIII, 54, 157-186.

Pérez de los Cobos Hernández (2017). "El nuevo marco de los convenios a la luz de la reforma de la Administración Pública". *Revista Andaluza de Administración Pública,* 98, 43-79.

Rodríguez de Santiago, J.M. (1997). *Los convenios entre administraciones públicas.* Marcial Pons.

Santiago Iglesias, D. (2018). "Capítulo XI. Cooperación horizontal: los convenios interadministrativos". En Gallego Córcoles, I.; Gamero Casado, E. (Coords.). *Tratado de contratos del sector público,* Tomo I. Tirant lo Blanch.

Toscano Gil, F. (2017). "La nueva regulación de los convenios administrativos en la Ley 40/2015 de régimen jurídico del sector público". *Revista General de Derecho Administrativo,* 45, 1-49.

Velasco Caballero, F. (2016). "Régimen jurídico-organizativo de la Administración local tras la Ley de Régimen Jurídico del Sector Público de 2015". *Anuario de Derecho Municipal 2015,* 25-59.

Vilalta Reixach, M. (2017). "Las relaciones interadministrativas en la nueva Ley de régimen jurídico del sector público". *Cuadernos de derecho local,* 44, 48-82.

Vilalta Reixach, M. (2018a). "Los convenios administrativos a la luz de la nueva Ley de contratos del sector público". En Gimeno Feliu, J.M. (Dir.). *Estudio sistemático de la ley de contratos del sector público.* Thomson Reuters, Aranzadi.

Vilalta Reixach, M. (2018b). "Los convenios interadministrativos (locales) y la Ley de Contratos del Sector Público: ¿Convenio o contrato?". *Anuario de Derecho Municipal,* 12, 53-86.

Villar Rojas, F.J. (2017). "Los contratos para la prestación conjunta de servicios públicos". *Revista de Estudios de la Administración Local y Autonómica* (REALA), 7, 5-18.

Instrumentos personificados de cooperación: consorcios y mancomunidades

RICARD GRACIA RETORTILLO
Profesor Agregado de Derecho Administrativo
Universitat de Barcelona

I. INTRODUCCIÓN[1]

Entre la pluralidad de instrumentos en que puede concretarse la cooperación interautonómica cabe la creación de entidades o per-

[1] Abreviaturas utilizadas en el capítulo: EAAnd: Ley Orgánica 2/2007, de 19 de marzo, de reforma del Estatuto de Autonomía para Andalucía; EAAr: Ley Orgánica 5/2007, de 20 de abril, de reforma del Estatuto de Autonomía de Aragón; EAAst: Ley Orgánica 7/1981, de 30 de diciembre, de Estatuto de Autonomía para Asturias; EAC: Ley Orgánica 6/2006, de 19 de julio, de reforma del Estatuto de Autonomía de Cataluña; EACan: Ley Orgánica 1/2018, de 5 de noviembre, de reforma del Estatuto de Autonomía de Canarias; EACant: Ley Orgánica 8/1981, de 30 de diciembre, de Estatuto de Autonomía para Cantabria; EACLM: Ley Orgánica 9/1982, de 10 de agosto, de Estatuto de Autonomía de Castilla-La Mancha; EACV: Ley Orgánica

sonas jurídicas que sirvan a tal fin. En estos casos, la cooperación comporta, pues, la creación de una nueva organización dotada de personalidad jurídica, que será, por tanto, titular de derechos y obligaciones y contará con un patrimonio y personal propios para el cumplimiento de las competencias que se le atribuyan. Frente a las fórmulas de tipo funcional o meramente orgánicas —estudiadas en

---

5/1982, de 1 de julio, de Estatuto de Autonomía de la Comunidad Valenciana (reformado por Ley Orgánica 1/2006); EACyL: Ley Orgánica 14/2007, de 30 de noviembre, de reforma del Estatuto de Autonomía de Castilla y León; EAEx: Ley Orgánica 1/2011, de 28 de enero, de reforma del Estatuto de Autonomía de la Comunidad Autónoma de Extremadura; EAG: Ley Orgánica 1/1981, de 6 de abril, de Estatuto de Autonomía para Galicia; EAIB: Ley Orgánica 1/2007, de 28 de febrero, de reforma del Estatuto de Autonomía de las Illes Balears; EALR: Ley Orgánica 3/1982, de 9 de junio, de Estatuto de Autonomía de La Rioja; EARMur:Ley Orgánica 4/1982, de 9 de junio, de Estatuto de Autonomía para la Región de Murcia; LALAnd. Ley 5/2010, de 11 de junio, de autonomía local de Andalucía; LALAr. Ley 7/1999, de 9 de abril, de Administración Local de Aragón; LALCMad. Ley 2/2003, de 11 de marzo, de Administración Local de la Comunidad de Madrid;LALLR. Ley 1/2003, de 3 de marzo, de la Administración Local de La Rioja; LCICan. Ley 8/2015, de 1 de abril, de Cabildos Insulares; LCIIB. Ley 4/2022, de 28 de junio, de consejos insulares; LELCLM. Ley 3/1991, de 14 de marzo, de Entidades Locales de Castilla-La Mancha; LFALNAv. Ley Foral 6/1990, de 2 de julio, de la Administración Local de Navarra; LGAMEx. Ley 3/2019, de 22 de enero, de garantía de la autonomía municipal de Extremadura; LILE. Ley 2/2016, de 7 de abril, de Instituciones Locales de Euskadi; LMCan. Ley 7/2015, de 1 de abril, de los municipios de Canarias; LMCV. Ley 21/2018, de 16 de octubre, de mancomunidades de la Comunitat Valenciana; LMELEx. Ley 17/2010, de 22 de diciembre, de mancomunidades y entidades locales menores de Extremadura (modificada por Ley 5/2015, de 5 de marzo); LMRLIB. Ley 20/2006, de 15 de diciembre, municipal y de régimen local de las Illes Balears; LORAFNA: Ley Orgánica 13/1982, de 10 de agosto, de reintegración y amejoramiento del Régimen Foral de Navarra; LOSGTCyL. Ley 7/2013, de 27 de septiembre, de Ordenación, Servicios y Gobierno del Territorio de la Comunidad de Castilla y León; LRLCV. Ley 8/2010, de 23 de junio, de régimen local de la Comunitat Valenciana; LRLCyL. Ley 1/1998, de 4 de junio, de Régimen Local de Castilla y León; LRLMur. Ley 6/1988, de 25 de agosto, de Régimen Local de la Región de Murcia; TRLMRLC. Decreto Legislativo 2/2003, de 28 de abril, que aprueba el Texto Refundido de la Ley municipal y de Régimen Local de Cataluña.

los capítulos precedentes de esta obra— el recurso a las soluciones personificadas persigue una mayor estabilidad y permanencia en el tiempo, si bien suele traducirse en instrumentos organizativamente más "pesados" y con menor flexibilidad en su régimen jurídico. El ordenamiento jurídico español prevé una variedad muy amplia de tipos de personificaciones con fines cooperativos, que responden a su vez a configuraciones jurídicas muy distintas entre sí, de modo que su utilidad y adecuación a la cooperación en el contexto de frontera interautonómica exige un estudio específico, que no solo atienda a la ya especial realidad fronteriza[2], sino también al concreto marco normativo aplicable a esta diversidad de fórmulas cooperativas.

En este contexto, este capítulo de la obra se centra en analizar, en particular, los consorcios y las mancomunidades, en tanto que instrumentos personificados —entidades— de derecho público, de carácter asociativo y que responden a una finalidad de descentralización cooperativa[3]. Instrumentos que, por tanto, se distinguen, por un lado, de otras personificaciones, que, aunque puedan crearse también con fines cooperativos similares, se someten —total o parcialmente— a un régimen de derecho privado (como las sociedades mercantiles, las fundaciones o bien las asociaciones). Y, por otro lado, de otras entidades, de naturaleza local, que, aunque comparten el carácter jurídico-público y desarrollan funciones de cooperación y asistencia municipales, son creadas por ley y, por tanto, carecen de la voluntariedad propia de aquellas (como las comarcas, las provincias o incluso, en hipótesis, las áreas metropolitanas).

---

2 Tort Donada, J.; Galindo Caldés, R. (Dirs.) (2018). "L'articulació geogràfica i jurídica dels municipis fronterers: radiografia de la cooperació en els límits autonòmics entre Catalunya, Aragó i la Comunitat Valenciana". *EAPC. Estudis de Recerca Digitals*, 18.

3 La expresión es de Martínez-Alonso que se refiere a ella para, primero, destacar que la creación de la nueva persona jurídica (descentralización) se justifica principalmente por la voluntad cooperativa y de consenso de las partes y, segundo, distinguirla de aquellas otras personificaciones instrumentales (locales) que solo obedecen a "razones más técnicas y jurídico-administrativas", como los organismos autónomos, las entidades públicas empresariales o las sociedades mercantiles unipersonales. Martínez-Alonso Camps, J.L. (2013). "Les personificacions instrumentals locals: estat de la qüestió". *Revista catalana de dret públic*, 47, 61-86.

Partiendo, pues, de estas premisas y atendiendo a la amplia tradición e implantación de que gozan estas entidades en el ordenamiento y en la realidad administrativa españoles, nuestro análisis pretende estudiar en qué medida los consorcios y las mancomunidades sirven o pueden servir a las necesidades específicas de cooperación en los territorios de frontera interautonómica. Y, en particular, si su regulación vigente facilita dicha cooperación o, en cambio, incluso puede contribuir a consolidar el "efecto frontera"[4].

Desde esta perspectiva, el trabajo parte de la descripción del marco legislativo de cada una de estas entidades[5], tratando de identificar los elementos principales que las caracterizan normativamente, poniendo el énfasis en la progresiva diversidad regulatoria y las medidas racionalizadoras de los últimos años. A partir de dicho marco, se persigue, primero, identificar la existencia de la regulación específica de los fenómenos interautonómicos en el ordenamiento español, y seguidamente, realizar una primera aproximación a los supuestos conocidos en la práctica, con especial atención a dos de los casos más exitosos (la Mancomunidad de la Taula del Senia y el Consorcio del Parque de los Picos de Europa). Todo ello con la finalidad de apuntar —siquiera provisionalmente— qué factores y elementos —tanto comunes como específicos de uno u otro tipo de entidad asociativa— pueden servir de utilidad para potenciar o favorecer las condiciones de la cooperación interadministrativa en los supuestos de alcance interautonómico.

II. LA MANCOMUNIDAD DE MUNICIPIOS EN EL ESTADO AUTONÓMICO

1. *Marco normativo: entre la interiorización y la diferenciación*

La mancomunidad de municipios, en tanto que entidad local, se encuentra regulada fundamentalmente en la normativa de régimen local. De acuerdo con su larga tradición en el Derecho Local espa-

---

4 Tort Donada; Galilndo Caldés, "L'articulació geogràfica...", *op. cit.*

5 *Vid.* nota 1.

ñol, cuenta con una regulación en la legislación estatal básica (art. 44 LBRL), que es desarrollada por las comunidades autónomas según sus competencias legislativas en materia de régimen local, en el marco de los correspondientes estatutos de autonomía. Aunque su carácter de entidad local constitucionalmente no necesaria aboga por una fuerte interiorización autonómica de su regulación (entre otras, STC 214/1989, FJ. 4º), el legislador básico conserva todavía un cierto papel en cuanto a la definición y que procedimiento de creación de las mancomunidades, en la medida en la competencia básica se conecta con la protección constitucional de la autonomía municipal implicada (por todas, STC 103/2013, FJ 5.b).

Por su parte, los estatutos de autonomía no contienen, en general, una regulación sustantiva de las mancomunidades. No obstante, en los de "nueva generación", sí se han generalizado las disposiciones que reconocen el derecho de asociación intermunicipal y la posibilidad de crear entidades de cooperación entre municipios y entidades locales, con cita expresa, en algunos casos, de las mancomunidades de municipios (arts. 94 EAAnd, 49.1 EACyL, 87 y 93 EAC, 75 EAIB y 58 EAEx)[6]. Junto a ello, es relevante la disposición en algunos estatutos según la cual las leyes no podrán limitar tal derecho si no es para garantizar la autonomía de los otros entes que la tienen reconocida (arts. 87.2 EAC y 75.2 EAIB).

En este marco estatutario, la mancomunidad viene regulada esencialmente en la correspondiente legislación autonómica de régimen local, que, con el paso del tiempo, ha ido incrementando su densidad y también su diversidad. Así, mientras buena parte de las comunidades autónomas cuentan con una regulación en su correspondiente ley general de régimen local que desarrolla, en mayor o menor me-

---

6 Fuera de los estatutos de este tipo, también contiene una referencia explícita a las mancomunidades el riojano, si bien únicamente con el objeto de delimitar las competencias exclusivas de la comunidad autónoma (art. 8.1.3 EALR). Los estatutos de Madrid y Murcia, aunque no recogen de forma expresa el término, disponen la posibilidad de que los municipios se agrupen "con carácter voluntario para la gestión de servicios comunes" (art. 3.2 EAMad) "y la ejecución de obras" (art. 3.3 EAMur).

dida, el art. 44 LBRL[7], hay otros supuestos —más puntuales— en que se ha aprobado una ley específica que las regula, con la finalidad de impulsar un nuevo tipo de mancomunidad "evolucionada" o más reforzada en cuanto a su papel en el conjunto de la organización territorial (la LMELEx o los arts. 74bis y ss. LALMad, introducidos por la Ley 11/2022, de 21 de diciembre) o incluso asimilada a las entidades territoriales, en lo que parece un paso previo a una progresiva comarcalización (LMCLV)[8].

2. *Caracterización de la mancomunidad de municipios: elementos comunes y diferenciados*

De acuerdo con el marco normativo identificado, la mancomunidad de municipios se configura como una entidad local que resulta de la asociación voluntaria de municipios para realizar en común la ejecución de obras y la prestación de servicios determinados de competencia municipal. Veamos, con más detalle, cada uno de los elementos de esta definición.

a) *Naturaleza local y asociativa.* La mancomunidad de municipios es una entidad local, que está dotada, por tanto, de personalidad jurídica, como reconoce expresamente el art. 3.2 LBRL y también las distintas legislaciones autonómicas [entre otras, arts. 2.2.d) LAAr, 65.1 LALAnd[9], 32.1 LMRLIB, 116.1 TRLMRLC, 92.1 LRLCV]. El recono-

---

7 Por ejemplo, arts. 77 a 86 LALAr, título X TRLMRLC o arts. 135 a 148 LALG. Solo Asturias y Cantabria no cuentan con una regulación, ni general ni específica, en materia de mancomunidades.

8 Al respecto, la Sentencia del Tribunal Constitucional 105/2019, de 19 de abril, que declara su constitucionalidad.

9 Singularmente, la regulación de las mancomunidades andaluzas se incluye en el título V dedicado a la "cooperación territorial", que las clasifica como una de las "entidades de cooperación territorial", junto a los consorcios y "cualquier otra modalidad de cooperación interadministrativa que dé lugar a la creación de un ente con personalidad jurídica, que pudiera establecerse para el desempeño de servicios, obras o iniciativas de interés para la cooperación territorial en Andalucía y que se ajuste a los fines y principios de la presente ley" (art. 62.2 LALAnd). Tales "entidades" se distinguen de los "instrumentos" de cooperación territorial, que, teniendo por objeto la

cimiento de dicha personalidad es, pues, independiente de la de los municipios que constituyen la mancomunidad y no afecta a la que cada uno de ellos tiene atribuida. La creación de esa nueva persona jurídica local es resultado del ejercicio del derecho de asociación de los municipios que la integran. Son, por tanto, entidades locales de carácter voluntario, cuya creación depende de la libre decisión (autónoma) de los municipios que pretenden asociarse y no de una decisión impuesta (heterónoma) por el legislador. Así lo reconoce desde su redacción original el art. 44.1 LBRL, así lo han incorporado también las respectivas legislaciones autonómicas (arts. 77.1 LALAr, 115.1 TRLMRLC y 91.1 LRLCV) y así lo destacó ya tempranamente el Tribunal Constitucional [STC 214/1989, FJ 14.a)][10] y lo sigue reiterando con expresa alusión al derecho de asociación recogido en el art. 10 de la Carta Europea de Autonomía Local [STC 103/2013, FJ 5.a)].

b) *Composición exclusivamente municipal.* La mancomunidad de municipios está, por regla general, integrada exclusivamente por municipios. De acuerdo con su actual configuración, la fórmula de la mancomunidad solo está prevista expresamente para la agrupación de un único tipo de entidad local: el municipio, de modo que, al menos en la legislación básica, no se prevé que puedan asociarse en mancomunidades otro tipo de entidades locales distintas a él[11]. No obstante,

---

misma finalidad, carecen de personalidad jurídica (convenios y redes de cooperación, art. 62.3 LALAnd).

10 El argumento del carácter asociativo sirvió al TC para admitir la constitucionalidad de que el art. 44.3 LBRL no contemplase la tutela de la Comunidad Autónoma en la aprobación de los estatutos de las mancomunidades, como sí recogía la legislación preconstitucional para la Administración del Estado y cuya constitucionalidad había admitido la STC 4/1981 (FJ 7º).

11 El texto articulado de la Ley 41/1975, de Bases de Régimen Local preveía expresamente la creación de mancomunidades provinciales. A pesar de que la STC 4/1981 admitió su constitucionalidad, posteriormente la LBRL omitió toda referencia a este tipo de mancomunidades y en su disposición transitoria novena estableció que, en el plazo máximo de un año desde la entrada en vigor de la ley, el Gobierno debía disponer la disolución de la Mancomunidad de Diputaciones Provinciales de Régimen Común, lo que se produjo por Real Decreto 1145/1986, de 6 de junio. Todo ello sin perjuicio de la existencia de las Mancomunidades provinciales interinsulares

conviene advertir que la legislación extremeña primero (art. 3 LMELEx) y, más recientemente, la legislación valenciana y la catalana contemplan, de forma novedosa, el derecho de las entidades locales de ámbito territorial inferior al municipal a constituirse e integrarse en mancomunidades[12] (art. 3.4 LMCV y título X TRLMRLC)[13].

c) *Naturaleza no territorial.* La legislación básica de régimen local deja abierta la naturaleza territorial o no de las mancomunidades de municipios, al no incluirlas expresamente entre las entidades locales territoriales del art. 3.1 LBRL, lo que, de acuerdo con la redacción originaria del art. 4.2 LBRL, atribuía al legislador autonómico la competencia para la determinación de dicha naturaleza y de las correspondientes potestades de las mancomunidades. Sin embargo, la reforma operada, en 2003, por la LMMGL, si bien no concretó el carácter territorial o no de las mancomunidades, sí estableció la preferencia de los estatutos de la mancomunidad para determinar dichas potestades[14] [15]. Este contexto, la mayoría de la legislación autonómica no se pronuncia expresamente sobre la naturaleza territorial o no de las mancomunidades, a excepción de la ley valenciana que, de forma un tanto sorprendente, las califica de entidad terri-

---

canarias, expresamente previstas por el EACan y por la LBRL, para representar los intereses provinciales en dicha comunidad autónoma.

12 Esta posibilidad ya había sido defendida por la doctrina. Así, D'Anjou González, J. (1994). *Las Mancomunidades Intermunicipales en el Régimen Local Español.* MAP, p. 21, con base en un Dictamen del Consejo de Estado de 11 de febrero de 1982. Para el caso catalán, es relevante el Dictamen de la Comisión Jurídica Asesora 76/2021, de 11 de marzo.

13 Para el caso extremeño y valenciano, se exige que las entidades locales menores cuenten para ello con la autorización de la iniciativa por el municipio matriz al cual estén adscritas.

14 Crítico con esta reforma y el desapoderamiento al legislador autonómico, Rebollo Puig, M. (2007). "Art. 4". En Rebollo Puig, M. (Dir.); Izquierdo Carrasco, M. (Coord.). *Comentarios a la LBRL.* Tirant lo Blanch, pp. 150-152. La STC 103/2013 rechazó que este precepto vulnerase las competencias autonómicas ni la autonomía local constitucionalmente garantizada (FJ 5.a).

15 Previsión que se completa con la regla de que "En defecto de previsión estatutaria, les corresponderán todas las potestades enumeradas en dicho apartado, siempre que sean precisas para el cumplimiento de su finalidad, y de acuerdo con la legislación aplicable a cada una de dichas potestades, en ambos casos".

torial (2.2 LMCV) [16]. Por lo que se refiere a la determinación de las potestades, hay también algunas divergencias entre las legislaciones autonómicas, en tanto que todavía existen algunas regulaciones que no se ajustan totalmente al sentido del art. 4.3 LBRL y condicionan la facultad de los estatutos de las mancomunidades para determinar sus potestades (entre otros, arts. 8.2 y 115.2 TRLMRLC)[17].

d) *Procedimiento de creación.* El carácter voluntario o asociativo de las mancomunidades no significa que los municipios que deciden mancomunarse tengan total libertad para ello, sino que su creación (y modificación y supresión) se encuentra sujeta a unas normas procedimentales, cuyas bases vienen establecidas en el art. 44.3 LBRL y ampliamente desarrolladas por todos los legisladores autonómicos de régimen local. De acuerdo con la normativa básica, el procedimiento de constitución se vincula a la necesaria aprobación de sus estatutos, que deviene la norma fundamental que rige la mancomunidad. Su elaboración inicial se atribuye a una asamblea de concejales de la totalidad de municipios mancomunados, garantizándose a su vez, como mínimo, el informe preceptivo de las diputaciones provinciales interesadas, para que, finalmente, sean los plenos de cada uno de los ayuntamientos de los municipios mancomunados quienes aprueben definitivamente los estatutos[18]. Con el respeto a estos elementos, existe una cierta diversidad regulatoria autonómica de las distintas fases de este procedimiento. Sin entrar ahora en detalles, hay diferencias en cuanto al peso y composición otorgados a la comisión promotora de la iniciativa, a la mayoría requerida para ello (arts. 80.2 a 5 LALAr, 117 TRLMRLC y 7 LMCV), las formas y plazos de los

---

16 En efecto, esto contrasta con la tradicional clasificación de estas entidades por la doctrina como no territoriales o institucionales, en atención a sus finalidades específicas y determinadas y su autonomía derivada de la municipal. P.ej. Martín Mateo, R. (1987). *Entes locales complejos.* Trivium.

17 Propugna la derogación de esta legislación discordante Olmedo Gaya, A. (2010). "Las mancomunidades de municipios como fenómeno asociativo municipal en España". En Ruiz Ojeda, A. (Coord.). *El Gobierno Local. Estudios en homenaje al Profesor Luis Morell Ocaña.* Iustel, Cosital, pp. 265-266.

18 Los acuerdos de participación (creación, modificación o disolución) en las mancomunidades son competencia del Pleno [art. 22.2.b) LBRL y exigen mayoría absoluta (art. 47.2.g) LBRL].

trámites de información pública e informes exigidos (arts. 80.6 y 7 LALAr, 119 TRLMRLC y 9 LMCV) o la vía de intervención prevista para que la Comunidad Autónoma ejerza un cierto control de legalidad, con carácter previo a la aprobación definitiva de los estatutos por los municipios (arts. 80.8 LALAr, 119.3 TRLMRLC, 9.3 LMCV).

e) *Objeto y competencias.* De acuerdo con el art. 44.1 LBRL, las mancomunidades de municipios se constituyen para "la ejecución en común de obras y servicios determinados de competencia municipal". A pesar de la aparente voluntad de la LBRL de concebir restrictivamente el objeto de las mancomunidades como entidades de objeto determinado y específico[19], la evolución de la legislación autonómica como también de la práctica dan muestra de lo contrario.

Por un lado, las leyes autonómicas añaden otras funciones como "la planificación, el establecimiento y gestión" de dichas obras y servicios (art. 115.1 TRLMRLC[20]), "gestionar o ejecutar planes, realizar proyectos" (art. 2.1 LMCV) o "la intervención coordinada en aquellos asuntos que promuevan el desarrollo económico y social de su ámbito territorial" (arts. 77.1 LALAr). Pero, además, con el paso del tiempo se observa una doble tendencia ampliadora del objeto de las mancomunidades, que indica la evolución de una mancomunidad tradicional a una mancomunidad más reforzada, con mayor peso territorial[21]. De entrada, aunque todavía existen mancomunidades con un carácter meramente sectorial, que fundamentalmente tratan de asegurar la prestación de algunos servicios mínimos obligatorios

---

19 Barrero Rodríguez, C. (2002). "Los conceptos de Mancomunidades y Consorcios: necesidad de delimitación y diferenciaciones". *Revista Andaluza de Administración Pública*, 45, p. 91.

20 El precepto de la ley catalana contiene también una enumeración, a título ejemplificativo, de las materias en que pueden mancomunarse los municipios: "urbanismo, aguas, saneamiento, transportes y gestión de residuos".

21 Una reciente defensa de un papel renovado de las mancomunidades, en García-Moreno Rodríguez, F. y Cantera Cuartango, J. M. (2024). "Mancomunidades de municipios 2.0: hacia su reconversión, además de proseguir con sus tradicionales funciones, en instrumentos de sostenibilidad, desarrollo rural y lucha contra la despoblación". *Revista de Estudios de la Administración Local y Autonómica*, 21, 74-95. https://doi.org/10.24965/reala.11294

en aquellos municipios con escasa capacidad de gestión[22], en buena parte de los casos, los municipios aprovechan la estructura organizativa creada en torno a dicha figura para prestar de manera asociada más de un servicio u obra o bien realizar otras funciones de interés común que van más allá de estas y que les dotan de un carácter plurifuncional, que, en ocasiones, pueden generar incluso problemas de duplicidades con otras entidades supramunicipales o incurrir en extralimitaciones competenciales[23]. A ello cabe añadir, en segundo término, el fomento autonómico de una suerte de mancomunidades municipales "privilegiadas", dotadas de unos ciertos beneficios o incentivos frente al resto, y que, aunque tienen configuraciones legislativas y denominaciones diversas, se caracterizan, en general, por servir a una multiplicidad de fines, acercando sus funciones a las propias de las provincias (fomento del desarrollo económico y social) o de las comarcas (como paso previo a la comarcalización del territorio). Se trata de las "mancomunidades integrales" (LMELEx), "de interés comarcal" (art. 86 LALAr y arts. 12-17 LMCV[24]), "de interés general" (título IV LOSGTCyL y arts. 74bis a decies LALMad).

A esta tendencia de proliferación y ampliación del objeto de las mancomunidades quiso poner freno la LRSAL, en su preocupación por la racionalización de la estructura organizativa local y la elimina-

---

22 Entre los más habituales, se encuentran la recogida de residuos y la limpieza viaria, el saneamiento y abastecimiento de aguas o los servicios sociales. Al respecto, los datos de D'anjou González, 1994, *op. cit.* Y también ver el estudio AAVV, *Observatori de Govern Local,* Fundació Carles Pi i Sunyer, 2005. Y comunicación de Pano Puey, E.; Luaces Méndez, P. (2009). "Desarrollo de los mecanismos de cooperación supramunicipal en la prestación de servicios públicos locales: mancomunidades y consorcios en Andalucía, Galicia y Cataluña". IX Congreso Español de Ciencia Política y de la Administración. Más recientes, para el caso de Cataluña, Vilalta Reixach, M.; Gracia Retortillo, R. (Dirs.) (2016). *La gestió mancomunada de serveis públics en l'àmbit supramunicipal a Catalunya.* EAPC, p. 80.

23 Algunos ejemplos en Barrero Rodríguez, "Los conceptos...", *op. cit.,* pp. 90 y ss.

24 Sustituye al modelo previo de "mancomunidad de interés preferente" del hoy derogado art. 107 LRLCV y que se refería a las mancomunidades constituidas con "el objetivo prioritario de la reactivación económica y demográfica de los municipios que la integran".

ción de las duplicidades competenciales y las competencias impropias. Si bien la reforma no afectó al art. 44 LBRL, sí incorporó una disposición transitoria (11ª de la LRSAL), que dispuso que las competencias de las mancomunidades debían orientarse "*exclusivamente* a la realización de obras y la prestación de los servicios públicos *que sean necesarios* para que los municipios puedan ejercer las competencias o prestar los servicios enumerados en los artículos 25 y 26" de la LBRL, a la vez que imponía a las mancomunidades, para no incurrir en causa de disolución, la adaptación de sus estatutos a dicha obligación. En cualquier caso, y más allá de las dificultades interpretativas planteadas inicialmente[25], lo cierto es que —salvo algún caso puntual— las legislaciones autonómicas acabaron por defender una aplicación muy restrictiva de esta disposición, que les ha permitido consolidar el "statu quo" respecto a su configuración funcional y confirmar su apuesta por la mancomunidad de objeto amplio y abierto, en cierta concurrencia con otras entidades locales supramunicipales[26].

f) *Organización de las mancomunidades.* El gobierno y administración de las mancomunidades corresponde a los órganos que determinen sus estatutos, de acuerdo con la potestad de autoorganización de la propia mancomunidad, dentro del marco legalmente establecido. Más allá de la expresa previsión de que los estatutos deberán regular los órganos de gobierno de la mancomunidad, el único límite que establece el legislador básico estatal en este punto es que dichos órganos sean en todo caso "representativos de los ayuntamientos mancomunados" (art. 44.2. *in fine* LBRL). Por su parte, la regulación autonómica en esta materia es, por regla general, muy escasa, con algunas excepciones, como, por ejemplo, la del caso valenciano, que contiene un detallado régimen (arts. 18 a 30 LMCV[27]), en el que se

---

25 Con detalle, Vilalta Reixach; Gracia Retortillo, "La gestió...", *op. cit.*, pp. 74-77.

26 Así lo concluye Barrero Rodríguez, C. (2024). "La cooperación supramunicipal. En particular, las mancomunidades de municipios". En Montoya Martín, E.; Fernández Ramos, S. (Coords.). *Estudios sobre la Ley de Racionalización y Sostenibilidad de la Administración local con motivo de su X aniversario.* FDGL, pp. 177-186.

27 Esta regulación se completa también con una regulación sobre el personal de las mancomunidades (arts. 31 y 32 LMCV). En otros casos, como el

fijan, entre otras cuestiones: los órganos obligatorios de la mancomunidad (una presidencia, una o más vicepresidencias, una junta de gobierno y un pleno, así como una comisión especial de cuentas; art. 19.3 LMCV)[28]; la composición del pleno (alcalde/esa y otro concejal/a, elegidos por el pleno del municipio; art. 20.2 LMCV), la forma de voto (individual con el mismo valor; art. 20.2 y 23 LMCV); las causas de cese y atribuciones de los órganos obligatorios (arts. 23 a 30 LMCV).

g) *Territorio de la mancomunidad.* El territorio de la mancomunidad viene también delimitado por los estatutos. La única disposición estatal al respecto —de sumo interés para nuestro objeto— afirma que podrán mancomunarse municipios de distintas comunidades autónomas, siempre que lo permitan las normas de las comunidades autónomas afectadas (art. 44.5 LBRL). Ciertamente, la introducción de dicho precepto, por la LMMGL de 2003, vino a superar la jurisprudencia contencioso-administrativa que negaba la posibilidad de asociación entre municipios de distintas comunidades autónomas, por lesionar el principio de territorialidad autonómico[29]. No obstante, las comunidades autónomas no han concretado demasiado este amplio margen, limitándose a reiterar lo ya dispuesto en dicho artículo (arts. 77.3 LALAr, 51.3 LRLLR) o introduciendo requisitos tan amplios como vacíos de contenido: cumplir "los requisitos de legislación vigente" (art. 115.5 TRLMRLC) o la concurrencia de "circunstancias que lo hagan conveniente" (art. 88.3 LRLCV). Solo en algunos casos

---

catalán, la regulación a nivel legal cuenta con un desarrollo reglamentario (art. 49 Decreto 244/2007, de 6 de noviembre, por el que se regula la constitución y la demarcación territorial de los municipios, de las entidades municipales descentralizadas y de las mancomunidades de Cataluña).

28 El art. 49 del Decreto catalán 244/2007 fija que son órganos obligatorios: el presidente, el vicepresidente, una asamblea general y una comisión de cuentas.

29 Sentencia del Tribunal Supremo (Sala de lo Contencioso-administrativo, Sección 4ª), de 2 de noviembre de 1995 (recurso de casación núm. 767/1993, interpuesto por el Ayuntamiento de Villaverde de Trucios, Cantabria, contra la Sentencia de 15 de enero de 1993 de la Sala de lo Contencioso-Administrativo del TSJ Cantabria, sobre la anulación del acuerdo de integración de dicho municipio en la Mancomunidad de las Encartaciones de Vizcaya (Euskadi).

se establecen requisitos procedimentales que, sin embargo, llegan a condicionar el derecho a mancomunarse en estos casos, al exigir la aprobación o autorización previa autonómica (arts. 64.2 LALAnd y 52.1 LALFN), casos en los que podría ponerse en duda el respeto a la autonomía municipal implicada. La restricción llega a su grado máximo de prohibición en relación con la categoría de mancomunidades que hemos agrupado bajo la idea de "privilegiadas" o "preferentes", en la medida en que las legislaciones autonómicas disponen expresamente y sin excepción que los municipios que las integren no podrán pertenecer a otra comunidad autónoma (así sucede en el caso de las mancomunidades integrales extremeñas, art. 19.3 LMELMEx; y las de interés general de Madrid, art. 74bis.6 LALMad).

Por otra parte, los legisladores autonómicos sí dejan constancia expresa de que: a) no es necesaria la continuidad territorial entre los municipios que forman la mancomunidad, salvo que sus fines así lo requieran (arts. 64.1 LALAnd, 77.2 LALAr, 30.2 LMRLIB, 115.3 TRLMRLC, 51.2 LRLLR, 57 LALM, 88.3 y 91.3 LRLCV); y b) es posible que los municipios mancomunados formen parte de provincias distintas (arts. 64.1 LALAnd 77.2 LALAr, 88.3 LRLCV y 3.3 LMCV)[30]. Por su parte, la legislación catalana de régimen local prohíbe también que se constituyan mancomunidades entre municipios de comarcas distintas que tengan por objeto servicios comprendidos en el programa de actuación de alguna de las comarcas afectadas (art. 114 TRLMRLC). Prohibición que, en nuestra opinión, supone un límite a la autonomía municipal, manifestada en el derecho de asociación municipal, difícilmente compatible con las previsiones del vigente Estatuto de Autonomía de Cataluña (arts. 87 y 92 EAC)[31].

---

[30] Esta previsión no se contempla expresamente en la legislación catalana.

[31] Tal prohibición fue ya criticada en su momento por la doctrina por entrar en contradicción con el art. 18.4.d) de la Llei 7/1987, de 4 de abril, sobre las entidades metropolitanas en la conurbación de Barcelona (hoy derogada por la Ley 31/2010, del área metropolitana de Barcelona), en tanto que dichas entidades, integradas por municipios de comarcas diferentes, debían promover la creación de mancomunidades de municipios para la prestación de servicios metropolitanos. *Vid.* Font Llovet, T. (Dir.) (2002). *Les tècniques de cooperació intermunicipal i la seva reforma. Elements de debat territorial,* Diputació de Barcelona, p. 111.

III. EL CONSORCIO INTERADMINISTRATIVO EN EL ESTADO AUTONÓMICO

1. *Marco normativo: la construcción estatal de un régimen más integral, uniforme y racionalizador*

Tradicionalmente el consorcio ha contado con una escasa regulación por el legislador, sea estatal como autonómicos, de modo que su verdadero régimen jurídico lo constituían casi *ex novo* los estatutos de cada consorcio. No obstante, la llegada de la crisis económica de 2008 y las respuestas legislativas para hacerle frente, supusieron una progresiva sucesión de reformas iniciadas con la LRSAL y que culminaron con la Ley 40/2015, de 1 de octubre del régimen jurídico del sector público (LRJSP), la cual, recogiendo las modificaciones anteriores (arts. 118 a 127), se erige en la norma básica de todos los consorcios administrativos, de aplicación incluso preferente sobre la regulación de la LBRL.

Sin poder entrar ahora a analizar con detalle el contenido de estas reformas[32], cabe decir que, enmarcadas en la reforma general de las Administraciones Públicas, este conjunto de modificaciones legislativas ha acabado teniendo tres grandes efectos. De entrada, la tendencia a la construcción de un régimen jurídico integral para los consorcios ha provocado un considerable incremento de su densidad legislativa, lo que, si bien puede aumentar la seguridad jurídica, ha reducido claramente su flexibilidad, característica que venía siendo destacada por la doctrina como uno de los factores clave en

---

[32] Sobre el nuevo régimen de los consorcios tras la LRJSP, puede verse Toscano Gil, F. (2016). "Otra vez los consorcios administrativos: novedades introducidas por la Ley 40/2015 de régimen jurídico del sector público". *Revista Vasca de Administración Pública,* (105), 473-513; Nieto Garrido, E. (2014). "La Ley de racionalización y sostenibilidad de la Administración local y los consorcios administrativos". En Carrillo Donaire, J.A.; Navarro Rodríguez, P. (Coord.). *La reforma del régimen jurídico de la Administración local,* Tirant lo Blanch; Barrero Rodríguez, C. (2016). "Los Consorcios Administrativos ante un nuevo régimen jurídico". *Revista Andaluza de Administración Pública,* 94.

su proliferación[33]. En segundo lugar, la preferencia aplicativa de la legislación general sobre la local, así como la obligación y el régimen de adscripción tienden a una cierta uniformización del régimen legal de los consorcios. Finalmente, desde una perspectiva más sustantiva, este nuevo régimen jurídico está claramente destinado a racionalizar (reducir) el número de consorcios, especialmente los ineficientes, por lo que, a tal fin, se establecen notables condicionantes a su constitución, se fomenta la separación de los miembros y la extinción definitiva, a la vez que se introducen mayores controles en el ámbito presupuestario y económico-financiero.

2. *Caracterización del consorcio: elementos comunes y diferenciados*

De acuerdo con su vigente régimen jurídico, el consorcio administrativo puede ser definido, en términos generales, como una entidad instrumental de carácter asociativo y voluntario, sometida al derecho público, utilizada como mecanismo de cooperación interadministrativa, técnica y económica o para la prestación de servicios públicos, entre varias administraciones públicas de diferente tipo o nivel (estatal, autonómico o local) y, eventualmente, con entidades privadas. A continuación, sistematizamos, como hemos hecho para las mancomunidades, las características y elementos que definen al consorcio en el ordenamiento español, poniendo también el foco en las diferencias regulatorias entre los ordenamientos autonómicos.

a) *Naturaleza interadministrativa y asociativa.* Del mismo modo que la mancomunidad, el consorcio es una persona jurídica de derecho público que surge de la asociación voluntaria de sus miembros. Así lo reconoce tanto la legislación básica de régimen general (art. 118.1 LRJSP) como la de régimen local (arts. 110.2 TRRL, 37.2 RSCL, 218.2 LALAr, 269 TRLMRLC, 108.2 LRLCV). El acuerdo de voluntades entre los diferentes sujetos consorciados da lugar, en efecto, a una nueva persona jurídica, diferente e independiente de las que

---

33 Entre otros, Toscano Gil, F. (2015) "La reforma del régimen legal de los consorcios administrativos: ¿modificación de sus notas características o mutación de su naturaleza jurídica?", *Anuario del Gobierno Local 2014*, 82-99.

se consorcian. En tanto que persona jurídica "de derecho público" es creada al amparo de y se somete, de manera general, al derecho público[34].

La creación del consorcio es resultado del derecho de asociación de los sujetos que lo forman[35]. Como la mancomunidad, el consorcio surge de la unión de diferentes voluntades o intereses de los sujetos que deciden asociarse de forma libre (art. 269 TRLMRLC), y no en cambio, por decisión del legislador[36]. Libertad que —sin ser absoluta— incluye también la de separarse del consorcio, así como, en su caso, la de adherirse.

Por otra parte, tras la reforma operada por la LRJSP, parece clara la consolidación de la "deslocalización" del consorcio administrativo, de modo que esta entidad asociativa puede existir incluso al margen del nivel local. Aunque dicha reforma no ha acabado de clarificar del todo las dudas sobre el controvertido debate sobre la naturaleza del

---

34 A pesar de que, como es sabido, no se da una correlación exacta entre la forma pública de personificación de una entidad y su sumisión al derecho público, existe un amplio consenso en que el consorcio se rige, a todos los efectos, por el derecho público y que así es, incluso, en aquellos consorcios en que participan entidades privadas. Toscano Gil, 2016, "Otra vez...", *op. cit.*

35 En un sentido similar, buena parte de la doctrina se refiere al carácter corporativo de los consorcios. Santamaría Pastor, J.A. (1998). *Principios de Derecho Administrativo*, vol. I (2ª ed.). Centro de Estudios R. Areces, p. 351. Hablan de corporación "interadministrativa", Martínez López-Muñiz, J.L. (1974). *Los consorcios en el Derecho español.* Instituto de Estudios de la Administración Local; y Nieto Garrido, E. (1998). *El consorcio administrativo.* Cedecs, p. 71.

36 Con carácter excepcional, nuestro Derecho admite, no obstante, algunos supuestos de consorcios obligatorios o forzosos, resultantes de una decisión del legislador, heterónoma a las entidades consorciadas. En Cataluña, por ejemplo, más allá de algún caso peculiar de carácter sectorial (Consorcio de Aguas de Tarragona), el principal ejemplo de estos consorcios legales son los regulados por la Ley 22/1998, de 30 de diciembre, de la Carta Municipal de Barcelona. Al respecto, Gracia Retortillo, R. (2024). "Los consorcios legales de la Carta municipal de Barcelona: origen y principales debates doctrinales". En Font Llovet, T. (Dir.). *La Carta Municipal de Barcelona y el derecho a la ciudad. Bases para su impulso y actualización.* Ajuntament de Barcelona, IDP, Fundació Carles Pi i Sunyer, pp. 491-510.

consorcio, lo cierto es que la fijación del régimen jurídico de adscripción en la legislación básica (art. 120 LRJSP) permite contar —pese a sus dificultades interpretativas— con un conjunto de criterios comunes para identificar cuándo un consorcio se somete al régimen jurídico local o bien al de otro nivel administrativo[37].

En relación con los consorcios locales, la LRSAL incidió, no obstante, en un sentido restrictivo[38]. El carácter asociativo se vio claramente modulado, principalmente, por el establecimiento de límites en cuanto al número de miembros que pueden participar en los órganos de gobierno del consorcio (disposición adicional 12ª de la LBRL). En cuanto a la restricción de la voluntariedad, destaca la configuración del consorcio como técnica de cooperación subsidiaria al convenio de colaboración y el establecimiento de extensos condicionantes para la constitución de nuevos consorcios locales (arts. 57. 2 y 3 LBRL).

b) *Composición heterogénea.* Una de las características más definitorias del consorcio es que surge de la unión de entidades de diferente naturaleza jurídica y, en particular, de administraciones de diferente nivel territorial. Con ello se distingue de las mancomunidades de municipios, pero también de las otras entidades locales supramunicipales forzosas (como las comarcas, las provincias o las áreas metropolitanas), que están formadas exclusivamente a partir de la agrupación de un único tipo de entidad: los municipios. Más allá de ello, la singularidad de la composición del consorcio reside en la posibilidad de que participen en él entidades privadas (arts. 118.1 LRJSP, art. 57 LBRL, 37.2 TRRL, arts. 218.3 LALAr, 269.1 TRLMRLC, art. 108.1 LRLCV). Tras la entrada en vigor de la LRJSP, dichas entidades privadas pueden tener incluso ánimo de lucro, lo que no comporta que lo adquiera, en cambio, el consorcio, que debe en todo caso carecer de él (art. 120.3 LRJSP). En el ámbito local, cabe tener en cuenta

---

37 Sobre las dudas interpretativas de este régimen, Galán Galán, A. (2015), "El nuevo régimen de los consorcios: la controvertida obligación de adscripción". *Anuario de Derecho Municipal* 2014, (8), pp. 85-104.

38 Al respecto, Toscano Gil, F. (2013). "La reforma del régimen legal de los consorcios administrativos: ¿modificación de sus notas características o mutación de su naturaleza jurídica". *Anuario del Gobierno Local 2014*, 75-103.

que, como sucede con las mancomunidades, le son de aplicación las medidas de redimensionamiento del sector público instrumental introducidas por la LRSAL y que condicionan notablemente la composición de los consorcios (DA 9ª LRSAL). Por tanto, no cabe constituir consorcios "en cascada" o de "segundo nivel" (apartado 3º)[39]. Adicionalmente, esta misma disposición adicional restringe todavía más el ámbito subjetivo del consorcio, al prohibir también que puedan consorciarse las entidades locales territoriales del artículo 3.1 LBRL (municipios, provincias e islas) que se encuentren en situación de "plan económico-financiero" o "plan de ajuste"[40].

c) *Naturaleza no territorial.* La LBRL no se pronuncia sobre el carácter territorial o no del consorcio local, como tampoco lo hace la legislación autonómica de régimen local. No obstante, tanto la doctrina como la legislación general y sobre todo la derivada de las últimas reformas postcrisis han confirmado claramente la naturaleza instrumental o institucional del consorcio. De entrada, no hay duda de que se trata de una persona jurídica que no reúne las características de las territoriales; contrariamente, el consorcio se constituye por voluntad de una serie de administraciones públicas a las cuales se vincula, como resultado de una descentralización, que supone la atribución de unas potestades limitadas para el cumplimiento de unos fines específicos. El carácter instrumental ha venido reforzado por las últimas reformas legislativas[41]. De entrada, por la obligación de adscripción del consorcio a una de las administraciones públicas

---

39 La admisibilidad de estos tipos de consorcios se venía ya cuestionando doctrinalmente en relación con el ámbito local, existiendo posiciones dispares. Mostró sus reservas, Rebollo Puig, M. (1998). "Los consorcios entre entes locales como forma de cooperación". *Anuario del Gobierno Local 1997.* Diputación de Barcelona, IDP, Marcial Pons, p. 220. A favor, Martínez-Alonso Camps, J.L. (2009). "Los Servicios Públicos locales (I): Introducción y prestaciones directa". En Gifreu y Font, J.; Fuentes Gasó, J.R. (Dirs.). *Régimen jurídico de los Gobiernos Locales de Cataluña.* Tirant lo Blanch, p. 601.

40 La decisión sobre si esta prohibición se extiende también a las otras entidades locales no previstas en el artículo 3.1 (comarcas, áreas metropolitanas u otras agrupaciones de municipios...) parece dejarse, de acuerdo con el carácter fuertemente interiorizado de estas entidades, en manos de los legisladores autonómicos.

41 Toscano Gil, 2013, "La reforma...", *op. cit.*, pp. 86-90.

consorciadas, pero también por la prohibición de que el consorcio cuente con personal propio o que pueda dar lugar a nuevos entes instrumentales.

d) *Procedimiento de creación.* Con las últimas reformas legislativas, la constitución, modificación y disolución de los consorcios ha dejado de ser una cuestión desregulada, para contar con una normativa legal más densa (art. 123, 126 y 127 LRJSP[42]), lo que claramente condiciona la potestad de autoorganización de las entidades consorciadas. Por lo que se refiere a los consorcios locales, junto a los límites derivados del redimensionamiento del sector público local, la constitución de consorcios se ve restringida particularmente por dos tipos de condicionantes previstos específicamente en el art. 57 LBRL. Por un lado, se exige que la creación de un nuevo consorcio suponga una mejora de la eficiencia de la gestión pública, sirva para eliminar duplicidades administrativas y cumpla con la legislación de estabilidad presupuestaria y sostenibilidad financiera (art. 57.2 LBRL), además debe permitir una asignación más eficiente de los recursos económicos y no poner en riesgo la sostenibilidad financiera ni de la entidad local ni del propio consorcio (art. 57.3 LBRL). Finalmente, se establece también su carácter subsidiario respecto del convenio, de modo que si la misma finalidad puede conseguirse a través de dicho instrumento no debe constituirse el consorcio (art. 57.3 LBRL).

El concreto procedimiento de constitución es, en cambio, una cuestión que no viene establecida con carácter básico y que los ordenamientos autonómicos regulan con distinta densidad y rango normativo, no siempre en las disposiciones del régimen local (por ejemplo, art. 269 TRLMRLC). Por lo general, se trata de procedimientos que parten de la iniciativa de cada uno de los sujetos consorciados que elaboran conjuntamente los estatutos, que, tras la fase de información pública, son aprobados de forma definitiva por cada una de las entidades junto a un acuerdo o convenio de creación y publicados oficialmente.

---

42 En particular, destaca una detallada regulación básica sobre el derecho de separación, disolución y liquidación de los consorcios (arts. 126-127 LRJSP).

e) *Objeto y competencias de los consorcios.* Como en el caso de las mancomunidades, los fines y objeto del consorcio, dada su naturaleza asociativa-corporativa, los determinan sus estatutos con el necesario respeto a la ley. De acuerdo con su configuración legal vigente, los consorcios locales se constituyen, en términos generales, para cumplir "finalidades de interés común" de las administraciones consorciadas. O, en el supuesto de que intervenga una entidad privada, para "fines de interés público concurrentes con los de las administraciones públicas" (arts. 87 LBRL, 110.1 TRRL, art. 218 LALAr, 269.1 TRLMRLC y 108 LRLCV). En consecuencia, más allá del carácter público y común, el consorcio puede asumir cualquier finalidad dentro de las competencias de las entidades consorciadas, lo que claramente le dota de una utilidad muy atractiva como mecanismo de cooperación interadministrativo y no, por tanto, exclusivamente limitado a la prestación de servicios, como podía ser en sus orígenes. En este contexto, cabe cuestionar un cierto carácter contradictorio de la reforma llevada a cabo por la LRSAL, puesto que, por un lado, parecía querer potenciar las formas de gestión compartida o asociada de servicios locales (entre las que se cita al consorcio), como instrumento de coordinación provincial para mejorar la eficiencia de los servicios municipales obligatorios (art. 26.2 LBRL), mientras que, por otro, contiene, como hemos visto, bastantes medidas para limitar la constitución de consorcios (art. 57 LBRL y DA 9ª LRSAL) y facilitar la separación o liquidación de los mismos (arts. 123 y ss. LRJSP).

f) *Organización de los consorcios.* La estructura orgánica del consorcio la determinan sus estatutos, en el marco de lo establecido por la ley. Tradicionalmente, han sido muy escasos los límites legislativos en esta materia, que se concretan esencialmente en garantizar la representatividad de las entidades consorciadas (art. 110.4 TRRL). No se determinan legalmente los órganos mínimos ni el peso concreto que cabe atribuir a cada entidad en dichos órganos para garantizar dicha representatividad. En este contexto, la LRSAL introdujo, en relación con los consorcios locales, importantes limitaciones en cuanto a la determinación del número máximo de miembros de sus órganos de gobierno y a la existencia y retribuciones del personal directivo (DA 12ª LBRL). Más allá de las dificultades interpretativas de dicha norma, estas limitaciones han sido criticadas por contravenir la garantía de representatividad de todas las entidades consorciadas[43].

g) *Territorio de los consorcios*. A diferencia del caso de las mancomunidades, es esta una cuestión que no encuentra prácticamente ninguna mención en el derecho positivo. Ni siquiera se trata de un contenido que habitualmente contemplen los estatutos de los consorcios. Dado el carácter asociativo e instrumental del consorcio, cabe entender que su territorio es el de las entidades consorciadas. Pero, sobre todo, esta ausencia de regulación permite presumir que, desde esta perspectiva, no hay límites para constituir consorcios entre entidades que formen parte de comunidades autónomas distintas. En cualquier caso, sí parece que, como en el caso de las mancomunidades, habrá que respetar la legislación de las distintas comunidades, si bien aquí habrá que estar especialmente a lo que establezca el régimen aplicable según cuál sea la administración a la que quede adscrita el consorcio.

IV. LA IMPLANTACIÓN DE LAS MANCOMUNIDADES Y LOS CONSORCIOS COMO INSTRUMENTOS DE COOPERACIÓN DE FRONTERA INTERAUTONÓMICA: DOS "OASIS EN EL DESIERTO"

1. El "desierto": el escaso tratamiento específico de la cooperación de frontera interautonómica

La realidad del mapa de entidades cooperativas en España muestra que tanto los consorcios como las mancomunidades siguen siendo entidades de elevada implantación práctica. No obstante, fruto de las reformas de los últimos años que hemos descrito, se observa una clara tendencia decreciente en su número, que se mantiene desde 2013 y que se vincula claramente a la aprobación de la LRSAL y sus medidas de racionalización y redimensionamiento del sector público

---

43 Al respecto, Toscano Gil, F. (2015). "El consorcio administrativo en la encrucijada". *REALA*, 3.

local. Según los datos disponibles, existen hoy 665 consorcios y 944 mancomunidades, lo que, respecto a 2013, supone una reducción, en términos globales, de casi un tercio (31,9%) del número de consorcios (976) y poco más de un 3% (3,3%) en el caso de las mancomunidades (1.003)[44].

A reserva de un estudio más detallado, que atienda especialmente a la diversidad de situaciones por comunidades autónomas, cabe concluir el éxito de las medidas racionalizadoras en relación con estas entidades cooperativas, mucho más efectivas en relación con los consorcios. Más allá de que dicho éxito no impide seguir afirmando una elevada implantación de estas entidades cooperativas, la realidad es que tal conclusión no puede trasladarse al tratamiento específico de la cooperación interautonómica de carácter fronterizo. De entrada, desde el punto de vista normativo, la constatación es la contraria: la muy escasa regulación específica de este fenómeno, tanto en el ordenamiento español como en los autonómicos. Así resulta, en efecto, del examen tanto de la legislación de organización administrativa de las distintas comunidades autónomas como también de la legislación de régimen local. En efecto, como hemos visto anteriormente[45], la legislación de régimen local contiene muy escasas referencias a esta cuestión, de modo que, por regla general, se limita a admitir —para el caso de las mancomunidades— la posibilidad de que puedan crearse entidades cooperativas que agrupen municipios de diferentes comunidades autónomas, pero sin mayores concreciones. A lo sumo, lo más habitual es añadir que se hará respetando las legislaciones de las respectivas comunidades autónomas. Lo que en ocasiones puede ser de difícil cumplimiento, dada la diferenciación —incluso contradicción— que, como hemos visto, puede acabar dándose en la práctica entre dichas legislaciones. Todo ello con la importante salvedad de las mancomunidades "privilegiadas" que

---

44 Base de datos general de entidades locales de la Secretaría General de Financiación Autonómica y Local (Ministerio de Hacienda). https://serviciostelematicosext.hacienda.gob.es/sgcief/BDGEL/aspx/default.aspx (consulta 20/12/2024). La serie histórica desde 2013 puede consultarse en Martínez-Alonso Camps, J.L. (2018). "Los debates sobre los servicios públicos locales: Estado de la cuestión". *Revista Catalana de Dret Públic*, 57, p. 85.

45 *Vid.* apartados II.2.f) y III.2.g) de este capítulo.

se configuran como instrumentos de vertebración exclusivamente intraautonómicos.

2. *Los "oasis": aproximación a dos casos de éxito de cooperación interautonómica personificada*

Más allá del desierto del marco normativo, el descenso a la realidad empírica permite confirmar el diagnóstico de la escasa atención específica del fenómeno fronterizo en los instrumentos personificados de cooperación interautonómica. En efecto, frente al casi millar de mancomunidades y casi setecientos consorcios, no llegan a la decena el total de entidades de ámbito interautonómico que se han identificado. De entre ellos, destacamos dos de especial relevancia por su implantación y por ser los únicos —salvo error— que integran a tres comunidades autónomas distintas.

En cuanto a las mancomunidades, se han identificado a penas cuatro casos existentes en la actualidad que resulten de la asociación de municipios de distintas comunidades autónomas[46]. Así, cabe citar el de la Mancomunidad del Bajo Deva, que agrupa, desde el año 2006, un municipio cántabro y otro asturiano con finalidades de dinamización turística; la Mancomunidad de Cerezo-Tormantos, que reúne también dos únicos municipios pertenecientes a Castilla y León y La Rioja, para gestionar el aprovechamiento de las aguas de los manantiales de la zona, en el marco de la Confederación Hidrográfica del Ebro. También en relación con el sector del agua, el tercero de los casos es la Mancomunidad de las Aguas del Sorbe, cuya creación se remonta a 1986 y reúne a 13 municipios, todos ellos de Castilla-La Mancha junto al madrileño de Alcalá de Henares, para atender cuestiones en relación con el alcantarillado, el suministro domiciliario de agua potable y el tratamiento de aguas residuales.

---

[46] Cabría añadir un quinto supuesto, el de la Mancomunidad de Aguas del Moncayo, de, hoy integrada por 8 municipios de Navarra, a los que hasta 2002, estaban también unidos los de Alfaro (La Rioja) y Malón (Aragón). Este último sigue recibiendo los servicios de la mancomunidad a través de un convenio específico.

Junto a los citados, destacamos el caso de la Mancomunidad de la Taula del Sènia, que, es a día de hoy, la única mancomunidad de municipios procedentes de tres comunidades autónomas distintas. Creada en 2005, integra un total de 27 municipios, 15 de ellos valencianos, 9 catalanes y otros 3 aragoneses, en una zona de frontera interautonómica de marcada tradición cooperativa[47]. Claramente configurada como una mancomunidad plurifuncional, de objeto deliberadamente abierto[48], entre sus fines destacan el progreso de las infraestructuras y comunicaciones entre los municipios del territorio y la coordinación entre las administraciones para mejorar las condiciones del territorio y conseguir inversiones, así como la defensa del patrimonio (especialmente en cuanto al aceite y los olivos milenarios). Desde el punto de vista estrictamente jurídico, es de interés señalar las continuas remisiones genéricas que los estatutos hacen a la legislación de régimen local, sin mención a ninguna de ámbito autonómico, disponiéndose expresamente como derecho supletorio "la Ley 7/1985 Reguladora de las bases de régimen local, el RDL 781/1986 por el que se aprueba el texto refundido de las disposiciones legales vigentes en materia de régimen local, las disposiciones reglamentarias de régimen local y todas aquellas otras que por razón de la cooperativa materia le sean de aplicación". Tal y como se ha

---

47 Los municipios son: Alcanar, Freginals, La Galera, Godall, Mas de Barberans, Sant Carles de la Ràpita, Santa Bàrbara, La Sénia y Ulldecona (Cataluña); Beceite, Peñarroya de Tastavins y Valderrobres (Aragón); Benicarló, Càlig, Canet lo Roig, Castell de Cabres, Cervera del Maestre, Herbés, La Jana, Morella, La Pobla de Benifassà, Rossell, San Rafael del Río, Sant Jordi, Traiguera, Vallibona y Vinaròs (Comunidad Valenciana).

48 El artículo 4 de los Estatutos señala un amplio listado de materias que agrupan en tres grandes grupos: a) La prestación de los servicios relacionados con las materias y competencias en que la legislación admite que los municipios actúen mancomunadamente (medio ambiente urbano; urbanismo; infraestructura viaria y otros equipamientos de su titularidad, etc.); b) La realización de aquellos servicios necesarios orientados a que los municipios puedan ejercer las competencias o prestar los servicios en que la legislación vigente admite que actúen (entre otros: gestiones administrativas, estadística, archivos, etc.); c) además, podrá prestar aquellos otros servicios para los que esté habilitada por la legislación sectorial vigente, estatal o autonómica, previa aprobación por la Asamblea de la Mancomunidad y modificación de los Estatutos en el sentido de incluir en ellos los referidos servicios.

señalado, esta fórmula se ha erigido en un caso paradigmático por el hecho de haber conseguido "fijar un territorio, a pesar de hacerlo en un contexto político administrativo complicado"[49], con una gran mutiplicidad de actores diversos y con intereses contrapuestos.

Por lo que se refiere a los consorcios, son también muy pocos los casos de ámbito interautonómico identificados. Más allá de algunos supuestos en el sector turístico[50], el de mayor éxito en la práctica es el del Consorcio Interautonómico para la gestión coordinada del Parque Nacional de los Picos de Europa[51]. Dicha entidad se crea, en 2010, a través de un convenio de colaboración, como instrumento de apoyo a la gestión coordinada de dicho espacio protegido por parte de las comunidades autónomas de Cantabria, Castilla y León y el Principado de Asturias en virtud de lo establecido en la Ley 30/2014, de 3 de diciembre, de Parques Nacionales[52]. Integrado por las tres comunidades autónomas, tiene por objeto articular la cooperación técnica, administrativa y económica, entre las administraciones consorciadas, a fin de ejercer de forma conjunta y coordinada las actuaciones comunes que a las Comunidades Autónomas les corresponden en materia de patrimonio natural, montes, conservación, uso público, investigación, educación ambiental y cualesquiera otras pre-

---

49 Galindo Caldés, R.; Santasusagna Riu, A. (2020). "Cartografía y promoción turística en espacios de frontera interautonómica: el caso de Els Ports (Cataluña, Aragón y Comunidad Valenciana)". *Anales de Geografía de la Universidad Complutense*, 40(2), 345-372.

50 Puede citarse, por ejemplo, el Consorcio Corazón de Vetonia (entre las comunidades de Castilla y León y Extremadura), constituido en 2007, para el desarrollo turístico de las zonas limítrofes de Ávila, Cáceres y Salamanca, bajo una marca de turismo común.

51 Decreto 2/2011, de 12 de enero, por el que se aprueban los Estatutos reguladores de los órganos de gestión y participación y del Consorcio Interautonómico para la gestión coordinada del Parque Nacional de los Picos de Europa (BOPA de 24 de enero de 2011).

52 Establece en su artículo 21 que la gestión y organización de los parques nacionales corresponde a las comunidades autónomas. En los casos de los parques nacionales, que se extienden por territorios de dos o más comunidades autónomas, el Gobierno de la Nación y los órganos de gobierno de dichas comunidades podrán suscribir acuerdos para establecer fórmulas complementarias de gestión y administración.

cisas para garantizar la unidad ambiental del Parque de conformidad a lo dispuesto en la normativa específica de parques nacionales. A pesar de que se ha reclamado la mejora en la gestión integral del parque bajo una perspectiva holística de ordenación territorial[53], lo cierto es que el consorcio, junto con el resto de los instrumentos organizativos, ha conseguido consolidarlo como un espacio protegido de clara proyección turística y alto valor natural y paisajístico, más de un siglo después de haber sido declarado el primer parque nacional del Estado.

En definitiva, frente a la elevada implantación que todavía siguen teniendo las mancomunidades y los consorcios como entidades cooperativas con carácter general en el ámbito administrativo (y particularmente, local), cabe constatar que no están siendo percibidos en la práctica como técnicas que permitan contribuir a las necesidades específicas de las zonas limítrofes interautonómicas. La inexistencia o insuficiencia de regulación específica, derivada de la escasa conciencia del fenómeno "interautonómico" por los legisladores autonómicos, no se erige en un elemento de flexibilidad que incentive la constitución de mancomunidades o consorcios interautonómicos en los espacios de frontera. De ahí que los casos de mancomunidades y consorcios interautonómicos identificados deban calificarse más como "oasis" en el desierto que como manifestaciones surgidas de un modelo previo planificado y generalizable de cooperación de frontera interautonómica.

V. VALORACIÓN FINAL

Para concluir, conviene una breve valoración final de conjunto de lo expuesto hasta aquí. Nuestro recorrido nos ha llevado a constatar, como acabamos de ver, que no existe, en el ordenamiento español, un modelo de entidades o personificaciones de derecho público des-

53 Rodríguez Gutiérrez, F.; Menéndez Fernández, R.; Pulgar Díaz, C. (2020). "La identidad geográfica del Parque Nacional de los Picos de Europa: la dificultad de su gestión". *Boletín de la Asociación de Geógrafos Españoles,* 85, 2957, 1-46.

tinadas a la cooperación en las zonas de frontera interautonómica. En realidad, la constatación incluye que existen muy escasos supuestos en la práctica de tales instrumentos. Tratando de advertir algunos factores explicativos, el análisis del marco legislativo realizado sobre las mancomunidades y los consorcios permite concluir —siquiera provisionalmente— que la actuación del legislador autonómico viene a limitar las posibilidades de cooperación interautonómica, reforzando, pues, el propio “efecto frontera”.

En efecto, en primer lugar, la falta de una regulación específica sobre el propio fenómeno fronterizo autonómico dificulta la implementación de acciones conjuntas o cooperativas. Especialmente, cuando las medidas de fomento se dirigen prioritariamente hacia entidades de base territorial y con vocación claramente intrautonómica, como las mancomunidades integrales extremeñas o las madrileñas de interés general, que son ajenas a la dinámica de cooperación más allá de la propia comunidad autónoma y que, por tanto, consolidan la aplicación del principio de territorialidad autonómica. Pero, además de estos supuestos, las diferencias concretas de régimen jurídico de cada una de las distintas entidades cooperativas entre legislaciones autonómicas dan lugar también a realidades competenciales e institucionales muy distintas entre sí que —cuanto menos— no facilitan la colaboración entre ellas[54].

En este contexto, la mejora de las condiciones de cooperación podría pasar, en primer lugar, por atender al específico papel de cada una de las entidades cooperativas, destacando su distinto valor en términos comparativos[55]. Así, partiendo del carácter horizontal de am-

---

54 Esto es especialmente significativo en aquellas comunidades en que además las entidades cooperativas conviven con otras entidades locales supramunicipales, como las comarcas o, en su caso, las áreas metropolitanas y las provincias, que entran en concurrencia con las entidades asociativas. Piénsese, por ejemplo, en el caso de la frontera catalano-aragonesa-valenciana, donde las comarcas no existen como actor institucional en una de las comunidades, pero donde además la implantación de los consorcios y las mancomunidades es también muy distinta. Sobre ello, Tort Donada; Galindo Caldés, “L’articulació...”, *op. cit.*

55 Con detalle, sobre esta comparación en Vilalta Reixach; Gracia Retortillo, “La gestió...”, *op. cit.*, pp. 175-183, a partir de las bases teóricas del trabajo

bos tipos de cooperación y del carácter exclusivamente local de las mancomunidades frente al interadministrativo del consorcio, debe destacarse el mayor valor que tiene la mancomunidad tradicional (no tanto las nuevas privilegiadas) en términos del principio democrático y de centralidad municipal, frente al mayor servicio al principio de eficiencia y economía de los consorcios[56]. Complementariamente, podría ser útil explorar el papel de entidades como la comarca y su funcionalidad en la cooperación interautonómica, puesto que, a pesar de su carácter forzoso o de creación legal, sí son percibidas por las Comunidades Autónomas como fórmulas propias e interiorizadas que incluso podrían traducirse en un régimen comarcal especial con tal finalidad. No obstante, como se ha visto, el desarrollo de esta o propuestas similares pasa por consolidar —o construir— una mayor consciencia del fenómeno interautonómico y sus necesidades cooperativas también entre los legisladores autonómicos.

Referencias bibliográficas

AA.VV. (2005). *Observatori de Govern Local.* Fundació Carles Pi i Sunyer.

Barrero Rodríguez, C. (2002). "Los conceptos de Mancomunidades y Consorcios: necesidad de delimitación y diferenciaciones". *Revista Andaluza de Administración Pública,* 45.

Barrero Rodríguez, C. (2016). "Los Consorcios Administrativos ante un nuevo régimen jurídico". *Revista Andaluza de Administración Pública,* 94.

Barrero Rodríguez, C. (2024). "La cooperación supramunicipal. En particular, las mancomunidades de municipios". En Montoya Martín, E.; Fernández Ramos, S. (Coords.). *Estudios sobre la Ley de Racionalización y Sostenibilidad de la Administración local con motivo de su X aniversario.* FDGL.

D'Anjou González, J. (1994). *Las Mancomunidades Intermunicipales en el Régimen Local Español.* MAP.

Font Llovet, T. (Dir.) (2002). *Les tècniques de cooperació intermunicipal i la seva reforma.* Elements de debat territorial, Diputació de Barcelona.

---

de Velasco Caballero, F. (2010). "La planta local de España: criterios para la toma de decisiones". *Anuario de Derecho Municipal 2009,* 4.

56 Sobre esta posibilidad, Gracia Retortillo, R. (2018), "El paper de la comarca en el fenomen de frontera interautonòmica", en Tort Donada y Galindo Caldés (dirs.). "L'articulació geográfica...", 200-203.

Galán Galán, A. (2015). "El nuevo régimen de los consorcios: la controvertida obligación de adscripción". *Anuario de Derecho Municipal 2014,* (8), 85-104.

Galindo Caldés, R.; Santasusagna Riu, A. (2020). "Cartografía y promoción turística en espacios de frontera interautonómica: el caso de Els Ports (Cataluña, Aragón y Comunidad Valenciana)". *Anales de Geografía de la Universidad Complutense,* 40(2), 345-372.

Gracia Retortillo, R. (2024). "Los consorcios legales de la Carta municipal de Barcelona: origen y principales debates doctrinales". En Font Llovet, T. (Dir.). *La Carta Municipal de Barcelona y el derecho a la ciudad. Bases para su impulso y actualización.* Ajuntament de Barcelona, IDP, Fundació Carles Pi i Sunyer.

Martín Mateo, R. (1987). *Entes locales complejos.* Trivium.

Martínez López-Muñiz, J.L. (1974). *Los consorcios en el Derecho español.* Instituto de Estudios de la Administración Local.

Martínez-Alonso Camps, J.L. (2009). "Los Servicios Públicos locales (I): Introducción y prestaciones directa". En Gifreu y Font, J.; Fuentes Gasó, J.R. (Dirs.). *Régimen jurídico de los Gobiernos Locales de Cataluña.* Tirant lo Blanch.

Martínez-Alonso Camps, J.L. (2013). "Les personificacions instrumentals locals: estat de la qüestió". *Revista catalana de dret públic,* 47, 61-86.

Martínez-Alonso Camps, J.L. (2018). "Los debates sobre los servicios públicos locales: Estado de la cuestión". *Revista Catalana de Dret Públic,* 57, 72-96.

Nieto Garrido, E. (1998). *El consorcio administrativo.* Cedecs.

Nieto Garrido, E. (2014). "La Ley de racionalización y sostenibilidad de la Administración local y los consorcios administrativos". En Carrillo Donaire, J.A.; Navarro Rodríguez, P. (Coord.). *La reforma del régimen jurídico de la Administración local,* Tirant lo Blanch.

Olmedo Gaya, A. (2010). "Las mancomunidades de municipios como fenómeno asociativo municipal en España". En Ruiz Ojeda, A. (Coord.). *El Gobierno Local. Estudios en homenaje al Profesor Luis Morell Ocaña.* Iustel, Cosital.

Pano Puey, E.; Luaces Méndez, P. (2009). "Desarrollo de los mecanismos de cooperación supramunicipal en la prestación de servicios públicos locales: mancomunidades y consorcios en Andalucía, Galicia y Cataluña". *IX Congreso Español de Ciencia Política y de la Administración.*

Rebollo Puig, M. (2007). "Art. 4". En Rebollo Puig, M. (Dir.); Izquierdo Carrasco, M. (Coord.). *Comentarios a la LBRL.* Tirant lo Blanch.

Rebollo Puig, M. (1998). "Los consorcios entre entes locales como forma de cooperación". *Anuario del Gobierno Local 1997.* Diputación de Barcelona, IDP, Marcial Pons.

Rodríguez Gutiérrez, F.; Menéndez Fernández, R.; Pulgar Díaz, C. (2020). "La identidad geográfica del Parque Nacional de los Picos de Europa: la dificultad de su gestión". *Boletín de la Asociación de Geógrafos Españoles,* 85, 2957, 1-46.

Santamaría Pastor, J.A. (1998). *Principios de Derecho Administrativo,* vol. I (2ª ed.). Centro de Estudios R. Areces.

Tort Donada, J.; Galindo Caldés, R. (Dirs.) (2018). "L'articulació geogràfica i jurídica dels municipis fronterers: radiografia de la cooperació en els límits autonòmics entre Catalunya, Aragó i la Comunitat Valenciana". *EAPC. Estudis de Recerca Digitals,* 18.

Toscano Gil, F. (2013). "La reforma del régimen legal de los consorcios administrativos: ¿modificación de sus notas características o mutación de su naturaleza jurídica". *Anuario del Gobierno Local 2014,* 75-103.

Toscano Gil, F. (2015). "El consorcio administrativo en la encrucijada". *REALA,* 3.

Toscano Gil, F. (2016). "Otra vez los consorcios administrativos: novedades introducidas por la Ley 40/2015 de régimen jurídico del sector público". *Revista Vasca de Administración Pública,* (105), 473-513.

Velasco Caballero, F. (2010). "La planta local de España: criterios para la toma de decisiones". *Anuario de Derecho Municipal 2009,* 4.

Vilalta Reixach, M.; Gracia Retortillo, R. (Dirs.) (2016). *La gestió mancomunada de serveis públics en l'àmbit supramunicipal a Catalunya.* EAPC.

III. LOS INSTRUMENTOS SECTORIALES DE COOPERACIÓN INTERAUTONÓMICA

La cooperación en la gestión de los riesgos naturales. Especial referencia al ámbito de la protección civil y al ámbito de los incendios forestales

MARIA TERESA VADRÍ FORTUNY
Profesora Titular de Derecho Administrativo
Universidad de Barcelona

I. INTRODUCCIÓN: PROBLEMÁTICA Y CONCEPTOS CLAVE

En el escenario de globalización, complejidad e incertidumbre derivada, entre otros muchos factores, de la actividad humana y de las consecuencias del cambio climático, la gestión del riesgo, o gestión del riesgo del desastre, deviene una de las responsabilidades públicas más trascendentes. Sin embargo, en general, no se le ha dedicado la atención necesaria y tampoco se les ha atribuido la relevancia que merece. Ni al tomar las decisiones relativas a la organización administrativa ni al determinar y desarrollar los mecanismos de intervención y de relación entre administraciones. De modo que se observan carencias muy relevantes y significativas en todas las escalas de intervención pública.

Según el último informe del Grupo Intergubernamental de Expertos sobre el cambio climático (IPCC) los riesgos y los impactos se están agravando de manera progresiva[1]. Alcanzar 1,5°C en un corto plazo (2021-2040) —situación muy probable según todos los análisis realizados— provocará una gran diversidad de peligros climáticos, tanto para los ecosistemas como para la población (condiciones peligrosas de calor y humedad, lluvias extremas e inundaciones asociadas, ciclones tropicales, incendios forestales y eventos extremos del nivel del mar). Se señala, además de modo significativo, que tales riesgos relacionados con el cambio climático "se ven amplificados por otros factores humanos, como el desarrollo insostenible, la contaminación del aire y del agua y la degradación de hábitats. (...) Las previsiones de futuro indican que se producirán simultáneamente riesgos climáticos de carácter múltiple —riesgos compuestos—, que además interactuarán con otros factores no climáticos provocando un incremento del riesgo global y de los riesgos en cascada en diferentes sectores y regiones geográficas"[2]. Resulta pues evidente que la toma de decisiones y la actuación relativa a la gestión de los riesgos es cada vez más difícil y compleja, representando un mayor impacto por sus consecuencias tanto ambientales como sociales y económicas. En este sentido, debe considerarse especialmente que "el nivel de riesgo dependerá de las diferentes condiciones de vulnerabilidad y exposición, del desarrollo socioeconómico y de los avances en adaptación"[3].

Respecto a los criterios que deben presidir la intervención pública frente a esta problemática, resulta de interés, y es necesario destacar, la evolución producida en el ámbito internacional. Al final del s.XX, en 1999, la Asamblea General de las Naciones Unidas adopta la Estrategia Internacional para la Reducción de Desastres (EIRD) cuyo contenido refleja un cambio fundamental en el modo de abordar la intervención pública frente a los desastres. La EIRD supone la evolución desde un criterio exclusivamente curativo, en el que la

---

1 IPCC. *Climate Change 2022. Impacts, Adaptation and Vulnerability. https://www.ipcc.ch/report/sixth-assessment-report-working-group-ii/*

2 Oficina Española del Cambio Climático (2022). *Cambio Climático: Impactos, Adaptación y Vulnerabilidad (Guía resumida del Sexto Informe de Evaluación del IPCC. Grupo de trabajo II)*, Ministerio para la Transición Ecológica y el Reto Demográfico. p. 19.

3 Oficina Española del Cambio Climático, 2022, *Cambio Climático: Impactos, Adaptación y Vulnerabilidad*, *op. cit.* p. 15.

intervención se desarrolla como respuesta a la catástrofe, hacia el criterio preventivo que exige actuar mediante mecanismos efectivos que permitirán la reducción de los desastres y, por tanto, una adecuada gestión del riesgo de los mismos[4]. Así, la intervención para la reducción de los desastres implica la integración de aquellas medidas destinadas a evitar y/o minimizar los impactos de los peligros, ya sean naturales o tecnológicos[5]. En aquellas decisiones relativas a la gestión del riesgo —como probabilidad de que se produzca el peligro o el desastre[6]— se deberá evaluar la vulnerabilidad, el grado de exposición y de predicción del impacto o impactos. La gestión del riesgo del desastre, además, se dirigirá a evitar, reducir o transferir los efectos adversos de las amenazas mediante diversas actuaciones y medidas de prevención, mitigación y preparación[7]. Considerando el enfoque, relativo a los riesgos naturales, en el que centramos este capítulo, debe subrayarse que la EIDR incluye los desastres tecnológicos y ambientales solamente cuando son causados por peligros naturales. Considerando estos como aquellos que "comprenden fenómenos tales como terremotos, actividades volcánicas, tsunamis, ciclones tropicales y otras tormentas severas, tornados y fuertes vientos, inundaciones ribereñas y costeras, incendios forestales y la neblina causada por los mismos, tormentas de arena/polvo, y plagas.". En este contexto se define el desastre natural como "las consecuencias del impacto de un peligro natural en un sistema socioeconómico con

---

4 Los antecedentes de la EIDR se encuentran en el Decenio Internacional para la Reducción de los Desastres Naturales (DIRDN, 1990-1999), que se pone en marcha con el propósito de concienciar sobre la importancia que representa la reducción de los desastres. La experiencia adquirida durante el Decenio impulsa posteriormente el cambio que se introduce con la Estrategia, en la que se pasa a incidir en la reducción del desastre, subrayando la importante función de la acción humana en este nuevo enfoque.

5 ONU, *Marco de Acción para la aplicación de la Estrategia Internacional de Reducción de Desastres* (EIRD), junio 2001, p. 4.

6 *Vid.* en ONU, 2001, *Marco de Acción para la aplicación de la Estrategia Internacional de Reducción de Desastres* (EIRD), *op. cit.*, p. 5.

7 UNISDR (2009). *Terminología sobre Reducción del Riesgo de Desastres*, ONU, pp. 18-19.

un nivel dado de vulnerabilidad, lo que impide que la sociedad afectada le haga frente a tal impacto."[8]

En 2015 el Marco de Sendai para la Reducción del Riesgo de los Desastres 2015-2030, revisa el contenido de la EIRD[9], y señala, de modo expreso, como principios rectores de la actuación en este ámbito, la cooperación y la responsabilidad compartida. Así, por una parte, se afirma la responsabilidad de los Estados de prevenir y reducir el riesgo del desastre mediante la cooperación multinivel. O lo que es lo mismo, en todas las escalas: internacional, regional, subregional, transfronteriza y bilateral. Y, por otra parte, se establece la necesidad de una asunción compartida de responsabilidades entre las distintas autoridades y actores atendiendo a los sistemas de gobernanza internos. En este sentido, una de las prioridades del acuerdo internacional es el fortalecimiento de la gobernanza del riesgo de desastres para hacer posible una gestión eficaz y eficiente a todos los niveles[10].

Una adecuada gestión del riesgo exige una intervención transversal y compleja que debe incluir acciones de previsión, prevención y mitigación. Se trata de una actuación que debe ser integral (que tenga en cuenta los múltiples riesgos y factores implicados), dinámica (adaptada al cambio según las circunstancias y contextos), y objetiva (basada en datos objetivos, fiables y fundamentada en criterios homogéneos). De modo que requiere mecanismos efectivos de seguimiento y de evaluación periódica. Además, a nuestros efectos, debe destacarse la importancia de realizar una gestión prospectiva del riesgo de desastres centrada en la consideración de aquellos riesgos que podrán producirse en un futuro si no se aplican eficazmente

---

8 *Vid.* en ONU, 2001, *Marco de Acción para la aplicación de la Estrategia Internacional de Reducción de Desastres, op. cit.*, p. 5.

9 Como primer acuerdo en el seno de la ONU después de la adopción de la Agenda 2030 por la Asamblea General de las Naciones Unidas en 2015.

10 *Vid.* en ONU (2015). *Marco de Sendai para la Reducción del Riesgo de los Desastres, 2015-2030,* pp. 17 y ss. El Marco de Sendai es el instrumento que sucede al Marco de Acción de Hyogo 2005-2015, persigue el aumento de la resiliencia de las naciones y las comunidades ante los desastres, ofreciendo a los Estados un conjunto de acciones dirigidas a incidir en la reducción sobre el riesgo de desastres.

políticas de prevención y reducción de estos[11]. En este sentido, es necesaria la toma en consideración del principio de resiliencia como criterio que exige contar con recursos económicos y organizativos que permitan la adaptación y recuperación ante la producción del daño o desastre[12].

El desarrollo de marcos regulatorios adecuados, la previsión y aplicación de instrumentos de planificación que permitan abordar la problemática de manera transversal y coordinada —considerando sus implicaciones sociales, económicas y ambientales— y la acción cooperativa entre los poderes públicos responsables, serán aspectos imprescindibles para un gobierno adecuado de la gestión del riesgo. Tanto en lo concerniente a su previsión como en lo relativo a la respuesta frente al desastre.

Finalmente, para cerrar esta presentación a modo introductorio, no debe prescindirse de que los riesgos —y, por tanto, su adecuada gestión— se configuran como una de las variables que deben integrarse en el concepto multidimensional y complejo de desarrollo sostenible que, en 2015, se comprometieron a alcanzar los responsables públicos en todos los niveles, en el marco de la Agenda 2030 y los 17 ODS que contempla[13]. La previsión, prevención, reducción y resiliencia como pilares básicos en la gestión del riesgo tendrán, sin

---

11 *Vid.* la definición y el tratamiento del concepto de "gestión prospectiva del riesgo del desastre" en UNISDR, 2009, *Terminología sobre Reducción del Riesgo de Desastres, op. cit.*, p. 19.

12 *Vid.* el concepto de resiliencia acuñado en UNISDR, 2009, *Terminología sobre Reducción del Riesgo de Desastres, op. cit.*, p. 28: "La capacidad de un sistema, comunidad o sociedad expuestos a una amenaza para resistir, absorber, adaptarse y recuperarse de sus efectos de manera oportuna y eficaz, lo que incluye la preservación y la restauración de sus estructuras y funciones básicas". Sobre la resiliencia ambiental como principio jurídico emergente, sobre sus límites y su carácter aún impreciso, *vid.* el interesante trabajo de Fortes Martín, A. (2019). "La resiliencia ambiental y el (re)posicionamiento del derecho ante una nueva era sostenible de obligada adaptación al cambio". *Actualidad Jurídica Ambiental*, 92, pp. 6-27.

13 Agenda 2030: "Transformar nuestro mundo: la Agenda 2030 para el Desarrollo Sostenible", Resolución aprobada por la Asamblea General de las NNUU el 25 de septiembre de 2015. *Vid.* también sobre las limitaciones del principio, el sugerente trabajo de Díaz Barrado, C.M. (2017). "Los objetivos

duda, efectos positivos en relación con la degradación ambiental y con los impactos socioeconómicos que, de otro modo, causa el desastre como factor evidente de insostenibilidad del desarrollo.

En este contexto, considerando la complejidad y características de este ámbito de actuación pública, el estudio y análisis de la cooperación interautonómica en la gestión de los riesgos naturales adquiere máxima relevancia. Las imprescindibles relaciones interadministrativas propias del Estado compuesto y autonómico, configurado constitucional y estatutariamente, se presentan como imperiosas e inexcusables en el caso que nos ocupa. Especialmente en los territorios limítrofes en los que es imprescindible superar el efecto *frontera*[14]. Al respeto de los principios de responsabilidad, solidaridad interterritorial, colaboración y coordinación, eficiencia y cooperación (art. 140 LRJSP) que obligan, con carácter general, a una aplicación efectiva y eficaz de los mecanismos de relación entre administraciones públicas, se le debe sumar, en este supuesto como se ha señalado, la ineludible consideración de los principios de desarrollo sostenible y resiliencia. Pero también el principio de cohesión territorial[15] como aquel que implica la corrección de los desequilibrios en el territorio partiendo de sus diversas características. De modo que requiere, por una parte, la integración de todas las variables que concurren en un mismo espacio, considerando, por tanto, también la gestión

---

de desarrollo sostenible: un principio de naturaleza incierta y varias dimensiones fragmentadas". *Anuario Español De Derecho Internacional*, 32, pp. 9-48.

14 *Vid.* en este sentido, Galindo Caldés, R. (2020). "Territorialidad, cooperación horizontal y fronteras interiores". *Revista General de Derecho Administrativo*, 5. Y también, Galindo Caldés, R.; Santasusagna Riu, A.; Tort i Donada, J. (2019). "La frontera como espacio de conflicto y como espacio de cooperación. La Ribagorza como paradigma". En Farinós Dasí, J.; Ojeda-Rivera, J.F.; Trillo Santamaria, J.M. (Eds.). *Geografías para un Estado posmoderno.* pp. 255-268.

15 Recogido en el los Tratados UE, art. 3 del Tratado de la Unión Europea y arts. 174 y 175 del Tratado de Funcionamiento de la Unión Europea. Sobre el significado del principio de cohesión territorial, *vid.* Vaquer Caballería, M. (2022). *Derecho del territorio* (2ª ed.). Tirant lo Blanch, pp. 41-46. *Vid.* también, Farinós Dasí, J. (2021). "Agenda Territorial Europea 2030: un marco político orientado a la acción para el objetivo de la cohesión territorial". *Ciudad y Territorio. Estudios Territoriales*, 208, pp. 583-594.

de los riesgos. Y, por otra parte, la imprescindible articulación de los distintos instrumentos de intervención pública especialmente por lo que respecta a la indispensable interrelación entre la planificación territorial (como principal herramienta para la cohesión) y la planificación sectorial.

Partiendo de estas consideraciones previas, deberemos analizar cuál es la situación del marco regulador, teniendo en cuenta la distribución de competencias en esta materia, y cuál es la presencia y el peso de los mecanismos de cooperación en la legislación vigente. Se trata de poder valorar cuál ha sido la intensidad y la efectividad de la colaboración entre las Comunidades Autónomas. Examinaremos hasta qué punto el marco legislativo vigente, los instrumentos previstos y la aplicación práctica de los mismos, han sido suficientes para favorecer una efectiva e imprescindible colaboración horizontal, con especial énfasis en las áreas fronterizas.

II. DISPERSIÓN Y COMPLEJIDAD: AUSENCIA DE UN MARCO REGULADOR HOLÍSTICO

1. *Breve referencia al disperso marco competencial: la protección civil y los incendios forestales*

En relación con el alcance de las responsabilidades que en materia de riesgos naturales corresponden al Estado y a las Comunidades Autónomas, en el sentido ya apuntado, no existe ninguna previsión concreta de atribución competencial en esta materia ni en la Constitución española (arts. 148 y 149) ni en los Estatutos de Autonomía. Ninguna referencia expresa al ámbito de los "riesgos naturales" ni a la "gestión de riesgos". Así, las diversas previsiones legislativas se han desarrollado a partir de distintos títulos competenciales. En este sentido, y considerando el objetivo y extensión de nuestra aportación a esta obra colectiva, nos referimos a dos ámbitos materiales especialmente destacables, por diversos motivos, en la intervención relativa a la gestión de los riesgos.

Por una parte, a la "protección civil"[16] como materia que ha dado lugar a un marco normativo —estatal y autonómico— de carácter horizontal que ha supuesto la regulación más exhaustiva de la respuesta ante situaciones de emergencia y aquellas derivadas del riesgo del desastre. Considerando que la protección civil —como función pública de intervención básica en las políticas de seguridad pública— integra (mediante el Sistema Nacional de Protección Civil[17]) la actuación de todas las administraciones públicas para asegurar una respuesta adecuada, resulta claro que debe respetar los principios de colaboración, coordinación y cooperación, también en las relaciones interautonómicas[18].

Es oportuno señalar y tomar en consideración, además, que la protección civil está vinculada a otros sectores —y, por tanto, a otros

---

16 El art. 1.1. de la Ley 17/2015, de 9 de julio, del Sistema Nacional de Protección Civil, considera la protección civil como instrumento de la política de seguridad pública y la define como "el servicio público que protege a las personas y bienes garantizando una respuesta adecuada ante los distintos tipos de emergencias y catástrofes originadas por causas naturales o derivadas de la acción humana, sea ésta accidental o intencionada." En este sentido, sobre el concepto de protección civil, la importancia de este ámbito de intervención integrado en la seguridad pública y las deficiencias que se observan en su desarrollo en nuestro Estado, *vid.* Lidón, M.; Ortiz, L. (2018). *Gestión de emergencias y protección civil.* Tirant lo Blanch, p. 9. *Vid.* también, en Menéndez Reixach, A. (2011). "Concepto de protección civil y distribución de competencias". En Menéndez Reixach, A. (Dir.); De Marcos Fernández, A. (Coord.). *Protección civil y emergencias.* La Ley, pp. 49 y ss., el significado de la protección civil como función pública que, al configurarse como "sistema" que integra diferentes actores y recursos, "acentúa las exigencias de cooperación y coordinación", p. 52, de modo que su organización es un aspecto clave.

17 Art. 1.2. de la Ley 17/2015, de 9 de julio: "El objeto de esta ley es establecer el Sistema Nacional de Protección Civil como instrumento esencial para asegurar la coordinación, la cohesión y la eficacia de las políticas públicas de protección civil, y regular las competencias de la Administración General del Estado en la materia".

18 *Vid.* Menéndez Reixach, 2011, "Concepto de protección civil y distribución de competencias", *op. cit.*, pp. 52-53. Y también, Menéndez Reixach, 2011, "Resultados y reflexiones ante la proyectada reforma de la legislación estatal", *op. cit.*, pp. 186-187. *Vid.* también en este sentido, Lidón, M.; Ortiz, L., 2018, "Gestión de emergencias y protección civil", *op. cit.*, p. 11.

títulos competenciales sectoriales (espacios naturales, agua, infraestructuras, incendios forestales, bosques, etc.)— entre los que cabe destacar aquellos de naturaleza transversal, como lo es la ordenación del territorio —al que dedicamos, precisamente por su relevancia, otro de los capítulos de la obra— o, desde otra perspectiva, los gestión de los incendios forestales a los que nos referiremos también a continuación.

En efecto, por otra parte, nos referimos a los "incendios forestales"[19] como ejemplo paradigmático de intervención sectorial relativa a uno de los riesgos con una mayor incidencia en el territorio que demanda también, por sus características, prestar atención a las relaciones de colaboración entre Comunidades Autónomas, especialmente cuando la actuación debe realizarse en zonas limítrofes[20]. En este sentido, resulta pertinente señalar que el tratamiento de esta problemática ha partido de una perspectiva reactiva, de modo que se ha actuado fundamentalmente centrando la atención en la extinción y en la intervención como respuesta a la catástrofe[21]. Así, se

---

19 La Ley de Montes 43/2003, de 21 de noviembre, de Montes, define en su art. 6 el incendio forestal como "(…) el fuego que se extiende sin control sobre combustibles forestales situados en el monte".

20 Según los datos de EFFIS (European Forest Fire Information System), España ocupa, en 2024, el tercer puesto en superficie forestal afectada, precedida por Portugal (143.167 ha) y Bulgaria (44.288 ha). Después de 2022, uno de los años más devastadores, con más de 300.000 hectáreas arrasadas, 2023 se sitúa como el cuarto peor año de la última década con 89.000 hectáreas quemadas, y el 2024, con datos provisionales (septiembre 2024), con más de 43.000 hectáreas afectadas.

21 Tal como señala, en este sentido, Agudo González, J. (2011). "El Derecho administrativo ante los incendios: una propuesta para un nuevo enfoque". En Menéndez Reixach, A. (Dir.); De Marcos Fernández, A. (Coord.). *Protección civil y emergencias.* La Ley, p. 370, debe constatarse el tratamiento reduccionista que ha recibido en nuestro ordenamiento la problemática de los incendios forestales. *Vid.* también en este sentido, Moreno Molina, J.A. (2013). "Protección jurídica de los montes". En Parejo Alfonso, L.; Palomar Olmeda, A. (Dirs.). *Derecho de los bienes públicos* (Vol. 2). Thomson Reuters Aranzadi, pp. 391-422, cuando señala "En nuestro país las inversiones dedicadas en los últimos veinte años por el Estado y las Comunidades autónomas a las acciones de extinción de los incendios forestales han consumido buena parte del presupuesto en materia forestal, lo que pone de manifiesto

percibe un claro desequilibrio entre la inversión pública dirigida a la prevención y la destinada a la extinción. Es necesario avanzar hacia una gestión estratégica integral del territorio que permita abordar los incendios forestales como un ámbito de intervención transversal que exige un tratamiento multisectorial que debe incluir, de modo corresponsable, tanto a actores públicos como privados, y que debe incorporar necesariamente la prevención como una de las variables insoslayables para una adecuada toma de decisiones en este ámbito.

Es fundamental una acción conjunta que, mediante los mecanismos de coordinación y cooperación necesarios y adecuados, permita abandonar la gestión parcial y sectorializada desarrollada hasta la fecha. En el ámbito de la gestión de los riesgos los incendios forestales merecen, sin duda, una atención prioritaria, tanto por los graves efectos que pueden causar en bienes y personas, como por los daños medioambientales que suponen siendo la causa más importante de degradación de los ecosistemas forestales. En este sentido, el escenario de cambio climático y los distintos procesos globales de transformación social, económica y ecológica producirán un aumento tanto de los índices de riesgo como de la intensidad de los incendios, de modo que es imprescindible una intervención pública integral que haga posible territorios más resistentes y resilientes, evitando el incendio, reforzando la seguridad y mitigando sus efectos[22].

Por lo que respecta a la distribución de competencias, la Constitución Española (CE) no se refiere a la "protección civil", ni en relación con las competencias del Estado (art. 149.1) ni por lo que respecta a las competencias que pueden asumir las Comunidades Autónomas (art. 148). En este sentido, aunque el Tribunal Constitucional (TC) ha considerado que la protección civil debe entenderse incluida en el concepto de "seguridad pública" al que se refiere el art. 149.1.29 CE cuando atribuye competencia exclusiva al Estado en esta materia,

---

que ha fallado o no se ha afrontado de manera suficiente una política de prevención de los incendios forestales".

22 Al respecto, *vid.* entre otras, las consideraciones que se exponen en el documento de *Orientaciones estratégicas para la gestión de incendios forestales en España*, aprobadas por la Conferencia Sectorial de Medio Ambiente el 28 de julio de 2022, p. 3.

en reiterada jurisprudencia ha declarado la concurrencia de competencias del Estado y las Comunidades Autónomas en el ámbito de la protección civil[23]. Se reconoce así la competencia autonómica en esta materia, especialmente para la elaboración de los correspondientes planes de prevención de riesgos y para la dirección de sus propios servicios en el caso de que se produzcan situaciones catastróficas o de emergencia. Así, en el caso de las emergencias ordinarias la competencia autonómica es plena correspondiendo las funciones de dirección a las autoridades de la Comunidad Autónoma. No obstante, y considerando que resulta fundamental para un adecuado ejercicio de esta función pública la posibilidad de movilizar de modo coordinado tanto los servicios sectoriales implicados como las distintas administraciones implicadas, las competencias autonómicas estarán subordinadas a las exigencias y a los límites del interés nacional en aquellos casos en que éste entre en juego por las características de la emergencia o catástrofe sucedida[24]. En estos supuestos de emer-

---

23 Así, en este sentido, vid. los destacados pronunciamientos iniciales del TC sobre los conflictos planteados en esta materia en la STC 123/1984, de 18 de diciembre (consecuencia del conflicto positivo de competencia planteado por el Estado en relación con el Decreto 34/1983, de 8 de marzo del Gobierno vasco) y la STC 133/1990, de 19 de julio (relativa al recurso de inconstitucionalidad interpuesto por el Gobierno Vasco contra la Ley 2/1985 de Protección Civil), que después se reproducen en sentencias posteriores. En relación con la distribución de competencias en esta materia y los criterios establecidos por la jurisprudencia constitucional, *vid.* entre otros los comentarios de Menéndez Reixach, 2011, "La protección civil y emergencias en la legislación autonómica", *op. cit.*, pp. 53 y ss. y pp. 112 y ss. Y también, entre otros, De Marcos Fernández, A. (2017). "La configuración de la protección civil como sistema y su incidencia en el régimen de distribución de competencias entre el Estado y las Comunidades Autónomas (2017)". En Arana García, E. (Dir.); Conde Antequera; Garrido Manrique, J.; Navarro Ortega, A. (Coords.). *Riesgos naturales y derecho: una perspectiva interdisciplinar.* Dykinson S.L., pp. 333-356; y Lidón, M.; Ortiz, L., 2018, "Gestión de emergencias y protección civil", *op. cit.,* pp. 13 y ss.

24 En este sentido, la STC 58/2017, de 11 de mayo, relativa al recurso promovido por el Gobierno de la Generalitat de Cataluña contra varios artículos de la Ley 17/2015 del Sistema Nacional de Protección Civil, considera que el alcance de las competencia estatal y autonómica viene determinado por el concepto de "interés nacional". En este sentido resulta de interés traer a colación el art. 28 de la Ley 17/2015, de 9 de julio, del Sistema Nacional

gencia extraordinaria, la dirección y coordinación corresponderá al Estado, pero las Comunidades Autónomas mantendrán las funciones de dirección y organización de sus propios servicios, sometidos en estos casos a la autoridad de los órganos estatales competentes. En cualquier caso, y para asegurar un buen funcionamiento de la intervención para la protección civil, debe garantizarse la participación autonómica en la gestión de las emergencias extraordinarias considerando el carácter concurrente de las competencias.

Los Estatutos de Autonomía llamados de segunda generación, a diferencia de los de primera generación, se refieren a la protección civil al establecer la distribución competencial. En la mayoría de los casos (Andalucía, Aragón, Comunidad Valenciana, Cataluña) la competencia se configura como exclusiva, aunque con referencia expresa al necesario respeto al art.149.1.29, y, por tanto, a lo establecido por el Estado en el ejercicio de sus competencias. En el resto de los casos la competencia atribuida es de desarrollo legislativo y ejecución (Castilla y León e Islas Baleares).

En el caso de los incendios forestales debe tenerse en cuenta que, tal como se ha señalado, la intervención no ha sido integral, sino dispersa y sectorializada, de manera que se ha desarrollado un importante volumen de normativa en distintos ámbitos materiales (protección civil, incendios, legislación forestal). Así, por una parte,

---

de Protección Civil: "*Definición.* Son emergencias de interés nacional: 1. Las que requieran para la protección de personas y bienes la aplicación de la Ley Orgánica 4/1981, de 1 de junio, reguladora de los estados de alarma, excepción y sitio. 2. Aquellas en las que sea necesario prever la coordinación de Administraciones diversas porque afecten a varias Comunidades Autónomas y exijan una aportación de recursos a nivel supraautonómico. 3. Las que por sus dimensiones efectivas o previsibles requieran una dirección de carácter nacional.

Art. 29. *Declaración.* En los supuestos previstos en el artículo anterior, corresponderá la declaración de interés nacional al titular del Ministerio del Interior, bien por propia iniciativa o a instancia de las Comunidades Autónomas o de los Delegados del Gobierno en las mismas. Cuando la declaración de emergencia de interés nacional se realice a iniciativa del Ministerio del Interior, se precisará, en todo caso, previa comunicación con la Comunidad Autónoma o Comunidades Autónomas afectadas, por medios que no perjudiquen la rapidez de la declaración y la eficacia de la respuesta pública."

se ha regulado la fase relativa a la prevención del riesgo mayoritariamente en la legislación forestal y en la legislación específica relativa a los incendios forestales[25]. Y, por otra parte, se ha intervenido normativamente en relación con la fase en la que ya se ha producido el desastre —cuando el incendio ya ha sido declarado— especialmente mediante la legislación aprobada en materia de protección civil. Además, han incidido también en la regulación de la gestión de los incendios determinadas previsiones en materia de medio ambiente, de ordenación del territorio y de urbanismo. Ante tal panorama de complejidad normativa, a los efectos del análisis de los mecanismos de cooperación autonómica y atendiendo a la extensión de esta obra, centramos ahora nuestra atención en aquellas previsiones recogidas en la legislación forestal.

La distribución competencial en esta materia ofrece un resultado de competencias compartidas entre el Estado y las Comunidades Autónomas. El art. 149.1.23 CE reserva al Estado la competencia exclusiva para dictar la legislación básica sobre montes, aprovechamientos forestales y vías pecuarias. El art. 148.1.8 CE establece que las Comunidades Autónomas podrán asumir competencias sobre los montes y aprovechamientos forestales. A partir de estas previsiones la totalidad de los Estatutos de Autonomía incorporan la materia de forma expresa al atribuir el marco competencial propio. No obstante, también en este caso, unas Comunidades Autónomas atribuyen la competencia como exclusiva (Andalucía, Aragón, Islas Baleares, Galicia, Navarra, País Vasco y Comunidad Valenciana) y otras asumen la competencia de desarrollo y ejecución de la legislación básica estatal (Asturias, Canarias, Cantabria, Castilla y León, Castilla La Mancha, Cataluña, Extremadura, Madrid, Murcia, y La Rioja). El resultado es el de la configuración de una competencia compartida en la que corresponde al Estado el dictado de la legislación básica y a las Comunidades Autónomas la legislación de desarrollo y la ejecución. Las bases estatales, que deberán ser respetadas en el ejercicio auto-

25 Tal como señalan Lázaro García, A.; Herrero, G.; Montiel, C.; Molina, D. (2008). "Organización de la defensa contra incendios forestales en el Estado de las Autonomías: el caso español". *Revista forestal española: RFE*, 40, p. 13, en Europa la gestión del riesgo en el caso de los incendios se ha desarrollado fundamentalmente en el ámbito de la política forestal.

nómico de las competencias, cumplen —tal como ha declarado reiteradamente el TC— una función de ordenación estableciendo un marco común, mediante mínimos, que permite a las Comunidades Autónomas un margen de regulación, de modo que —en el marco de las previsiones estatutarias— les corresponde el desarrollo legislativo, la ejecución y la posibilidad de establecer niveles de protección más altos dictando normas adicionales que eleven así los estándares exigidos. En este sentido, debe tenerse en cuenta la consideración de los bosques como un recurso natural y, por tanto, la competencia medioambiental prevista en los arts. 149.1.23 y 148.1.9 CE, que otorgan, respectivamente, al Estado la competencia exclusiva para establecer la legislación básica, sin perjuicio de las facultades de las Comunidades Autónomas para dictar normas adicionales de protección, y la posible asunción autonómica de competencias de gestión en materia de medio ambiente[26].

2. *Desarrollo legislativo: complejidad y fragmentación*

Es incuestionable que la gestión de los riesgos naturales afecta a múltiples ámbitos de intervención (territorio, urbanismo, espacios naturales, agua, infraestructuras, etc.). Se trata de un ámbito transversal cuyo tratamiento óptimo demanda, por tanto, previsiones globales y holísticas. Sin embargo, a diferencia de otros sistemas normativos —como es el ejemplo francés[27]—, como ya se ha apuntado,

---

26 *Vid.* al respecto, y entre otras, sobre esta materia, las Sentencias del TC 64/1982, de 4 de noviembre las STC 102/1995, de 26 de junio, que consolida el criterio jurisprudencial en esta materia, la STC 32/2006, de 1 de febrero y la STC 42/2015, de 5 de marzo, que reitera la jurisprudencia anterior en el sentido expuesto. Sobre la distribución de competencias en materia forestal, *vid.* Moreno Molina, 2013, "Protección jurídica de los montes", *op. cit.*, pp. 391-422.

27 *Vid.* al respecto, entre otros, Tifine. P. (2013). "Les dispositifs juridiques de prévention des risques majeurs naturels en France". *Revue Géographique de l'Est*, vol. 53/1-2, pp. 1-14. En el trabajo el autor muestra como en Francia la prevención de riesgos naturales ha sido objeto de una regulación general. Así, la *loi Barnier du 2 février 1995* (codificada hoy en el Code de l'environnement), remplazó a los anteriores planes por un instrumento único: *les plans de prévention des risques naturels previsibles.* Posteriormente, la *loi du*

no contamos en nuestro caso con una legislación marco —ni en el Estado ni en las CCAA— en materia de "riesgos", ni tampoco con instrumentos de planificación específicos de evaluación de los riesgos para la población, ni siquiera con criterios homogéneos en la organización de este complejo ámbito de intervención.

El reparto competencial expuesto sucintamente se ha traducido en un marco legislativo de notable complejidad que no facilita el desarrollo de las políticas adecuadas en este relevante ámbito de intervención pública, conforme a los términos ya señalados. Así, las previsiones legislativas —estatales y autonómicas— se han desarrollado a partir de títulos competenciales diversos de modo que el marco normativo sectorial resultante incide de manera dispersa, fragmentada y desigual en la gestión de los riesgos naturales (protección civil, bosques, aguas, espacios naturales, prevención de incendios, evaluación ambiental, ordenación del territorio, urbanismo, etc.).

El panorama actual nos ofrece una gran diversidad normativa, estatal y autonómica, desde la que se incide en diferentes aspectos relacionados con la gestión de los riesgos desde sectores diversos. El marco regulador configurado hasta la fecha es, pues, claramente disperso y fragmentado. Este es, sin duda, un primer aspecto —negativo— a tener en cuenta puesto que incide directamente en el desarrollo de la adecuada gobernanza de la gestión de los riesgos naturales. Lo deseable sería el desarrollo efectivo de un proceso de adaptación y renovación del marco normativo a las exigencias que impone el contexto de riesgo global en el que nos situamos.

---

30 juillet 2003 relative à la prévention des risques technologiques et naturels et à la réparation des dommages, crea además los *schémas de prévention des risques naturels*, como instrumentos de orientación quinquenal que establecen los objetivos generales en este ámbito a partir de una evaluación previa y definiendo un programa de acciones para su desarrollo. No obstante, en el trabajo, se constata también la complejidad de la legislación actual, a la que se suman regulaciones específicas desarrolladas atendiendo a las características concretas de determinados tipos de riesgos y la aparición de nuevas circunstancias que deberán tenerse en cuenta a la hora de adaptar el marco jurídico aplicable.

Considerando estas circunstancias, y atendiendo a los objetivos del trabajo, centraremos nuestra atención como hemos señalado, por una parte, en el ámbito de la protección civil y, por otra, en el ámbito de los incendios forestales como uno de los sectores paradigmáticos en la gestión de los riesgos.

Es en relación con la materia de protección civil desde la que se ha regulado —tanto por el Estado como por las Comunidades Autónomas— de una manera más exhaustiva la respuesta ante situaciones de emergencia y las derivadas del riesgo del desastre. No obstante, deben destacarse, a partir de las consideraciones subrayadas en la introducción, las carencias que se observan en las previsiones normativas en relación con uno de los aspectos más relevantes de la gestión del riesgo como es el de la previsión y la prevención del mismo. Por ello, debemos insistir, ya desde este punto, en la necesidad de una actualización urgente del marco legislativo desarrollado en esta materia.

Tal como hemos señalado —en el contexto del Marco de Sendai y la Agenda 2030— la reducción y gestión del riesgo requiere una intervención estratégica integral que exige superar el ámbito exclusivamente sectorial como única perspectiva en el enfoque, ya sea de la protección civil —centrado en la intervención como respuesta— o de los incendios forestales. Debe producirse un tránsito hacia intervenciones más complejas en las que es imprescindible el abordaje multinivel y multisectorial. De ello se infiere, de modo claro, que la coordinación y la cooperación deben adquirir una posición protagonista en una regulación adecuada de los mecanismos de intervención pública en esta materia[28].

---

[28] Sobre la importancia de introducir mecanismos efectivos de colaboración entre Administraciones públicas, considerando especialmente el importante papel de las Comunidades Autónomas en la gestión de las emergencias, es interesante la visión práctica que aportan Pérez Sánchez, J.A.; Gestoso de Miguel, L. (2013). "Las comunidades autónomas en el sistema nacional de protección civil". *Cuadernos de estrategia*, 165, pp. 99-142. En este sentido, vid. también, Menéndez Reixach, 2011, *op. cit.*, pp. 52-53 y pp. 186-187. En relación con el ámbito de la gestión de los incendios forestales, el documento de *Orientaciones estratégicas para la gestión de incendios forestales en España*, 2022, *op. cit.*, p. 4 y 5, se establece, como uno de los principios

El contexto de complejidad señalado se traduce —en el marco normativo estatal, configurado por la Ley 17/2015, de 9 de julio, del Sistema Nacional de Protección Civil y la Ley 43/2003, de 21 de noviembre, de Montes, modificada por la Ley 21/2015, de 20 de julio—, por una parte, en legislación autonómica que regula la protección civil y emergencias: Ley 2/2002, de 11 de noviembre, de gestión de emergencias en Andalucía; Ley 30/2002, de 17 de diciembre, de protección civil y atención de emergencias de Aragón; Ley 3/2019, de 8 de abril, del sistema de protección civil y gestión de emergencias de Cantabria; Ley 4/2007, de 28 de marzo, de protección ciudadana de Castilla y León; Ley 4/1997, de 20 de mayo, de protección civil de Cataluña; Ley 10/2019, de 11 de abril, de protección civil y de gestión de emergencias de la Comunidad Autónoma de Extremadura; Ley 5/2007, de 7 de mayo, de emergencias de Galicia; Ley 1/2011, de 7 de febrero, de protección civil y atención de emergencias de La Rioja; Ley 5/2023, de 22 de marzo, de creación del sistema integrado de protección civil y emergencias de la Comunidad de Madrid; Ley Foral 8/2005, de 1 de julio, de protección civil y atención de emergencias de Navarra; Decreto Legislativo 1/2017, de 27 de abril, por el que se aprueba el texto refundido de la Ley de gestión de emergencias (País Vasco); Ley 3/2023, de 5 de abril, de emergencias y protección Civil de la Región de Murcia; Ley 13/2010, de 23 de noviembre, de protección Civil y gestión de emergencias (Comunidad Valenciana).

Y, por otra, en relación con la intervención en los incendios forestales, se puede diferenciar aquella legislación que integra las previ-

---

que rigen las orientaciones estratégicas, el principio de corresponsabilidad, señalando que se requiere una acción coordinada y acordada; además, se prevé como objetivo 4: "Adaptar los dispositivos de defensa contra incendios a los nuevos escenarios y reforzar la cooperación entre ellos". También, en esta línea, Lázaro García, A.; Herrero, G.; Montiel, C.; Molina, D., 2008, "Organización de la defensa contra incendios forestales en el Estado de las Autonomías: el caso español", *op. cit.*, pp. 13-20, señalan la cooperación interescalar como una condición especialmente necesaria en las tareas de extinción de incendios. En este sentido, los autores subrayan la necesaria diferenciación entre las actuaciones de prevención y las relativas a la vigilancia, detección y extinción, que debe tenerse en cuenta en el análisis de los mecanismos de coordinación y cooperación necesarios.

siones relativas a este ámbito en la legislación de montes o forestal, y aquella —minoritaria— que tiene como único objeto la regulación de la actuación relativa a los incendios: Ley 5/1999, de 29 de junio, de prevención y lucha contra los incendios forestales Comunidad Autónoma de Andalucía; Decreto Legislativo 1/2017, de 20 de junio, del Gobierno de Aragón, por el que se aprueba el texto refundido de la Ley de montes de Aragón; Ley 3/2004, de 23 de noviembre, de montes y ordenación forestal (Principado de Asturias); Ley 3/2008, de 12 de junio, de montes y gestión forestal sostenible de Castilla-La Mancha; Ley 3/2009, de 6 de abril, de montes de Castilla y León[29]; Ley 6/1988, de 30 de marzo, forestal de Cataluña; Ley 5/2004, de 24 de junio, de prevención y lucha contra los incendios forestales en Extremadura; Ley 3/2007, de 9 de abril, de prevención y defensa contra los incendios forestales de Galicia; Ley 2/1995, de 10 de febrero, de protección y desarrollo del patrimonio forestal de La Rioja; Ley 16/1995, de 4 de mayo, forestal y de protección de la Naturaleza de la Comunidad de Madrid; Ley Foral 13/1990, de 31 de diciembre, de protección y desarrollo del patrimonio forestal de Navarra; Norma Foral 3/1994, de 2 de junio, de montes y administración de espacios naturales protegidos (Vizcaya); Norma Foral 7/2006 de 20 de octubre, de montes (Guipúzcoa); Ley 3/1993, de 9 de diciembre, forestal de la Comunidad Valenciana[30].

Pues bien, en este panorama de dispersión normativa —resultado de diversos factores—, por lo que se refiere especialmente a la gestión de los riesgos naturales en los términos expuestos hasta ahora, se trata de identificar cual es la presencia efectiva del principio de

---

[29] Debe tenerse en cuenta el Decreto ley 2/2023, de 13 de abril, de medidas urgentes sobre prevención y extinción de incendios forestales, que modifica algunos preceptos de la Ley de montes.

[30] La mayoría de Comunidades autónomas que no disponen de leyes en materia de prevención y/o extinción de incendios han aprobado decretos u ordenes que regulan estos aspectos. Además, diversas Comunidades han desarrollado normativa específica relativa a materias como la zonificación de áreas de especial riesgo de incendios forestales, el personal implicado en materias de prevención o extinción o la regulación de actividades con especial riesgo de incendio. La Comunidad de Murcia ha iniciado la tramitación de un proyecto de Ley forestal en fase de consulta pública al cierre de este trabajo.

cooperación en la legislación desarrollada en las materias objeto de examen. En este sentido, nuestro objetivo es el de analizar hasta qué punto el legislador autonómico al regular los mecanismos de intervención en el ámbito más general de la protección civil, y en el más concreto de los incendios forestales, ha tenido en cuenta, o no, la importancia de la cooperación horizontal, especialmente por lo que respecta a las Comunidades limítrofes[31].

La complejidad descrita en relación con el marco de distribución competencial y el marco legislativo se traslada también al conjunto de instrumentos de intervención regulados. En concreto, nos referimos —entre el conjunto de mecanismos posibles[32]—, de manera destacable, a los diversos instrumentos de planificación que se prevén tanto al regular la protección civil como los incendios forestales, y en relación con las diferentes escalas de intervención. La ausencia de previsión de una actuación integrada y, por consiguiente, la complejidad de las herramientas contempladas en la legislación vigente puede fácilmente generar descoordinación y un conjunto de carencias que requieren, de manera imprescindible, una buena regulación y aplicación efectiva de mecanismos de coordinación y de colaboración entre las administraciones públicas[33]. Debe añadirse en este sentido, como avance del apartado siguiente, que, a lo largo de la regulación de la pluralidad de herramientas de planificación establecidas, son inexistentes las referencias a la integración de instru-

---

31 Tal como ya se ha señalado, en el estudio nos centramos en la cooperación horizontal en zonas limítrofes y, por tanto, atendemos especialmente al límite interautonómico *terrestre*, de modo que excluimos las CCAA de Baleares y Canarias.

32 Sobre algunas de las principales técnicas de gestión territorial de los riesgos, *vid.* Vaquer Caballería, 2022, "Derecho del territorio", *op. cit.* pp. 134-139.

33 Sobre la importancia de incorporar la gestión del riesgo de los desastres a la planificación (nacional y subnacional) en la que es fundamental un enfoque multisectorial y es básico considerar la colaboración y la cooperación entre todas las escalas y actores implicados, vid. la interesante perspectiva que se aporta por Bello, O.; Bustamante, A.; Pizarro, P. (2020). *Planificación para la reducción del riesgo de desastres en el marco de la Agenda 2030 para el Desarrollo Sostenible.* Comisión Económica para América Latina y el Caribe (CEPAL), pp. 30-35 y pp. 55-56.

mentos de cooperación en el contenido de los planes autonómicos y, por tanto, también nulas las referencias a las relaciones horizontales entre territorios limítrofes.

Veamos, por tanto, y sin ánimo de tratar en este momento de manera detallada y exhaustiva este aspecto[34], cuáles son las previsiones en el contexto de la legislación estatal dictada en las materias que aquí nos ocupan. Así, por una parte, la Ley 17/2015, de 9 de julio, del Sistema nacional de protección civil prevé como instrumentos de planificación de la protección civil[35], el Plan estatal general[36], los Planes territoriales, los Planes especiales y los Planes de autoprotección (art. 14.2 y art.15)[37]. Debe tenerse en cuenta que los Planes

---

34 Para mostrar la complejidad sólo nos referimos, en este momento, a las previsiones en la legislación estatal sobre las materias aquí tratadas. Un análisis detallado de los instrumentos de planificación que confluyen en la gestión del riesgo requeriría un examen completo de los instrumentos de planificación desarrollados en legislación autonómica. En este sentido, sobre los instrumentos de planificación en la protección civil, *vid.* Lidón, M.; Ortiz, L., 2018, "Gestión de emergencias y protección civil", *op. cit.*, p. 59 y ss.; Lázaro García, A.; Herrero, G.; Montiel, C.; Molina, D., 2008, "Organización de la defensa contra incendios forestales en el Estado de las Autonomías: el caso español", *op. cit.*, pp. 13-20, al exponer cual ha sido el desarrollo de los instrumentos de planificación autonómicos para la gestión de los incendios forestales, señalan como principales herramientas los planes forestales (que, en general, incluyen la defensa frente al riesgo de incendios forestales) y los planes de emergencia frente al riesgo de incendio. En concreto, sobre los planes de ordenación de los recursos forestales, *vid.* Moreno Molina, 2013, "Protección jurídica de los montes", *op. cit.*, pp. 391-422.

35 "Art.14. Planes de Protección Civil.1. Los Planes de Protección Civil son los instrumentos de previsión del marco orgánico-funcional y de los mecanismos que permiten la movilización de los recursos humanos y materiales necesarios para la protección de las personas y de los bienes en caso de emergencia, así como del esquema de coordinación de las distintas Administraciones Públicas llamadas a intervenir".

36 Resolución de 16 de diciembre de 2020, de la Subsecretaría, por la que se publica el Acuerdo del Consejo de Ministros de 15 de diciembre de 2020, por el que se aprueba el Plan Estatal General de Emergencias de Protección Civil.

37 "Art. 14. Planes de Protección Civil. 2. Los Planes de Protección Civil son el Plan Estatal General, los Planes Territoriales, de ámbito autonómico o local, los Planes Especiales y los Planes de Autoprotección. Art. 15. Tipos de

Territoriales, pueden ser de ámbito local o autonómico, y se elaboran para dar respuesta a los riesgos de emergencia que se puedan presentar en el territorio correspondiente, siendo aprobados por la Administración autonómica o local competente en cada caso. Los Planes especiales, que pueden ser estatales o autonómicos, se prevén para hacer frente a riesgos concretos, como es el caso de los incendios forestales, correspondiendo su aprobación a la Administración competente tal como se contempla en la norma[38]. A los efectos de la elaboración de los Planes de Protección Civil previstos, debe tenerse

---

Planes. 1. El Plan Estatal General desarrolla la organización y los procedimientos de actuación de la Administración General del Estado para prestar apoyo y asistencia a las otras Administraciones Públicas, en casos de emergencia de protección civil, así como ejercer la dirección y coordinación del conjunto de las Administraciones Públicas en las emergencias declaradas de interés nacional. La aprobación del Plan Estatal General corresponde al Gobierno, a propuesta del Ministro del Interior. 2. Son Planes Territoriales todos aquellos que se elaboran para hacer frente a los riesgos de emergencia que se puedan presentar en el territorio de una Comunidad Autónoma o de una Entidad Local. Dichos Planes serán aprobados por la Administración competente, autonómica o local, de conformidad con lo previsto en su legislación específica. 3. Son Planes Especiales los que tienen por finalidad hacer frente a los riesgos de inundaciones; terremotos; maremotos; volcánicos; fenómenos meteorológicos adversos; incendios forestales; accidentes en instalaciones o procesos en los que se utilicen o almacenen sustancias químicas, biológicas, nucleares o radiactivas; accidentes de aviación civil y en el transporte de mercancías peligrosas, así como los relativos a la protección de la población en caso de conflicto bélico y aquellos otros que se determinen en la Norma Básica. Los Planes Especiales podrán ser estatales o autonómicos, en función de su ámbito territorial de aplicación, y serán aprobados por la Administración competente en cada caso. (...). 4. Los Planes de Autoprotección establecen el marco orgánico y funcional previsto para los centros, establecimientos, instalaciones o dependencias recogidas en la normativa aplicable, con el objeto de prevenir y controlar los riesgos de emergencia de protección civil sobre las personas y los bienes y dar respuesta adecuada en esas situaciones".

38 En concreto, y por lo que aquí interesa, la Resolución de 31 de octubre de 2014, de la Subsecretaría, publica el Acuerdo del Consejo de Ministros de 24 de octubre de 2014, por el que se aprueba el Plan Estatal de Protección Civil para Emergencias por Incendios Forestales.

en cuenta la Norma Básica de Protección Civil[39] a la que corresponde establecer las directrices básicas[40] para la identificación de riesgos de emergencias y actuaciones para su gestión integral, así como los criterios generales y el contenido mínimo que deberán respetar (art.13). Merece ser destacado que, para su aprobación, mediante real decreto, la Norma Básica deberá contar con el informe previo del Consejo Nacional de Protección Civil que se define como el órgano de cooperación de la Administración del Estado, de las Comunidades autónomas y Administración local[41]. Además, la Estrategia Nacional de Protección Civil, cuya aprobación corresponde al Consejo de Seguridad Nacional, marca las "líneas estratégicas de acción para alinear, integrar y priorizar los esfuerzos que permitan optimizar los recursos

39 *Vid.* el Real Decreto 524/2023, de 20 de junio, por el que se aprueba la Norma Básica de Protección Civil.

40 A los efectos de nuestro estudio, es interesante tener en cuenta que el art. 3 de la actual Norma Básica de Protección, define las Directrices Básicas de Planificación como "los instrumentos para garantizar la homogeneidad y coherencia de la planificación de los riesgos en los que concurran planes de varias Administraciones Públicas". En este sentido, el Real Decreto 524/2023, de 20 de junio, por el que se aprueba la Norma Básica de Protección Civil, deroga de modo expreso el Real Decreto 893/2013, de 15 de noviembre, por el que se aprueba la Directriz básica de planificación de protección civil de emergencia por incendios forestales (Disposición derogatoria única. 2.g)), de modo que al cierre de este estudio no contamos con una nueva Directriz en este ámbito.

41 "Art. 39.1. El Consejo Nacional de Protección Civil es el órgano de cooperación en esta materia de la Administración General del Estado, de las Administraciones de las Comunidades Autónomas, de las Ciudades con Estatuto de Autonomía y de la Administración Local, representada por la Federación Española de Municipios y Provincias, como asociación de Entidades Locales de ámbito estatal con mayor implantación. Tiene por finalidad contribuir a una actuación eficaz, coherente y coordinada de las Administraciones competentes frente a las emergencias. 2. Forman parte del Consejo Nacional el Ministro del Interior, que lo preside, los titulares de los departamentos ministeriales que determine el Gobierno, los representantes de las Comunidades Autónomas y de las Ciudades con Estatuto de Autonomía competentes en materia de protección civil, designados por éstas, y la persona, con facultades representativas, que designe la Federación Española de Municipios y Provincias. (...). 4. El Consejo Nacional tendrá el carácter de Comité Español de la Estrategia Internacional para la Reducción de Desastres de las Naciones Unidas".

disponibles para mitigar los efectos de las emergencias" [42]. Corresponde en este caso al Consejo Nacional de Protección Civil la aprobación de las líneas básicas de la Estrategia, así como las directrices para su implantación, seguimiento y evaluación periódica (art. 4.1).

Por otra parte, la Ley de Montes 43/2003, de 21 de noviembre, por lo que se refiere a los instrumentos estratégicos y de planificación que pueden incidir en la actuación frente a los incendios forestales, prevé la Estrategia forestal española (art. 29), el Plan forestal español (art. 30), y los Planes de ordenación de los recursos forestales —PORF— (art. 31)[43]. Interesa especialmente destacar estos últimos que de acuerdo con el precepto "podrán" elaborar las Comunidades autónomas como instrumentos de planificación forestal, cuyo contenido será obligatorio y ejecutivo en las materias reguladas en la Ley de Montes, e indicativo respecto a otras actuaciones, planes o programas sectoriales (art. 31). Precisamente, uno de los aspectos

---

42 "Art. 4.1. La Estrategia del Sistema Nacional de Protección Civil consiste en analizar prospectivamente los riesgos que pueden afectar a las personas y bienes protegidos por la protección civil y las capacidades de respuesta necesarias, y en formular en consecuencia las líneas estratégicas de acción para alinear, integrar y priorizar los esfuerzos que permitan optimizar los recursos disponibles para mitigar los efectos de las emergencias. El Consejo Nacional de Protección Civil aprobará las líneas básicas de la Estrategia del Sistema Nacional de Protección Civil y las directrices para su implantación, seguimiento y evaluación periódica. Podrán establecerse planes de actuación anuales o programas sectoriales para su implementación. Esta Estrategia se revisará, al menos, cada cuatro años. 2. La Estrategia Nacional de Protección Civil integrará y alineará todas las actuaciones de la Administración General del Estado en esta materia. Será aprobada por el Consejo de Seguridad Nacional, a propuesta del Ministro del Interior." *Vid.* la Orden PJC/1430/2024, de 16 de diciembre, por la que se publica el Acuerdo del Consejo de Seguridad Nacional de 15 de octubre de 2024, por el que se aprueba la Estrategia Nacional de Protección Civil.

43 Lázaro García, A.; Herrero, G.; Montiel, C.; Molina, D., 2008, "Organización de la defensa contra incendios forestales en el Estado de las Autonomías: el caso español", *op. cit.*, pp. 13-20, ponen de relieve como, en general, los instrumentos autonómicos de gestión forestal han incluido en sus previsiones aspectos relativos a los incendios forestales, aunque con distinto alcance y naturaleza, y en la mayoría de los supuestos, en un programa específico y no incorporando la problemática de un modo transversal.

potestativamente incluidos en los PORF, según la Ley, podrá ser el de la planificación de las acciones necesarias para el cumplimiento de los objetivos fijados en el plan, incorporando, entre otras, las previsiones referidas a la prevención y extinción de incendios[44]. Además, y en cuánto a las previsiones relativas de modo directo a los incendios forestales, se ha desarrollado en el marco de las previsiones del art. 46, desde 2019, el denominado Programa Nacional de Preparación en Incendios Forestales, en colaboración con las Comunidades autónomas, con el objetivo de avanzar en la coordinación y la interoperabilidad de los recursos compartidos en la extinción de incendios forestales, fomentando la convergencia de procedimientos, protocolos y nomenclatura. Finalmente, se suma a este panorama diverso de mecanismos de intervención, la previsión en el art. 48 de la Ley de Montes, de los planes anuales para la prevención, vigilancia y extinción de incendios forestales, que deberán elaborar y aprobar las Comunidades Autónomas ante el riesgo general de incendios forestales, además de los que anualmente aprueba el Consejo de ministros. Su contenido deberá integrar el conjunto de las actuaciones a desarrollar y su ámbito será el territorio de la Comunidad Autónoma correspondiente[45]. El Ministerio aprobará las directrices y criterios

---

44 "Art. 31.1. Las comunidades autónomas podrán elaborar los planes de ordenación de recursos forestales (PORF) como instrumentos de planificación forestal, constituyéndose en una herramienta en el marco de la ordenación del territorio. 2. El contenido de estos planes será obligatorio y ejecutivo en las materias reguladas en esta ley. Asimismo, tendrán carácter indicativo respecto de cualesquiera otras actuaciones, planes o programas sectoriales. (...). 6. Las comunidades autónomas, a propuesta de su órgano forestal, elaborarán y aprobarán los PORF y determinarán la documentación y contenido de estos que, con independencia de su denominación, podrán incluir los siguientes elementos:
f) Planificación de las acciones necesarias para el cumplimiento de los objetivos fijados en el plan, incorporando las previsiones de repoblación, restauración hidrológico-forestal, prevención y extinción de incendios, prevención y lucha contra plagas, regulación de usos recreativos y ordenación de montes, incluyendo, cuando proceda, la ordenación cinegética, piscícola y micológica".

45 "Art. 48. 1. Las Comunidades Autónomas ante el riesgo general de incendios forestales, elaborarán y aprobarán planes anuales para la prevención, vigilancia y extinción de incendios forestales. Los referidos planes, que de-

comunes que se deberán observar en su elaboración, contando con la participación de las Comunidades Autónomas y previo informe del Comité de Lucha contra Incendios Forestales, órgano de coordinación en las tareas de prevención y extinción de los incendios, en cuya composición se prevé representación autonómica y estatal[46].

También con respecto a las estructuras organizativas de los ejecutivos autonómicos el panorama, en general, ofrece un paisaje de complejidad ante la dispersión con la que se atribuyen las responsabilidades vinculadas a la gestión de los riesgos que, de facto, es coherente con la falta de un tratamiento efectivamente transversal de esta cuestión. Muy a menudo, en los gobiernos autonómicos las cuestiones relacionadas con la gestión de los riesgos se distribuyen entre los departamentos de interior o seguridad, medio ambiente, acción climática, territorio, agricultura, etc[47]. Evidentemente, esta

---

berán ser objeto de publicidad previa a su desarrollo, comprenderán la totalidad de las actuaciones a desarrollar y abarcarán la totalidad del territorio de la Comunidad Autónoma correspondiente. 2. El Ministerio para la Transición Ecológica y el Reto Demográfico elaborará, con la participación de las comunidades autónomas y previo informe del Comité de Lucha contra Incendios Forestales, las directrices y criterios comunes precisos para la elaboración de los referidos planes, que se aprobarán mediante real decreto".

46 El Real Decreto 1424/2008, de 14 de agosto, por el que se determinan la composición y las funciones de la Comisión Estatal para el Patrimonio Natural y la Biodiversidad, establece, en el art. 5.1. f), como uno de los comités especializados adscritos a la misma, el Comité de Lucha contra los Incendios Forestales, "(...) que tratará la coordinación de los medios de auxilio, de comunicación y aéreos en las operaciones de prevención contra dichos incendios y de extinción de los mismos, sin perjuicio de las competencias que corresponden a las comunidades autónomas y a las ciudades de Ceuta y de Melilla. (...) 3. Cada uno de los Comités especializados estará compuesto por una persona representante de cada comunidad autónoma y de las ciudades de Ceuta y de Melilla, y al menos una persona representante del Ministerio para la Transición Ecológica y el Reto Demográfico (...) que ejercerá su Presidencia".

47 *Vid.* al respecto: Andalucía. Decreto del Presidente 6/2024, de 29 de julio, sobre reestructuración de Consejerías; Decreto 105/2024, de 13 de julio, por el que se desarrolla la estructura orgánica básica de la Administración de la Comunidad Autónoma de Aragón; Decreto 67/2023, de 11 de agosto, por el que se establece la estructura orgánica básica de la Presidencia del

situación demanda que, también con carácter interno, se implementen efectivos y eficaces instrumentos de coordinación que corrijan los problemas que pueda conllevar la dispersión y fragmentación en la toma de decisiones concernientes a la gestión de los riesgos naturales. Cualquier disfunción atribuible a este modelo de organización administrativa interna derivará en problemas que se agravaran cuando la gestión del riesgo deba abordarse más allá del propio territorio autonómico, se trate de cuestiones a resolver en zonas limítrofes y se requiera, por tanto, una voluntad decidida —que cuente con instrumentos adecuados— de colaboración.

Principado de Asturias y sus órganos de apoyo; Decreto 54/2023, de 20 de julio, por el que se modifica parcialmente la Estructura Orgánica Básica de las Consejerías del Gobierno de Cantabria; Castilla-La Mancha. Decreto 68/2023, de 9 de julio, por el que se establece la estructura de la Administración Regional; Decreto 1/2022, de 19 de abril, del Presidente de la Junta de Castilla y León, de reestructuración de consejerías; Decreto 133/2024, de 11 de agosto, de creación, denominación y determinación del ámbito de competencia de los departamentos en que se organiza el Gobierno y la Administración de la Generalitat de Cataluña; Decreto 49/2024, de 22 de abril, por el que se fija la estructura orgánica de las consellerías de la Xunta de Galicia; Decreto77/2023, de 21 de julio, por el que se establece la estructura orgánica básica de la Administración de la Comunidad Autónoma de Extremadura; Decreto Foral 10/2023, de 17 de agosto, por el que se establece la estructura departamental de la administración de la Comunidad Foral de Navarra; Decreto del Presidente 6/2023, de 1 de julio, por el que se modifica el número, denominación y competencias de las consejerías de la Administración General de la Comunidad Autónoma de La Rioja; Decreto 76/2023, de 5 de julio, del Consejo de Gobierno, por el que se establece la estructura orgánica básica de las Consejerías de la Comunidad de Madrid; Decreto 18/2024, de 23 de junio, del Lehendakari, de creación, supresión y modificación de los Departamentos de la Administración General de la Comunidad Autónoma del País Vasco y de determinación de funciones y áreas de actuación de los mismos; Comunidad Valenciana. Decreto 32/2024, de 21 de noviembre, de la Presidencia de la Generalitat, por el que se determinan el número y la denominación de las consejerías y sus atribuciones y Decreto 36/2024, de 3 de diciembre, del presidente de la Generalitat, de modificación del Decreto 32/2024.

III. INSTRUMENTOS DE COOPERACIÓN: PREVISIONES, REALIDADES Y POSIBILIDADES

1. *Previsiones legislativas*

En este contexto de complejidad, tanto por el ámbito objeto de intervención como por el marco normativo resultante de la organización territorial del Estado y la distribución competencial, examinamos a continuación en qué medida la legislación autonómica relativa a la protección civil y a los incendios forestales, en los términos expuestos, ha integrado como uno de los criterios clave en la gestión del riesgo —aunque desde esta aproximación dispersa y fragmentada— la colaboración y la cooperación horizontal.

Tomando como base el exhaustivo tratamiento realizado en capítulos anteriores de esta obra, partimos de la regulación que la legislación general en vigor ofrece en relación con los diversos mecanismos de cooperación que pueden aplicarse en las relaciones horizontales en el contexto del Estado descentralizado y complejo que se ha configurado a partir de las previsiones constitucionales y estatutarias. El punto de partida es, pues, la Ley 40/2015, de 1 de octubre, de Régimen Jurídico del Sector Público (LRJSP), y en concreto, los arts. 144 y ss. en los que se prevén distintos instrumentos para la cooperación[48]. De la variedad de fórmulas reguladas son diversas las que podrían contemplarse en la legislación autonómica objeto de análisis, siendo algunas de ellas especialmente apropiadas atendiendo a las exigencias de cooperación horizontal que requiere el desarrollo

---

48 *Vid.* al respecto, el tratamiento que del tema realizan, Vega Labella, J. I. (2016). "Relaciones interadministrativas en la Ley 40/2015, de 1 de octubre, de Régimen Jurídico del Sector Público". *Asamblea: revista parlamentaria de la Asamblea de Madrid*, 34, pp. 285-323; y, Vilalta Reixach, M. (2017). "Las relaciones interadministrativas en la nueva Ley de régimen jurídico del sector público". *Cuadernos de Derecho Local*, 44, pp. 48-82. Es interesante también, aunque referido al marco normativo anterior, en relación con los instrumentos de cooperación orgánica, el enfoque aportado por Navarro Munuera, A. (1989). "Las relaciones interautonómicas de cooperación: mecanismos y posibilidades de articulación orgánica". *Revista de Administración pública*, 120, pp. 401-414.

de la función pública de gestión de los riesgos especialmente en las áreas de frontera.

Así, se podrían integrar, tanto los instrumentos orgánicos de cooperación que relacionamos, a continuación, sucintamente: la participación en órganos de cooperación en los que participa el Estado (Conferencia de Presidentes, Conferencias Sectoriales, arts. 146 y art. 147); la participación de otras Comunidades Autónomas en los órganos consultivos autonómicos, en nuestro caso, aquellos que se pudieran crear en el ámbito de la protección civil o gestión de los incendios (art. 144.1 b)); la creación de Comisiones Territoriales de Coordinación (en las que no necesariamente debe participar el Estado) reservadas a aquellas Administraciones cuyos territorios sean limítrofes, cuando la proximidad territorial o la concurrencia de funciones administrativas así lo requiera, con el objetivo de mejorar la coordinación, la eficacia y la calidad de los servicios, así como prevenir duplicidades (art. 154)[49]. Como también, sería posible regular, con carácter complementario, otros mecanismos que permitirían favorecer la cooperación horizontal en la toma de decisiones en estos ámbitos, así: la emisión de informes no preceptivos con la finalidad de que las distintas Administraciones autonómicas expresen su criterio (art. 144.1.f) en nuestro caso en los procedimientos de elaboración de los instrumentos de planificación; o, también, la previsión de la cooperación para la aplicación coordinada de la normativa reguladora de la materia. Atendiendo a la complejidad del ámbito de intervención, esta última se presenta como una técnica especialmente indicada, sin perjuicio de la necesidad, ya señalada, de renovar, modificar y adaptar el marco normativo relativo a la gestión de los riesgos.

---

49 Se trata de un instrumento que podría ser idóneo, a los efectos de una efectiva y eficaz gestión de los riesgos, tanto con carácter general, como atendiendo especialmente a las condiciones en las que deben desarrollarse las actuaciones de prevención y extinción de los incendios forestales. La composición multilateral que se prevé —CCAA y Entidades locales— y la naturaleza obligatoria de sus acuerdos refuerzan la utilidad de esta fórmula organizativa que podría ser complementaria en el desarrollo de las restantes técnicas de cooperación referidas.

La tipología de actuaciones que requieren los ámbitos a los que nos referimos, configuran a los convenios interadministrativos como herramientas que pueden ser idóneas y complementarias de otras técnicas de cooperación interautonómica. En este sentido, la normativa autonómica podría desarrollar esta figura —en el marco de los convenios entre Comunidades Autónomas previstos en el art. 145.2 de la Constitución— previendo su posible formalización como técnica jurídico-obligatoria de cooperación funcional, de acuerdo con lo establecido en la LRJSP (arts. 47 y ss. y art.144 LRJSP). Conviene, no obstante, subrayar la diferencia entre los acuerdos a los que nos referimos —jurídico-obligatorios— y los denominados "Protocolos Generales de Actuación" que han proliferado en diversos ámbitos de intervención (art. 47 LRJSP). Se trata, en este supuesto, de "meras declaraciones de intención de contenido general o que expresen la voluntad de las Administraciones y partes suscriptoras para actuar con un objetivo común, siempre que no supongan la formalización de compromisos jurídicos concretos y exigibles" (art. 47.1 LRJSP). En este sentido, podrían ser útiles para plasmar una voluntad inicial de cooperación, pero serían del todo ineficaces en relación con las actuaciones concretas y efectivas que requiere el ámbito de la gestión de los riesgos.

Veamos, pues, cuál es la realidad a partir de un examen exhaustivo de la legislación que se presenta aquí de modo sintético, atendiendo a los requerimientos de extensión de esta obra colectiva. Antes de entrar en el contenido de la normativa autonómica, es pertinente mencionar cuál es la presencia de la cooperación, de la cooperación horizontal, y más en concreto, de la cooperación horizontal en espacios limítrofes, en las leyes estatales dictadas en los ámbitos materiales que nos ocupan. Si partimos, pues, del marco legal que ofrece la legislación del Estado, de modo general, se contemplan los principios de colaboración y cooperación entre aquellos que deben regir las actuaciones dentro del Sistema nacional de protección civil (art 3, Ley 17/2015, de 9 de julio, del Sistema Nacional de Protección Civil). Pero también, como aquellos que deben guiar la elaboración y ejecución de las políticas forestales de las diversas Administraciones públicas (art. 3, Ley 43/2003, de 21 de noviembre, de Montes, modificada por la Ley 21/2015, de 20 de julio). En este sentido, y al regular la organización de la extinción de los incendios forestales (art. 46 Ley 43/2003), como ya hemos apuntado anteriormente, se prevé el establecimiento —por parte del Ministerio competente en colaboración con las Comunidades Autónomas— de directrices comunes para la implantación de un sistema de gestión de emergencias común, con el objetivo de facilitar la coordinación entre los dispositivos de extinción de incendios forestales, asegurando así la asistencia recíproca de las Administraciones competentes y la utilización conjunta de los de los medios personales y materiales. Además, en el caso de incendios en zonas limítrofes de dos o más comunidades autónomas, se establece —de manera general— que los órganos competentes de éstas coordinarán sus dispositivos de extinción (art. 46.3), a iniciativa propia o a instancia de la Administración General del Estado. No obstante, no se encuentra ninguna referencia explícita a la necesidad de desarrollar acciones de cooperación entre estas Comunidades autónomas.

Sí, se encuentran, diversas previsiones de instrumentos de colaboración vertical que pueden favorecer la cooperación entre Comunidades Autónomas siempre que su funcionamiento sea adecuado atendiendo a su naturaleza y funciones. Así, en el ámbito de la protección civil, el Consejo Nacional de Protección Civil (art. 39, Ley 17/2015, de 9 de julio, del Sistema Nacional de Protección Civil), al que nos hemos referido anteriormente, como órgano de cooperación al que le corresponde contribuir a una "actuación eficaz, coherente y coordinada de las Administraciones competentes frente a las emergencias" y en el que están representados los diferentes departamentos ministeriales que se determinen, representantes de las Comunidades Autónomas, y representantes de la Administración local. En el ámbito de la política forestal, el art. 10.1 de la Ley 43/2003, de 21 de noviembre, de Montes, prevé, por una parte, la Conferencia Sectorial de Agricultura y Desarrollo Rural como instrumento de coordinación entre la Administración General del Estado y las Comunidades autónomas para la "preparación, estudio y desarrollo de las cuestiones propias de la política forestal española". Y, por otra, crea el Consejo Forestal Nacional como órgano consultivo, en materia de montes y política forestal, del Ministerio competente (art. 10.2), que informará, entre otras actuaciones, las normas y planes de ámbito estatal relativas al ámbito forestal[50]. El Consejo está integrado por representantes de los sectores implicados en la configuración de las políticas forestales, entre ellos los gobiernos autonómicos y la Administración local. Finalmente, y en la línea antes señalada, el Comité forestal y el Comité de lucha contra los incendios forestales, son órganos —adscritos a la Comisión Estatal del Patrimonio Natural y de la Biodiversidad[51]— de coordinación de las actuaciones en estos ámbitos, sin perjuicio de las competencias autonómicas[52]. Su composición asegura la representación de las Comunidades autónomas, de las ciudades de Ceuta y Melilla y del Ministerio para la Transición Ecológica y el Reto Demográfico.

El examen de la legislación autonómica —antes descrita— no permite avanzar demasiado, más bien poco, en el sentido de una mayor concreción y profundización de la cooperación interautonómica en las materias objeto de nuestro interés permitiendo progresar en el enfoque adecuado que exige la gestión de los riesgos. Así, en cuanto al objeto de la cooperación, debemos señalar, en primer lugar, que las previsiones de colaboración se refieren en la mayoría de supuestos a la gestión o intervención en la situación de emergencia y no a la previsión del riesgo[53]. En segundo lugar, en cuanto a las pre-

---

50 El Real Decreto 1269/2018, de 11 de octubre, determina la composición, las funciones y las normas de funcionamiento del Consejo Forestal Nacional.

51 Real Decreto 1424/2008, de 14 de agosto, por el que se determinan la composición y las funciones de la Comisión Estatal para el Patrimonio Natural y la Biodiversidad, se dictan las normas que regulan su funcionamiento y se establecen los comités especializados adscritos a la misma.

52 Respecto a la eficacia de estos instrumentos en la gestión adecuada de los riesgos, resulta de interés la siguiente consideración: "(...). Aunque el Comité de Lucha contra Incendios Forestales ejerce, de forma colegiada, un papel esencial en la coordinación de las principales administraciones competentes, la gestión estratégica de los incendios forestales se sigue abordando de forma parcial, lo que implica la necesidad de disponer de un marco de acción común a escala nacional, capaz de integrar a todos los agentes, públicos y privados, que tienen algún grado de responsabilidad en la materia", en *Orientaciones estratégicas para la gestión de incendios forestales en España*, 2022, *op. cit.*, p. 2.

53 Ciertamente esta es una constatación que se observa en el texto de los preceptos al establecerse el objeto de las distintas leyes autonómicas.

visiones de cooperación interautonómica en general y, en particular, la referida a las Comunidades autónomas limítrofes, del conjunto de legislación analizada, se pueden distinguir tres situaciones:

- Aquellos casos en los que el precepto de la norma recoge tan solo una previsión genérica de colaboración y/o cooperación con el resto de Administraciones públicas (con referencia expresa en algunos casos a las Administraciones autonómicas):
  - Ley 2/2002, de 11 de noviembre, de gestión de emergencias en Andalucía. "Art. 18. 2. En el ejercicio de sus propias competencias, las Administraciones Públicas de Andalucía tienen el deber de colaborar en el desarrollo de actuaciones encaminadas a una adecuada gestión de las situaciones de emergencia. En las relaciones entre Administraciones, el contenido del deber de colaboración se desarrollará a través de los instrumentos y procedimientos que, de manera común y voluntaria, establezcan tales Administraciones Públicas."
  - Ley 10/2019, de 11 de abril, de protección civil y de gestión de emergencias de la Comunidad Autónoma de Extremadura. "Art. 45. 1. La Junta de Extremadura, en virtud del principio de solidaridad interterritorial, podrá suscribir con el resto de Administraciones públicas los instrumentos de colaboración y cooperación que estime necesarios para garantizar una adecuada gestión de las situaciones de emergencia que pudieran producirse en Extremadura así como la cesión de recursos movilizables de los que disponga la Administración de la Comunidad Autónoma cuando dichas situaciones de emergencia se produzcan en otro territorio."
  - Ley 5/2023, de 22 de marzo, de creación del sistema integrado de protección civil y emergencias de la Comunidad de Madrid. "Art. 24. 1. La Comunidad de Madrid, en virtud del principio de solidaridad interterritorial y coordinación interadministrativa, podrá suscribir con el resto de Administraciones Públicas los instrumentos de colaboración y cooperación, para garantizar una adecuada gestión y atención de las situaciones de emergencia que pudieran producirse

en su territorio, así como la cesión de recursos movilizables cuando dichas situaciones de emergencia se produzcan en otras partes del territorio español o fuera de éste, atendiendo a los criterios de proximidad y competencia por razón del territorio."

- Ley 5/1999, de 29 de junio, de prevención y lucha contra los incendios forestales Comunidad Autónoma de Andalucía "Art. 9. Las Administraciones Públicas Andaluzas cooperarán entre sí y colaborarán con la Administración del Estado y de otras Comunidades Autónomas en las tareas de prevención y lucha contra incendios forestales, aportando los medios materiales, humanos y económicos a su disposición, en los términos previstos en la presente Ley, los planes aprobados con arreglo a la misma y demás normas de aplicación en la materia."
- Ley 5/2004, de 24 de junio, de prevención y lucha contra los incendios forestales en Extremadura. "Art. 9. Las Administraciones Públicas de Extremadura cooperarán entre sí, y colaborarán con la Administración del Estado y las de otras Comunidades Autónomas, en las tareas de prevención y lucha contra incendios forestales, aportando los medios materiales, humanos y económicos a su disposición, en los términos previstos en la presente Ley, los planes aprobados con arreglo a la misma y demás normas de aplicación en la materia."
- Ley 3/2007, de 9 de abril, de prevención y defensa contra los incendios forestales de Galicia. "Art. 8. Las administraciones públicas de Galicia colaborarán entre sí y cooperarán en las tareas de prevención y lucha contra los incendios forestales, aportando los medios materiales, económicos y humanos a su disposición en los términos de la presente ley."
- Ley 2/1995, de 10 de febrero, de protección y desarrollo del patrimonio forestal de La Rioja. "Art. 45. 1. Corresponde a la Administración autonómica, en colaboración con la distintas Administraciones Públicas, la adopción de medi-

das conducentes a la prevención, detección y extinción de los incendios forestales que se produzcan en el ámbito de la Comunidad Autónoma, cualquiera que sea la titularidad de los terrenos."

- Ley Foral 13/1990, de 31 de diciembre, de protección y desarrollo del patrimonio forestal de Navarra. "Art. 37. 1. Compete a la Administración de la Comunidad Foral la planificación, coordinación y ejecución de las medidas precisas para la prevención y lucha contra los incendios forestales, sin perjuicio de las competencias de otras Administraciones Públicas con las que aquélla mantendrá relaciones de colaboración."
- Ley 3/1993, de 9 de diciembre, forestal de la Comunidad Valenciana. "Art. 55. 1. Corresponde a la Administración de la Generalidad Valenciana la planificación, coordinación y ejecución de las medidas y acciones necesarias para la prevención y lucha contra los incendios forestales, conjuntamente con las demás Administraciones Públicas y en colaboración con los particulares."

– Aquellos supuestos en los que, además, se prevé la suscripción de acuerdos o convenios con otras Comunidades Autónomas:

- Ley 2/2002, de 11 de noviembre, de gestión de emergencias en Andalucía. "Art. 27. 3. La Administración de la Junta de Andalucía y las entidades que integran la Administración Local podrán concertar cuantos acuerdos o convenios estimen convenientes con otras Administraciones Públicas y entidades para la movilización de servicios operativos en caso de grave riesgo, catástrofe o calamidad pública"
- Ley 30/2002, de 17 de diciembre, de protección civil y atención de emergencias de Aragón. "Art. 32. 7. El Gobierno de Aragón podrá suscribir acuerdos de cooperación con las comunidades autónomas colindantes en previsión de situaciones de emergencia que puedan acaecer en zonas limítrofes y que, por su escasa envergadura, no sean declaradas de interés nacional. Estos acuerdos serán sometidos a la ratifi-

cación de las Cortes de Aragón, de acuerdo con lo previsto en el Estatuto de Autonomía."

- Ley 4/2007, de 28 de marzo, de protección ciudadana de Castilla y León. "Art. 84. La Comunidad de Castilla y León establecerá los acuerdos necesarios, con otras Comunidades Autónomas para colaborar con ellas en la resolución de las situaciones de emergencia o catástrofe declaradas en su territorio. De manera especial, esta cooperación se establecerá con las Comunidades Autónomas limítrofes."

– Y, finalmente, como situación residual, algunos preceptos en los que se contempla de manera expresa la colaboración con las Comunidades autónomas limítrofes. No obstante, las referencias a la cooperación son genéricas y, por tanto, carecen de precisión. Ni en aquellos casos en los que se llega a concretar la referencia a los convenios como forma de relación con otras Comunidades autónomas, se concreta nada más sobre su contenido, naturaleza y consecuencias:

- Ley 10/2019, de 11 de abril, de protección civil y de gestión de emergencias de la Comunidad Autónoma de Extremadura. "Art. 45. 1. La Junta de Extremadura, en virtud del principio de solidaridad interterritorial, podrá suscribir con el resto de Administraciones públicas los instrumentos de colaboración y cooperación que estime necesarios para garantizar una adecuada gestión de las situaciones de emergencia que pudieran producirse en Extremadura así como la cesión de recursos movilizables de los que disponga la Administración de la Comunidad Autónoma cuando dichas situaciones de emergencia se produzcan en otro territorio. De manera especial, esta cooperación se llevará a cabo con las Comunidades Autónomas limítrofes y con las regiones vecinas de Portugal, en los términos y condiciones establecidos en la normativa sectorial aplicable (...)".

- Ley 1/2011, de 7 de febrero, de protección civil y atención de emergencias de La Rioja. "Art. 32. 1. El Gobierno de La Rioja, por medio de la consejería competente en materia de protección civil, de acuerdo con el principio de solidaridad, colaborará en la medida que permitan sus posibilidades y recursos para atender las demandas de ayuda, colaboración o recursos que puedan ser necesarios para superar o mitigar una situación de emergencia, catástrofe o calamidad en ámbitos territoriales externos a la Comunidad Autónoma de La Rioja, bien por solicitud de organismos o autoridades del territorio afectado, o bien por solicitud del organismo estatal competente, teniendo la ayuda o colaboración como límite la desprotección ante riesgos o emergencias previsibles en el ámbito de la Comunidad Autónoma de La Rioja. 2. La consejería del Gobierno de La Rioja competente en materia de protección civil coordinará las acciones y ofrecimientos de ayuda del ámbito autonómico de La Rioja, gestionando las mismas de acuerdo con las prioridades comunicadas por los organismos gestores de la situación de emergencia o catástrofe, en lo posible. Todo ello sin perjuicio de las disposiciones estatales que puedan estar vigentes al efecto. 3. El Gobierno de La Rioja podrá suscribir acuerdos de cooperación con las Comunidades Autónomas colindantes en previsión de situaciones de emergencia que puedan acaecer en zonas limítrofes y que, por su envergadura, no sean declaradas de interés nacional."

- Ley 3/2008, de 12 de junio, de montes y gestión forestal sostenible de Castilla-La Mancha. "Art. 57. 3. La Administración regional podrá establecer convenios de colaboración con otras Administraciones que dispongan de servicios de lucha contra incendios forestales. Igualmente, podrá establecer convenios de colaboración, acuerdos de cooperación o acordar protocolos de mutua asistencia para la extinción de incendios con otras Comunidades Autónomas, especialmente con las limítrofes a Castilla-La Mancha, conforme a lo dispuesto en el Estatuto de Autonomía de Castilla-La Mancha.

- Ley 16/1995, de 4 de mayo, forestal y de protección de la naturaleza de la Comunidad de Madrid. "Art. 47. Competencias administrativas. 1. Corresponde a la Comunidad de Madrid, sin perjuicio de las competencias del resto de

> las Administraciones públicas y de la colaboración con las mismas, la adopción de las medidas precisas para la prevención, detección y extinción de los incendios forestales que se produzcan en el ámbito territorial de la Comunidad, así como velar por la restauración de la riqueza forestal afectada, cualquiera que sea la titularidad de los terrenos. 2. La Comunidad de Madrid promoverá fórmulas de participación y coordinación de las distintas Administraciones públicas y de los particulares en la lucha contra los incendios forestales. 3. La Comunidad de Madrid prestará apoyo y asesoramiento técnico a otras Administraciones públicas en las actuaciones relativas a la lucha contra los incendios forestales. 4. La Comunidad de Madrid podrá establecer mecanismos de apoyo y coordinación con las Comunidades Autónomas limítrofes en la defensa contra incendios."

El resultado de la revisión llevada a cabo del complejo marco normativo, tanto en materia de protección civil como en materia de incendios forestales, en relación con la presencia de la cooperación como principio integrado efectivamente en la definición del modelo de intervención pública en estos ámbitos, es, por tanto, desfavorable. Si bien como hemos señalado, se identifican menciones generales a la colaboración interadministrativa, son poco precisas, escasas, y, además, prácticamente inexistentes en relación con la necesaria cooperación entre Comunidades Autónomas limítrofes. Más allá de las alusiones reproducidas, no se encuentra ninguna referencia a mecanismos que, a partir de las previsiones del marco legislativo general, se podrían tener en cuenta como herramienta útil en el desarrollo adecuado de la gestión de los riesgos (o protección civil y prevención y extinción de incendios, en los términos de la legislación desarrollada) que no se detienen en los territorios limítrofes. A la vista de los resultados obtenidos, el marco normativo es pues insuficiente para favorecer la cooperación interautonómica. Por consiguiente, sería conveniente, introducir de modo expreso, y con una regulación precisa, completa y adaptada a las complejidades del sector, la previsión de los distintos mecanismos (tanto orgánicos como de otra naturaleza), que a la vista de la regulación general, señalábamos como adecuados para el desarrollo, tanto de la función pública de protección civil, como, en concreto, de una adecuada gestión de los incendios forestales, todo ello en el marco de una voluntad de mejora de la gestión de los riesgos naturales.

2. Desarrollo efectivo

A la vista de las escasas previsiones en la legislación autonómica sectorial analizada y considerando, en cualquier caso, los instrumentos de cooperación que ofrece la legislación general (LRJSP), se trata finalmente de poder constatar, a partir de los datos con los que contamos[54], cual ha sido el desarrollo efectivo de las posibles fórmulas de cooperación por parte de las Comunidades Autónomas responsables, prestando especial atención a la cooperación interautonómica en los espacios limítrofes.

Sin duda es el convenio interadministrativo suscrito entre Comunidades Autónomas, como técnica funcional de cooperación[55], el instrumento que ha tenido una mayor repercusión en la práctica en el ámbito de la protección civil y las emergencias y también, con un volumen similar, en el ámbito de la prevención y extinción de los incendios forestales. El examen realizado nos ha permitido comprobar, lamentablemente, que, a parte de la utilización puntual de la técnica convencional (y los protocolos), ni se han previsto en la legislación sectorial, ni se han implementado en el ejercicio de las funciones pú-

---

54 Debemos señalar que, en general, el acceso y consulta de las diversas fuentes de información en este ámbito (Registros de convenios, BOE, BOCG, páginas web de las administraciones autonómicas) no facilita, ni permite en muchos casos, poder contar con datos de calidad, de modo que resulta imposible en muchos casos confirmar la formalización de los acuerdos, realizar un seguimiento riguroso y menos aún poder evaluar el grado efectivo de su ejecución. Las distintas previsiones estatutarias en cuanto al procedimiento aplicable a los convenios entre Comunidades Autónomas, a partir de lo establecido en el art. 145 CE, no facilita tampoco un seguimiento cierto, y con criterios homogéneos, de los instrumentos convencionales de los que se ha iniciado su tramitación.

55 Al respecto, *vid.*, entre otros, Pascual García, J. (2012). *Convenios de colaboración entre administraciones públicas y convenios con administrados.* BOE, pp. 339. Y también Vilalta Reixach, 2017, "Las relaciones interadministrativas en la nueva Ley de régimen jurídico del sector público", *op. cit.*, pp. 74-81.

blicas que nos ocupan en este trabajo, otros instrumentos que permitan afirmar que existe la voluntad por parte de los poderes públicos de cooperar para la consecución de un interés público de extrema relevancia como es el de la gestión de los riesgos[56]. En el mismo sentido, y en cuanto a la implementación efectiva del convenio, debe señalarse que, ni se trata de un mecanismo de actuación generalizado, de tal manera que no parece una práctica confirmada en la totalidad de Comunidades Autónomas[57], ni está exento de aspectos problemáticos que debilitan su eficacia, como señalaremos a continuación. Y, abundando también en la misma línea de las claras deficiencias que se observan en la cooperación horizontal —sea o no en áreas limítrofes—, resulta del estudio efectuado que, junto a la figura del convenio, se ha extendido la formalización de los denominados "protocolos generales de actuación". Se trata de simples declaraciones de intenciones que no revisten ninguna obligación jurídicamente exigible, y que, en algunos casos, integran o se vinculan a "protocolos sectoriales" —con la misma naturaleza— relativos a las emergencias, la protección civil y la prevención y extinción de incendios forestales.

En el ámbito de la protección civil y las emergencias se suscribe, como acuerdo de carácter multilateral, el Convenio de colaboración entre las Comunidades autónomas de Andalucía, Aragón, Castilla y León, Cataluña, Galicia, Islas Baleares, La Rioja, el País Vasco y Valencia (2011). Y, con carácter bilateral, el Convenio marco de colaboración y apoyo mutuo entre las Comunidades del Principado de Asturias y Galicia (2015), que incluye también especialmente las emergencias derivadas de los riesgos naturales[58].

---

56 En este sentido, con respecto a las carencias del Estado autonómico y la ausencia de voluntad de colaboración horizontal, vid., entre otros, el sugerente trabajo de García Morales, M. J. (2019). "Estado autonómico y ¿cultura federal?". *Cuadernos Manuel Giménez Abad*, 17, pp. 34-37.

57 Tanto el número de convenios como las Comunidades Autónomas que han suscrito los acuerdos, permite poner de relieve esta consideración a partir de la información consultada.

58 En 2006 consta la tramitación del Acuerdo de cooperación entre la Comunidad Autónoma de Galicia y la Comunidad Autónoma del Principado de Asturias en materia de protección civil (BOCG, núm. 618) que ahora se amplia y completa con la formalización de este convenio.

En materia de prevención y extinción de incendios forestales, también con carácter multilateral, se formalizan el Convenio de colaboración entre las Comunidades Autónomas de Andalucía, Aragón, Castilla-La Mancha, Castilla y León, Cataluña, Islas Baleares, La Rioja y Valencia (2010)[59], y el Convenio entre Asturias, Cantabria y Castilla y León (2011)[60]. Como instrumentos de cooperación bilateral, deben señalarse: el Convenio de colaboración entre Galicia y Castilla y León en materia de extinción de incendios forestales (2002); el Convenio de colaboración entre el Gobierno de La Rioja y Castilla y León (2006)[61]; el Convenio de colaboración entre Castilla y León y Extremadura, en materia de extinción de incendios forestales (2008); y, el Convenio de colaboración entre la Diputación Foral de Álava y el Gobierno de Navarra (2015).

En relación con el objeto de los convenios, debe destacarse, en primer lugar, que estos se ciñen, con carácter general, a la gestión de las emergencias y al servicio de extinción de incendios de modo que son escasas las referencias a actuaciones vinculadas a la prevención del riesgo. Y, en segundo lugar, que en aquellos casos en los que el objeto principal del convenio es la protección civil, se incluyen a menudo acuerdos relativos a la extinción de incendios, circunstancia que muestra la necesidad de un tratamiento integral y no fragmentado de estos ámbitos de intervención pública que requiere coordinación y colaboración efectiva y eficaz.

En cuanto al contenido de los acuerdos, se sigue, en la mayoría de los casos, una misma estructura y un contenido similar[62], con cláu-

---

59 Ley 7/2010, de 29 de septiembre, por la que se aprueban varios convenios de colaboración con otras Comunidades Autónomas para el establecimiento de programas de actuación conjunta en diversas materias, Anexo VI (BOE núm. 251, de 16 de octubre de 2010).

60 Cuya tramitación consta en el BOCG, núm. 7, de 20 de enero de 2011.

61 Consta la tramitación del Convenio en el BOCG, núm. 400, de 2 de febrero de 2006.

62 Las cláusulas que, en general, se incluyen en los convenios suscritos, comprenden los siguientes aspectos: objeto, competencias, compromisos generales de colaboración, coordinación mediante los centros de emergencia 112, ayuda recíproca, dirección unificada de los trabajos correspondientes, gastos de asistencia, comisión de seguimiento, resolución de controversias,

sulas breves expresadas en muchos casos sin demasiada extensión y detalle[63]. Los convenios se centran especialmente en la cooperación funcional frente a la emergencia ya producida, realizando previsiones de cooperación para facilitar una adecuada gestión, con referencias explícitas, en algunos casos puntuales, a la actuación que deberá desarrollarse en las Comunidades limítrofes[64]. Las previsiones de colaboración se concretan en la aportación de los medios necesarios -personales, materiales y económicos-, aunque, por lo general, sin mayor precisión. Esta aportación queda condicionada tanto a la solicitud de ayuda recíproca por parte de las Comunidades Autónomas firmantes como a la disponibilidad de recursos por parte de la Comunidad receptora. En algún supuesto, que es excepcional, destaca la previsión de elaborar, dentro de un plazo fijado desde la entrada en vigor del convenio, un "plan de actuación conjunta" con la finalidad de "mejorar e implantar con eficacia" las medidas previstas en el documento[65]. Con carácter general, se formaliza en la totalidad de los convenios consultados, la previsión de sendas comisiones de seguimiento —integradas por representantes de las Comunidades Autónomas firmantes— que deberán asegurar el cumplimiento del convenio. Destaca en algún caso concreto, y demasiado excepcional, la función que se asigna a la comisión de seguimiento en relación con la homogeneización de las actuaciones que se hubiesen previsto en otros convenios o protocolos suscritos sobre la misma materia[66].

---

plazo de vigencia y eficacia, adhesión de otras Comunidades Autónomas, extinción, modificación y separación del convenio

63 Aunque en algunos casos se incluyen previsiones concretas como las referidas a las zonas de ayuda inmediata o la dirección unificada de los trabajos de extinción.

64 Por ejemplo, en el Convenio de colaboración entre las Comunidades Autónomas de Andalucía, Aragón, Castilla-La Mancha, Castilla y León, Cataluña, Islas Baleares, La Rioja y Valencia en materia de prevención y extinción de incendios (2011), al prever las actuaciones en las denominadas zonas de ayuda inmediata cuando se trata de incendios forestales que se desarrollen en zonas limítrofes.

65 Es el caso del Convenio marco de colaboración y apoyo mutuo entre las Comunidades del Principado de Asturias y Galicia (2015).

66 Es el caso del Convenio de colaboración entre las Comunidades autónomas de Andalucía, Aragón, Castilla y León, Cataluña, Galicia, Islas Baleares, La Rioja, el País Vasco y Valencia, en materia de protección civil (2011), y del

La similitud en los contenidos de las cláusulas, antes apuntado, se produce también por lo que se refiere a la ausencia generalizada de dos aspectos que inciden de manera directa en la eficacia de los convenios y que se contemplan —en el art. 49 LRJSP— como parte del contenido obligatorio de los mismos. Por una parte, la inclusión necesaria de las "obligaciones y compromisos económicos asumidos por cada una de las partes, si los hubiera, indicando su distribución temporal por anualidades y su imputación concreta al presupuesto correspondiente de acuerdo con lo previsto en la legislación presupuestaria" (art. 49. d)). Y, por otra, la determinación de las "consecuencias aplicables en caso de incumplimiento de las obligaciones y compromisos asumidos por cada una de las partes y, en su caso, los criterios para determinar la posible indemnización por el incumplimiento" (art. 49. e))[67].

Finalmente, y por lo que respecta a la posibilidad de llevar a cabo un seguimiento adecuado de la ejecución de los acuerdos y una evaluación rigurosa de los resultados obtenidos con los mismos, el acceso a los datos sobre los convenios suscritos por las Comunidades Autónomas no siempre aporta la certeza necesaria. Esta situación puede obedecer a diversas circunstancias, tales como la ausencia de publicación del convenio, deficiencias en la actualización de los datos sobre el convenio, dificultades de acceso al documento correspondiente, o la iniciación de la tramitación del convenio sin que se haya formalizado el acuerdo mediante la firma pertinente. Como consecuencia de ello, en muchos casos no es posible determinar con certeza la vigencia del acuerdo. Este es, indudablemente, uno de los aspectos negativos que se suman a la deficiente situación de la cooperación horizontal en esta materia. No sólo es insuficiente el panorama descrito, sino que además no es posible realizar una valoración rigurosa de su desarrollo efectivo.

Convenio de colaboración entre las Comunidades Autónomas de Andalucía, Aragón, Castilla-La Mancha, Castilla y León, Cataluña, Islas Baleares, La Rioja y Valencia en materia de prevención y extinción de incendios forestales (2011).

67 La única referencia en este sentido, en algunos convenios, es la remisión genérica de los conflictos que pueda suscitar la aplicación del mismo a la jurisdicción contencioso-administrativa.

Como señalábamos, junto con los convenios han proliferado los "Protocolos Generales de Actuación". Práctica que debe ser subrayada considerando que se trata de "meras declaraciones" que no exigen la formalización de compromisos jurídicos concretos y exigibles (art. 47 LRJSP) y que se han suscrito, de modo bilateral y multilateral, tanto en el ámbito de la protección civil (especialmente en relación con las emergencias y al Servicio 112) como en el de la prevención y extinción de incendios. Se trata, por tanto, en general, de acuerdos iniciales que se remiten a instrumentos posteriores que deberán concretar, en su caso, las obligaciones que asuma cada parte, así como las acciones a desarrollar, su organización y su financiación. No obstante, en algunos supuestos, el contenido y la estructura de los protocolos presentan una notable similitud —e incluso coincidencia— con las de algunos convenios. Ello puede obedecer, bien a una confusión entre ambos instrumentos, bien a una utilización deliberada en atención a la naturaleza jurídica de los mismos[68].

Cabe señalar, además que algunos de los "Protocolos Generales de Actuación" incluyen, como hemos señalado, protocolos sectoriales. Así, por ejemplo, este es el caso del Protocolo General de Actuación suscrito entre la Comunidad de Madrid y las Comunidades de Castilla-La Mancha y Castilla y León (2020) que incluye un protocolo de coordinación funcional de centros 112, un protocolo para la prevención y extinción de incendios forestales y, un tercer protocolo para la actuación en operaciones de emergencia en túneles. Llama la atención en este caso, considerando la naturaleza del instrumento, la constitución (en 2021) de una comisión de seguimiento conjunta del contenido de los acuerdos. También, pese a su naturaleza, destacan los protocolos establecidos por la Comunidad de Castilla León con todas las Comunidades Autónomas limítrofes. Se trata de instrumentos de colaboración general que se refieren a diversos ámbitos sectoriales de intervención entre los que se incluyen los incendios forestales (educación, sanidad, medio ambiente, emergencias, cul-

---

68 Este es el caso del Protocolo suscrito entre Cataluña y Aragón en materia de prevención de incendios (2003).

tura, turismo, transportes, etc.)[69]. Con el mismo carácter, se acuerda el Protocolo General de Colaboración entre la Comunidad Foral de Navarra y la Comunidad Autónoma del País Vasco (diciembre 2021, con vigencia anual, prorrogable tácitamente) que, a su vez, deriva de protocolos anteriores. Su objeto es la promoción de la colaboración interautonómica para satisfacer los intereses comunes derivados de sus competencias, incluyendo 29 ámbitos de actuación, entre los que se incluye la protección civil.

Se han suscrito también, con la misma naturaleza y efectos, "Protocolos Generales" entre La Rioja y Aragón (2009), entre Navarra y La Rioja (actualizado en 2022, con previsión de prórrogas tácitas) y, entre Aragón y Navarra (actualizado en 2021, con previsión de prórrogas tácitas). En el ámbito concreto de la prevención de incendios forestales, cabe señalar, considerando su incidencia en la cooperación limítrofe, los protocolos acordados entre Cataluña y Aragón, y entre Cataluña y la Comunidad Valenciana (2003). Finalmente, resulta pertinente mencionar como muestra de la escasa relevancia que se atribuye a la cooperación interautonómica, un ejemplo de colaboración que se focaliza en un aspecto muy específico de la gestión de las emergencias. Se trata del protocolo sectorial formalizado, en 2020, entre las comunidades autonómas de Castilla y León y Castilla-La Mancha con el objeto de establecer los procedimientos de trabajo en común entre sus respectivos centros de emergencias 112.

---

69 Protocolo general de actuación entre la Comunidad de Madrid y la Junta de Castilla y León en materia de políticas públicas (2022); Protocolo general de actuación entre el gobierno de Cantabria y la Junta de Castilla y León (2024); Protocolo general de colaboración entre el Gobierno Vasco y la Junta de Castilla y León (2012, prorrogado); Protocolo general de colaboración entre la Xunta de Galicia y la Junta de Castilla y León (2010, prorrogado); Protocolo general de colaboración entre el gobierno de Aragón y la Junta de Castilla y León (2009, prorrogado); Protocolo general de colaboración entre la Junta de Comunidades de Castilla-La Mancha y la Junta de Castilla y León (2009, prorrogado); Protocolo general de colaboración entre la Junta de Extremadura y la Junta de Castilla y León (2009, prorrogado); Protocolo general de colaboración entre la Comunidad autónoma de la Rioja y la Junta de Castilla y León (2008, prorrogado, con adendas posteriores); Protocolo general de colaboración entre el gobierno del Principado de Asturias y la Junta de Castilla y León (2008, prorrogado).

Como señalábamos, resulta ilustrativo, en el ámbito de la colaboración interautonómica, el creciente uso del protocolo como instrumento de cooperación horizontal. No obstante, es especialmente significativo —desde la perspectiva del objeto de la cooperación, y más aún en un ámbito de tanta trascendencia como el de la gestión del riesgo de desastres— que uno de los aspectos recurrentes y centrales en los protocolos suscritos sea el funcionamiento de los centros de emergencia 112.

Referencias bibliográficas

Agudo González, J. (2011). "El Derecho administrativo ante los incendios: una propuesta para un nuevo enfoque". En Menéndez Reixach, A. (Dir.); De Marcos Fernández, A. (Coord.). *Protección civil y emergencias.* La Ley, 369-422.

Arana García, E. (Dir.); Conde Antequera; Garrido Manrique, J.; Navarro Ortega, A. (Coords.) (2017). *Riesgos naturales y derecho: una perspectiva interdisciplinar.* Dykinson S.L.

Bello, O.; Bustamante, A.; Pizarro, P. (2020). *Planificación para la reducción del riesgo de desastres en el marco de la Agenda 2030 para el Desarrollo Sostenible.* Comisión Económica para América Latina y el Caribe (CEPAL).

Conferencia Sectorial de Medio Ambiente (2022). *Orientaciones estratégicas para la gestión de incendios forestales en España.* Aprobadas por la Conferencia Sectorial de Medio Ambiente el 28 de julio de 2022.

De Marcos Fernández, A. (2017). "La configuración de la protección civil como sistema y su incidencia en el régimen de distribución de competencias entre el Estado y las Comunidades Autónomas (2017)". En Arana García, E. (Dir.); Conde Antequera; Garrido Manrique, J.; Navarro Ortega, A. (Coords.). *Riesgos naturales y derecho: una perspectiva interdisciplinar.* Dykinson S.L., 333-356.

Díaz Barrado, C.M. (2017). "Los objetivos de desarrollo sostenible: un principio de naturaleza incierta y varias dimensiones fragmentadas". *Anuario Español De Derecho Internacional,* 32, 9-48.

Farinós Dasí, J. (2021). "Agenda Territorial Europea 2030: un marco político orientado a la acción para el objetivo de la cohesión territorial". *Ciudad y Territorio. Estudios Territoriales,* 208, 583-594.

Fortes Martín, A. (2019). "La resiliencia ambiental y el (re)posicionamiento del derecho ante una nueva era sostenible de obligada adaptación al cambio". *Actualidad Jurídica Ambiental,* 92, 6-27.

Galindo Caldés, R.; Santasusagna Riu, A.; Tort i Donada, J. (2019). "La frontera como espacio de conflicto y como espacio de cooperación. La Ribagorza como paradigma". En Farinós Dasí, J.; Ojeda-Rivera, J.F.; Trillo Santamaria, J.M. (Eds.). *Geografías para un Estado posmoderno*, 255-268.

Galindo Caldés, R. (2020). "Territorialidad, cooperación horizontal y fronteras interiores". *Revista General de Derecho Administrativo*, 5.

García Morales, M.J. (2019). "Estado autonómico y ¿cultura federal?". *Cuadernos Manuel Giménez Abad*, 17, 34-37.

IPCC (2022). *Climate Change 2022. Impacts, Adaptation and Vulnerability. https://www.ipcc.ch/report/sixth-assessment-report-working-group-ii/*

Lázaro García, A.; Herrero, G.; Montiel, C.; Molina, D. (2008). "Organización de la defensa contra incendios forestales en el Estado de las Autonomías: el caso español". *Revista forestal española: RFE*, 40, 13-20.

Lidón, M.; Ortiz, L. (2018). *Gestión de emergencias y protección civil.* Tirant lo Blanch.

Lucas Tobajas, A.B. (2023). *El régimen jurídico de la lucha frente a las emergencias.* Aranzadi.

Menéndez Reixach, A. (Dir.); De Marcos Fernández, A. (Coord.) (2011). *Protección civil y emergencias.* La Ley.

Menéndez Reixach, A. (2011). "Concepto de protección civil y distribución de competencias". En Menéndez Reixach, A. (Dir.); De Marcos Fernández, A. (Coord.). *Protección civil y emergencias.* La Ley, 49-63.

Menéndez Reixach, A. (2011). "La protección civil y emergencias en la legislación autonómica". En Menéndez Reixach, A. (Dir.); De Marcos Fernández, A. (Coord.). *Protección civil y emergencias.* La Ley, 111-176.

Menéndez Reixach, A. (2011). "Resultados y reflexiones ante la proyectada reforma de la legislación estatal". En Menéndez Reixach, A. (Dir.); De Marcos Fernández, A. (Coord.). *Protección civil y emergencias.* La Ley, 177-192.

Moreno Molina, J.A. (2013). "Protección jurídica de los montes". En Parejo Alfonso, L.; Palomar Olmeda, A. (Dirs.). *Derecho de los bienes públicos* (Vol. 2). Thomson Reuters Aranzadi, 391-422.

Navarro Munuera, A. (1989). "Las relaciones interautonómicas de cooperación: mecanismos y posibilidades de articulación orgánica". *Revista de Administración pública*, 20, 401-414.

Oficina Española del Cambio Climático (2022). *Cambio Climático: Impactos, Adaptación y Vulnerabilidad (Guía resumida del Sexto Informe de Evaluación del IPCC. Grupo de trabajo II),* Ministerio para la Transición Ecológica y el Reto Demográfico.

ONU (2001). *Marco de Acción para la aplicación de la Estrategia Internacional de Reducción de Desastres* (EIRD).

ONU (2015). *Agenda 2030: "Transformar nuestro mundo: la Agenda 2030 para el Desarrollo Sostenible"*. Asamblea General de las NNUU, 25 de septiembre de 2015.

ONU (2015). *Marco de Sendai para la Reducción del Riesgo de los Desastres, 2015-2030.*

Pascual García, J. (2012). *Convenios de colaboración entre administraciones públicas y convenios con administrados.* BOE.

Pérez Sánchez , J.A.; Gestoso de Miguel, L. (2013). "Las comunidades autónomas en el sistema nacional de protección civil". *Cuadernos de estrategia,* 165, 99-142.

Tifine. P. (2013). "Les dispositifs juridiques de prévention des risques majeurs naturels en France". *Revue Géographique de l'Est,* 53/1-2, 1-14.

UNISDR (2009). *Terminología sobre Reducción del Riesgo de Desastres.* ONU.

Vaquer Caballería, M. (2022). *Derecho del territorio* (2ª ed.). Tirant lo Blanch.

Vega Labella, J.I. (2016). "Relaciones interadministrativas en la Ley 40/2015, de 1 de octubre, de Régimen Jurídico del Sector Público". *Asamblea: revista parlamentaria de la Asamblea de Madrid,* 34, 285-323.

Vilalta Reixach, M. (2017). "Las relaciones interadministrativas en la nueva Ley de régimen jurídico del sector público". *Cuadernos de Derecho Local,* 44, 48-82.

La ineludible cooperación en materia de ordenación del territorio: más allá de una colaboración sectorial

MARIA TERESA VADRÍ FORTUNY
Profesora Titular de Derecho Administrativo
Universidad de Barcelona

Sumario: I. Introducción. Condiciones para el ejercicio adecuado de una función pública compleja: necesidad de colaboración interadministrativa. II. Competencias en materia de ordenación del territorio: responsabilidad autonómica para su efectivo y correcto ejercicio. III. Marco normativo, previsiones de cooperación y desarrollo efectivo. 1. El marco normativo sobre ordenación del territorio. 2. Previsiones de cooperación interautonómica. 3. El desarrollo efectivo de las relaciones de cooperación. IV. A modo de conclusión. Referencias bibliográficas.

I. INTRODUCCIÓN. CONDICIONES PARA EL EJERCICIO ADECUADO DE UNA FUNCIÓN PÚBLICA COMPLEJA: NECESIDAD DE COLABORACIÓN INTERADMINISTRATIVA

La directa, ineludible e incuestionable relación de la ordenación del territorio con la eficacia del principio de cohesión territorial (art. 3 TUE), configura a este ámbito como uno de los que necesariamente debe ser objeto de atención en esta obra. Se trata de una función pública de especial relevancia por su carácter complejo, horizontal e integrador cuyo ejercicio es imprescindible para la que sin duda deber ser hoy una adecuada gobernanza sostenible y resiliente del territorio. En este sentido, a partir de las previsiones estatutarias y del posterior desarrollo legislativo en esta materia, resulta de interés examinar hasta qué punto se han tenido en cuenta la importancia de las relaciones interautonómicas mediante mecanismos de cooperación en el diseño y ejecución de esta función atribuida a los poderes públicos autonómicos, a partir de las competencias asumidas por las Comunidades autónomas. Esta cooperación horizontal se configura como uno de los aspectos esenciales cuando, en el contexto del Estado compuesto, se trata de gobernar el territorio en espacios limítrofes.

Así pues, por una parte, a partir del marco normativo autonómico para la ordenación del territorio, se examinan cuáles son y qué alcance pueden tener las previsiones relativas a la cooperación horizontal. En concreto, en el contexto de los distintos instrumentos de cooperación previstos actualmente en la legislación general sobre la materia, debemos valorar cuál es la presencia de los mismos en la legislación autonómica en materia de ordenación del territorio y, en su caso, cuál es el contenido de la regulación. Por otra parte, analizamos cuál ha sido el grado aplicación efectiva de los posibles instrumentos de cooperación en el desarrollo de las políticas de ordenación del territorio responsabilidad de las Comunidades autónomas, especialmente en áreas limítrofes. Todo ello con el objetivo de poder concluir acerca de si, efectivamente, la necesaria cooperación interautonómica para la ordenación del territorio es una realidad (se acerca a la misma) o si, por el contrario, es todavía un desafío pendiente.

En este marco, se presentan los resultados del estudio efectuado en relación con la ordenación del territorio —como función pública que se configura como estratégica ante los retos a los que debe responder la actuación de los poderes públicos— fijando nuestra atención en la cooperación interautonómica especialmente en relación con las áreas limítrofes entre Comunidades Autónomas.

Sin duda la Carta Europea de Ordenación del Territorio de 1983 supuso un hito en la configuración, en nuestro ordenamiento jurídico, de esta función pública —de ordenación territorial— que exige una intervención cuya finalidad es la ordenación del espacio físico y la corrección de los desequilibrios identificados en un territorio determinado[1]. La Constitución de 1978 —por ser anterior a la Carta de

---

1 Así, se define a la ordenación del territorio como "(...) a la vez una disciplina científica, una técnica administrativa y una política concebida como un enfoque interdisciplinario y global cuyo objetivo es un desarrollo equilibrado de las regiones y la organización física del espacio según un concepto

Ordenación del Territorio— no recoge de modo expreso entre sus principios rectores (art. 39 y ss.) un mandato de ordenación territorial, aunque, como veremos, sí se refiere a esta materia al establecer la distribución competencial[2] y, de modo implícito, en el art. 131.1 cuando se refiere a la posibilidad de desarrollar políticas territoriales mediante el ejercicio de la planificación económica[3]. Los Estatutos de Autonomía sí incorporan el mandato de ordenación territorial, aunque con diferente alcance y grado de concreción[4].

Resulta indudable que nos referimos a una actuación compleja y transversal que, por consiguiente, debe concebirse y desarrollarse integrando, en cada caso, todas las variables (económicas, sociales, ambientales, paisajísticas, culturales y patrimoniales). Por ello, requiere diagnosis adecuadas que permitan determinar con certeza las características y condiciones, geográficas y administrativas, del territorio que se trata de ordenar y gestionar efectiva y eficazmente[5]. Es necesario actuar con un enfoque que permita responder, de manera conjunta e integrada, a los impactos, geográficamente diversos, del

---

rector". Y, en cuanto a la realización de los objetivos propios de la ordenación del territorio se afirma que "(...) es esencialmente una tarea política", y que "(...) es el reflejo de una voluntad de integración y de coordinación de carácter interdisciplinario y de cooperación entre las autoridades afectadas".

2 "Art. 148.1. Las Comunidades Autónomas podrán asumir competencias en las siguientes materias: (...) 3.ª Ordenación del territorio, urbanismo y vivienda".

3 "Art. 131. 1. El Estado, mediante ley, podrá planificar la actividad económica general para atender a las necesidades colectivas, equilibrar y armonizar el desarrollo regional y sectorial y estimular el crecimiento de la renta y de la riqueza y su más justa distribución". Al respecto, *vid.* entre otros, López Ramón, F. (1987). "Planificación territorial". *Revista de Administración Pública,* 114, pp. 127-177.

4 Así, a modo de ejemplo, el art. 10 del Estatuto de Autonomía de Andalucía, el art. 20 del Estatuto de Autonomía de Aragón de 2007, el art. 16.1 del Estatuto de Castilla y León, el art. 46 del Estatuto de Autonomía de Cataluña de 2006, o el art. 19.1 del Estatuto de Autonomía de la Comunidad Valenciana.

5 En este sentido, la Agenda Territorial Europea 2020 (ATE 2020) introduce el criterio denominado *place-based approch* que supone aplicar un enfoque basado en la esencia y características de cada lugar.

cambio global. En el ámbito de las relaciones entre Comunidades Autónomas —objeto de atención en nuestro trabajo— uno de los aspectos que, en este sentido, debe ser considerado especialmente al diseñar y aplicar los instrumentos más idóneos en relación con el objetivo perseguido, al introducir factores significativos, es el de los territorios fronterizos[6]. La ordenación del territorio es, en esta línea, una función que debe ser resiliente y, por tanto, dinámica. Requiere configurar los mecanismos más apropiados para atender las necesidades de los ciudadanos garantizando la satisfacción del interés público. Son por ello un marco ineludible las orientaciones y compromisos establecidos, globalmente por las NNUU[7] y, en el ámbito europeo, por el Consejo de Europa y la Unión Europea[8].

Como función pública global, compleja e integradora, que persigue una adecuada gestión del espacio físico interviniendo para corregir los desequilibrios que se producen en el mismo, se fundamenta en el principio de cohesión territorial recogido —después de una evolución no exenta de problemas— como uno de los objeti-

---

6 Sobre las consecuencias del efecto *frontera* en cuanto a la importancia de generar oportunidades de cooperación entre territorios, *vid.* los interesantes trabajos de Galindo Caldés, R.; Santasusagna Riu, A.; Tort i Donada, J. (2019). "La frontera como espacio de conflicto y como espacio de cooperación. La Ribagorza como paradigma". En Farinós Dasí, J.; Ojeda-Rivera, J.F.; Trillo Santamaria, J.M. (Eds.). *Geografías para un Estado posmoderno,* pp. 255-268; y Galindo Caldés, R. (2020). "Territorialidad, cooperación horizontal y fronteras interiores". *Revista General de Derecho Administrativo,* 5.

7 En este contexto deben considerarse especialmente, la Agenda 2030: "Transformar nuestro mundo: la Agenda 2030 para el Desarrollo Sostenible", Resolución aprobada por la Asamblea General de las NNUU el 25 de septiembre de 2015, y la Nueva Agenda Urbana adoptada en 2016.

8 En el ámbito del Consejo de Europa, en el marco de las Conferencias CEMAT, destaca, además de la Carta Europea de Ordenación del Territorio de 1983, especialmente, la Declaración de Lisboa de 2006: "Redes para el desarrollo territorial sostenible del continente europeo: puentes a través de Europa". En la Unión Europea, además del Libro Verde de 2008 sobre la cohesión territorial y la Estrategia Territorial Europea (ETE) de 1999, destacan, en 2011, la Agenda Territorial Europea (ATE 2020), "Hacia una Europa integradora, inteligente y sostenible de regiones diversas" y, más recientemente en 2020, la Agenda Territorial Europea (ATE 2030), "Un futuro para todos los lugares".

vos de la Unión Europea[9] y desarrollado en las Agendas Territoriales Europeas 2020 y 2030[10]. Debe respetarse, así, la configuración de la dimensión territorial como una variable que debe ser integrada en todas las políticas y niveles de gobernanza, tanto en la escala local, como en la regional y la estatal. En este sentido, y como señalábamos, será fundamental que los poderes públicos responsables diseñen los instrumentos de intervención a partir de un diagnostico que proporcione una correcta información en relación con las características y diversidades del territorio sobre el que se trata de intervenir.

A su vez, la ordenación del territorio se constituye como una función estratégica para la consecución de una gobernanza sostenible del territorio, esto es, respetuosa con el principio de desarrollo sostenible en los términos que hoy debe ser entendido como resultado de su evolución desde el Informe Brundtland (1987) hasta la Agenda 2030 (2015). El plan de acción de las NNUU adoptado en 2015 por los 193 estados miembros, con sus 17 ODS, incorpora un concepto complejo y multidimensional que exige una toma de decisiones multinivel y transversal que, por tanto, debe considerar las variables social, económica y ambiental[11]. Desde esta perspectiva, la adecuada

---

9 Art. 3 del Tratado de la Unión Europea y arts. 174 y 175 del Tratado de Funcionamiento de la Unión Europea. Sobre el papel de la Unión Europea en el desarrollo de las políticas de cohesión territorial, vid. Camacho Ballesta, J. A y Melikhova, Y. (2010). Perspectiva territorial de la Unión Europea: el largo camino hacia la cohesión territorial. *Cuadernos Geográficos de la Universidad de Granada*, núm. 47, págs. 162-188.

10 Sobre el significado del principio de cohesión territorial, *vid.* Vaquer Caballería, M. (2022). *Derecho del territorio* (2ª ed.). Tirant lo Blanch, pp. 41-46.

11 Respecto a la naturaleza de los ODS y su relación con el concepto de desarrollo sostenible, vid. el interesante trabajo de Díaz Barrado, C. M. (2016). "Los objetivos de desarrollo sostenible: un principio de naturaleza incierta y varias dimensiones fragmentadas". *Anuario Español de Derecho Internacional*, 32. pp. 9-48. El autor señala (p. 48) que "La Agenda 2030 supone el reconocimiento de compromisos políticos, la definición de guías de conducta, el establecimiento de pautas de comportamiento y la aceptación por lograr el desarrollo sostenible en todas sus manifestaciones. Pero, al final, corresponderá a los Estados el cumplimiento de todas estas indicaciones". En este sentido, concluye acertadamente que los ODS refuerzan la noción de desarrollo sostenible, pero que existe el peligro de que debiliten su significado si no se reconoce en el ámbito del Derecho internacional un principio

ordenación del espacio físico y la corrección de las desigualdades exige respetar una perspectiva integral en la intervención pública[12].

El ejercicio de una buena gobernanza del territorio para la sostenibilidad requiere la adaptación y la modificación de las formas de gobierno tradicionales que no han resultado efectivas para proporcionar respuestas adecuadas, especialmente en ámbitos complejos como el que nos ocupa[13]. A tal efecto, es imprescindible dar cumplimiento a los principios de participación, transparencia, responsabilidad, eficacia, coordinación, cooperación y coherencia[14].

Estos principios deberán integrarse de modo efectivo en el diseño y ejecución de los instrumentos de ordenación territorial. Una correcta y adecuada aplicación del principio de participación deberá permitir la concertación con los diversos actores públicos y privados implicados de modo que se obtengan resultados eficaces y se eviten o se solventen, en su caso, los conflictos territoriales que, a menudo y por la confluencia de diversos factores, se producen durante el proceso de toma de la decisión o en el momento de su aplicación. La

---

esencial que imponga obligaciones y pueda suponer, en su caso, la responsabilidad internacional de los Estados.

12 Sobre la introducción del principio de desarrollo sostenible en el ejercicio de la función pública de ordenación del territorio, *vid.* Ramallo López, F. (2014). *La planificación territorial sostenible.* Thomson Reuters Aranzadi, especialmente pp. 78-102 y pp. 127-210.

13 En relación con el concepto de gobernanza, *vid.* Cerrillo i Martínez, A. (2005). La gobernanza hoy. En Cerrillo i Martínez, A. (Coord.). *La gobernanza hoy: 10 textos de referencia,* INAP, pp. 11-36. En concreto, en relación con el concepto y consecuencias de la gobernanza territorial, *vid.* el trabajo de Farinós Dasí, J. (2008). "Gobernanza territorial para el desarrollo sostenible: estado de la cuestión y agenda". *Boletín de la AGE,* 46, especialmente, pp. 12-15.

14 Sobre los principios de buena gobernanza, vid. Comisión Europea (CE) (2001). La Gobernanza europea – un libro blanco, COM (2001), DOCE C-287, de 12.10.2001. La Constitución de 1978 y los Estatutos de Autonomía, así como su desarrollo normativo posterior (así, Ley 19/2013, de 9 de diciembre, de transparencia, acceso a la información pública y buen gobierno o la Ley 40/2015, de 1 de octubre, de Régimen Jurídico del Sector Público) no ofrecen duda en relación con el necesario y exigible respeto de estos principios.

transparencia —que debe significar apertura— en la actuación de las Administraciones y de los responsables públicos, desarrollando prácticas comunicativas más activas con los ciudadanos y mejorando los mecanismos de acceso e intercambio de información, es un aspecto imprescindible para un ejercicio de gobierno adecuado en ámbitos complejos como la ordenación del territorio[15].

La asunción de la responsabilidad por parte de los órganos competentes y, previamente, una adecuada y clara distribución de funciones, son elementos clave en la configuración de los instrumentos de planificación y de gestión del territorio. La actuación de los órganos responsables debe ser eficaz, obedeciendo a unos objetivos previos claramente determinados, tomando en consideración su impacto, su proporcionalidad y cuál es el nivel más adecuado en el que deberán aplicarse (subsidiariedad).

La coordinación entre las administraciones implicadas en las políticas territoriales es también un elemento ineludible en el momento de elaborar los instrumentos de ordenación territorial, de modo que se facilite el intercambio de información necesaria para una correcta toma de la decisión, evitando contradicciones y disfunciones en la fase de ejecución. Nuestro ordenamiento ofrece mecanismos de naturaleza organizativa y procedimental que posibilitan estas necesarias relaciones, tanto entre distintas Administraciones públicas, como en el seno de una misma Administración (por ejemplo, entre los departamentos que integran una Administración autonómica).

La cooperación, objeto de nuestra atención, es, como ya se ha señalado, un factor decisivo para un desarrollo adecuado de la función pública de ordenación del territorio, especialmente en aquellas zonas que son limítrofes. La diversidad y complejidad del ámbito en el que se opera exigen la previsión, y posterior aplicación, de instrumentos que faciliten una ágil y eficaz cooperación entre territorios. Los límites interregionales, los espacios de frontera interior, generan situaciones y necesidades a las que sólo con una adecuada cooperación es posible

---

15 En este sentido, nuestro marco jurídico establece claras previsiones y obligaciones en este ámbito. Así, Ley estatal 19/2013, de 9 de diciembre, de transparencia, acceso a la información pública y buen gobierno, además de la legislación aprobada por las de las distintas Comunidades Autónomas.

dar respuesta. En este sentido, los instrumentos configurados para la ordenación del territorio deberían favorecer esta imprescindible cooperación entre territorios. Tal como se ha examinado en capítulos anteriores de esta obra, así como en el ámbito del Derecho internacional se han formalizado, con un éxito notable, mecanismos de cooperación transfronteriza (ya sea con carácter bilateral o multilateral), y en la Unión europea los instrumentos de cooperación han sido uno de los pilares básicos de las políticas de cohesión territorial, se trata de evaluar cual es la situación en relación con las políticas autonómicas de ordenación territorial. Debemos añadir, no obstante, que, si bien debido al objeto de nuestro estudio, centramos nuestra atención en las relaciones horizontales de colaboración interautonómica, es obvio que en este ámbito de intervención de los poderes públicos no deben desatenderse las relaciones verticales que, en el ejercicio de sus competencias, deberán establecer las Comunidades Autónomas con la Administración del Estado y con las entidades locales concernidas.

Finalmente, y de modo complementario, el principio de coherencia —especialmente relevante en ámbitos complejos como el que nos ocupa— supone que las políticas sean fácilmente comprensibles, de modo que no pueden ser eficaces si se pretenden implementar separadamente. La ordenación del territorio, como función pública que debe concebirse como una herramienta integradora y horizontal, debe permitir paliar los problemas y déficits de excesiva sectorialización y fragmentación de la actividad pública[16]. Determinados problemas y necesidades a los que debe dar respuesta la acción pública únicamente pueden resolverse desde una visión sectorial o especializada. Pero esa visión debe complementarse indefectiblemente con una perspectiva que implica integrar una visión transversal y de conjunto en la toma de decisiones relativas a la ordenación del territorio. Sin duda, la función integradora que adquiere la cooperación horizontal sería un criterio de actuación favorecedor de la coherencia en el desarrollo de las políticas territoriales.

---

16 Sobre la necesidad de superar la sectorialización y la fragmentación en la actividad administrativa sobre el territorio, *vid.*, entre otros, Escribano Collado, P. (1991). "La ordenación del territorio y el medio ambiente en la Constitución". En Martín-Retortillo, S. (Coord.). *Estudios sobre la Constitución española. Homenaje al prof. E. García de Enterría.* Civitas, pp. 3705-3750.

La complejidad del ámbito de intervención que nos ocupa exige introducir procedimientos y técnicas que permitan obtener resultados eficaces, integrando mejoras que supongan una modernización que es insoslayable ante los retos actuales y de futuro en el escenario incierto de cambio global. En especial, y a nuestros efectos, debemos subrayar que se presenta como imprescindible la colaboración efectiva entre Comunidades Autónomas. En concreto, mediante instrumentos de cooperación —cuando sean necesarios— que posibiliten ordenar el territorio atendiendo a las características específicas a las que antes nos hemos referido.

En el Estado autonómico, descentralizado y compuesto, es preciso aplicar —entre otros— mecanismos de colaboración voluntaria entre territorios que favorezcan el ejercicio adecuado de las competencias asumidas. En este sentido, ordenar el territorio, considerando las condiciones expuestas, requiere desarrollar relaciones interadministrativas de cooperación que son imprescindibles ante la complejidad que supone el logro de la efectiva cohesión. Esta necesidad, como venimos señalando, es aún más evidente en el caso de Comunidades Autónomas limítrofes, en las que, por ello, centramos nuestra atención[17].

II. COMPETENCIAS EN MATERIA DE ORDENACIÓN DEL TERRITORIO: RESPONSABILIDAD AUTONÓMICA PARA SU EFECTIVO Y CORRECTO EJERCICIO

El mandato legal de desarrollar de modo efectivo una función de ordenación territorial por parte de las Comunidades Autónomas se refuerza y concreta, sin duda, con la distribución competencial

---

17 En el mismo sentido, Vaquer Caballería, 2022, "Derecho del territorio", *op. cit.,* pp. 105-106 señala que, en los espacios de frontera, consecuencia de la continuidad espacial que desafía el principio de territorialidad, "(...) la solución más común —para el gobierno eficaz— debiera ser la articulación de mecanismos de cooperación horizontal, mediante la cual los entes territoriales colindantes y competentes comparten información, se formulan consultas o adoptan medidas de forma paralela o incluso conjunta".

que sobre esta materia resulta de las previsiones constitucionales y estatutarias. Así, después de que la Constitución de 1978 estableciera la posible asunción autonómica de competencias en materia de ordenación del territorio (art. 148.1.3), la totalidad de Estatutos de Autonomía atribuyen competencias exclusivas a las respectivas Comunidades Autónomas[18]. Corresponde de este modo a los poderes públicos autonómicos la función legislativa, la función de desarrollo reglamentario y la ejecución. En consecuencia, ello supone la capacidad —y, por tanto, la responsabilidad— de elaborar y llevar a cabo políticas propias de ordenación territorial que respondan a las exigencias, anteriormente señaladas, mediante un marco regulador adecuado que provea a la Administración de los instrumentos necesarios para cumplir con la misión pública de la que responde ante los ciudadanos[19].

En este contexto, sin embargo, no se puede ignorar la posición del Estado en relación con las políticas de cohesión territorial. En concreto, si bien la Constitución no contempla una competencia estatal directa en esta materia, sí se atribuyen diversos títulos competenciales (art.149.1) que por su significado inciden en la ordenación "estatal" del territorio y, por tanto, pueden repercutir en el desarrollo de las competencias autonómicas[20]. Aunque no corresponde, dado

---

18 Sólo por citar ahora algunos de los preceptos estatutarios que atribuyen la competencia exclusiva: el art. 56.4 del Estatuto de Autonomía de Andalucía, el art. 71 del Estatuto de Autonomía de Aragón, el art. 70 del Estatuto de Autonomía de Castilla y León, el art. 149 del Estatuto de Autonomía de Cataluña, el art. 27 del Estatuto de Autonomía de Galicia, el art. 10 del Estatuto de Autonomía del País Vasco, o el art. 49 del Estatuto de la Comunidad Valenciana.

19 Al respecto, *vid.* entre otros, Pérez Andrés, A.A. (1998). *La ordenación del territorio en el Estado de las Autonomías.* Marcial Pons; López Benítez, M.; Vera Jurado, D.J. (2005). "La ordenación del territorio: algunos datos para la redefinición conceptual y competencial de la materia". *Revista Jurídica de Navarra*, 40, pp. 163-202; González-Varas Ibáñez, S. (2009). *Urbanismo y ordenación del territorio.* Aranzadi; Y más recientemente, González-Varas Ibáñez, S. (2022). "La ordenación del territorio: régimen jurídico". *Derecho & Sociedad*, 59, pp. 1-33.

20 Este sería el caso, entre otras, de las competencias en materia de defensa (art. 149.1.4); bases y coordinación de la planificación de la actividad eco-

el alcance del presente análisis, centrar la atención en este aspecto, resulta evidente que esta situación requiere la previsión y puesta en práctica efectiva de mecanismos de coordinación y cooperación, también, entre el Estado y las Comunidades Autónomas, en aras a la satisfacción del interés general en el que se incluye la cohesión del territorio.

En relación con la posición de las Comunidades Autónomas, la atribución competencial, resultante de las previsiones constitucionales y estatutarias referidas, conduce a una diferenciación progresiva de ordenamientos jurídicos autonómicos que implica regulaciones distintas en espacios que pueden estar dotados de unidad geográfica. Esta situación resulta especialmente relevante, y causa situaciones problemáticas, en relación con la prestación de servicios, la regulación de actividades y puede introducir también importantes obstáculos en el desarrollo de una adecuada ordenación territorial en los términos señalados.

---

nómica (149.1.13); puertos y aeropuertos de interés general (art. 149.1.20); ferrocarriles y transportes que transcurran por el territorio de más de una Comunidad Autónoma (art. 149.1.21); legislación, ordenación y concesión de recursos y aprovechamientos hidráulicos cuando las aguas discurran por más de una Comunidad Autónoma y la autorización de instalaciones eléctricas cuando su aprovechamiento afecte a otra Comunidad Autónoma o el transporte de energía salga de su ámbito territorial (art. 149.1.22); legislación básica sobre protección del medio ambiente, legislación básica sobre montes, aprovechamientos forestales y vías pecuarias (art. 149.1.23); obras públicas de interés general o cuya realización afecte a más de una Comunidad Autónoma (art. 149.1.24); bases del régimen minero y energético (art.149.1.25), y la defensa del patrimonio cultural, artístico y monumental español contra la exportación y expoliación (art. 149.1.28). Sobre la pluralidad de competencias con una clara dimensión espacial atribuidas al Estado *vid.* la STC 61/1997, de 20 de marzo. Y, entre otros, los imprescindibles trabajos de López Ramón, 1987, "Planificación territorial", *op. cit.;* y López Ramón, F. (1995). *Estudios jurídicos sobre ordenación del territorio.* Thomson Reuters Aranzadi.

III. MARCO NORMATIVO, PREVISIONES DE COOPERACIÓN Y DESARROLLO EFECTIVO

1. El marco normativo sobre ordenación del territorio

El desarrollo normativo autonómico fruto de las competencias asumidas en materia de ordenación del territorio ha sido completo, de modo que todas las Comunidades Autónomas cuentan con legislación propia en esta materia. En concreto, el marco jurídico vigente regulador de los instrumentos que deberían facilitar el ejercicio efectivo y eficaz de la función pública para una gobernanza sostenible y resiliente del territorio, es el siguiente[21]: Ley 7/2021, de 1 de diciembre, de impulso para la sostenibilidad del territorio de Andalucía; Decreto Legislativo 2/2015, de 17 de noviembre, por el que se aprueba el texto refundido de la Ley de ordenación del territorio de Aragón; Decreto Legislativo 1/2004, de 22 de abril, por el que se aprueba el texto refundido de las disposiciones legales vigentes en materia de ordenación del territorio y urbanismo (Principado de Asturias); Ley 5/2022, de 15 de julio, de ordenación del territorio y urbanismo de Cantabria; Decreto Legislativo 1/2023, de 28 de febrero, por el que se aprueba el texto refundido de la Ley de ordenación del territorio y de la actividad urbanística (Castilla-La Mancha); Ley 10/1998, de 5 de diciembre, de ordenación del territorio de la Comunidad de Castilla y León; Ley 23/1983, de 21 de noviembre, de política territorial de Cataluña; Ley 11/2018, de 21 de diciembre, de ordenación territorial y urbanística sostenible de Extremadura; Ley 1/2021, de 8 de enero, de ordenación del territorio de Galicia; Ley 5/2006, de 2 de mayo, de ordenación del territorio y urbanismo de La Rioja; Ley 9/1995, de 28 de marzo, de medidas de política territorial, suelo y urbanismo (Comunidad de Madrid); Ley 13/2015, de 30 de marzo, de ordenación territorial y urbanística de la Región de Murcia; Decreto Foral Legislativo 1/2017, de 26 de julio, por el que se aprueba el texto refundido de la Ley Foral de ordenación del terri-

21 Tal como ya se ha señalado, en el estudio nos centramos en la cooperación horizontal en zonas limítrofes y, por tanto, atendemos especialmente al límite interautonómico *terrestre*, de modo que excluimos las CCAA de Baleares y Canarias.

torio y urbanismo (Comunidad Foral de Navarra); Ley 4/1990, de 31 de mayo, de ordenación del territorio del País Vasco; Decreto Legislativo 1/2021, de 18 de junio, de aprobación del texto refundido de la Ley de ordenación del territorio, urbanismo y paisaje (Comunitat Valenciana).

Si entrar ahora en un análisis detallado de este aspecto, que no procede en este trabajo, resulta claro que el principal instrumento de actuación previsto para el desarrollo de las políticas de ordenación del territorio es el plan administrativo, en este caso, el plan territorial. Se trata de establecer mediante la planificación un modelo territorial aplicado a un ámbito de intervención determinado. La legislación autonómica prevé un sistema de planificación complejo, con previsión de distintos contenidos y procedimientos, en los que se contemplan instrumentos de planificación territorial de carácter general, de desarrollo y de intervención directa. Debe señalarse, no obstante, que su diseño, aprobación y ejecución efectiva ha sido heterogéneo[22]. En este sentido, las dificultades y los déficits que se observan en su desarrollo permiten afirmar que se ha producido una suerte de parálisis —aunque con situaciones y resultados desiguales— en el que debería ser el ejercicio efectivo y eficaz de la función pública de ordenación del territorio[23].

---

22 En este sentido, resulta de gran interés el análisis comparado de la normativa autonómica desarrollada y las carencias de su desigual puesta en práctica que se ponen de relieve en el trabajo de De la Cruz Mera, A.; Madurga Chornet, M.I. (2019). "Los Instrumentos de Ordenación del Territorio en España. Estudio comparado". *Ciudad y Territorio. Estudios Territoriales*, 199, pp. 175-200. Al respecto, *vid.* también Rando Burgos, E. (2019). *Legislación e instrumentos de la ordenación del territorio en España.* Iustel. Y también Peiró Sanchez-Manjavacas, E.; Farinós Dasí, J. (Eds.) (2020). *Marco legal y procedimental de la ordenación del territorio en España: Diagnostico y balance.* Thomson Reuters Aranzadi.

23 Sobre los defectos en la ejecución efectiva de la planificación tanto por la falta de regulación como por la falta de implementación de la gestión territorial, *vid.* también Rando Burgos, E. (2024). "La gestión territorial como respuesta: el necesario avance de las políticas territoriales". *Actualidad Jurídica Ambiental*, 50, pp. 1-31. Y también anteriormente, Rando Burgos, E. (2020). *Régimen jurídico de la Gestión Territorial.* Tirant lo Blanch.

A los efectos de nuestro estudio se trata, no obstante, de focalizarnos en analizar en qué medida el marco normativo aplicable en materia de ordenación del territorio prevé, en relación con los diversos aspectos objeto de regulación, alguna o diversas fórmulas de cooperación, partiendo de las previsiones establecidas en la legislación general vigente (arts. 144 y ss. de Ley 40/2015, de 1 de octubre, de Régimen Jurídico del Sector Público —LRJSP—), y considerando, de modo destacado, la relación entre Comunidades Autónomas limítrofes. Debemos examinar hasta qué punto la legislación autonómica ha contemplado la cooperación como uno de las variables necesarias en la ordenación del espacio físico y la corrección de las desigualdades.

2. *Previsiones de cooperación interautonómica*

Las posibilidades que ofrece la regulación general sobre la materia son diversas, como se ha tratado en los capítulos iniciales de este trabajo. Existe una pluralidad de opciones que se podrían prever, con carácter complementario, en la legislación autonómica de ordenación del territorio. Algunas de ellas resultan especialmente indicadas si se atiende a las características de la función pública que aquí se analiza, particularmente desde la perspectiva de la cooperación horizontal especialmente en espacios fronterizos.

Así, sería posible, por una parte, la regulación y el desarrollo de las técnicas orgánicas de cooperación contempladas en el art. 144 LRJSP[24]: participación de otras Comunidades Autónomas en los órganos consultivos, en nuestro caso, aquellos que se pudieran crear con funciones en materia de ordenación del territorio (art. 144.1 b));

---

[24] *Vid.* al respecto, el tratamiento que del tema realizan, Vega Labella, J. I. (2016). "Relaciones interadministrativas en la Ley 40/2015, de 1 de octubre, de Régimen Jurídico del Sector Público". *Asamblea: revista parlamentaria de la Asamblea de Madrid,* 34, pp. 285-323; y, Vilalta Reixach, M. (2017). "Las relaciones interadministrativas en la nueva Ley de régimen jurídico del sector público". *Cuadernos de Derecho Local,* 44, pp. 48-82. Es interesante también, el enfoque aportado, en su momento por Navarro Munuera, A. (1989). "Las relaciones interautonómicas de cooperación: mecanismos y posibilidades de articulación orgánica". *Revista de Administración pública,* 120, pp. 401-414.

creación de Comisiones Territoriales de Coordinación (en las que no necesariamente debe participar el Estado) previstas para aquellas Administraciones cuyos territorios sean limítrofes, cuando sea necesario por la proximidad territorial o por la concurrencia de funciones administrativas, y con el objetivo de mejorar la coordinación, la eficacia y la calidad de los servicios, así como prevenir duplicidades (art. 154). Y, por otra parte, también se podrían incorporar otros mecanismos de cooperación, como son: la previsión de la emisión de informes no preceptivos con la finalidad de que las distintas Administraciones autonómicas expresen su criterio (art. 144.1.f)), en nuestro caso en relación con las decisiones relativas a la ordenación del territorio en los procedimientos de elaboración de los instrumentos de planificación; o, también, la previsión de la cooperación para la aplicación coordinada de la normativa reguladora de la materia, herramienta especialmente indicada considerando la complejidad del ámbito objeto de intervención (art. 144.1.e)).

Además, se podría prever —en el marco de los convenios entre Comunidades Autónomas previstos en el art. 145.2 de la Constitución— la formalización de la cooperación interautonómica mediante los convenios interadministrativos contemplados como técnica jurídico-obligatoria de cooperación funcional en la LRJSP (arts. 47 y 144). Tal como señalábamos en el capítulo anterior, es conveniente, no obstante, diferenciar estos convenios de los denominados "Protocolos Generales de Actuación" que consisten en "meras declaraciones de intención de contenido general o que expresen la voluntad de las Administraciones y partes suscriptoras para actuar con un objetivo común, siempre que no supongan la formalización de compromisos jurídicos concretos y exigibles" (art. 47.1 JRJSP).

En este contexto de variadas posibilidades que ofrece la legislación vigente, el balance de la revisión efectuada del extenso y completo marco normativo autonómico de ordenación territorial en relación con las previsiones de cooperación, podemos avanzar que es claramente negativo. Son escasas las referencias expresas a mecanismos dirigidos a asegurar e impulsar la necesaria cooperación entre Comunidades Autónomas, también en aquellas que son limítrofes.

Así, únicamente Aragón y La Rioja, aunque con previsiones y alcances distintos, contemplan, de manera más o menos explícita, la aplicación de técnicas de cooperación interautonómica que merecen ser señaladas a continuación.

El Decreto Legislativo 2/2015, de 17 de noviembre, por el que se aprueba el texto refundido de la Ley de Ordenación del Territorio de Aragón, prevé en su art. 13 la colaboración con otras Comunidades Autónomas, en materia de ordenación del territorio, mediante la formalización de convenios bilaterales y multilaterales en los que se puede promover la constitución de comisiones bilaterales y conferencias sectoriales en el marco del art. 145 de la Constitución y del art. 91 del Estatuto de Autonomía de Aragón. En la línea de las posibles fórmulas de cooperación antes apuntadas, destaca también la autorización al Gobierno para que, por una parte, pueda establecer la participación de otras Comunidades Autónomas en el Consejo de Ordenación del Territorio de Aragón, como órgano colegiado de naturaleza consultiva (arts. 13.2 y 9), para la coordinación de los diversos intereses que confluyen en el territorio de la Comunidad Autónoma, al que, por ejemplo, le corresponde emitir informe sobre los instrumentos de ordenación territorial (art. 9.5); y, por otra parte, pueda participar en órganos que constituyan otras Comunidades Autónomas en esta materia. El Decreto 132/2010, de 6 de julio, por el que se aprueba el Reglamento del Consejo de Ordenación del Territorio, no obstante, al regular su composición, no contempla entre sus vocales permanentes la representación de otras Comunidades Autónomas. La única posibilidad la ofrece, de modo impreciso, la previsión de que el presidente del Consejo pueda convocar a sus reuniones a representantes de "otros órganos o entidades que pudieran resultar interesados" (art. 12).

En la misma línea, en cuanto a la posible participación de otras Comunidades Autónomas en las Comisiones Territoriales previstas, con la misma naturaleza y finalidad, en la legislación aprobada en las demás Comunidades analizadas, en ningún caso se prevé la presencia expresa de representantes autonómicos en la composición del órgano consultivo.

La Ley 5/2006, de 2 de mayo, de Ordenación del Territorio y Urbanismo de La Rioja, prevé, entre las finalidades de la actividad en materia de ordenación del territorio, la de cooperar con otras Comunidades Autónomas en actuaciones territoriales conjuntas (art. 2).

Ahora bien, posteriormente, y en este sentido, la única vaga referencia a la aplicación efectiva de posibles mecanismos de cooperación se encuentra en la previsión de la posible suscripción de convenios de carácter administrativo con "otras Administraciones" para el eficaz desarrollo de las competencias territoriales (art. 10.3).

Por lo demás, en la legislación autonómica examinada sólo se encuentran referencias genéricas a la colaboración y la cooperación como principios que deberán regir la ordenación del territorio, sin que se concreten en cuanto a su aplicación en relación con las demás Comunidades Autónomas[25].

Se localizan también algunas referencias puntuales a la posibilidad de desarrollar medios que faciliten la colaboración con las distintas Administraciones, llegándose a concretar en algún caso la posi-

---

25 Este es el caso del art. 4 de la Ley 7/2021, de 1 de diciembre, de impulso para la sostenibilidad del territorio de Andalucía, cuando se establece, en relación con la "gobernanza en la toma de decisiones" que "(...) se fomentará la cooperación entre las Administraciones implicadas y los diferentes actores (...)"; del art. 6.1 de la Ley 5/2022, de 15 de julio, de ordenación del territorio y urbanismo de Cantabria: "Las Administraciones competentes (...) adoptarán como principio rector de su actuación el de la colaboración interadministrativa (...)", del art. 27.1 de la Ley 10/1998, de 5 de diciembre, de ordenación del territorio de la Comunidad de Castilla y León: "Las relaciones entre las Administraciones públicas afectadas por esta Ley se regirán por los principios de coordinación, cooperación y participación (...)", o del art. 2.1 de la Ley 1/2021, de 8 de enero, de ordenación del territorio de Galicia: "1. La ordenación del territorio de la Comunidad Autónoma de Galicia se regirá por los principios de coordinación, cooperación y colaboración interadministrativas, en procura de la coherencia en la actuación de las administraciones públicas, y de garantía de la participación social. Estos principios se observarán en la elaboración, aprobación, ejecución y seguimiento de los instrumentos regulados en la presente ley". En este caso llama, además, la atención en el art. 3 o) de la Ley —en relación con los fines y objetivos fundamentales de la ordenación del territorio— la referencia expresa que realiza el precepto a la necesidad de garantizar "(...) la coherencia de la política territorial de la Comunidad Autónoma de Galicia con la Estrategia territorial europea y con la actuación territorial del Estado en Galicia", obviando cualquier referencia a la necesidad de procurar la coherencia con las políticas territoriales de las Comunidades Autónomas limítrofes.

bilidad de celebrar convenios interadministrativos pero sin ninguna referencia expresa a que esta previsión se dirija a la cooperación horizontal en este ámbito de intervención (más bien al contrario, en general, parece claro que estas previsiones se refieren a las relaciones con las administraciones que desarrollan sus competencias en el interior del territorio de aquella Comunidad Autónoma)[26].

En cuanto a la participación de las Comunidades Autónomas en los procedimientos de elaboración de los instrumentos de planificación —como mecanismo que podría facilitar la colaboración interautonómica en la definición de los modelos de ordenación territorial—, en algunos casos se realiza una previsión genérica al referirse al trámite de audiencia a las administraciones públicas, y sólo en algún caso puntual la norma se refiere a la audiencia singularizada a las Comunidades Autónomas limítrofes[27].

---

26 Así, el art. 16.4 del Decreto legislativo 1/2004, de 22 de abril, por el que se aprueba el texto refundido de las disposiciones legales vigentes en materia de ordenación del territorio y urbanismo del Principado de Asturias: "El Gobierno del Principado promoverá el desarrollo e implementación de instrumentos de colaboración y coordinación interadministrativa (...). La colaboración y coordinación entre Administraciones públicas podrá articularse a través de convenios y protocolos de colaboración, que concretaran, en su caso, los servicios y recursos para realizar la actividad de intervención, inspección o control."; el art. 8.3 de la Ley 7/2021, de 1 de diciembre, de impulso para la sostenibilidad del territorio de Andalucía: "Las Administraciones Públicas podrán celebrar convenios interadministrativos con la finalidad de definir, de común acuerdo y en el ámbito de sus respectivas competencias, los términos en que deba preverse en la ordenación territorial (...) o en su ejecución, la realización de los intereses públicos que gestionen"; o el art. 6.1 de la Ley 5/2022, de 15 de julio, de Ordenación del Territorio y Urbanismo de Cantabria: "Las Administraciones competentes en materia de ordenación del territorio y urbanismo adoptarán como principio rector de su actuación el de colaboración interadministrativa, arbitrando cuando proceda y en atención a los intereses en presencia, los medios adecuados para que las demás Administraciones puedan participar en las decisiones propias, de acuerdo a los principios de colaboración, cooperación y coordinación, en los términos establecidos por la legislación básica estatal".

27 Art. 12.2 de la Ley 5/2022, de 15 de julio, de Ordenación del Territorio y Urbanismo de Cantabria. "b) La elaboración del proyecto de Plan estará precedido de una consulta pública (...) en la que se recabará la opinión de los sujetos y de las organizaciones más representativas potencialmente afec-

3. El desarrollo efectivo de las relaciones de cooperación

Finalmente, por lo que respecta al desarrollo efectivo de actuaciones de cooperación interautonómica en la ordenación del territorio partiendo de las posibles fórmulas de colaboración que ofrece la legislación general, los resultados son también exiguos. A la vista de los datos a los que hemos podido acceder hasta la fecha[28], los únicos instrumentos formalizados con alguna relación —aunque en general poco precisa— con las políticas de ordenación del territorio, son los denominados "Protocolos Generales de Actuación", a los que antes nos hemos referido. Cabe recordar que, según su regulación en el art. 47 LRJSP se trata de meras declaraciones que no requieren formalizar compromisos jurídicos concretos y exigibles. En cualquier caso, en este contexto de parquedad, puede destacarse el Protocolo General de Colaboración entre la Comunidad Foral de Navarra y la Comunidad Autónoma del País Vasco (diciembre 2021, con vigencia anual, prorrogable tácitamente) que, a su vez, deriva de protocolos anteriores. Su objeto es la promoción de la colaboración interautonómica para satisfacer los intereses comunes derivados de sus competencias, incluyendo 29 ámbitos de actuación entre los que se encuentra el referido al "medio ambiente, cambio climático, ordenación del territorio". No obstante, el compromiso de colaboración

---

tados por el futuro plan, así como la de aquellas Administraciones Públicas, instituciones y entidades que la Consejería competente en materia de ordenación del territorio estime conveniente. c) El proyecto de Plan será trasladado a la Comisión Regional de Ordenación del Territorio y Urbanismo, que previos los informes sectoriales preceptivos, lo aprobará inicialmente, (...) se someterá a información pública (...). Al mismo tiempo, la Comisión notificará y dará audiencia singularizada a la Administración General del Estado, a las Comunidades Autónomas limítrofes, a las Consejerías con competencias que puedan incidir en la ordenación del territorio que hayan participado, la asociación de entidades locales de ámbito autonómico con mayor implantación y a todos los Ayuntamientos de Cantabria, para que en el plazo de cuarenta y cinco días aporten cuantas observaciones, propuestas y alternativas estimen oportunas."

28 Debemos señalar que, en general, las dificultades en el acceso a las fuentes de información en este ámbito inciden en la calidad de los datos, en su seguimiento y evaluación, así como también en el conocimiento cierto de la vigencia de los mecanismos analizados.

se limita a señalar el fomento de "la colaboración e intercambio de experiencias y herramientas en temas de cambio climático y ordenación del territorio".

Se han suscrito también, con la misma naturaleza y efectos, "Protocolos Generales" entre La Rioja y Aragón (2009), entre Navarra y La Rioja (actualizado en 2022, con previsión de prórrogas tácitas) y, entre Aragón y Navarra (actualizado en 2021, con previsión de prórrogas tácitas). En ninguno de los casos se incluyen, sin embargo, entre los ámbitos de actuación previstos referencias explicitas a actuaciones de cooperación en materia de ordenación territorial. En la misma línea, puede señalarse el caso de los protocolos suscritos por la Comunidad de Castilla y León con todas las Comunidades Autónomas limítrofes. Si bien se trata, en principio, de instrumentos de colaboración general, se refieren a diversos ámbitos sectoriales de intervención (entre ellos, educación, sanidad, medio ambiente, emergencias, incendios, cultura, turismo, transportes, etc.) pero sin ninguna alusión a la cooperación para la ordenación del territorio[29].

IV. A MODO DE CONCLUSIÓN

A la vista del examen efectuado y de los resultados obtenidos, se puede concluir que la cooperación entre Comunidades Autónomas

---

29 Protocolo general de actuación entre la Comunidad de Madrid y la Junta de Castilla y León en materia de políticas públicas (2022); Protocolo general de actuación entre el gobierno de Cantabria y la Junta de Castilla y León (2024); Protocolo general de colaboración entre el Gobierno Vasco y la Junta de Castilla y León (2012, prorrogado); Protocolo general de colaboración entre la Xunta de Galicia y la Junta de Castilla y León (2010, prorrogado); Protocolo general de colaboración entre el gobierno de Aragón y la Junta de Castilla y León (2009, prorrogado); Protocolo general de colaboración entre la Junta de Comunidades de Castilla-La Mancha y la Junta de Castilla y León (2009, prorrogado); Protocolo general de colaboración entre la Junta de Extremadura y la Junta de Castilla y León (2009, prorrogado); Protocolo general de colaboración entre la Comunidad autónoma de la Rioja y la Junta de Castilla y León (2008, prorrogado, con adendas posteriores); Protocolo general de colaboración entre el gobierno del Principado de Asturias y la Junta de Castilla y León (2008, prorrogado).

—también en las áreas limítrofes— para la ordenación del territorio es todavía, indudablemente, un reto que deben afrontar, de modo imprescindible y urgente, quienes son responsables —por ostentar la necesaria legitimación— de garantizar la eficiencia, efectividad y eficacia en el ejercicio de las competencias asumidas.

Sin perjuicio de su perfeccionamiento y adecuado desarrollo, las Administraciones cuentan con instrumentos útiles. Ello no obsta, en este sentido, para que se insista en la necesidad, por una parte, de mejorar la regulación general de las herramientas para la colaboración horizontal, y, por otra parte, de integrar en la legislación autonómica de ordenación del territorio —de modo expreso, preciso y completo— los mecanismos que, con distintas naturalezas y consecuencias, favorecerían el cumplimiento del principio de cooperación. Considerando las características de la función pública de ordenación del territorio, la incorporación de instrumentos de cooperación interautonómica —especialmente en zonas limítrofes— es, sin duda, una condición *sine qua non*, tanto en el proceso de configuración de los planes territoriales como en la fase de gestión de los mismos.

Se requiere, pues, voluntad, capacidad de adaptación y los medios necesarios para la efectiva aplicación de los instrumentos de cooperación. La falta de una cultura federal o de cooperación entre territorios[30], cuya continuidad espacial requiere de un tratamiento conjunto, no puede aducirse después de casi cincuenta años desde que se iniciara la construcción del Estado autonómico. El gobierno para la cohesión territorial en el siglo XXI debe integrar la cooperación como un valor insoslayable.

La relevancia de la ordenación del territorio como función pública de carácter indudablemente estratégico merece su consideración, por parte de los responsables públicos, como ámbito de intervención prioritario sobre el que se sustenta el desarrollo sostenible y resiliente del conjunto de las políticas sectoriales. Se trata de una prioridad

---

30 En este sentido, con respecto a la ausencia de voluntad de colaboración horizontal en el Estado autonómico, vid., entre otros, el sugerente trabajo de García Morales, M. J. (2019)." Estado autonómico y ¿cultura federal?". *Cuadernos Manuel Giménez Abad*, 17, pp. 34-37.

a la que, por tanto, debería dedicarse de manera urgente la atención necesaria.

Referencias bibliográficas

Camacho Ballesta, J.A.; Melikhova, Y. (2010). "Perspectiva territorial de la Unión Europea: el largo camino hacia la cohesión territorial". *Cuadernos Geográficos de la Universidad de Granada*, 47, 162-188.

Cerrillo i Martínez, A. (2005). "La gobernanza hoy". En Cerrillo i Martínez, A. (Coord.). *La gobernanza hoy: 10 textos de referencia*. INAP.

Comisión Europea (CE) (2001). *La Gobernanza europea – un libro blanco*. COM (2001), DOCE C- 287, de 12.10.2001.

De la Cruz Mera, A.; Madurga Chornet, M.I. (2019). "Los Instrumentos de Ordenación del Territorio en España. Estudio comparado". *Ciudad y Territorio. Estudios Territoriales*, 199, 175-200.

Díaz Barrado, C.M. (2017). "Los objetivos de desarrollo sostenible: un principio de naturaleza incierta y varias dimensiones fragmentadas". *Anuario Español De Derecho Internacional*, 32, 9-48.

Escribano Collado, P. (1991). "La ordenación del territorio y el medio ambiente en la Constitución". En Martín-Retortillo, S. (Coord.). *Estudios sobre la Constitución española. Homenaje al prof. E. García de Enterría*. Civitas, 3705-3750.

Farinós Dasí, J. (2008). "Gobernanza territorial para el desarrollo sostenible: estado de la cuestión y agenda". *Boletín AGE*, 46, 11-32.

Farinós Dasí, J. (2021). "Agenda Territorial Europea 2030: un marco político orientado a la acción para el objetivo de la cohesión territorial". *Ciudad y Territorio. Estudios Territoriales*, 208, 583-594.

Galindo Caldés, R.; Santasusagna Riu, A.; Tort i Donada, J. (2019). "La frontera como espacio de conflicto y como espacio de cooperación. La Ribagorza como paradigma". En Farinós Dasí, J.; Ojeda-Rivera, J.F.; Trillo Santamaria, J.M. (Eds.). *Geografías para un Estado posmoderno*, 255-268.

Galindo Caldés, R. (2020). "Territorialidad, cooperación horizontal y fronteras interiores". *Revista General de Derecho Administrativo*, 5.

García Morales, M. J. (2019). "Estado autonómico y ¿cultura federal?". *Cuadernos Manuel Giménez Abad*, 17, 34-37.

González-Varas Ibáñez, S. (2009). *Urbanismo y ordenación del territorio*. Aranzadi.

González-Varas Ibáñez, S. (2022). "La ordenación del territorio: régimen jurídico". *Derecho & Sociedad*, 59, 1-33.

López Benítez, M.; Vera Jurado, D.J. (2005). "La ordenación del territorio: algunos datos para la redefinición conceptual y competencial de la materia". *Revista Jurídica de Navarra*, 40, 163-202.

López Ramón, F. (1987). "Planificación territorial". *Revista de Administración Pública*, 114, 127-177.

López Ramón, F. (1995). *Estudios jurídicos sobre Ordenación del Territorio.* Aranzadi.

Navarro Munuera, A. (1989). "Las relaciones interautonómicas de cooperación: mecanismos y posibilidades de articulación orgánica". *Revista de Administración pública*, 120, 401-414.

Peiró Sánchez-Manjavacas, E.; Farinós Dasí, J. (Eds.) (2020). *Marco legal y procedimental de la ordenación del territorio en España: Diagnostico y balance.* Thomson Reuters Aranzadi.

Parejo Navas, T. (2004). *La estrategia territorial europea. La percepción comunitaria del uso del territorio.* Marcial Pons.

Pérez Andrés, A.A. (1998). *La ordenación del territorio en el Estado de las Autonomías.* Marcial Pons.

Ramallo López, F. (2014). *La planificación territorial sostenible.* Thomson Reuters Aranzadi.

Rando Burgos, E. (2019). *Legislación e instrumentos de la ordenación del territorio en España.* Iustel.

Rando Burgos, E. (2020). *Régimen jurídico de la Gestión Territorial.* Tirant lo Blanch.

Rando Burgos, E. (2024). "La gestión territorial como respuesta: el necesario avance de las políticas territoriales". *Actualidad Jurídica Ambiental*, 50, 1-31.

Vadrí Fortuny, M.T. (2021). "La función pública de ordenación del territorio como garantía de una adecuada gobernanza sostenible del territorio: la necesaria integración de la función pública 'paisajística'". Agudo González, J. (Coord.). *La Gobernanza del territorio.* Bosch.

Vaquer Caballería, M. (2022). *Derecho del territorio* (2ª ed). Tirant lo Blanch.

Vega Labella, J.I. (2016). "Relaciones interadministrativas en la Ley 40/2015, de 1 de octubre, de Régimen Jurídico del Sector Público". *Asamblea: revista parlamentaria de la Asamblea de Madrid*, 34, 285-323.

Vilalta Reixach, M. (2017). "Las relaciones interadministrativas en la nueva Ley de régimen jurídico del sector público". *Cuadernos de Derecho Local*, 44, 48-82.

La cooperación para la protección del patrimonio natural

MAITE URIARTE RICOTE
Profesora Titular de Derecho Administrativo
Universidad del País Vasco/Euskal Herriko Unibertsitatea

I. INTRODUCCIÓN

Los espacios naturales forman parte de una realidad amplia que concuerda con la de área protegida, una parte del territorio definida y gestionada por instrumentos legales dirigidos a la conservación a largo plazo de la naturaleza, sus servicios ecosistémicos y sus valores culturales asociados. Estamos ante una de las principales herramientas para proteger las áreas de especial valor natural frente a los impactos de la actividad humana, pero su desarrollo no está exento de dificultades, siendo una de ellas la falta de coherencia entre la variedad de figuras que pueden aplicarse sobre un mismo ecosistema debido a la diversidad de instrumentos de declaración y ordenación previstos en la legislación autonómica, estatal, europea e internacional, lo que refuerza el "efecto-barrera" y la disimetría en lo relativo a la conservación de la naturaleza y a otras políticas sectoriales relacionadas.

La conectividad ecológica, por su parte, se presenta como una necesidad para afrontar la fragmentación de los ecosistemas (que tiene como causa fundamental el uso de suelo destinado, entre otros fines, a su urbanización, a la agricultura intensiva o a distintas infraestructuras), un factor clave en la protección de la biodiversidad y en la adaptación al cambio climático. Adquiere relevancia reciente tras el consenso científico según el cual la delimitación de espacios protegidos antes referida y en la que se basa la conservación de la naturaleza, deviene insuficiente para abordar muchos procesos ecológicos dependientes de dinámicas horizontales que comunican unas porciones de espacio con otras. Como elemento que permitirá la mitigación y adaptación a los efectos del cambio climático, así como la restauración de los ecosistemas degradados, la conectividad se convierte en la finalidad principal de la Infraestructura Verde (en adelante, IV), una red estratégicamente planificada de espacios naturales y seminaturales y otros elementos ambientales.

La progresiva implantación de la IV implica un cambio en el modelo de ordenación y planificación territorial que supone un desafío enorme y complejo. La interconexión es el nuevo paradigma para la consolidación de los espacios protegidos como elementos esenciales de recuperación de la biodiversidad y base para la sostenibilidad general del territorio. Se erige, por tanto, en criterio necesario para conocer el desarrollo actual de la cooperación entre Comunidades Autónomas en materia de espacios naturales y de los demás elementos cuyo valor conector sea identificado por cada red de carácter autonómico[1].

[1] Trabajo enmarcado en el contexto del proyecto de investigación PID2021-128884OB-I00, concedido por el Ministerio de Ciencia e Innovación y titulado "La conectividad ecológica: instrumentos y propuestas para evitar la fragmentación del territorio".

II. FUNDAMENTOS NORMATIVOS DE LOS ESPACIOS PROTEGIDOS Y SU ARTICULACIÓN CON LA CONECTIVIDAD ECOLÓGICA

1. Delimitación conceptual, clasificación jurídica y distribución competencial

Aproximarnos al grado de desarrollo que ha alcanzado la cooperación interautonómica en materia de espacios naturales protegidos, exige comenzar por presentar conceptualmente esta realidad con atención al régimen jurídico que le es de aplicación y al régimen de distribución competencial bajo el que opera.

Cuando se habla de un espacio natural protegido se quiere destacar un área terrestre o marina que, debido a la importancia de sus valores naturales, está sujeto a un marco jurídico dirigido específicamente a conservarlos[2]. Para que un espacio natural reciba la calificación de *protegido* debe: a) cumplir los *requisitos* que le hagan merecedor de la misma y b) ser *declarado* como tal, aspectos ambos previstos en la Ley 42/2007, de 13 de diciembre, del Patrimonio Natural y de la Biodiversidad (LPNyB), cuando dispone que (art. 28): "1. Tendrán la consideración de espacios naturales protegidos los espacios del territorio nacional, incluidas las aguas continentales, y el medio marino[3], junto con la zona económica exclusiva y la plataforma continental, que cumplan al menos uno de los *requisitos* siguientes y *sean*

---

2 Las normas autonómicas presentan en su mayoría una definición de espacio natural protegido condicionada al cumplimiento de alguno de los requisitos que prevén expresamente y que serán determinantes para que una zona del territorio reciba dicha calificación. Encontramos, no obstante, alguna ley que proporciona una definición general y considera estos lugares como "parte del territorio, incluidas las aguas continentales, donde existe algún recurso natural, y que no ha sido completamente alterada por la acción humana (art. 2 de la Ley 971999, de 26 de mayo, de Conservación de la Naturaleza de Castilla-La Mancha).

3 La Ley 41/2010, de 29 de diciembre, Protección del Medio Marino establece el régimen jurídico que rige la adopción de las medidas necesarias para lograr o mantener el buen estado ambiental del medio marino, a través de su planificación, conservación, protección y mejora.

declarados como tales[4]: a) Contener sistemas o elementos naturales representativos, singulares, frágiles, amenazados o de especial interés ecológico, científico, paisajístico, geológico o educativo. b) Estar dedicados especialmente a la protección y el mantenimiento de la diversidad biológica, de la geodiversidad y de los recursos naturales y culturales asociados. 2. Los espacios naturales protegidos podrán abarcar en su perímetro ámbitos terrestres exclusivamente, simultáneamente terrestres y marinos, o exclusivamente marinos".

Para comprender adecuadamente estos espacios resulta necesario detallar las diferentes tipologías de áreas protegidas vigentes, las cuales se agrupan, para su exposición, en los cuatro bloques que se indican a continuación, en función de los instrumentos jurídicos que determinan su establecimiento.

1. Categorías básicas. Partimos de la clasificación que la propia LPNyB realiza (art. 30) en función de los bienes y valores a proteger y de los objetivos de gestión a cumplir, según la cual el concepto de espacio natural protegido comprende los *Parques* (con la categoría específica de *Parques Nacionales*[5]), las *Reservas Naturales*, las *Áreas Marinas Protegidas*, los *Monumentos Naturales*, y los *Paisajes Protegidos.*

2. Categorías autonómicas. Sobre la base de los seis tipos básicos, las Comunidades Autónomas han desarrollado doce figuras adicionales, en ejercicio de sus competencias[6]:

---

4 Sobre los hechos que determinan la declaración y el margen de apreciación administrativa, *vid.* Vaquer Caballería, M. (2021). "Naturaleza y cultura en la declaración de espacios protegidos: el margen de apreciación de la Administración". *Práctica Urbanística. Sección Ordenación territorial y urbanística,* 171.

5 Los Parques Nacionales constituyen una modalidad de espacios naturales que gozan del máximo nivel de protección por su especial relevancia para la preservación del entorno ambiental (*vid.*, STC 194/2004, de 4 de noviembre, F.J.5º).

6 La denominación de las distintas modalidades propias se muestra en cursiva, seguida de la referencia a la Autonomía o Autonomías que la han incluido en su normativa.

1. *Parajes Naturales* (Andalucía, Baleares y Castilla La Mancha). Existen dos especialidades más concretas, los *Parajes Naturales de Interés Nacional* (Cataluña) y los *Parajes Naturales Municipales* (Comunidad de Valencia).
2. *Parques Periurbanos* (Andalucía); *Parques Periurbanos de Conservación y de Ocio* (Extremadura); *Parques Naturales* (Aragón, Baleares, Cantabria, Castilla y León; Castilla La Mancha, Cataluña, Valencia, Extremadura); *Parques Rurales* (Canarias); *Parques Regionales* (Castilla y León).
3. *Reservas Naturales* de distintos tipos: *Concertadas* (Andalucía); *Integrales* (Asturias, Baleares, Canarias, Navarra); *Parciales* (Asturias); *Especiales* (Baleares); *Fluviales* (Castilla La Mancha).
4. *Áreas Naturales de Especial Interés* (Cantabria).
5. *Microrreservas* (Castilla La Mancha).
6. *Espacios Naturales de Protección Temporal* (Comunidad de Madrid).
7. *Embalse Protegido* (Comunidad de Madrid).
8. *Montes Protectores, Protegidos y Preservados* (Comunidad de Madrid).
9. *Zonas Húmedas Protegidas* (Comunidad de Madrid), *Zonas Húmedas Catalogadas* (Comunidad de Valencia).
10. *Corredores Ecológicos y de Biodiversidad, Corredores Ecoculturales* (Extremadura).
11. *Lugares de Interés Científico* (Extremadura).
12. *Árboles Singulares* (Extremadura).

3. Categorías comunitarias. Además, se identifican tres categorías adicionales de espacios protegidos, configuradas conforme a las directrices emanadas del Derecho europeo. Se trata de los espacios que integran la red ecológica europea de zonas especiales de conservación, conocida como *Red Natura 2000*, cuyo

marco normativo comunitario[7] lo comprenden la Directiva 92/43/CEE del Consejo, de 21 de mayo de 1992, relativa a la conservación de los hábitats naturales y de la fauna y flora silvestres (Directiva de Hábitats)[8] y la Directiva 2009/147/CE del Parlamento Europeo y del Consejo, de 30 de noviembre de 2009, relativa a la conservación de las aves silvestres (Directiva de Aves)[9].

La legislación española acogió la regulación de la Red Natura 2000 en el Real Decreto 1997/1995, de 7 de diciembre, por el que se establecen medidas para contribuir a garantizar la biodiversidad mediante la conservación de los hábitats naturales y de la fauna y flora silvestres, No obstante, los principios en los que se fundamenta ya se encontraban esbozados de forma anticipada en el artículo 2 de la entonces vigente Ley 4/1989, de 27 de marzo, de Conservación de los Espacios Naturales y de la Flora y Fauna Silvestres. Actualmente, es la LPNyB[10] la que en su Título II, Capítulo tercero prevé los tres tipos de espacios que integran la Red Natura —*Lugares de Importancia Comunitaria* (LIC), las *Zonas Especiales de Conservación* (ZEC) y las *Zonas de Especial Protección para las Aves* (ZEPA)—, y que tienen

---

7 *Vid.* García Ureta, A. (2010). *Derecho Europeo de la Biodiversidad. Aves silvestres, hábitats y especies de flora y fauna.* Iustel. Coordinado por este mismo autor puede consultarse, asimismo, García Ureta, A. (Coord.) (2012). *La Directiva de Hábitats de la Unión Europea: balance de 20 años.* Thomson Reuters Aranzadi.

8 *Vid.* el art. 3 en el que se prevé su creación.

9 La Directiva de Aves exige a los Estados miembros enviar a la Comisión todas las informaciones oportunas de modo que esta pueda tomar las iniciativas adecuadas a efectos de la coordinación necesaria para constituir una *red coherente* que responda a las necesidades de protección de las especies dentro de la zona geográfica marítima y terrestre de su aplicación (art. 4.3). El deber de los Estados es, por tanto, adoptar cuantas medidas sean necesarias para preservar, mantener y restablecer una diversidad y una superficie suficiente de hábitats para las aves silvestres, en especial para las recogidas en el anexo I de la Directiva y designar zonas de especial protección para dichas especies y para las especies migratorias no incluidas en el anexo I (arts. 3 y 4).

10 Que derogó la Ley 4/1989 y también los anexos I, II, III, IV, V y VI del Real Decreto 1997/1995.

también la consideración de espacios protegidos en el ordenamiento jurídico interno[11]. El alcance, limitaciones y medidas de conservación de estos tres espacios se establecen por la normativa autonómica, dando cuenta al Ministerio a efectos de su comunicación a la Comisión Europea, y para su definición deben respetarse los criterios fijados en la Directiva de Hábitats[12].

4. Categorías internacionales. El cuarto grupo está constituido por aquellas áreas protegidas al amparo de instrumentos internacionales, tales como convenios y acuerdos suscritos por España. La LPNyB se refiere a siete categorías internacionales en particular: 1. *Humedales de Importancia Internacional*[13]; 2. *Sitios Naturales*[14]; 3. *Áreas Protegidas* —medio ambiente marino del Atlántico del nordeste[15]— (OSPAR); 4. *Zonas Especialmente Protegidas de Importancia para el Mediterráneo* (ZEPIM)[16]; 5. *Geoparques*[17]; 6. *Reservas de la Biosfera*[18]; y 7. *Reservas Biogenéticas*[19].

Asimismo, la LPNyB, contempla una modalidad adicional de espacio protegido de carácter internacional, designada como *Espacio*

---

11 Art. 42.1 y 2 LPNyB.

12 *Vid.*, Anexo III: Criterios de selección de lugares que pueden clasificarse como Lugares de Importancia Comunitaria y designarse Zonas Especiales de Conservación. Esta Directiva se traspuso al ordenamiento jurídico interno en virtud del Real Decreto 1997/1995, de 7 de diciembre, por el que se establecen medidas para contribuir a garantizar la biodiversidad mediante la conservación de los hábitats naturales y de la fauna y flora silvestre.

13 Del Convenio relativo a los Humedales de Importancia Internacional especialmente como Hábitat de Aves Acuáticas [art. 50.1.a) LPNyB].

14 De la Lista del Patrimonio Mundial, de la Convención sobre la Protección del Patrimonio Mundial, Cultural y Natural [art. 50.1.b) LPNyB].

15 Del Convenio para la protección del medio ambiente marino del Atlántico del nordeste [art. 50.1.c) LPNyB].

16 Del Convenio para la protección del medio marino y de la región costera del Mediterráneo [art. 50.1d) LPNyB].

17 Declarados por la UNESCO [art. 50.1.e) LPNyB].

18 Declaradas por la UNESCO [art. 50.1.f) LPNyB].

19 *Vid.*, el art. 50.1.g) LPNyB. Se trata de una figura creada por la Resolución (76)17 del Comité de Ministros del Consejo de Europa del Consejo de Europa. En España sólo la Albufera de Mallorca está reconocida como reserva biogenética.

Natural Transfronterizo, que puede crearse en virtud de un Acuerdo Internacional a propuesta de las administraciones competentes. Su ámbito territorial comprende los espacios naturales protegidos formados por áreas adyacentes, terrestres o marinas, protegidas por España y otro país vecino[20].

A pesar de la existencia de una notable diversidad de categorías de áreas protegidas actualmente vigentes en España —hasta un total de veintinueve—, dicha cifra puede racionalizarse, en la medida en que once de las figuras específicas creadas al amparo de la normativa autonómica quedan subsumidas en alguna de las categorías básicas previstas en el ordenamiento jurídico estatal[21]. Para la ordenación y protección jurídica de estos espacios se requiere la aprobación de distintos instrumentos de planificación que se presentan[22] clasificados en los tres grupos que se detallan a continuación:

I. Instrumentos Estratégicos	1. Plan Estratégico Estatal del Patrimonio Natural y la Biodiversidad. 2. Planes Sectoriales. 3. Estrategias Marinas. 4. Estrategia Nacional de Infraestructura Verde y de la Conectividad y Restauración Ecológica
II. Directrices y Planes Directores de espacios protegidos	1. Directrices de Conservación de la Red Natura 2000. 2. Plan Director de la Red de Parques Nacionales. 3. Plan Director de Áreas Marinas Protegidas de España
III. Planes de ordenación y de gestión de los Parques y de las Reservas Naturales	1. Planes de Ordenación de Recursos Naturales (PORN). 2. Planes Rectores de Uso y Gestión (PRUG)

---

20 *Vid.* el art. 41 LPNyB.

21 En concreto por: a) Los Parques a los que quedarían asimiladas las modalidades autonómicas de *Parques Periurbanos, Parques Periurbanos de Conservación y de Ocio, Parques Naturales, Parques Rurales* y *Parques Regionales*; b) La Reserva Natural, a la que quedarían asimiladas las modalidades autonómicas de Reservas naturales *Concertadas, Integrales, Parciales, Especiales* y *Fluviales*; y c) Los Monumentos Naturales, a los que quedarían asimilados las modalidades autonómicas de *Árboles Singulares*.

22 Lozano Cutanda, B. (2022). *Derecho Ambiental y Climático*. Dykinson, pp. 265-271.

La coexistencia de tantas figuras distintas predispone a que zonas territoriales adyacentes reciban un tratamiento jurídico desigual por pertenecer a distintas Comunidades Autónomas, espacios que, sin embargo, comparten valores naturales idénticos. Esto se explica, en parte, por el sistema de reparto competencial aplicable a los espacios naturales protegidos, que se ajusta al modelo previsto para la materia general de protección del medio ambiente. La ausencia de una referencia explícita en el texto constitucional a esta materia ha favorecido su inclusión como competencia exclusiva en determinados estatutos de autonomía. No obstante, ello no ha impedido su consideración como una materia con identidad propia, aunque comprendida dentro del título general de "protección del medio ambiente", lo que implica que su regulación —tanto en su dimensión normativa como ejecutiva— debe respetar y adecuarse a las bases que el Estado establezca en virtud del artículo 149.1.23ª CE. En virtud de lo dispuesto en el texto constitucional, la competencia exclusiva para la elaboración de la legislación básica en esta materia corresponde al Estado, sin perjuicio de la posibilidad reconocida a las Comunidades Autónomas de aprobar normas adicionales de protección. Esta atribución estatal, de naturaleza estrictamente normativa, ha de ejercerse mediante normas con rango de ley, con el fin de garantizar la claridad y certeza jurídica, así como la estabilidad y coherencia del sistema de fuentes[23].

---

23 Existen, no obstante, situaciones singulares relacionadas con las facultades estatales en este punto que es preciso considerar. Se acepta que el Estado haga uso de la potestad reglamentaria para determinar el contenido de lo básico, pero solo de forma excepcional cuando justifique que resulta imprescindible y su contenido técnico y su carácter coyuntural o estacional determinen su singularidad. Cualquiera de estas intervenciones ejecutivas o aplicativas que puede desempeñar el Estado con carácter básico, solo pueden darse de forma puntual y concreta para la puesta en práctica de medidas específicas, porque la aplicación ordinaria y general de la legislación básica deben realizarla las Comunidades Autónomas. Además, acudir a este ejercicio estatal queda limitado a un escenario de estado de necesidad en que las medidas autonómicas no garanticen de modo suficiente la preservación de la norma básica (su efectiva homogeneidad en el conjunto del territorio nacional), exista un peligro inminente de daños irreparables, los mecanismos de cooperación y coordinación no hayan servido para lle-

La previsión del art. 149.1.23 *in fine* CE, según la cual las Comunidades Autónomas pueden aprobar normas adicionales de protección, no implica limitación alguna para que estas administraciones ejerzan plenamente sus competencias de desarrollo legislativo y ejecución de las bases estatales, bases que, por otra parte, no pueden llegar a tal grado de detalle que impidan el ejercicio de las competencias autonómicas. El sistema de reparto competencial en materia de espacios naturales persigue así garantizar un mínimo común normativo establecido por el Estado en las bases, que puede ser ampliado mediante niveles más exigentes de protección por las Comunidades Autónomas.

En términos funcionales, el reparto competencial en materia de espacios naturales protegidos, tal como resulta de los artículos 148.1.9.ª y 149.1.23.ª de la Constitución, puede resumirse del siguiente modo: el Estado ostenta la competencia exclusiva para dictar la legislación básica, mientras que corresponde a las Comunidades Autónomas tanto la gestión de dichos espacios como el desarrollo normativo de esa legislación básica, así como la adopción de normas adicionales de protección en el ejercicio de sus propias competencias.

2. *Análisis funcional de la conectividad ecológica en relación con la protección de la biodiversidad*

Proteger los recursos naturales es un deber acuciante para los poderes públicos a la luz del extenso y consolidado *corpus* normativo existente aprobado durante las últimas décadas. Aunque son múltiples y heterogéneas las perspectivas desde las que puede abordarse esta tarea, la conectividad de los hábitats emerge como un factor clave en todos los indicadores utilizados para evaluar el estado de conservación favorable tanto de especies como de hábitats. Así se muestra en los de carácter global, tras desglosar las pérdidas de población de especies sufridas en los últimos cuarenta años y revelar el grado de fragmentación que sufre la superficie terrestre, de aguas in-

---

var a cabo la actuación requerida y, en consecuencia, la intervención de un ente supraordenado se ha hecho imprescindible.

teriores, costeras y marinas. Los indicadores específicos de la pérdida de biodiversidad en España reflejan también un proceso acelerado a un ritmo sin precedentes, que ha reducido a un escaso 9% los hábitats que actualmente se encuentran en un estado de conservación favorable, y a un 21% las especies de interés comunitario.

La conectividad ecológica se configura actualmente como un elemento esencial en la conservación de la biodiversidad. Podría parecer que los espacios más propicios para que esta prospere son aquellos en los que la naturaleza queda confinada, y más aún si cuentan con alguna figura de protección de las presentadas en el epígrafe anterior, pero hoy se sabe que no son suficientes para garantizar su salvaguarda. Una de las principales amenazas reside, por tanto, en la fragmentación de los ecosistemas que tiene como causa fundamental la construcción de barreras mediante el uso de suelo destinado, entre otros fines, a su urbanización, a la agricultura intensiva o a distintas infraestructuras. Revertir este contexto de fragmentación implica, sin lugar a dudas, desfragmentar o, en otras palabras, introducir la conectividad, una capacidad a la que hasta el momento no se le ha otorgado un contenido jurídico determinado y que carece de definición legal o jurisprudencial.

Desde la perspectiva ecológica, la conectividad se define como la capacidad del paisaje para facilitar los flujos biológicos, energéticos y de materia, así como el desplazamiento y la dispersión de especies, animales y vegetales. Esta función dual —ecológica y estructural— permite identificar dos dimensiones complementarias: por un lado, la *conectividad estructural*, que atiende a la continuidad física del hábitat sin considerar la respuesta de los organismos; y, por otro, la *conectividad funcional*, que se refiere a la capacidad de los seres vivos para utilizar o responder a los elementos del paisaje, incluso aquellos distintos de su hábitat habitual[24].

---

24 Las regiones biogeográficas más perjudicadas por esta merma son la atlántica y la mediterránea, y los ecosistemas costeros, los acuáticos epicontinentales, los bosques, los roquedales, los pedregales y, sobre todo, las turberas, los hábitats más desfavorecidos. De las especies, los mamíferos y, en especial, los peces, resultan especialmente perjudicados, pero también la microbiodiversidad del suelo, como sucede con muchos anfibios (Estrategia Estatal

En el plano normativo, los primeros antecedentes comunitarios de la conectividad ecológica se encuentran en los dos principales instrumentos legales dirigidos a proteger la biodiversidad[25]. El camino lo inició la Directiva de Aves al introducir la necesidad de una "red coherente" que tuviera en cuenta la coordinación de medidas para proteger las especies migratorias [26], idea que se fraguó en la Directiva de Hábitats con la creación de la Red Natura 2000 pensada para garantizar el restablecimiento o el mantenimiento de los hábitats naturales y de las especies de interés comunitario en un estado de conservación favorable[27]. Con el tiempo, la Red Natura 2000 se ha convertido en el eje de la IV, principal herramienta existente actualmente para la defensa de la conectividad ecológica e introducida con este fin en la Estrategia de la Comisión sobre Infraestructura Verde de 2013 que la presentó como "una red estratégicamente planificada de áreas naturales y seminaturales con otras características ambientales, diseñada y administrada para brindar una amplia gama de servicios ecosistémicos, al mismo tiempo que mejora la biodiversidad[28]". La conectividad ecológica ha continuado consolidándose gracias también a la jurisprudencia comunitaria que respalda el deber de los Estados miembros de respetar las me-

---

de Infraestructura Verde y de la Conectividad y Restauración Ecológica, págs. 44 y 13).

25 También existen instrumentos jurídicos internacionales que directa o indirectamente promueven la conservación de la conectividad, entre los que se encuentran el Convenio de Ramsar o Convenio relativo a los Humedales de Importancia Internacional (1971), la Convención sobre la Protección del Patrimonio Mundial Cultural y Natural de la UNESCO (1972), el Convenio de Bonn o Convención sobre la Conservación de Especies Migratorias (1979), el Convenio sobre la Diversidad Biológica de las Naciones Unidas (1992), la Convención marco de las Naciones Unidas sobre el Cambio Climático (1992), y muchos otros (véase la información al respecto que aporta la Unión Internacional para la Conservación de la Naturaleza —UICN—: https://www.iucn.org/es).

26 Directiva de Aves, Considerando 8 y art. 4.3.

27 Directiva de Hábitats, art. 3.

28 Comunicación de la Comisión al Parlamento Europeo, al Consejo, al Comité Económico y Social Europeo y al Comité de las Regiones: *Infraestructura verde. Mejorar el capital natural de Europa* (COM/2013/0249 final).

didas que en esta materia prevén la Directivas de Hábitats y la de Aves[29].

La *Estrategia de la UE sobre Biodiversidad hasta 2020* incorporó igualmente la prioridad de mejorar el intercambio funcional entre ecosistemas, reconociendo su papel esencial en la restauración ecológica y la conectividad del territorio, con el propósito de aplicarse tanto a los ecosistemas que están situados en el interior de los espacios Natura 2000 como a los que abarcan varios de dichos espacios o se encuentran fuera de ellos. Este documento propuso el mantenimiento y mejora de ecosistemas y servicios ecosistémicos no más tarde de 2020 mediante dos medidas, la restauración de, al menos, el 15 % de los ecosistemas degradados y la creación de una IV que se incorporará a la ordenación territorial. El cumplimiento de ambos propósitos llevó a la Comisión a comprometerse con la redacción de una estrategia específica en la materia que fomente su despliegue, encargo que cumplió con la aprobación en 2013 de la mencionada *Estrategia Europea de Infraestructura Verde*[30]. La nueva *Estrategia sobre Biodiversidad*

---

29 En este sentido, cabe citar la STJUE de 24 de noviembre de 2011 (C404/2009) en la que se discute el incumplimiento por parte de España de las obligaciones que le incumben en relación con la protección del urogallo debido a unas actividades mineras a cielo abierto en un espacio de Natura 2000. En el seno de este conflicto se analiza el posible bloqueo de los corredores de comunicación con otras poblaciones y el riesgo de formación de una barrera continua que pueda dar lugar al aislamiento de núcleos de población y, en último término, a la desaparición de los núcleos existentes. Para el Tribunal dicho proyecto suponía un riesgo de deterioro y el cierre de ese corredor conllevaba una fragmentación contraria al art. 6.2 de la Directiva de Hábitats. La conservación de la conectividad también ha sido objeto de análisis en relación con la aplicación de la Directiva de Aves y la de Hábitats en la STJUE de 14 de enero 2016 (C-141/2014) relativa a corredores migratorios y áreas de reposo en Bulgaria, utilizados por una parte importante de las poblaciones migratorias (la cigüeña blanca, el gavilán griego, el águila calzada, el aguilucho cenizo, el aguilucho papialbo, el cernícalo patirrojo y otras especies).

30 *Estrategia de la UE sobre la biodiversidad hasta 2020: nuestro seguro de vida y capital natural*, del 3 de mayo de 2011 [COM(2011) 244 final, apartado 3.2 y la actuación 6 b)].

de la UE hasta 2030[31] aprobada en 2020, insiste en priorizar la conectividad entre hábitats y la creación de corredores ecológicos. Prevé concretamente, que los Estados miembros muestren avances más significativos en la designación jurídica de nuevos espacios protegidos y en la integración de corredores ecológicos para finales de 2023, de modo que se logre conferir una protección jurídica al 30% de la superficie terrestre y al 30% de la marina de la UE, como mínimo, e incorporar los corredores ecológicos dentro de una auténtica Red Transeuropea de Espacios Naturales.

En el ámbito estatal, la Ley 33/2015, de 21 de septiembre, que modifica la Ley 42/2007, del Patrimonio Natural y de la Biodiversidad (LPNyB), marca un punto de inflexión al incorporar de manera expresa los principios y objetivos recogidos en las estrategias europeas antes mencionadas. Así, el artículo 15 de la LPNyB exige la elaboración de una Estrategia Nacional de Infraestructura Verde, instrumento que fue aprobado mediante la Orden PCM/735/2021, de 9 de julio, bajo la denominación de Estrategia Nacional de Infraestructura Verde y de la Conectividad y Restauración Ecológicas (ENIVCRE).

De este modo, la noción de conectividad ecológica que ofrece la ciencia se integra en nuestro ordenamiento —de forma equivalente para los medios marino y terrestre—[32], como: a) una *finalidad* cuando la LPNyB la considera un objetivo que los poderes públicos están llamados a garantizar[33] mediante la elaboración de una Estrategia estatal de IV, y también porque forma parte de las metas 1, 2 y 6 que este instrumento define en su apartado 9; b) un *principio* fundamental del desarrollo de la IV; c) un *parámetro* en la medida en que se

---

31 *Estrategia de la UE sobre la biodiversidad de aquí a 2030 Reintegrar la naturaleza en nuestras vidas*, de 20 de mayo de 2020 [COM(2020) 380 final], apartados 2.1; 2.2.2]. *Vid.,* al respecto, García Ureta, A. (Dir.); Sarasibar Iriarte, M. (Coord.) (2022). *La estrategia de biodiversidad de la Unión Europea 2030. Aspectos jurídicos.* Marcial Pons.

32 No obstante, "la conectividad tiene diferentes connotaciones en el medio marino con respecto a los ecosistemas terrestres, por su naturaleza de medio continuo en el que se presupone la inexistencia de barreras aparentes" (*Ibídem*, p. 15).

33 Art. 15 LPNyB.

exige que cada nuevo elemento a incorporar en la IV sea valorado en términos de su conexión con el resto de los elementos de la red, y porque constituye un elemento clave en la adaptación al cambio climático; d) y un *criterio* que ha de integrarse para la selección de alternativas y prevención de impactos en los procesos de evaluación ambiental de planes y proyectos. En el contexto del marco normativo vigente, la conectividad ecológica se articula fundamentalmente a través del instrumento de la IV. La identificación y conservación de los elementos del territorio que la componen, así como los criterios que deben respetarse por la planificación territorial y sectorial en orden a asegurar la conectividad ecológica y la funcionalidad de los ecosistemas, se contienen en las directrices que marca la ENIVCRE. Estas orientaciones deben tener "en especial consideración" los espacios protegidos, que se mencionan en primer lugar en un listado junto a otras realidades que la LPNyB refiere con carácter abierto[34]. Desde julio de 2021, fecha de la aprobación de la estrategia nacional, las Comunidades Autónomas cuentan con un plazo máximo de tres años para aprobar sus propias estrategias en la materia que incluirán, como mínimo, los objetivos contenidos en la estrategia estatal (art. 15 LPNyB).

El análisis del reparto competencial en materia de conectividad ecológica debe partir de dos consideraciones previas ya expuestas: 1. que la IV se presenta como la herramienta principal para su más eficaz implementación; y 2. que la planificación territorial, urbanística y sectorial que realicen las Administraciones Públicas permita y asegure dicha conectividad. La LPNyB en su art. 21 se detiene en esta

---

[34] El resto de elementos que componen dicho listado abierto son los siguientes: hábitats en peligro de desaparición y de especies en peligro de extinción, áreas de montaña, cursos fluviales, humedales, vías pecuarias, corrientes oceánicas, cañones submarinos, las rutas migratorias que faciliten la conectividad, y los sistemas de alto valor natural originados como consecuencia de las buenas prácticas aplicadas por los diferentes sectores económicos, así como los hábitats prioritarios a restaurar, los terrenos afectados por los bancos de conservación de la naturaleza y los instrumentos utilizados por las administraciones competentes en la aplicación del Convenio Europeo del Paisaje, hecho en Florencia el 20 de octubre del año 2000 (art. 15. 3 LPNyB).

segunda cuestión y obliga a las Administraciones Públicas a prever en sus planes ambientales o en los Planes de Ordenación de Recursos Naturales, mecanismos para lograr la conectividad ecológica del territorio mediante "el establecimiento o restableciendo corredores, en particular entre los espacios protegidos Red Natura 2000 y entre aquellos espacios naturales de singular relevancia para la biodiversidad[35]". No obstante, los corredores constituyen tan solo uno de los múltiples componentes de la infraestructura verde, que incluye desde zonas prioritarias para la conservación —protegidas o no— hasta áreas agrícolas gestionadas de forma sostenible, espacios bien conservados, zonas de transición con usos compatibles, o elementos urbanos orientados a fomentar la biodiversidad[36]. La propia naturaleza de la IV, por tanto, implica su inserción transversal en distintos ámbitos territoriales, lo que condiciona tanto su composición como su funcionalidad dentro de las políticas públicas.

III. ALIANZAS NORMATIVAS PARA UN TERRITORIO COMPARTIDO

La complejidad del entramado competencial en materia ambiental —distribuido entre múltiples niveles de gobierno— genera con frecuencia disfunciones como solapamientos, vacíos normativos o desequilibrios en el ejercicio de competencias. Estas circunstancias demandan mecanismos de coordinación y cooperación orientados a preservar la igualdad territorial en un contexto de descentralización política, conciliando los principios constitucionales de unidad y autonomía. En este marco, el presente análisis se centra en las previsiones jurídicas y técnicas relativas al principio de cooperación, aplicado

---

35 Añade que "para ello se otorgará un papel prioritario a los cursos fluviales, las vías pecuarias, las áreas de montaña y otros elementos del territorio, lineales y continuos, o que actúan como puntos de enlace, con independencia de que tengan la condición de espacios naturales protegidos" (art. 21 LPNyB).

36 Uriarte Ricote, M. (2020). "El valor ambiental de la infraestructura verde en el nuevo modelo vasco de Ordenación del Territorio". *Actualidad Jurídica Ambiental,* 106, p. 7.

específicamente a la gestión de los espacios naturales protegidos y a la conectividad ecológica en el seno de las relaciones entre Comunidades Autónomas.

Resulta imprescindible, antes de abordar los mecanismos de coparticipación en el marco normativo y competencial previamente descrito, acudir a la doctrina constitucional que delimita el contenido y alcance del principio de cooperación. Lo que básicamente distingue a la coordinación de la cooperación, es que esta segunda es de carácter voluntario y la coordinación puede imponerse en determinadas circunstancias y, además, "conlleva un cierto poder de dirección[37]". El principio de cooperación, además, forma parte del núcleo estructural del modelo territorial consagrado por la Constitución, sin necesidad de que su aplicación requiera un reconocimiento explícito en normas constitucionales o estatutarias. Se trata, en efecto, del instrumento prioritario para armonizar el ejercicio concurrente o complementario de competencias entre los distintos niveles de gobierno[38].

Desde una perspectiva funcional, el principio de cooperación ha de desplegarse sin que ello implique alteración alguna en la titularidad ni en el ejercicio de las competencias correspondientes a las partes implicadas[39]. La normativa aplicable no establece un único

37 STC 214/1989, de 21 de diciembre, FJ 20 f).

38 Su finalidad se concreta en "la integración de la diversidad de las partes o subsistemas en el conjunto o sistema, evitando contradicciones y reduciendo disfunciones que, de subsistir, impedirían o dificultarían la realidad misma del sistema (STC 32/1983, de 28 de abril, FJ 2). Las medidas o soluciones de cooperación —junto a las de colaboración—, se consideran por el TC, "inherentes al carácter complejo del Estado Autonómico" cuyo funcionamiento depende, en buena medida, de la estricta sujeción a fórmulas racionales diseñadas sobre la base del principio de cooperación, "... pudiendo elegirse, en cada caso, las técnicas que resulten más adecuadas: el mutuo intercambio de información, la emisión de informes previos en los ámbitos de la propia competencia, la creación de órganos de composición mixta, etc." (STC 204/2002, de 32 de octubre de 2002, Antecedentes y FJ 7). *Vid.* Martín-Serrano Jiménez, E. (2018). *El principio de cooperación como solución del Estado Autonómico. Una propuesta para la reforma (constitucional o no) del sistema público de protección social de España.* Comares, pp. 115-117.

39 STC 194/2004, de 4 de noviembre, FJ 9.

modelo o técnica para su aplicación, lo que —según ha declarado el Tribunal Constitucional— otorga a los poderes públicos intervinientes un margen de discrecionalidad para elegir el mecanismo de articulación competencial más adecuado. No obstante, dicho margen está sometido a control jurisdiccional[40]. Así, no cabe afirmar la existencia de una técnica única o preferente[41], si bien pueden destacarse fórmulas generalmente admitidas, como la participación de representantes autonómicos en órganos estatales o su integración en los procedimientos de ejecución de legislación estatal[42]. Estos rasgos básicos y característicos de la cooperación emanan de la jurisprudencia constitucional referida a las relaciones entre el Estado y las Comunidades Autónomas, y sus técnicas de articulación, incluidas las que atañen a los sectores objeto de este estudio, han sido analizadas por la doctrina[43]. En cuanto a la cooperación horizontal entre comunidades autónomas, es sabido que la CE inadmite expresamente la federación de Comunidades Autónomas, pero presupone la capacidad de estas para celebrar convenios entre sí dirigidos a la gestión y prestación de servicios propios, aunque la sujeta a los supuestos, requisitos y términos recogidos en sus Estatutos y con los efectos que estos prevean de la correspondiente comunicación a las Cortes Generales. En los casos no previstos estatutariamente, los acuerdos de cooperación interautonómicos requerirán, conforme al artículo 145 de la Constitución, la correspondiente autorización de las Cortes Generales[44].

En el marco normativo de las relaciones interadministrativas, la Ley 40/2015, de 1 de octubre, de Régimen Jurídico del Sector Público (LRJSP), se erige como el texto de referencia para la articulación tanto de la coordinación como de la cooperación entre Administraciones Públicas. En lo que aquí interesa, la norma contempla la cooperación como un principio general del funcionamiento administrativo (art. 3.k), así como un principio específico aplicable a las

---

40 STC 118/1998, de 4 de junio de 1998, FJ 12.

41 STC 68/1996, de 18 de abril de 1996, FJ 2.

42 STC 146/1992, de 16 de octubre, FJ 4.

43 Nos referimos a las técnicas previstas en la LRJSP (arts. 141 a 154).

44 *Vid.*, Tajadura Tejada, J. (2000). *El principio de cooperación en el Estado autonómico.* Comares.

relaciones interadministrativas, cuando dos o más Administraciones, de forma voluntaria y en el ejercicio de sus respectivas competencias, asumen compromisos orientados al logro de objetivos comunes (art. 140.1.d). Entre las fórmulas de cooperación de carácter orgánico que recoge la LRJSP —la Conferencia de Presidentes, las Conferencias Sectoriales, las Comisiones Bilaterales de Cooperación, y las Comisiones Territoriales de Cooperación— ninguna de ellas tiene como finalidad la cooperación estrictamente interautonómica que nos ocupa (arts. 145 a 154), aunque se encuentra amparada por el conjunto de instrumentos que se ofrecen en un listado de carácter abierto y que comprenden: "a) la participación en órganos de cooperación, con el fin de deliberar y, en su caso, acordar medidas en materias sobre las que tengan competencias diferentes Administraciones Públicas. b) La participación en órganos consultivos de otras Administraciones Públicas. c) La participación de una Administración Pública en organismos públicos o entidades dependientes o vinculados a otra Administración diferente. d) La prestación de medios materiales, económicos o personales a otras Administraciones Públicas. e) La cooperación interadministrativa para la aplicación coordinada de la normativa reguladora de una determinada materia. f) La emisión de informes no preceptivos con el fin de que las diferentes Administraciones expresen su criterio sobre propuestas o actuaciones que incidan en sus competencias. g) Las actuaciones de cooperación en materia patrimonial, incluidos los cambios de titularidad y la cesión de bienes, previstas en la legislación patrimonial. h) Cualquier otra prevista en la Ley" (art. 144).

El marco jurídico básico en materia de conservación, uso sostenible, mejora y restauración del patrimonio natural y de la biodiversidad encuentra su fundamento en la LPNyB, que reconoce expresamente la cooperación interadministrativa como un principio estructural. Así se indica desde el propio Preámbulo de la norma, donde se subraya la importancia de la colaboración tanto entre el Estado y las comunidades autónomas[45], como entre las distintas Admi-

---

45 Alberton, M. (2020). "La praxis de las relaciones intergubernamentales en España: un examen cuantitativo y cualitativo de la cooperación en materia ambiental". *Revista Catalana de Dret Ambiental*, XI, 2, 1-44.

nistraciones Públicas, con el objetivo de garantizar el cumplimiento efectivo de sus disposiciones, especialmente mediante el intercambio de información relevante. En este contexto, destaca la creación de la Comisión Estatal para el Patrimonio Natural y la Biodiversidad como órgano consultivo y de cooperación en materia de protección del patrimonio natural y la biodiversidad entre el Estado y las Comunidades Autónomas, cuyos informes o propuestas serán sometidos para aprobación o conocimiento, a la Conferencia Sectorial de Medio Ambiente. Ahora bien, el art. 7.1 de la Ley extiende la cooperación en la materia a las Administraciones Públicas en general. Igualmente, la Disposición adicional séptima exige a todas las Administraciones Públicas garantizar la cooperación científico-técnica en materia de conservación y uso sostenible de la biodiversidad, así como tener acceso a la tecnología mediante políticas adecuadas de transferencia, incluida la biotecnología y el conocimiento asociado, en aplicación de los artículos 16, 17 y 18 del Convenio sobre la Diversidad Biológica de las Naciones Unidas de 1992. El principio de cooperación interadministrativa debe aplicarse, asimismo, en el ejercicio de las funciones relacionadas con la biodiversidad marina, en concreto, con las que corresponden a las Comunidades Autónomas con respecto a especies (excepto las altamente migratorias) y espacios, hábitats o áreas críticas situados en el medio marino, cuando exista continuidad ecológica del ecosistema marino con el espacio natural terrestre objeto de protección, avalada por la mejor evidencia científica existente (art. 6.4). Y, por último, se contiene también la exigencia expresa de establecer las fórmulas de colaboración necesarias cuando un espacio natural protegido se extiende por el territorio de dos o más Comunidades Autónomas (art. 37.4 LPNyB). No puede faltar en este repaso la Ley 43/2003 de 21 de noviembre, de Montes que entre sus principios inspiradores incluye la cooperación de las diferentes Administraciones Públicas en la elaboración y ejecución de sus políticas forestales y la consideración de los montes como infraestructuras verdes para mejorar el capital natural y su consideración en la mitigación del cambio climático [art. 3 h) y l)].

En la medida que el elemento vehicular de la conectividad ecológica de los espacios naturales es la IV, como ha quedado explicado, cabe señalar que en las previsiones sobre cooperación contenidas en los instrumentos que la regulan se distinguen tres grupos. En primer término, se encuentra el deber de fomentar la cooperación transfronteriza en IV entre los Estados miembros recogida en varios apartados de la Estrategia europea. La ENIVCRE dispone, como segunda línea de actuación específica, el establecimiento de mecanismos de cooperación eficaces entre la Administración General del Estado, las Comunidades Autónomas y las Entidades Locales para el desarrollo coordinado de la Infraestructura Verde. Y el tercer grupo, concierne sin distinción a todas las Administraciones Públicas, cuando se declara que la cooperación y coordinación en todas ellas es fundamental para asegurar un desarrollo territorial coherente de la IV a diferentes escalas. La necesidad de cooperación entre las diferentes Administraciones y actores con competencias en el territorio, desde el nivel europeo hasta el ámbito local, deriva precisamente de esa estructura multiescalar del diseño de la IV como red ecológicamente coherente. Y la escala que nos ocupa es la que la ENIVCRE denomina regional y comarcal, conformada "por redes ecológicas funcionales integradas por espacios protegidos, grandes reservorios de fauna y flora, ríos, llanuras de inundación, litoral, etc. y actuaciones dirigidas a la protección de hábitats, la restauración de espacios degradados y la restitución de la conectividad ecológica[46].

Considerar que sólo existirá una única infraestructura verde nacional, que estará formada por las distintas escalas (estatal, autonómica y local), que a su vez formará parte de la infraestructura verde europea, justifica que en la línea de actuación 5.02 de la ENIVCRE se incluya el establecimiento de mecanismos de cooperación entre todas ellas y, en particular, entre Comunidades Autónomas a fin de garantizar estrategias, directrices y objetivos comunes en materia de conectividad ecológica y asegurar la continuidad territorial en su desarrollo, evitando el "efecto frontera". En este contexto corresponde a las Comunidades Autónomas elaborar sus propias Estrategias autonómicas de IV "con la conformación de redes ecológicas funcionales, así como la coordinación, cooperación e integración de las acciones emprendidas por parte de las entidades locales, preferiblemente a

---

46 Las otras escalas son la europea, la peninsular e insular, la municipal y local, y la urbana y de barrio (*Vid.*, la ENIVCRE, pp. 38 y 119).

través de las Federaciones de Municipios de las distintas comunidades autónomas".

IV. DONDE LA COOPERACIÓN COBRA FORMA: TÉCNICAS EFECTIVAS

1. *Claves estructurales de la Red Natura*

El enfoque transnacional atribuido por la Directiva de Hábitats a los hábitats y especies que conforman la Red Natura 2000 (LIC, ZEC y ZEPA) implica, de manera inherente, la necesidad de mecanismos efectivos de coordinación y cooperación entre administraciones. Este carácter compartido, unido a la naturaleza difusa y suprarregional de muchas de las amenazas que afectan a dichos espacios, justifica su consideración como parte integrante del patrimonio natural de la Unión Europea. La configuración de la biodiversidad como una red interconectada con implicaciones más allá de las fronteras estatales exige de los Estados miembros el cumplimiento de diversas obligaciones, cuyo solo cumplimiento —aunque sea parcial— contribuye a reforzar la coherencia ecológica y la integración funcional del conjunto de espacios que la componen.

1.1. Continuidad y equilibrio: la coherencia ecológica de la Red Natura

La coherencia ecológica guarda una estrecha relación con el tema que nos ocupa y la Directiva de Hábitats la incluyó como una *finalidad* clave de la Red Natura[47], una característica de la misma que es preciso garantizar hasta el punto de convertirla en el *adjetivo elegido para definirla,* cuando en su art. 3.1 se dispone la creación de "una red ecológica europea *coherente* de zonas especiales de conservación, denominada «Natura 2000». No obstante, dicha exigencia contrasta con la formulación ambigua y poco vinculante de los artículos 3.3 y 10 de la misma Directiva, que relegan a la discrecionalidad de los

---

[47] *Vid.*, asimismo, los arts. 3.3, 6.4, 10 y el Anexo III.

Estados miembros la adopción de medidas para reforzar dicha coherencia a través de sus políticas nacionales de ordenación del territorio. Ambos preceptos aluden al desarrollo y gestión de elementos del paisaje relevantes para la fauna y flora silvestres, y recomiendan que los Estados fomenten su conservación "cuando lo consideren necesario". El artículo 10 aclara que estos elementos pueden adoptar formas lineales y continuas —como ríos y riberas, o sistemas tradicionales de deslinde agrario—, o bien actuar como puntos de enlace clave —como estanques o sotos—, esenciales para procesos ecológicos como la migración, la distribución espacial y el intercambio genético de las especies silvestres.

La LPNyB, en su redacción dada por la Ley 33/2015, marca un punto de inflexión respecto del tratamiento que la Directiva de Hábitats otorga a la coherencia de la Red Natura 2000. En primer lugar, presenta la coherencia unida a la idea de conectividad y, en segundo lugar, dispone que ambas constituyen una exigencia para la Administración que, en adelante, se ocupará de su fomento. Este giro pone fin a la discrecionalidad administrativa derivada del art. 10 de la Directiva de Hábitats que, como hemos visto, dejaba abierta la posibilidad de introducir o no medidas de cohesión sin concretar, además, el momento o circunstancias que deberían considerarse para adoptar dicha decisión. La obligatoriedad de fomentar la coherencia y la conectividad es una decisión del legislador acorde con las previsiones de la Estrategia Europea de IV de 2013 que se introdujeron en virtud de la Ley 33/2015, de 21 de septiembre, de modificación de la LPNyB con carácter general como ha quedado explicado más arriba y que tienen como resultado la ENIVCRE de 2021. Incide directamente en la red Natura 2000, cuya coherencia ecológica y conectividad debe mejorarse mediante "la conservación de corredores ecológicos y la gestión de aquellos elementos del paisaje y áreas terrestres y marinas que resultan esenciales o revistan primordial importancia para la migración, la distribución geográfica y el intercambio genético entre poblaciones de especies de fauna y flora silvestres, teniendo en cuenta los impactos futuros del cambio climático", en aplicación de lo dispuesto en los arts. 15 y 47.

Entre los principios estructurales que articulan el régimen jurídico de la infraestructura verde, la LPNyB sitúa a la Red Natura 2000 como su eje vertebrador. Esta centralidad responde a su papel esencial en la promoción de la conectividad ecológica y en la consecución de los fines establecidos en el artículo 10 de la Directiva de Hábitats[48]. En particular, el apartado tercero del artículo 15 de la LPNyB establece que la Estrategia Nacional de Infraestructura Verde deberá prestar especial atención a una serie de elementos ecológicos y territoriales relevantes, enunciados con carácter abierto. Dicha enumeración incluye, entre otros, los espacios naturales protegidos, los hábitats y especies en peligro de desaparición, áreas de montaña, cursos fluviales, humedales, vías pecuarias, corrientes oceánicas, cañones submarinos, rutas migratorias que faciliten la conectividad, sistemas de alto valor natural derivados de buenas prácticas sectoriales, hábitats prioritarios objeto de restauración, terrenos vinculados a bancos de conservación de la naturaleza y los instrumentos relacionados con la aplicación del Convenio Europeo del Paisaje (Florencia, 2000).

1.2. Selección con base común: la uniformidad normativa en Natura 2000

Los Estados miembros están *obligados a contribuir a la creación y conservación* (entendida esta como mantenimiento y restablecimiento)[49] de Natura 2000, en función de la representación que tengan en su territorio los tipos de hábitats naturales y los hábitats de especies que figuran en los anexos I y II, respectivamente, de la Directiva de Hábitats, y a "dotarse de unas mismas normas y criterios *en cuanto a la selección* de los lugares y, en su caso, su gestión[50]".

También la *fijación de las medidas de conservación* a aplicar en los lugares Natura 2000 es una responsabilidad de cada Estado miembro[51] en lo que respecta a las ZEC. En este punto interesa recordar que, aunque la figura de los LIC tiene carácter transitorio y se mantiene

48 Tal y como se diseñó en la Estrategia Europea de IV, *Infraestructura verde. Mejorar el capital natural de Europa* (COM/2013/0249 final)], Apdo. 2.4.

49 Art. 1 a) Directiva de Hábitats.

50 Art. 3.2 Directiva de Hábitats. *Vid.* García Ureta, "Derecho europeo de la biodiversidad...", *op. cit.*, p. 453.

51 Art. 6.1 Directiva de Hábitats.

hasta su transformación en ZEC[52], se les aplica desde el inicio el régimen básico de protección de la Directiva de Hábitats y de la LPNyB. En nuestro caso, son las Comunidades Autónomas las responsables de declarar las ZEC y las ZEPA mediante la aprobación de un plan o instrumento de gestión que prevea los objetivos de conservación y las medidas necesarias para mantenerlo en estado de conservación favorable. En lo relativo a la protección de la biodiversidad marina, también es competencia autonómica dicha declaración, siempre "que exista continuidad ecológica del ecosistema marino con el espacio natural terrestre objeto de protección, avalada por la mejor evidencia científica existente". De no existir continuidad, la competencia para su declaración es estatal[53].

1.3. La función vertebradora de la evaluación ambiental

La evaluación rigurosa de impactos constituye el instrumento esencial de conservación que la Directiva de Hábitats impone para garantizar la protección efectiva de la Red Natura 2000[54]. Este man-

---

52 Se parte de un proyecto de lista de LIC que la Comisión ha redactado de común acuerdo con cada uno de los Estados miembros, basándose en las listas que estos le han presentado previamente, y que incluye los lugares que alberguen uno o varios tipos de hábitats naturales prioritarios o una o varias especies prioritarias. Aprobada por la Comisión este listado de LIC de las diferentes regiones europeas, se remite a los Estados miembros para que aprueben los correspondientes instrumentos de protección (ZEC) en un plazo de seis años desde la configuración de la Red en Europa. Los LIC forman parte de la Red Natura desde el inicio y durante todo el tiempo que se tarde en transformarlos en ZEC (art. 4 Directiva de Hábitats y art. 43.3 LPNyB).

53 Art. 6.4 LPNyB.

54 Art. 6.3 y 4 Directiva de Hábitats (*vid.*, Haumont, F. (2015). "Appropriate impact assessment. The key to effective integration of nature conservation issues into land-use planning". En Born, C.H.; Cliquet, A.; Schoukens, H.; Misone D.; Van Hoorick, G. *The Habitats Directive in its EU Environmental Law Context. European Nature´s best Hope?* Routledge, pp. 93-100; y Sobotta, C. (2015). "The impact of species protection on land-use planning via the environmental assessment". En Born, C.H.; Cliquet, A.; Schoukens, H.; Misone D.; Van Hoorick, G. *The Habitats Directive in its EU Environmental Law Context. European Nature´s best Hope?* Routledge, pp. 145-159).

dato ha sido incorporado al ordenamiento jurídico español a través de la LPNyB, que establece la obligación de someter a evaluación ambiental todos aquellos planes, programas o proyectos que puedan afectar de forma apreciable a los espacios integrantes de dicha red, con el objetivo de salvaguardar su integridad ecológica. La sujeción a evaluación ambiental afecta así a "cualquier plan, programa o proyecto que, sin tener relación directa con la gestión del lugar o sin ser necesario para la misma, pueda afectar de forma apreciable a las especies o hábitats de los citados espacios, ya sea *individualmente o en combinación con otros* planes, programas o proyectos" (art. 46. 3 y 4 LPNyB). Es preciso aclarar que a tenor de la locución de este último precepto: a) *sólo quedan excluidos de la evaluación los planes que directamente se dirijan a la gestión* de los lugares afectados por ellos, de modo que cualquier elemento ajeno a la gestión que se introduzca en ese plan o programa deberá ser objeto de evaluación si concurren el resto de condiciones; y b) que lo determinante para la aplicación del procedimiento de evaluación *son los efectos de los planes y no su ubicación*, de modo que no tienen por qué ser ejecutados o radicados en las ZEPAS, LICS o ZECS para que estén sujetos a evaluación ambiental[55].

La afectación "apreciable" de los fenómenos mencionados en un espacio Natura 2000 no está sujeta a una interpretación discrecional y debe entenderse asimilable a la noción de "impacto significativo" que consagra el art. 5.1.b) de la Ley 21/2013, de 9 de diciembre, de evaluación ambiental. Atribuir objetividad a este concepto es fundamental para aplicarle un tratamiento homogéneo y garantizar *la coherencia* de la Red Natura[56]. También es importante el alcance otorgado por el TJUE a las afecciones derivadas de la combinación de planes

---

55 García Ureta, "Derecho europeo de la biodiversidad...", *op. cit.*, pp. 541-542.

56 COMISIÓN EUROPEA, *Gestión de Espacios Natura 2000. Disposiciones del art. 6 de la Directiva 92/43/CEE sobre hábitats*, 2000, apdo. 4.4.1. *Vid.*, en este sentido, la STS 1679/2022 de 19 de diciembre de 2022. Véase, asimismo, la STJUE de 7 de noviembre de 2018, C-461/17 en su FJ 33 cuando declara que "las autoridades nacionales competentes sólo autorizarán una actividad en el lugar protegido si tienen la certeza de que no producirá efectos perjudiciales para la integridad de ese lugar. Así sucede cuando no existe ninguna

cuando interpreta que, si bien "la continuidad en condiciones no modificadas de la actividad de una explotación que ya ha sido autorizada en fase de proyecto, no está sujeta, en principio, a la obligación de evaluación (...), sin embargo cuando, por una parte, la evaluación previa a esa autorización se haya referido únicamente a la repercusión de ese proyecto considerado individualmente, sin tener en cuenta su combinación con otros proyectos, y, por otra parte, dicha autorización supedita la continuación de la actividad a la obtención de una nueva autorización establecida por el Derecho interno, esta última autorización deberá ir precedida de una nueva evaluación que cumpla los requisitos de dicha disposición[57]". La mera probabilidad o riesgo de que un plan o proyecto pueda afectar de forma apreciable a estos espacios es suficiente para que sea sometido a evaluación ambiental y esta condición se cumple —a juicio de reiterada jurisprudencia del TJUE y en virtud del principio de cautela—, desde el momento en que no cabe excluir sobre la base de datos objetivos (mejores conocimientos científicos), que dicho plan o proyecto afecte al lugar en cuestión de forma apreciable[58].

La función armonizadora de la evaluación ambiental se manifiesta de forma clara en su capacidad para establecer un marco común de valoración aplicable a los planes[59] y actividades que puedan incidir, de manera directa o indirecta, sobre la Red Natura 2000. Esta homogeneización resulta posible gracias a que los criterios para determinar la existencia de perjuicio a la integridad de los espacios protegidos han de fijarse mediante orden ministerial, dictada por la persona titular del Ministerio para la Transición Ecológica, previa

---

duda razonable, desde el punto de vista científico, sobre la inexistencia de tales efectos".

57 *Vid.*, STJUE de 10 de noviembre de 2022, C-278/202, FJ 47 y la STS 1679/2022 de 19 de diciembre de. 2022, FJ1.

58 Véanse, entre otras, las Sentencias del TJUE de 5 de mayo de 1998, C-180/96; de 7 de septiembre de 2004, C-127/2002; y de 9 de septiembre de 2020, C-254/2019.

59 La noción de "plan" ha de interpretarse en su más amplio sentido, "omnicomprensiva de cualquier actividad (...) que pueda implicar efectos en las zonas correspondientes", como advierte García Ureta (García Ureta, "Derecho europeo de la biodiversidad...", *op. cit.*, p. 536) en su análisis de la jurisprudencia del TJUE.

audiencia de la Conferencia Sectorial de Medio Ambiente, conforme a lo dispuesto en el artículo 46.4 *in fine* de la Ley 42/2007. A ello se suma la obligación de interpretar y aplicar dichos criterios con arreglo a la doctrina consolidada del Tribunal de Justicia de la Unión Europea, particularmente en lo relativo al principio de cautela.

2. *Parques Nacionales: una gestión compartida como necesidad estructural*

Como ha quedado expuesto, los Parques constituyen una de las modalidades de la clasificación que el art. 30 LPNyB realiza de los espacios naturales protegidos, y los Parques Nacionales una tipología de los mismos que se rige por su normativa específica (art. 31.2). En España existen, a día de hoy, dieciséis Parques Nacionales y es la Ley 30/2014, de 3 de diciembre, de Parques Nacionales (LPN) la norma que desarrolla y actualiza el modelo basado en el concepto de Red de Parques nacionales[60], "entendida como el sistema integrado por aquellos espacios declarados parques nacionales, su marco normativo básico y el sistema de relaciones necesario para su funcionamiento[61]", cuya gestión la LPNyB atribuye a la Administración General del Estado (art. 16).

Sin perjuicio de que los parques nacionales sean considerados como un modelo de conservación de la naturaleza, deben también convertirse en un modelo de gestión participativa y de aplicación de los principios de colaboración, coordinación y cooperación, en la medida en que poseen una configuración compleja desde el punto de vista de los diferentes actores implicados, cada uno con sus competencias y singularidades. En este sentido, el Plan Director de la Red de Parques Nacionales, aprobado por Real Decreto 389/2016, de 22 de octubre del Ministerio de Medio Ambiente es el instrumento básico de coordinación pensado para conseguir los objetivos de la Red, mediante el establecimiento de las directrices y los criterios comunes

---

60 Puede consultarse la Red de Parques Nacionales Españoles en: https://www.miteco.gob.es/es/parques-nacionales-oapn/red-parques-nacionales/parques-nacionales/default.aspx.

61 Véase el Preámbulo de la LPN.

para la gestión de los valores que justifican su declaración, así como los requisitos necesarios mínimos para determinar un estado de conservación desfavorable, aspectos todos ellos que deberán respetarse en su gestión por las Comunidades Autónomas [arts. 3.d) y art. 19].

De los dieciséis Parques Nacionales, dos de ellos se extiende por más de un territorio autonómico: el de los Picos de Europa (1918)[62], que abarca a las Comunidades Autónomas de Cantabria, Castilla y León y Asturias, y el de la Sierra de Guadarrama (2015) que alcanza a la Comunidad Autónoma de Madrid y a la de Castilla y León[63]. El Parque Nacional de los Picos de Europa cuenta con un Convenio de Colaboración para su gestión coordinada (2009), en el que se encuentran las bases para la colaboración de las Comunidades Autónomas firmantes en dicha gestión, y se prevén criterios comunes para la planificación y gestión del conjunto del Parque y la elaboración y desarrollo de los diferentes instrumentos de planificación y gestión[64].

La cooperación entre las tres Comunidades Autónomas implicadas en el Parque Nacional de los Picos de Europa se sustancia de diferentes formas, a través de las siguientes iniciativas[65]: a) La elaboración, por parte de una Comisión constituida al efecto por representantes de las Consejerías con competencias en materia de espacios naturales protegidos de las tres Comunidades, de los instrumentos de planificación (el Plan de Ordenación de Recursos Naturales de 2014[66], el

62 *Vid.*, la Ley de 24 de julio de 1918, de declaración del Parque Nacional de Covadonga (denominación inicial) y la Ley 16/1995, de 30 de mayo, de declaración del Parque Nacional de Picos de Europa.

63 Ley 7/2013, de 25 de junio.

64 Convenio de Colaboración entre las Comunidades Autónomas de Cantabria, Castilla y León y Principado de Asturias para la gestión coordinada del Parque Nacional de los Picos de Europa, de 9 de marzo de 2019 (Cláusulas Primera y Segunda).

65 *Ibídem,* Cláusula Tercera 4; Cuarta; Quinta; Sexta; Séptima, Octava y Novena.

66 El PORN establece, de forma coordinada para todo el espacio y en desarrollo de los criterios generales del Plan Director de Parques Nacionales, su zonificación, la regulación de los usos y actividades que se desarrollan o puedan desarrollarse, así como las medidas de conservación, restauración y mejora de los recursos naturales que sean necesarias (*vid.*, el Real decreto

Plan Rector de Uso y Gestión de 2002[67] y el Plan de Desarrollo Sostenible) y de todos aquellos otros documentos que los desarrollen. b) La participación de cada Comunidad en distintos órganos de gestión y participación del Parque, como la Comisión de Gestión, el Comité Técnico, el Director Conservador y los co-directores, y el Patronato como órgano de participación de la sociedad en el Parque, en el que también habrá representación de, al menos, las administraciones y aquellas instituciones, asociaciones y organizaciones relacionadas con el mismo. c) La previsión de un Consorcio con naturaleza de entidad de Derecho público de carácter asociativo, expresamente dirigido a articular la cooperación técnica, administrativa y económica entre las Administraciones consorciadas, con objeto de ejercer de forma conjunta y coordinada las actuaciones comunes que les corresponde en materia de conservación, uso público, investigación, educación ambiental "y cualesquiera otras precisas para garantizar la unidad ambiental del Parque".

Por lo que respecta al Parque Nacional de la Sierra de Guadarrama, cuenta con el Protocolo General de Colaboración entre la Consejería de Medio Ambiente y Fomento de la Junta de Castilla y León, la Consejería de Medio Ambiente y Ordenación del territorio de la Comunidad de Madrid y el Organismo Autónomo Parques nacionales del Ministerio de Agricultura, Alimentación y Medio Ambiente de 21 de noviembre de 2013[68]. La declaración del Parque Nacional de la Sierra de Guadarrama se realizó en virtud de la Ley 7/2013, de 25 de junio, en cuyo art. 8 atribuye la gestión ordinaria y habitual del Parque a las Comunidades Autónomas de Madrid y Castilla y León y prevé, en conjunción con el art. 10, la posibilidad de establecer acuerdos de ambas Comunidades con la Administra-

640/1994, de 8 de abril por el que se aprueba el Plan de Ordenación de los Recursos Naturales del Parque Nacional de los Picos de Europa.

67 El PRUG establece las normas, directrices y criterios generales de uso y ordenación, zonificación y regulación de las actuaciones a realizar en este Parque (*vid.*, el Real Decreto 384/2002, de 26 de abril, por el que se aprueba el Plan rector de Uso y Gestión del Parque Nacional de Picos de Europa).

68 Consejería de Medio Ambiente y Ordenación del territorio, Comunidad de Madrid, Ref.: 10/241760.9/13.

ción General del Estado que se materialicen en instrumentos de colaboración para la consecución de los objetivos de la ley. Por su parte, la LPNyB encarga al Estado la preservación global de la Red de Parques Nacionales, deber que se materializa mediante el Organismo Autónomo de Parques Nacionales que, entre sus funciones específicas, tiene la de proponer instrumentos de cooperación para la consecución de objetivos y establecer un marco de cooperación entre Administraciones bajo el que el Estado, a través del citado Organismo Autónomo, pueda realizar actuaciones de carácter singular, puntual y extraordinario asociadas a la conservación de parques nacionales y establecer instrumentos de cooperación financiera que aseguren el cumplimiento de la Ley.

El Protocolo General de Colaboración del Parque Nacional de la Sierra de Guadarrama, es el instrumento en el que se establece dicho marco de cooperación entre las partes, que abarca actuaciones horizontales y comunes a la Red y actuaciones de carácter singular, puntual y extraordinario asociadas a su conservación. Su cumplimiento se remite al establecimiento de futuros convenios específicos de colaboración en los que se han de determinar las actuaciones concretas a llevar a cabo, así como las cuantías presupuestarias correspondientes. Además, el 16 de octubre de 2014, se firmó el Convenio de Colaboración financiera entre Castilla y León, la Comunidad de Madrid y el Organismo Autónomo Parques y Jardines para asegurar el cumplimiento de los objetivos de la Ley 7/2013, de 25 de junio, y la aplicación, en el Parque Nacional de Sierra de Guadarrama, de las Directrices Básicas que se establezcan en la legislación básica del Estado en materia de protección de medio ambiente y en el Plan Director. Es, en consecuencia, un instrumento de cooperación en el que se determinan las obligaciones financieras de las partes a fin de garantizar el cumplimiento de las medidas en el Protocolo General de Colaboración del Parque[69].

---

69 Consejería de Medio Ambiente y Ordenación del territorio, Comunidad de Madrid, Ref.: 10/245908.9/14.

3. *Un laboratorio de colaboración interautonómica: la Reserva de la Biosfera*

Un ejemplo paradigmático de cooperación interautonómica en materia de espacios naturales protegidos lo constituye la Reserva de la Biosfera del Río Eo, Oscos y Terras de Burón, declarada por la UNESCO el 18 de septiembre de 2007. Esta figura se configuró a partir de una candidatura conjunta presentada por Galicia y Asturias, en colaboración con los respectivos entes municipales, con el objetivo de obtener el reconocimiento de esta zona limítrofe como área protegida en virtud de instrumentos internacionales. El carácter intercomunitario de sus órganos de gobernanza hizo necesario establecer un marco institucional específico que garantizara su operatividad. A tal fin, se suscribió el Convenio de Colaboración por el que se adopta un Protocolo de Coordinación para la Gestión de la Reserva, firmado el 8 de enero de 2014, con el propósito de articular formalmente la cooperación entre ambas comunidades autónomas en el ejercicio de sus respectivas competencias sobre el territorio afectado[70].

Definido el ámbito común de intervención, el objeto de este protocolo es el establecimiento del marco general de colaboración entre ambas Comunidades Autónomas, que se sustanciará mediante la aprobación de un Plan de Acción y una estructura, sin naturaleza de órgano administrativo, formada por la Comisión de Coordinación Institucional, la Comisión Gerente y el Foro de Participación Social (art.1). La Comisión de Coordinación Institucional formada por tres representantes de cada Comunidad Autónoma y cuatro de los Ayuntamientos integrados en la Reserva (dos por cada Comunidad), se encarga de aprobar el Plan de Acción —que define el campo de acción común— y de vigilar su cumplimiento, de supervisar los programas anuales de gestión propuestos por la Comisión Gerente y las memorias anuales, y de promover las actuaciones necesarias para salvaguardar los valores de la Reserva. La Comisión Gerente —compuesta de dos representantes, uno de cada Comunidad firmante— coordina las actividades necesarias para la ejecución de los Planes de

---

70 Boletín Oficial del Principado de Asturias, núm. 21, del 27 de enero de 2014.

Acción, se encarga del seguimiento de las actividades, formula a la Comisión de Coordinación las propuestas para la elaboración de dichos planes, entre otras tareas. En el Foro de Participación Social se abre la puerta quienes ostenten Direcciones Generales con competencias en espacios naturales de cada Comunidad Autónoma, dos representantes por Comunidad con competencia en desarrollo rural, dos con competencia en turismo, catorce representantes de los Ayuntamiento, siete representantes de cada Comunidad por parte de las entidades, asociaciones y grupos de acción local, y un representante de la Universidad o Centros de Investigación. Este Foro de Participación Social emite informe preceptivo sobre los Planes de Acción, vela por el cumplimiento de las finalidades de la Reserva, fomenta actuaciones de estudio, divulgación y disfrute, recibe la Memoria anual de actividades a fin de que proponga cuantas medidas considere necesarias para la mejora de la gestión, e informa de cualquier asunto que le someta la Comisión de Coordinación (arts. 3 a 7).

4. Fragmentos de cooperación desde ámbitos funcionales

El resto de iniciativas destacables se enmarcan dentro de diversos ámbitos sectoriales. Así, el marco del Proyecto LIFE + Naturaleza se presenta como uno de los más prolíficos (junto con el relativo a los incendios forestales) en el que se han formalizado convenios y acuerdos de colaboración en desarrollo de las acciones previstas para su cumplimiento. Destacan nueve instrumentos (entre convenios y adendas) referidos al lince ibérico (*lynx pardinus*) firmados desde 2016 hasta 2023 por Andalucía con las tres Comunidades colindantes, Castilla-La Mancha, Extremadura y Murcia, que persiguen definir las condiciones generales de colaboración para la recuperación de su distribución histórica en España y Portugal, para establecer las actuaciones concretas a llevar a cabo en la mejora de su hábitat y en la definición de los derechos y obligaciones que las partes se reconocen en el ámbito de dicha colaboración y, en fechas recientes, para crear una metapoblación genética y demográficamente funcional[71].

---

71 Adenda al Convenio de Colaboración entre la CMAOT de Andalucía y la Entidad Fomento y Medio Ambiente de Castilla-La Mancha S.L., para el

desarrollo del proyecto life IBERLINCE, de 2 de junio de 2016; Adenda al Convenio de Colaboración entre la CMAOT de Andalucía y la Compañía Agroforestal de Extremadura AGROFORES S.L. para el desarrollo de proyecto life IBERLINCE, de 2 de junio de 2016; Adenda al Convenio Colaboración CMAOT de Andalucía y la Consejería de Agricultura, Medio Ambiente y Desarrollo Rural de Castilla-La Mancha, en calidad de beneficiario, para desarrollo LIFE IBERLINCE, de 2 de junio de 2017; Adenda al Convenio de Colaboración entre la Comunidad de Andalucía y la Comunidad Autónoma de la Región de Murcia, en calidad de beneficiario asociado, para el desarrollo de las acciones previstas en el Proyecto LIFE+Naturaleza "Recuperación de la Distribución Histórica del Lince Ibérico en España y Portugal", de 25 de octubre de 2018; Adenda al Convenio de Colaboración suscrito entre la Consejería de Agricultura, Pesca y Medio Ambiente de la Junta de Andalucía y la Compañía Agroforestal de Extremadura (AGROFOREX S.L.), para el desarrollo de las acciones previstas en el Proyecto LIFE+ Naturaleza "Recuperación de la distribución histórica del lince ibérico en España y Portugal" del 15 de septiembre de 2020; Convenio entre la Consejería de Agricultura, Ganadería, Pesca y Desarrollo Sostenible de la Junta de Andalucía y la Consejería de Desarrollo Sostenible de la Junta de Comunidades de Castilla La Mancha, en calidad de beneficiario asociado, para el desarrollo de las acciones previstas en el Proyecto LIFE Naturaleza y Biodiversidad "Creando una metapoblación genética y demográficamente funcional de Lince Ibérico, del 21 de julio de 2021; Convenio entre la consejería de agricultura, ganadería, pesca y desarrollo sostenible de la Junta de Andalucía y la consejería de desarrollo sostenible de la junta de la comunidad de castilla la mancha, en calidad de beneficiario asociado, para el desarrollo de las acciones previstas en el proyecto life naturaleza y biodiversidad "creando una metapoblación genética y demográficamente funcional del lince ibérico, 13 de octubre de 2021; Convenio de Colaboración entre la Consejería de Agricultura, ganadería, Pesca y Desarrollo Sostenible de la Junta de Andalucía y la Consejería de Agua, Agricultura, Ganadería, Pesca, Medio Ambiente y Emergencias de la región de Murcia, en calidad de beneficiario asociado, para el desarrollo de las acciones previstas en el Proyecto LIFE Naturaleza y Biodiversidad "Creando una metapoblación genética y demográficamente funcional de lince ibérico de 19 de mayo de 2022; Convenio entre la Consejería de Sostenibilidad, Medio Ambiente y Economía Azul de la Junta de Andalucía y O.A.P.N. beneficiario asociado desarrollo acciones previstas proyecto life naturaleza y biodiversidad metapoblación genética y demográficamente Lince de 28 de diciembre de 2022; Convenio colaboración Consejería de Sostenibilidad, Medio Ambiente y Economía Azul J. Andalucía y Consejería de transición ecológica y sostenibilidad de Extremadura, beneficiario asociado, para desarrollo acciones previstas Proyecto life naturaleza y Biodiversidad, de 10 de mayo de 2023.

También se han firmado acuerdos de colaboración que engloban la ampliación de un Parque Natural, el desarrollo de un nuevo Parque, la ampliación de la colaboración en la gestión de las Reservas Nacionales de Caza y en la producción de trucha común para repoblación[72].

Otro de los sectores destacados es el concerniente a la prevención y extinción de incendios forestales. La referencia más antigua de la que tenemos constancia es un Protocolo firmado el 22 de mayo de 1996 por Castilla-La Mancha, la Comunidad de Madrid y Castilla y León, en el que se obligan a suscribir un Convenio de Colaboración en materia de extinción de incendios. Desde entonces, se han firmado convenios de colaboración entre Castilla y León y Extremadura (1998)[73], Galicia y Castilla y León (2002), Cataluña y Valencia (2002), Cataluña y Aragón (2003), la Rioja y Castilla y León (2006)[74], y el firmado con fines de cohesión territorial por Islas Baleares, Cataluña, Andalucía, La Rioja, Valencia, Aragón, Castilla-La Mancha, y Castilla y León (2010); Asturias, Cantabria y Castilla y León (2010) con la finalidad declarada de "lograr la cohesión territorial exigida en el art. 1 de la Ley estatal básica 43/2003, de 21 de noviembre de Montes en beneficio de un medio forestal que no entiende de fronteras

---

72 *Vid.*, el Acuerdo de Colaboración entre el Gobierno de La Rioja y la Junta de Castilla y León en diversos ámbitos, entre ellos, el relativo a la protección del medio ambiente (apdo. C, NOVENO) de 3 de mayo de 1996 y el Acuerdo de 27 de febrero de 1998, sobre gestión de la Reserva Nacional de Caza de los Ports de Tortosa i Beseit (Decreto 115/1998, de 26 de mayo, por el que se ratifica el Acuerdo de 27 de febrero de 1998, sobre gestión de la reserva nacional de caza de los Ports de Tortosa i Beseit). Este espacio está formado por el macizo kárstico de Els Ports de Tortosa i Beseit situado en los límites meridionales de Cataluña, Comunidad Valenciana y Aragón. La gestión de este espacio se realiza de forma conjunta por los departamentos de las tres Comunidades Autónomas con competencias en materias cinegéticas (Diario de Sesiones del Senado, Comisión Genera de las Comunidades Autónomas, celebrada el 9 de septiembre de 1998, VI Legislatura, Comisiones. Núm. 321, p. 4).

73 Diario de Sesiones del Senado, Comisión General de las Comunidades Autónomas, celebrada el 9 de septiembre de 1998, VI Legislatura, Comisiones. Núm. 321, p. 4.

74 Boletín Oficial de las Cortes Generales, VIII legislatura, núm. 400, de 2 de febrero de 2006.

administrativas y que cumple una importante función social, como infraestructura natural básica del territorio"[75]. Posteriormente se han firmado dos convenios más, el de Navarra y la Diputación Foral de Álava (2015) y el de La Rioja y Álava (2019). Durante 2020 se aprobaron también tres protocolos en la materia, dos de ellos entre Madrid y Castilla La Mancha, el primero un protocolo general y el segundo un protocolo sectorial, y un tercero entre Madrid y Castilla y León también de carácter sectorial.

En el marco de actuación referido, las medidas de coordinación adoptadas se materializan, fundamentalmente, en aspectos tales como la provisión de elementos comunes de radioenlace, la exigencia de un Mando Único responsable en todas las actuaciones conjuntas, la determinación de los criterios para su designación, la potenciación de la programación periódica de visitas de mandos a fin de intercambiar experiencias y conocimientos, la creación de zonas de asistencia y socorro inmediato (que suelen abarcar desde la línea divisoria hasta una distancia de 2 kilómetros contados a partir de la misma), la regulación del papel de los efectivos de extinción en las mismas, la gestión de los gastos por las operaciones que se lleven a cabo en estas zonas, el compromiso de colaborar en el diseño y desarrollo de ejercicios y maniobras conjuntas, de enviar técnicos para la prestación de servicios, asesoría y consulta, de a aceptar personal de cualquiera de las Comunidades firmantes en los servicios de prevención y extinción de incendios de la otra para su formación y perfeccionamiento profesional y técnico, de organizar reuniones formativas sobre las materias relacionadas con el objeto del convenio, a intercambiar información, documentación, publicaciones y material didáctico, y de aceptar cualquier otra modalidad de cooperación práctica o técnica que puedan acordar las partes. Entre los mecanismos previstos, se contempla en determinados supuestos la constitución de una Comisión Sectorial de Desarrollo y Seguimiento, integrada por los titulares de los órganos competentes en materia de protección civil y de prevención y extinción de incendios de todas las comunidades autónomas firmantes. De su cometido cabe desta-

---

75 Aprobado en virtud del Acuerdo GOV/119/2010, de 15 de junio (modificado por el GOV/145/2010, de 31 de agosto).

car la elaboración de un protocolo de actuación y realizar el seguimiento y control de su desarrollo posterior, tratar de homogeneizar las actuaciones que derivan del convenio con las dispuestas en otros convenios o protocolos de prevención y extinción de incendios que afecten a las partes firmantes, o resolver de común acuerdo las controversias que pudieran surgir en su aplicación. En otros, se recurre a la constitución de una Comisión Técnica de Seguimiento paritaria, integrada como mínimo por dos representantes de cada Comunidad, con funciones de seguimiento y control del cumplimiento del Convenio.

Un ámbito adicional que ha sido contemplado en determinados instrumentos de cooperación interadministrativa es el relativo al desarrollo de actividades cinegéticas y pesqueras. Este constituye el cuarto y último sector en el que se han articulado medidas de colaboración específicas entre Administraciones. La necesidad de contar con una licencia de caza o pesca diferente por cada Comunidad Autónoma y con objeto de evitar que quienes deseen realizar dichas actividades en distintos territorios se vean obligados a repetir los trámites administrativos y a acreditar el cumplimiento de los requisitos exigidos tantas veces como licencias necesiten obtener para ejercer su derecho en todas ellas, ha propiciado el establecimiento de un marco de colaboración en este ámbito. Con este objeto se suscribió el Convenio de Colaboración entre Comunidades Autónomas para el reconocimiento recíproco de las licencias de caza y de pesca en aguas interiores, de 23 de diciembre de 2009, firmado por Andalucía, Castilla y León, Baleares, Cataluña y Aragón[76]. En él se determinan las condiciones para el reconocimiento de validez de estas licencias, los efectos del reconocimiento recíproco a las mismas, el formato de la licencia con efectos interautonómicos, el criterio para aplicar el régimen sancionador, el alcance del intercambio de información, y la creación y las atribuciones de una Comisión sectorial de desarrollo y seguimiento. De su contenido cabe colegir que el

---

76 Orden de 7 de abril de 2011, del Vicepresidente del Gobierno, por la que se dispone la publicación del Convenio de Colaboración entre Comunidades Autónomas para el reconocimiento recíproco de las licencias de caza y de pesca en aguas interiores.

propósito que anima a suscribirlo no está directamente relacionado con la protección de los espacios naturales afectados por el uso de dichas licencias. Su finalidad es aligerar los trámites administrativos exigidos por cada normativa autonómica y simplificar el procedimiento a estos efectos, de forma que las Comunidades firmantes reconozcan en su territorio la licencia de caza o de pesca que haya sido expedida por cualquiera de ellas siempre que la misma cumpla determinados requisitos. La cohesión se circunscribe, por tanto, a algunos aspectos procedimentales y también a los de carácter técnico (como el formato de la licencia que tendrá un distintivo común), a la posibilidad de fijar una tasa también común a todos los territorios firmantes, o al intercambio de información mediante sistemas de comunicación registrales y la creación de un soporte informático al efecto. Castilla La Mancha, Castilla y León, Madrid, Extremadura y Aragón firmaron también un Protocolo de colaboración en 2014 con el mismo objeto de otorgar validez interautonómica a sus licencias de caza y pesca en términos y contenido similar al comentado anteriormente, y con el compromiso de que en el plazo máximo de un año quedara firmado el correspondiente Convenio. En cumplimiento de dicha previsión se aprobó el Convenio el 14 de octubre de 2015, instrumento que se amplió con la participación de más Comunidades Autónomas, formando parte del mismo, finalmente, Asturias, Valencia, Aragón, Extremadura, Madrid Castilla y León y la Administración General del Estado.

5. *Infraestructura verde y cohesión territorial: el pulso autonómico*

La configuración multiescalar y multifuncional que caracteriza a la infraestructura verde, concebida como una red dotada de coherencia ecológica, demanda la articulación de mecanismos de cooperación eficaces entre la Administración General del Estado, las comunidades autónomas y las entidades locales, con el fin de asegurar su implantación y desarrollo de manera coordinada y territorialmente integrada. El modelo de gobernanza elegido para su diseño, ejecución y mantenimiento cobra, por tanto, especial importancia, porque será determinante para la coordinación entre las diferentes Administraciones implicadas en materia de biodiversidad, territorio y demás políticas sectoriales con incidencia en la conservación de los recursos naturales[77]. Hemos comprobado que la forma de integración de la IV prevista por la ENIVCRE es la de su incorporación en los planes de ordenación territorial, aunque las Comunidades Autónomas también han recurrido a la aprobación de instrumentos específicos para hacerla efectiva. A fin de ordenar las distintas realidades autonómicas existentes a día de hoy, proponemos distinguir[78] los siguientes supuestos: a) aquellas que cuentan con instrumentos específicos en materia de IV; y b) las que han optado por incorporar la IV en sus políticas territoriales, bien mediante planeamiento territorial *ad hoc* sobre IV, o bien mediante la incorporación de la IV en sus planes de ordenación territorial como una variable de especial importancia. Al hilo de esta distinción, hemos indagado también en la existencia de previsiones sobre

---

77 Dejaremos al margen de este estudio, no obstante, los mecanismos de coordinación y cooperación entre el Estado y las Comunidades Autónomas presentes en la LPNyB (la Comisión Estatal para el Patrimonio Natural y la Biodiversidad, el Consejo Estatal para el Patrimonio Natural y la Biodiversidad, el Fondo para el Patrimonio Natural y la Biodiversidad) y el trabajo que realizan las Conferencias Sectoriales y Comisiones bilaterales o multilaterales, la Comisión de Medio Ambiente, el Consejo Asesor de Medio Ambiente, o la Federación Española de Municipios y Provincias. Nos fijamos, por tanto, en los mecanismos de cooperación entre Comunidades Autónomas dirigidos a evitar el efecto frontera y, en consecuencia, a garantizar estrategias, directrices y objetivos comunes en materia de conectividad ecológica para la continuidad territorial en el desarrollo de la IV, y a asegurar que las áreas fronterizas de importancia para la conectividad o la provisión de servicios de los ecosistemas, definidas a escala local, provincial y autonómica, tenga continuidad a través de los límites entre Comunidades [Línea de actuación 5 ENIVCRE. Cabe citar un ejemplo encontrado de cooperación municipal que trasciende lo local: el acuerdo entre los municipios de Murcia, Beniel y Orihuela pertenecientes a dos Comunidades Autónomas limítrofes (Murcia y Valencia) para recuperar el bosque interautonómico de ribera del meandro de las Norias (un tramo del antiguo curso del río Segura situado en el límite de ambas regiones), con el liderazgo de la Asociación de Naturalistas del Sureste (ANSE) y en el marco del proyecto "Custodia fluvial para el refuerzo de la conectividad interautonómica en el Río Segura" (2018)].

78 Tal y como se plantea en el estudio de Elorrieta Sanz, B.; Olcina Cantos, J. (2021). "Infraestructura verde y ordenación del territorio en España". *Ciudad y Territorio. Estudios Territoriales*, LIII, 27, p. 31.

cooperación interautonómica en la materia, obteniendo el resultado que exponemos a continuación.

En el panorama autonómico actual, Galicia constituye la única comunidad que ha dado cumplimiento al mandato previsto en el artículo 15.4 de la Ley 42/2007, en la redacción dada por la Ley 33/2015, en materia de planificación de la Infraestructura Verde. Mediante la Orden de 4 de octubre de 2024, se ha aprobado su Estrategia de Infraestructura Verde y de la Conectividad y Restauración Ecológicas, convirtiéndose en la primera —y hasta la fecha única— región que ha adoptado su propia estrategia autonómica en desarrollo de la estrategia estatal, dentro del plazo máximo de tres años establecido desde la aprobación de esta última, si bien con un ligero retraso. Este instrumento estratégico gallego subraya, como uno de sus ejes fundamentales (Meta 5), la necesidad de reforzar la coordinación entre las distintas administraciones con competencias en la materia, así como entre los sectores responsables de la conservación y la gestión sostenible del territorio. Para alcanzar dicho objetivo, se prevé una actuación activa del Consejo Asesor del Paisaje de Galicia como órgano impulsor y articulador de esa coordinación institucional. La estrategia formula diversas líneas de actuación, entre las que se incluyen: el impulso a la continuidad territorial de la infraestructura verde en las escalas internacional, estatal, regional y local; la creación de mecanismos eficaces de cooperación entre el Estado, las comunidades autónomas y las entidades locales; y la adecuada planificación y movilización de recursos financieros —tanto públicos como privados— que permitan su implantación multiescalar. El diseño de un modelo de gobernanza orientado a garantizar la coordinación interadministrativa e interterritorial se erige, junto con la integración estratégica de políticas sectoriales, la ordenación territorial y su plena incorporación en los procedimientos de evaluación ambiental, como uno de los pilares del enfoque gallego. A este modelo se asocian dos medidas específicas: la primera, centrada en promover el intercambio de conocimientos y la coordinación sobre la implementación de la infraestructura verde en el contexto europeo y estatal, especialmente en relación con cuestiones técnicas, administrativas y de diseño, que serán abordadas en el futuro Plan de Seguimiento e Implementación; la segunda, orientada a la mejora de la conectividad ecológica de los corredores fluviales y de los espacios litorales, mediante una gestión coordinada del dominio público hidráulico y del dominio público marítimo-terrestre. En el ámbito marino, se prevé asimismo el fortalecimiento de la conectividad a través de actuaciones cooperativas y sinérgicas en colaboración con las comunidades autónomas implicadas . No obstante, al abordar específicamente la cuestión de los organismos de cooperación interautonómica orientados a garantizar la conectividad ecológica y la continuidad territorial de la infraestructura verde, la Estrategia gallega presenta ciertas limitaciones. En concreto, en su línea de actuación 5.02, se limita a anunciar el impulso y la consecución de tales mecanismos como objetivos futuros, sin desarrollar de forma precisa los instrumentos o fórmulas jurídicas que permitan articularlos efectivamente.

La Estrategia reconoce la importancia de establecer estructuras de cooperación entre comunidades autónomas y de promover proyectos supraautonómicos y macroregionales —como corredores verdes o áreas de interés compartido por especies amenazadas— que aseguren la coherencia funcional del territorio. Del mismo modo, alude a la necesidad de facilitar la conectividad en espacios limítrofes, incluidos aquellos que se extienden hacia el norte de Portugal, poniendo de relieve la relevancia de las zonas fronterizas en términos ecológicos y de provisión de servicios ecosistémicos. Sin embargo, más allá de la formulación general de tales principios, el documento no concreta mecanismos operativos que permitan superar el denominado "efecto frontera" en la planificación, gestión o gobernanza conjunta de estos espacios. La ausencia de propuestas institucionales o procedimentales específicas constituye, en este punto, una carencia relevante en el diseño de la cooperación interterritorial en materia de infraestructura verde.

Andalucía, por su parte, cuenta con el *Plan Director para la Mejora de la Conectividad Ecológica de Andalucía, una estrategia de infraestructura verde,* de 12 de junio de 2018, cuyos principios estratégicos inspiradores contemplan la cooperación y coordinación entre las diferentes Administraciones públicas responsables en materia de biodiversidad, territorio y otras políticas sectoriales que pueden influir en la biodiversidad. Además, su Objetivo General 5 prevé favorecer la mejora de la conectividad ecológica desde el marco de la cooperación interterritorial. Al mismo tiempo, concede una prioridad alta a la adopción de medidas para favorecer la mejora de la conectividad ecológica desde el ámbito de la ordenación del territorio y la planificación urbanística. Prevé que la IV "pase a ser un elemento normalizado de la ordenación del territorio y del desarrollo territorial y que se integre plenamente en la aplicación de las políticas antes citadas. Incide en la necesidad de establecer y concretar los mecanismos de financiación para ello[79]". Recientemente, el Consejo de Gobierno andaluz ha dado un primer paso desde otra perspectiva sectorial, con la adopción del Acuerdo de 18 de abril de 2023, por el que se aprueba la formulación del *Plan de Infraestructuras Verdes para la Conectividad de Andalucía. Cuidando las Vías Pecuarias del Futuro,* que tendrá como objetivo principal desarrollar un instrumento de planificación de la Red Andaluza de Vías Pecuarias con un horizonte temporal fijado en 2030. Entre los principios que se prevén para su elaboración, se recogen la coordinación y la cooperación pero sin mayores precisiones al respecto.

Si atendemos al desarrollo alcanzado en la tramitación de un instrumento de planificación específico sobre IV, Castilla La Mancha se sitúa actualmente a la cabeza con la reciente aprobación de la Resolución de 25 de mayo de 2023, de la Dirección General de Medio Natural y Biodiversidad, que acuerda la publicación del informe final del proceso participativo sobre el proyecto de decreto para la aprobación de la *Estrategia Regional de Infraestructura Verde, Conectividad y Restauración Ecológica.* Otras regiones adoptaron algunas decisiones puntuales sobre la materia con anterioridad a la ENIVCRE, aunque de momento carecen de un plan o estrategia en el sentido que esta prevé. Desde una perspectiva temporal destaca

---

79 *Acuerdo de 12 de junio de 2018, del Consejo de Gobierno, por el que se aprueba el Plan Director para la Mejora de la Conectividad Ecológica en Andalucía, una estrategia de infraestructura verde,* pp. 31 y 173. Nótese que según los criterios de distribución competencial en materia de ordenación territorial (ex arts. 148.1.3 y 149.1 CE) y su asunción por parte de los Estatutos Comunidades Autónomas, el protagonismo del Estado en este tema ni siquiera está presente en la aprobación de la legislación básica como sucede en las materias cuya competencia es compartida y su intervención se acepta sólo en algunos títulos competenciales puntuales, aunque relevantes (*vid.*, por su trascendencia en este tema, la STC 61/1997, de 20 de marzo.

en este grupo Cataluña, que tempranamente aprobó las *Bases para las directrices de conectividad de Cataluña* (2006) y, más tarde, el *Programa de IV de Cataluña 2017-2021*[80] con el objetico general de establecer una hoja de ruta clara y efectiva para desarrollar actuaciones ambientales que contribuyan a mejorar la IV de esta región. Finalmente, observamos un cuarto grupo compuesto por Comunidades Autónomas que han dado sus primeros pasos (Aragón[81], La Rioja[82], Islas Baleares[83]).

Desde el ámbito de la ordenación territorial destaca la Comunidad Valenciana, por ser pionera en introducir la IV en sus previsiones normativas en la materia[84] y aprobar el *Plan de Acción Territorial e Infraestructura Verde del Litoral de la Comunitat Valenciana* (PATIVEL), de 4 de mayo de 2018 en el que, sin embargo, no encontramos referencias concretas sobre cooperación interautonómica, limitándose a

---

80 Servei de Projectes, Subdirecció General d´Avaluació Ambiental. Direcció General de Politiques Ambientals i Medi Natural, septiembre de 2017.

81 Informe de 11 de noviembre de 2022, de opinión del Consejo de Protección de la Naturaleza titulado Propuesta para la implementación de la Estrategia Nacional de Infraestructura Verde y de la Conectividad y Restauración ecológicas de Aragón

82 En su reciente Ley 2/2023, de 31 de enero, de biodiversidad y patrimonio natural se compromete a elaborar conjuntamente por las consejerías con competencias afectadas una Estrategia riojana en materia de Patrimonio Natural y Biodiversidad, que debe estar acompañada de una Estrategia de Infraestructura Verde y de la Conectividad y Restauración Ecológicas

83 Ha aprobado un Marco de Acción prioritario (MAP) para Natura 2000 en las islas, para el marco financiero plurianual, período 2021-20217, anexo al MAP de España de marzo de 2021.

84 Con bastante antelación, la *Estrategia Territorial de esta Comunidad* (Decreto 1/2011, de 13 de enero) ya incorporó la elaboración de un *Plan de acción territorial de la Infraestructura Verde y del paisaje* que no se ha aprobado. La gestión de los planes de acción territorial está llamada a fomentar la cohesión territorial a escala supramunicipal. En esta línea, por Decreto 201/2015, de 29 de octubre se aprobó el *Plan de Acción territorial sobre prevención del riesgo de inundación*, en el que la IV también adquiere protagonismo (arts. 2, 14 y 23).

prever la coordinación administrativa solo con el Ministerio y con los ayuntamientos[85].

En el caso del País Vasco, la IV fue el elemento elegido para actualizar la protección ambiental del territorio que se llevó a cabo mediante la revisión de las Directrices de Ordenación Territorio (DOT) en virtud del Decreto 128/2019, de 30 de julio, con tres objetivos: 1. Crear una IV a escala autonómica que integre los espacios protegidos por sus valores ambientales, la red de corredores ecológicos y los otros espacios multifuncionales; 2. Proceder a su integración con los espacios naturales de importancia de cada área funcional y también local, así como con las Comunidades limítrofes (con respeto a las competencias correspondientes); 3. Integrar cada espacio protegido en una sola figura de protección medioambiental. Para las nuevas DOT[86], la incorporación de la IV a la ordenación del medio físico constituye un principio rector que además cumple el papel de primer elemento definitorio del modelo territorial y cuya aplicación se llevará a cabo con respeto a los criterios que ellas mismas establecen. Si las DOT establecen el marco general de referencia, el instrumento de planeamiento territorial de desarrollo encargado de introducir la IV se concreta en los Planes Territoriales Parciales que deberán

85 El PATIVEL fue declarado nulo por la STSJ de la Comunidad Valenciana 46/2021, de 11 de febrero y, posteriormente, objeto de la STS 490/2022 de 27 de abril que casa la anterior y devuelve las actuaciones a la Sala de instancia para nuevo enjuiciamiento (Uriarte Ricote, M. (2022). "La tramitación de los instrumentos de ordenación territorial a la luz de la Sentencia del TS 490/2022 de 27 de abril sobre el Plan de Acción Territorial de la Infraestructura Verde del Litoral de Valencia". *Revista Vasca de Administración Pública*, 123, pp. 225 y ss.).

86 Desde la geografía, destacan las aportaciones de Latasa Zaballos (Latasa Zaballos, I. (2021). "La infraestructura verde como motor para el cambio hacia una ordenación del territorio renovada. Algunas reflexiones a partir del caso de la CAPV". *X Congreso Internacional de Ordenación del Territorio. Recuperación, transformación y resiliencia: el papel del territorio*, Asociación Interprofesional de Ordenación del Territorio; Latasa Zaballos I. (2022). "La incorporación de la infraestructura verde en la planificación territorial. ¿Una planificación renovada?". En Farinós Dasí, J. *El papel del territorio y de las políticas territoriales en la estrategia de recuperación.* Universitat de València, pp. 255 y ss.).

contener varias determinaciones de distinta naturaleza (previstas en el Capítulo II de las DOT) y de carácter vinculante[87]. Las relaciones con espacios colindantes se abordan con carácter general en relación tanto con el área transfronteriza de la Aquitania francesa, como con Navarra, La Rioja Alavesa, y Cantabria[88]. La Memoria recoge, asimismo, el propósito de trabajar y consensuar los convenios y los instrumentos de ordenación territorial y de planificación urbanística oportunos para el establecimiento de las relaciones de colaboración con esas regiones, la conveniencia de avanzar en documentos de diagnóstico comunes para los ámbitos interrelacionados que pudieran desembocar en criterios de ordenación comunes[89].

Si atendemos al orden temporal de aprobación, la siguiente mención es la referida a Cantabria, cuya *Ley 5/2022, de 15 de julio de Ordenación del Territorio* ha incorporado entre las funciones del Plan Regional de Ordenación Territorial (PROT), la definición de las bases de la IV y Azul que deben articular la adaptación al cambio climático de la región (art. 11.2). Además, considera implícita la declaración de utilidad pública y la necesidad de ocupación a efectos de su expropiación forzosa, en todos aquellos proyectos competencia de la Comunidad Autónoma de Cantabria que se refieran, entre otros supuestos, a actuaciones de mejora de la infraestructura verde (DA Tercera). El PROT se encuentra actualmente en fase de redacción, pero en su documento inicial estratégico se advierten múltiples referencias a la IV[90]. Especial interés reviste al disponer la creación "de una infraestructura verde a nivel regional y *en coherencia con las infraestructuras de la cornisa cantábrica* y la europea". Insiste en ello al presentar entre los fundamentos de la IV un diseño coherente que

---

87 *Vid.*, las Normas de Aplicación de las DOT (arts. 2.2. y 4.6). Para un análisis más detenido del contenido de las DOT en relación con la IV, me permito la remisión a Uriarte Ricote, "El valor ambiental...", *op. cit.*

88 Apdo. 2.5 de la Documentación Técnica. Modelo territorial de las DOT.

89 Memoria de las DOT, pp. 22, 4, transformación y resiliencia,

90 Se habla así, de un nuevo enfoque basado en una "dimensión holística del medio ambiente, incorporando los conceptos de conectividad territorial y ecológica, los servicios ecosistémicos a la sociedad, o la contribución a la adaptación al cambio climático, entre otras, a través de la infraestructura verde".

"debe actuar como un todo y dirigir su planificación (...) hacia arriba, en *un contexto supraterritorial*, que ha de permitir armonizar la infraestructura verde regional, con el ámbito suprarregional, estatal e incluso continental". Y nuevamente, al proponer la definición de las escalas de la IV se detiene en la regional o territorial "que comprendería los elementos con una implantación geográfica que rebasa el ámbito comarcal o que, estando ligados a alguno de estos territorios de referencia trascienden a los mismos en un contexto *que, incluso, puede rebasar el ámbito regional*"[91]. La última Comunidad en apostar por la perspectiva territorial para la integración de la conectividad ha sido Navarra, con el Proyecto de revisión de su Estrategia Territorial (el plan de ordenación territorial para el conjunto de la región), al conceder a la IV un lugar central[92].

V. CONCLUSIONES

Desde una perspectiva institucional, la articulación de mecanismos de cooperación en el ámbito de los espacios naturales protegidos se ha revelado, hasta el momento, como escasa, de carácter puntual y centrada en aspectos muy concretos, careciendo en general de una vocación de permanencia. La necesidad de proteger el lince ibérico y el grave problema de los incendios forestales han propiciado el grado de colaboración interautonómica más significativo y mantenido en el tiempo. Otros casos, como la ampliación o creación de nuevos parques naturales, la gestión de las Reservas Nacionales de Caza o la producción de trucha común con fines de repoblación, representan experiencias aisladas y limitadas de colaboración interterritorial. Asimismo, aunque se han producido formas de cooperación en materia de caza y pesca, la justificación de dichas actividades responde habitualmente a finalidades ajenas a la protección ambiental de los espacios implicados.

---

91 Apdo. II.2.4 del PROT (https://www.territoriodecantabria.es/ordenacion-del-territorio/plan-regional-de-ordenacion-territorial-prot).

92 BON núm. 46 de 6 de marzo de 2023.

Quedan excluidas de esta escasa cooperación generalizada las actuaciones derivadas de la propia configuración normativa de la Red Natura 2000, cuya gestión requiere una coordinación interadministrativa inherente, tanto por la necesidad de asegurar su coherencia ecológica como por las exigencias de uniformidad en su creación, mantenimiento, restauración y aplicación de medidas de conservación, así como por el efecto armonizador que deriva de los procedimientos de evaluación ambiental. También debe mencionarse la cooperación interautonómica que se exige en la gestión de los Parques Nacionales, así como la experiencia de gestión compartida entre comunidades limítrofes en el marco de determinadas Reservas de la Biosfera, que constituye un ejemplo cualificado de colaboración efectiva.

En definitiva, puede afirmarse que la coherencia interterritorial en materia de conservación alcanza de forma significativa a las figuras de Parques Nacionales y a las categorías comunitarias integradas en la Red Natura 2000. Por el contrario, el resto de espacios protegidos carece de instrumentos específicos de cooperación, limitándose la colaboración a iniciativas sectoriales de escasa incidencia y alcance.

Dado que la restauración de espacios degradados y la mejora de los servicios ecosistémicos requieren la incorporación efectiva de la infraestructura verde (IV) en los procesos de ordenación territorial —particularmente por su dimensión multiescalar—, cabe prever que serán los instrumentos de planificación territorial autonómicos los encargados de integrarla como mecanismo de cooperación y como vector de articulación de la conectividad ecológica. En el ámbito de los espacios protegidos, será la planificación sectorial, y en particular los Planes de Ordenación de los Recursos Naturales (PORN), la que canalice la integración de esta herramienta, tanto en el seno de la Red Natura 2000 como en otros espacios de especial relevancia para la biodiversidad.

Referencias bibliográficas

Alberton, M. (2020). "La praxis de las relaciones intergubernamentales en España: un examen cuantitativo y cualitativo de la cooperación en materia ambiental". *Revista Catalana de Dret Ambiental*, XI, 2, 1-44.

Elorrieta Sanz, B.; Olcina Cantos, J. (2021). "Infraestructura verde y ordenación del territorio en España". *Ciudad y Territorio. Estudios Territoriales*, LIII, 27.

García Ureta, A. (2010). *Derecho Europeo de la Biodiversidad. Aves silvestres, hábitats y especies de flora y fauna.* Iustel.

García Ureta, A. (Coord.) (2012). *La Directiva de Hábitats de la Unión Europea: balance de 20 años.* Thomson Reuters Aranzadi.

García Ureta, A. (Dir.); Sarasibar Iriarte, M. (Coord.) (2022). *La estrategia de biodiversidad de la Unión Europea 2030. Aspectos jurídicos.* Marcial Pons.

Haumont, F. (2015). "Appropriate impact assessment. The key to effective integration of nature conservation issues into land-use planning". En Born, C.H.; Cliquet, A.; Schoukens, H.; Misone D.; Van Hoorick, G. *The Habitats Directive in its EU Environmental Law Context. European Nature´s best Hope?* Routledge.

Latasa Zaballos, I. (2021). "La infraestructura verde como motor para el cambio hacia una ordenación del territorio renovada. Algunas reflexiones a partir del caso de la CAPV". *X Congreso Internacional de Ordenación del Territorio. Recuperación, transformación y resiliencia: el papel del territorio,* Asociación Interprofesional de Ordenación del Territorio.

Latasa Zaballos I. (2022). "La incorporación de la infraestructura verde en la planificación territorial. ¿Una planificación renovada?". En Farinós Dasí, J. *El papel del territorio y de las políticas territoriales en la estrategia de recuperación.* Universitat de València.

Lozano Cutanda, B. (2022). *Derecho Ambiental y Climático.* Dykinson.

Martín-Serrano Jiménez, E. (2018). *El principio de cooperación como solución del Estado Autonómico. Una propuesta para la reforma (constitucional o no) del sistema público de protección social de España.* Comares.

Sobotta, C. (2015). "The impact of species protection on land-use planning via the environmental assessment". En Born, C.H.; Cliquet, A.; Schoukens, H.; Misone D.; Van Hoorick, G. *The Habitats Directive in its EU Environmental Law Context. European Nature´s best Hope?* Routledge.

Tajadura Tejada, J. (1996). "El artículo 145 de la Constitución española: los convenios y acuerdos de cooperación entre las CCAA". *Revista Jurídica de Navarra,* 21.

Tajadura Tejada, J. (2000). *El principio de cooperación en el Estado autonómico.* Comares.

Uriarte Ricote, M. (2020). "El valor ambiental de la infraestructura verde en el nuevo modelo vasco de Ordenación del Territorio". *Actualidad Jurídica Ambiental,* 106.

Uriarte Ricote, M. (2022). "La tramitación de los instrumentos de ordenación territorial a la luz de la Sentencia del TS 490/2022 de 27 de abril sobre el Plan de Acción Territorial de la Infraestructura Verde del Litoral de Valencia". *Revista Vasca de Administración Pública,* 123.

Vaquer Caballería, M. (2021). "Naturaleza y cultura en la declaración de espacios protegidos: el margen de apreciación de la Administración". *Práctica Urbanística. Sección Ordenación territorial y urbanística,* 171.

La cooperación en materia de aguas. Tensiones, territorialidades y gobernanzas compartidas

ALBERT SANTASUSAGNA RIU
Profesor Lector de Análisis Geográfico Regional
Universitat de Barcelona

I. INTRODUCCIÓN

La Directiva Marco del Agua (2000/60/CE), traspuesta al marco legislativo español mediante el Texto Refundido de la Ley de Aguas 1/2001, de 20 de julio, y a través del artículo 120 de la Ley 63/2003, de 30 de diciembre de 2000, de medidas fiscales, administrativas y de orden social, es una norma caudal en Europa, centrada no solamente en el agua como recurso, sino con un claro objetivo de compatibilidad con la acción humana. El concepto de política integrada del agua es una de las claves de la Directiva Marco del Agua[1]. Esta integración se hace efectiva tanto a escala científica como administrativa,

---

1 Del Moral, L. (2007). "Desde la política hidráulica tradicional a la nueva cultural del agua. Historia y perspectivas". *Revista de Andorra,* 7, 45-60; Del Moral, L. (2009). "Nuevas tendencias en gestión del agua, ordenación del

y prioriza la toma de decisiones a través de la participación pública y la transparencia.

Uno de los protagonistas indiscutibles de esta norma es el curso fluvial, concebido en el contexto de una *cuenca hidrográfica* —un espacio geográfico drenado por un río—, objeto de una serie de medidas de gestión y de planificación de sus principales recursos a través de una *demarcación hidrográfica* que, según el artículo 2.15 de la presente norma, hace referencia a "la zona marina y terrestre compuesta por una o varias cuencas hidrográficas vecinas y las aguas subterráneas y costeras asociadas, designada con arreglo al apartado 1 del artículo 3 como principal unidad a efectos de la gestión de las cuencas hidrográficas". La gestión por una o varias cuencas se debe a criterios ambientales, pues son espacios interconectados donde hay que seguir pautas comunas al abordar el uso de sus recursos, a episodios de escasez o a escenarios complejos como una inundación. El déficit de caudales, la contaminación de aguas o los usos para el consumo humano en un determinado tramo del curso fluvial pueden tener repercusiones, consecuencias y afectaciones directas al conjunto global de la cuenca.

Los recursos hídricos en España se distribuyen territorialmente a través de la figura de la demarcación hidrográfica, que puede incluir una o varias cuencas, y se dividen en intracomunitarias —como la demarcación hidrográfica de las cuencas internas de Cataluña, estrictamente incluida en territorio administrativamente catalán—, intercomunitarias —como la demarcación hidrográfica del Júcar, compartida entre Aragón, Castilla-La Mancha, Cataluña y la Comunidad Valenciana—, así como internacionales —como es el caso de los ríos Duero y Tajo, entre España y Portugal. Por otra parte, la entidad que gestiona estas demarcaciones es el llamado *organismo de cuenca*, que en el caso español recibe el nombre de confederación o agencia. Los organismos de cuenca pueden ser intercomunitarios, como es el caso de la Confederación Hidrográfica del Ebro, que "comprende el territorio español de las cuencas hidrográficas del río Ebro, del río Garona y del resto de cuencas hidrográficas que vierten al océano

---

territorio e integración de políticas sectoriales". *Scripta Nova. Revista Electrónica de Geografía y Ciencias Sociales*, XIII, 285.

Atlántico a través de la frontera con Francia, excepto la de los ríos Nive y Nivelle. Además, la cuenca endorreica de la laguna de Gallocanta" (art. 1.9 del Real Decreto 650/1987, de 8 de mayo, por el que se definen los ámbitos territoriales de los organismos de cuenca y de los planes hidrológicos). Y también pueden ser intracomunitarios, como la llamada Agencia Catalana del Agua. Por esta razón, comunidades autónomas como Cataluña tienen transferidas las competencias sobre el dominio público hidráulico. En cambio, no es el caso de Aragón o de la Comunidad Valenciana, ya que su territorio fluvial está gestionado por organismos de cuenca intercomunitarios y, tal como expone el artículo 149.1.22ª de la Constitución Española, el Estado tiene competencias exclusivas en la "legislación, ordenación y concesión de recursos y aprovechamientos hidráulicos cuando las aguas discurren por más de una Comunidad Autónoma".

Varios autores afirman que, en el caso español, la legislación ha sido pionera en la consideración de la cuenca hidrográfica como la escala más apropiada para la gestión territorial del agua[2]. Mientras que la Ley de Aguas del 13 de junio de 1879 establecía la provincia como escala de referencia para la gestión del agua en España, en el año 1929 se crearon las Confederaciones Sindicales Hidrográficas (más tarde, Confederaciones Hidrográficas), y la Confederación Hidrográfica del Ebro fue la primera a constituirse[3]. La escala territorial para la gestión del agua pasaba a ser, a principios del siglo XX en España, la cuenca hidrográfica, dando lugar a lo que hoy se conoce como "principio de unidad de cuenca", que considera que los límites naturales o ambientales de una cuenca hidrográfica para su gestión efectiva son prioritarios respecto a los límites regionales y te-

---

2 Sánchez, M. T.; Rodríguez, N.; Salas, M. (2011). "La gestión del agua en España. La unidad de cuenca". *Revista de Estudios Regionales,* 92, 199-220; Cirone, M. (2013). "Una introducción a los aspectos más destacables del marco jurídico sobre la gestión del agua en España". *Derecho y ciencias sociales,* 9, 69-89; Almazán, M. A. (2020). *Water governance in the Ebro river basin. Construction of a multiregional and multisectoral hydro-economic model.* Universidad de Zaragoza.

3 Román, E. (2018). "Confederaciones Hidrográficas: una fórmula de organización y gestión de plena vigencia en el siglo XXI". *Ambienta,* 124, 126-139.

rritoriales, propios de las Comunidades Autónomas. En este sentido, el artículo 16 del Real Decreto Legislativo 1/2001, de 20 de julio, por el que se aprueba el Texto Refundido de la Ley de Aguas, explicita que "la cuenca hidrográfica como unidad de gestión del recurso se considera indivisible". Una cuestión que ya era presente en la norma anterior (Ley 29/1985, de 2 de agosto, de Aguas, vigente hasta el 25 de julio de 2001).

La gestión de agua es un ejemplo de gobernanza asimétrica desde un punto de vista territorial: los límites administrativos de las autonomías no son coincidentes con el criterio de distribución de competencias atribuido a los límites físicos propios de las cuencas hidrográficas. Esto ha limitado, desde buen principio, la gestión integral de los recursos hídricos por parte de las Comunidades Autónomas, y ha ocasionado un hecho diferencial en la descentralización del poder: no tan solo porque algunas Comunidades Autónomas, por su condición geográfica, no puedan disponer de plenas competencias en la gestión del agua (como es el caso, por ejemplo, de Aragón, que no dispone de cuencas internas, a diferencia de Cataluña), sino porque ha generado un escenario de complejidad y tensión territorial profundos que no ha representado la distribución de otras competencias entre Estado y autonomías. Autores como Berga[4], Fanlo[5] y Vera[6] señalan toda una serie de procesos de segregación, fragmentación y apropiación por parte de las Comunidades Autónomas con la voluntad de gestionar una mayor superficie fluvial y controlar una mayor cantidad de recursos hídricos.

---

4 Berga, L. (2010). "La gobernanza del agua en España". *Revista de Obras Públicas*, 3507, 7-20.

5 Fanlo, A. (2009). "La unidad de cuenca en la jurisprudencia constitucional". *Anuario jurídico de La Rioja*, 14, 11-79; Fanlo, A. (2010). "Las competencias del Estado y el principio de unidad de gestión de cuenca a través de las confederaciones hidrográficas". *Revista de Administración Pública*, 183, 309-334.

6 Vera, J. A. (2010). "El fin del principio de indivisibilidad de la cuenca hirográfica como unidad de gestión institucional del agua". *Revista de Obras Públicas*, 3510, 23-30.

II. UNA HISTORIA MARCADA POR LAS TENSIONES TERRITORIALES Y LA AUSENCIA DE COOPERACIÓN

A lo largo del último medio siglo, el "principio de unidad de cuenca" ha visto cuestionada su razón de ser, a partir de varios procesos de segregación, fragmentación y apropiación en los cuales ha tenido un protagonismo destacado la lucha entre Comunidades Autónomas, y entre estas y el Estado. Autores como Vera[7] utilizan la expresión de "agresión normativa" para hacer referencia específica a la intención de varias Comunidades Autónomas de incrementar su poder de gestión del agua en el contexto español desde la reinstauración de la democracia. En el contexto de la gestión del agua, un proceso de *segregación* hace referencia a la consideración de parte de una cuenca intercomunitaria como cuenca interna (intracomunitaria). La *fragmentación* alude a la disgregación de una cuenca intercomunitaria en varias fracciones coincidentes con los límites autonómicos. Se trata de un proceso de "ajuste del territorio de las cuencas hidrográficas"[8], en el que se crea una "barrera artificial en los ríos en los límites de Comunidades Autónomas"[9]. Finalmente, la *apropiación* se produce cuando una demarcación hidrográfica, a través de normas estatutarias, se adueña de recursos hídricos que no le corresponden.

En este estudio queremos introducir tres casos significativos de conflictos en el marco de la relación entre Comunidades Autónomas, que evidencian la ausencia de cooperación interadministrativa en materia de aguas. Por una parte, haremos referencia al proceso de fragmentación en el caso de Aragón y al proceso de apropiación en el caso de la cuenca del Guadalquivir; dos de los ejemplos más notables a escala española de este escenario permanente de conflictividad. En segundo lugar, y desde una perspectiva más detallada, introduciremos el caso de la cuenca del Sénia, poco estudiado en la literatura académica sobre esta temática, y ejemplo claro, a nuestro parecer, de procesos de segregación y fragmentación.

---

7 *Íbidem*, p. 23.

8 *Íbidem*, p. 24.

9 Berga, 2010, *op. cit.*, p. 18.

1. La fragmentación y la apropiación de recursos hídricos en Aragón y Andalucía

Aragón se caracteriza por no disponer de "cuencas internas" más allá de la laguna endorreica de Gallocanta, situada en el valle del Jiloca (afluente del Jalón, que a su vez es afluente del Ebro) e integrada en la demarcación hidrográfica del Ebro. El territorio fluvial aragonés se divide entre la demarcación hidrográfica del Ebro, en su parte central y septentrional, y la del Júcar y del Tajo, en su parte meridional. El Estatuto de Autonomía de Aragón de 2007, en su disposición adicional quinta, explicitaba que "la planificación hidrológica concretará las asignaciones, inversiones y reservas para el cumplimiento del principio de prioridad en el aprovechamiento de los recursos hídricos de la cuenca del Ebro y de los derechos recogidos en el artículo 19 del presente Estatuto, considerando que la resolución de las Cortes de Aragón de 30 de junio de 1992 establece una reserva de agua para uso exclusivo de los aragoneses de 6.550 hm^3". Así, desde 1992 y en el marco del Pacto del Agua de Aragón, la administración autonómica aragonesa quería reservar un volumen de agua considerable de la cuenca del Ebro para uso exclusivo de los aragoneses. Una cifra que también quedaba recogida en la Ley 10/2014, de 27 de noviembre, de aguas y ríos de Aragón. Al tratarse de una cuenca intercomunitaria, estos artículos fueron declarados inconstitucionales y nulos por Sentencia TC de 19 de octubre de 2017.

En Andalucía, se remonta a 2007 con la aprobación del nuevo Estatuto de Autonomía. Esta norma, en su artículo 51, explicitaba que "la Comunidad Autónoma de Andalucía ostenta competencias exclusivas sobre las aguas de la Cuenca del Guadalquivir que transcurren por su territorio y no afectan a otra Comunidad Autónoma, sin perjuicio de la planificación general del ciclo hidrológico, de las normas básicas sobre protección del medio ambiente, de las obras públicas hidráulicas de interés general y de lo previsto en el artículo 149.1.22ª de la Constitución". Se trataba, pues, de un claro proceso de apropiación. El artículo fue recurrido por la Junta de Extremadura y, finalmente, fue declarado inconstitucional por Sentencia TC (16 de marzo del 2011), pues la cuenca del Guadalquivir, aunque forma parte de un 60% del territorio andaluz, es interautonómica (compartida con Castilla-La Mancha, Extremadura y Murcia).

2. *El caso del Sénia: una pequeña cuenca en disputa*

La cuenca del río Sénia es de naturaleza interautonómica, pues forma parte de territorio catalán y valenciano. No se trata de una subcuenca, ni forma parte del conjunto de afluentes del Ebro: es una cuenca de entidad física muy reducida y acotada. No existe una agencia del agua expresa para esta cuenca, ni forma por sí sola una demarcación hidrográfica a nivel administrativo: por su área menor, y por sus escasos recursos hídricos, se incorporó en la Confederación Hidrográfica del Júcar a finales de los años ochenta, con la aprobación del Real Decreto 650/1987, de 8 de mayo, por el que se definen los ámbitos territoriales de los organismos de cuenca y de los planes hidrológicos. El artículo 1.7 explicita que la Confederación Hidrográfica del Júcar "comprende el territorio de las cuencas hidrográficas que vierten al mar Mediterráneo entre la margen izquierda de la Gola del Segura en su desembocadura y la desembocadura del río Cenia, incluida su cuenca; además de la cuenca endorreica de Pozohondo".

Esta pequeña cuenca es un caso sumamente interesante a nivel administrativo y de planificación de los recursos hídricos, pues en ella se concentran varios procesos de segregación y fragmentación que, a continuación, sintetizaremos. Como hemos expuesto, es considerada como cuenca, aunque tenga un tamaño reducido y presente una cantidad de recursos hídricos limitada. Forma parte de las pequeñas cuencas incorporadas en una cuenca hidrográfica principal (la del Júcar). Esto originó tensiones entre la Comunidad Valenciana y el Estado[10], pues desde la perspectiva autonómica se reclamó el poder gestionar estas pequeñas cuencas internas (como la de los ríos Vinalopó y Serpis, o la zona de pequeños ríos y marismas de Marina Alta y Marina Baja).

Por otra parte, existió también la voluntad de segregar la cuenca del Sénia de la demarcación hidrográfica del Júcar e incorporarla a la del Ebro. El artículo 16 bis del Real Decreto Legislativo 1/2001, de 20 de julio, por el que se aprueba el Texto Refundido de la Ley de Aguas, da lugar a partir del año 2009 a una interpretación diferente

---

10 Vera, 2010, *op. cit.*

de la organización territorial del agua vigente hasta ese momento. Este artículo (16 bis.1) explicita que se "entiende por demarcación hidrográfica la zona terrestre y marina compuesta por una o varias cuencas hidrográficas vecinas y las aguas de transición subterráneas y costeras asociadas a dichas cuencas". El criterio de vecindad que emana de este artículo se utilizó para reclamar, desde el Gobierno español, un cambio de demarcación para la cuenca del Sénia: de la del Júcar a la del Ebro. En 2009, esta reclamación fue vista por parte de los grupos ecologistas y ciertas fuerzas políticas como una amenaza de un posible trasvase, ya que el Plan Hidrológico Nacional vigente en ese momento explicitaba que los territorios usuarios de una misma demarcación hidrográfica son los receptores naturales de sus recursos hídricos. Si bien este cambio finalmente no se lleva a cabo, desde Aragón se pone encima de la mesa varias alternativas, entre las que destaca la propuesta de crear una nueva demarcación de titularidad compartida entre Cataluña y la Comunidad Valenciana para gestionar y planificar los recursos hídricos de la cuenca del Sénia.

Es importante mencionar que la gestión de la cuenca del Sénia es, en parte, compartida entre la misma Confederación Hidrográfica del Júcar y la Agencia Catalana del Agua en el caso del territorio fluvial que forma parte de Cataluña —aproximadamente, unos 88 km^2 del total de 2.033 km^2 que forma la cuenca del Sénia en su conjunto. Esto se debe, principalmente, al traspaso de competencias del Estado hacia Cataluña en los años ochenta, cuestión a la que nos remitiremos en el próximo apartado del artículo. En este contexto, Vera[11] añade, además, que la definición del ámbito territorial de la demarcación hidrográfica del Júcar —que comprende, también, la "desembocadura del río Cenia, incluida su cuenca" (artículo 1.7 del Real Decreto 650/1987, de 8 de mayo, por el que se definen los ámbitos territoriales de los organismos de cuenca y de los planes hidrológicos)— ha sido determinante para que la zona de transición de cuencas entre el Sénia y el Ebro quedara, finalmente, en manos de la Agencia Catalana del Agua, mediante otro proceso de fragmentación.

11 *Ídem.*

III. UNA COMPLEJA, PERO NECESARIA, GOBERNANZA COMPARTIDA Y MULTINIVEL

Casos como los descritos, que se añaden a una larga lista de procesos similares a varias escalas, confirman la complejidad de la gestión del agua en España. Una complejidad que acaba traduciéndose, en términos académicos, en una "politización" o "guerra" del agua[12], y que no tan solo es el resultado de la tensión regional para administrar una mayor superficie de territorio fluvial, sino que otro de sus motivos principales, según algunos autores, podría ser el de romper con una hipotética solidaridad territorial[13]. Se afirma que las Comunidades Autónomas no respetan la indivisibilidad de gestión de la unidad de cuenca, y que en la descentralización progresiva del Estado español se han aceptado nociones como *subcuenca* o *distrito* que han llevado a la confusión y que no han favorecido el principio de unidad de cuenca. Otros autores consideran que este hecho se debe a una mala representación de las Comunidades Autónomas en la gestión de las cuencas intercomunitarias, y que sería necesario reformar los organismos de cuenca para dotarlos de una mayor representatividad, siempre respetando la unidad de cuenca[14]. Finalmente, en un sentido totalmente opuesto, autores como Borràs[15] argumentan que existe un error histórico en la interpretación del concepto de *cuenca*

---

12 López-Gunn, E. (2009). "*Agua para todos*: A new regionalist hydraulic paradigm in Spain". *Water Alternatives*, 2(3), 370-394; Sotelo, M.; Sotelo, I. (2014). "Planificación y gestión del agua en España, en la actualidad". *Observatorio Medioambiental*, 17, 375-408; Swyngedouw, E. (2014). "'Not a drop of water...': State, Modernity and the Production of Nature in Spain, 1898-2010". *Environment and History*, 20(1): 67-92; Montoro, M. J. (2016). "Reflejos del derecho sobre el agua. Dominio público, planificación y gestión: mitos, quimeras y utopías". *Ápoca: Butlletí Català d'Informació Notarial*, 13, 13-26; Del Moral, L.; Hernández, N. (2016). "Nuevos debates sobre escalas en políticas de aguas. Estado, cuencas hidrográficas y comunidades autónomas en España". *Ciudad y Territorio: Estudios Territoriales*, 190, 563-583.

13 Fanlo, 2010, *op. cit.*

14 Del Moral, L. (2008). "La necesidad de un debate integrador sobre gestión del agua y Estatutos de Autonomía". *Foresta*, 41, 14-15; Del Moral, 2009, *op. cit.*

15 Borràs, G. (2021). "Recursos i demandes d'aigua a Catalunya". *Quaderns agraris*, 50, 43-58.

y de *demarcación* hidrográficas en la legislación española, ya que es la segunda, y no la primera, la que responde a la unidad de gestión, con lo cual las Comunidades Autónomas, como es el caso de Cataluña, tendría que poder gestionar con plenas competencias la demarcación hidrográfica catalana. Una diversidad de interpretaciones que constatan, de nuevo, que la gestión del agua es una cuestión de alta complejidad, y que requiere el esfuerzo por parte de todas las administraciones implicadas para alcanzar los mecanismos más efectivos y coherentes.

1. Cataluña como cruce de territorialidades

En el caso de Cataluña, encontramos una casuística geográfica muy particular que, en ciertos casos, es motivo de complejidad a escala organizativa, especialmente en la vertiente occidental. El límite administrativo entre Cataluña y Aragón, de norte a sur, en su mayor parte, coincide con varios cursos fluviales, que funcionan también como límite físico. La mayor parte de estos ríos forman parte de cuencas o subcuencas que, a su vez, pertenecen a una cuenca hidrográfica mayor —como es el caso de los ríos Noguera Ribagorzana y Cinca, que se unen al Segre; o el caso del río Matarraña, que es afluente directo del Ebro; y el mismo Segre, que es el afluente más importante del Ebro y, por tanto, forma parte de su demarcación hidrográfica, gestionada por la Confederación Hidrográfica del Ebro. Así pues, este territorio fluvial comprende la cuenca del Segre y la de sus afluentes, la Noguera Pallaresa y la Noguera Ribagorzana, así como el último tramo del río Ebro que forma la zona deltaica que desemboca en el Mediterráneo. Existen, en este mismo territorio, dos casos particulares que no se pueden pasar por alto. Por un lado, el caso del río Sénia, ya mencionado en el anterior apartado, y ejemplo de gestión compartida entre la Confederación Hidrográfica del Júcar y la Agencia Catalana del Agua. Y, por otro, el caso del río Garona, un pequeño río internacional que discurre entre España y Francia.

La cuenca del río Garona, al tratarse de una cuenca compartida entre dos Estados de la Unión Europea, se encuentra sujeta al acuerdo administrativo en materia de cooperación entre España y Francia sobre la gestión del agua, firmado en Toulouse el 15 de febrero de

2006 (BOE-A-2006-14633). En consonancia con este acuerdo, el Real Decreto 125/2007, de 2 de febrero, por el que se fija el ámbito territorial de las demarcaciones hidrográficas, manifiesta en su preámbulo que el río Garona, si bien se trata de una cuenca que se divide entre territorio español y francés, "dichas superficies no son muy significativas dentro del conjunto de la cuenca compartida en cuanto a extensión, por lo que en estos casos no se estima necesario definir una demarcación internacional, atendiendo a la innecesaria complicación que supondría para la gestión". De acuerdo con esta norma, el río Garona no se organiza mediante una demarcación hidrográfica estatal ni internacional, ni tampoco mediante una única agencia, ni estatal ni compartida. En la superficie administrativamente catalana la gestión es colaborativa entre la propia Agencia y la Confederación Hidrográfica del Ebro. Por lo tanto, nos encontramos ante un caso de cooperación entre dos agencias que, si bien sus funciones son limitadas a un territorio en concreto, tienen una responsabilidad compartida en la gestión de un espacio hidrográfico que, físicamente, no forma parte ni de las cuencas internas de Cataluña ni de la cuenca del Ebro.

A partir del análisis de la casuística de la gestión del agua en Cataluña, se puede observar que en un mismo territorio intervienen varias administraciones (la Agencia Catalana del Agua, la Confederación Hidrográfica del Ebro y la Confederación Hidrográfica del Júcar) y que, además, hay partes de este mismo territorio autonómico donde las competencias, las funciones y los servicios de estas administraciones son diferentes. Un ciudadano de Barcelona, Tarragona o Girona tiene, como referencia en materia de gestión y planificación de recursos hídricos, la Agencia Catalana del Agua, como administradora con plenas competencias. En cambio, un ciudadano de Lleida es necesario que se dirija a la Confederación Hidrográfica del Ebro, partiendo de la base que la Agencia Catalana del Agua opera en su territorio con un papel auxiliar y de apoyo. Esto evidencia un escenario complejo entre la necesidad de gestionar los recursos hídricos manteniendo la lógica unidad de gestión de una o más cuencas por razones ambientales (Directiva Marco del Agua, 2000/60/CE) y las posibles diferencias, desigualdades y disparidades entre usuarios y ciudadanos de una misma región, atendidos por diferentes administraciones del agua.

2. *La cooperación entre administraciones del agua en Cataluña*

El Real Decreto 2646/1985, de 27 de diciembre, sobre traspaso de funciones y servicios de la Administración del Estado a la Generalitat de Cataluña en materia de obras hidráulicas, es la piedra angular de la relación entre la Agencia Catalana del Agua y la Confederación Hidrográfica del Ebro. Según esta norma, que data del año 1985, se traspasan una serie de servicios y funciones del Estado a la Generalitat de Cataluña que representan la base operativa de la Agencia Catalana del Agua en las cuencas internas. Esta norma también explicita los servicios y funciones que puede prestar la Generalidad de Cataluña al territorio de cuencas compartidas. En este sentido, es importante destacar que se traspasa "B.1.d) la tramitación de las autorizaciones para vertido en cauces públicos o para la utilización o aprovechamiento del dominio público en el territorio de Cataluña no comprendido en la cuenca del Pirineo Oriental. Las correspondientes propuestas de resolución, con su condicionado, se elevarán al organismo competente de la Administración del Estado [...]" y "B.1.e) la función ejecutiva de la policía de aguas y cauces en el territorio de Cataluña no comprendido en la cuenca del Pirineo Oriental bajo el superior control y supervisión del organismo competente de la Administración del Estado". Por tanto, son dos funciones que la Generalidad de Cataluña, a través de la Agencia Catalana del Agua, puede ejercer en el territorio que no forma parte de las cuencas internas: la tramitación de autorizaciones para vertidos o para la utilización y aprovechamiento del dominio público hidráulico (si bien la resolución final depende, en este caso, de la Confederación Hidrográfica del Ebro) y la inspección, vigilancia y policía del dominio público hidráulico. En cambio, la planificación hidrológica, la gestión de embalses o el otorgamiento de concesiones de agua son competencia de la Confederación Hidrográfica del Ebro.

El Estatuto de Autonomía de Cataluña (Ley Orgánica 6/2006, de 6 de julio, de reforma del Estatuto de Autonomía de Cataluña), en su artículo 117.3, explicita que "la Generalidad participa en la planificación hidrológica y en los órganos de gestión estatales de los recursos hídricos y de los aprovechamientos hidráulicos que pertenezcan a cuencas hidrográficas intercomunitarias. Corresponde a la Generalidad, dentro de su ámbito territorial, la competencia ejecutiva sobre a) la adopción de medidas adicionales de protección y saneamiento de los recursos hídricos y de los ecosistemas acuáticos; b) la ejecución y explotación de las obras de titularidad estatal, si se establecen mediante convenio; c) las facultades de policía del dominio público hidráulico que le son atribuidas por la legislación estatal". Por consiguiente, la administración catalana, en el ámbito catalán del Ebro, también tiene competencias ejecutivas sobre protección y saneamiento, así como la ejecución y explotación de obras siempre que se establezcan mediante convenio con el Estado.

3. La toma de decisiones en la gestión del agua en el ámbito catalán del Ebro

En el ya citado Real Decreto 2646/1985, de 27 de diciembre, sobre el traspaso de funciones y servicios de la Administración del Estado a la Generalidad de Cataluña en materia de obras hidráulicas, explicita que "la Generalidad de Cataluña participará en los organismos de cuenca del Estado, cuyo ámbito geográfico comprenda parte del territorio de Cataluña" (art. 5.3.A). Actualmente, la Generalidad de Cataluña, juntamente con los gobiernos del resto de Comunidades Autónomas por las que discurre el río Ebro, tiene voz y voto al Consejo del Agua de la cuenca, el principal órgano de participación y planificación de la demarcación hidrográfica del Ebro.

El Consejo del Agua de la cuenca del Ebro está formado por una presidencia, dos vicepresidencias, una secretaría y una serie de vocales. El Real Decreto 1366/2011, de 7 de octubre, por el que se establece la composición, estructura y funcionamiento del Consejo del Agua de la demarcación de la parte española de la Demarcación Hidrográfica del Ebro, establece, en el artículo 5.c, la distribución de vocales para las Comunidades Autónomas: "En representación de las Comunidades Autónomas, los siguientes vocales: Aragón, doce vocales; Cataluña, seis vocales; Navarra, cuatro vocales; La Rioja, cuatro vocales; Castilla y León, dos vocales; País Vasco, dos vocales; Cantabria, dos vocales; Castilla-La Mancha, un vocal y Comunidad Valenciana, un vocal". La razón de este reparto se encuentra en el artículo 36.1.c del Real Decreto 1/2001, de 20 de julio, por el que se aprueba el Texto Refundido de la Ley de Aguas: "La representación de las

Comunidades Autónomas que participen en el Consejo, de acuerdo con lo previsto en el artículo 35, se determinará y distribuirá en función del número de Comunidades Autónomas de la demarcación y de la superficie y población de las mismas incluidas en ella, debiendo estar representada cada una de las Comunidades Autónomas participantes, al menos, por un vocal".

Si nos atenemos a las normas citadas en el anterior párrafo, observamos que para realizar el reparto de los representantes vocales de cada región han tenido que aplicarse dos criterios: un primer criterio territorial (según la superficie hidrográfica de la cuenca del Ebro presente a cada Comunidad Autónoma) y un segundo criterio de tipo demográfico (según la población incluida en este territorio para cada Comunidad Autónoma). Para conocer posibles disfunciones en la aplicación de estos criterios, se ha hecho un análisis sintetizado en la Tabla 1. Se han tenido en cuenta dos premisas principales: primero, que los dos criterios anteriores han sido considerados de forma equilibrada; segundo, que el número correspondiente a los vocales pueda ser decimal, si bien en la práctica se trata de un número entero.

Las conclusiones principales a las que se puede llegar son las siguientes. La primera es que existen una serie de Comunidades Autónomas que la media de su superficie hidrográfica y la población no llega a poder representarse, matemáticamente, con un vocal (Cantabria, Castilla-La Mancha y Comunidad Valenciana). En este caso, es preciso recordar que el artículo 36.1.c del Real Decreto 1/2001, de 20 de julio, por el que se aprueba el Texto Refundido de la Ley de Aguas explicita que las Comunidades Autónomas deben estar representadas por al menos un vocal. No obstante, Cantabria se encuentra representada por dos vocales, cuando a fin de cuentas su representación es inferior a uno, talmente como Castilla-La Mancha y la Comunidad Valenciana. Por otra parte, también se constata una sobrerrepresentación de La Rioja. Y, finalmente, cuatro Comunidades Autónomas se encuentran infrarrepresentadas: Aragón, Cataluña, Navarra y el País Vasco, siendo Aragón la más perjudicada. Se observa que en la aplicación de los criterios de representatividad se han priorizado las Comunidades Autónomas minoritarias en detrimento de las que presentan una cifra mayor, especialmente Aragón y

Navarra y, en un segundo lugar, Cataluña y el País Vasco (a excepción de La Rioja).

El baile de cifras, en todo caso, no es una cuestión determinante. La crítica a la representatividad territorial, que surge especialmente de las propias Comunidades Autónomas, se da al contabilizar su número de vocales (34) respecto a otras categorías, como la de los usuarios del agua, formada en gran parte por representantes de comunidades generales de regantes (32), un peso casi idéntico, considerando que no son representantes públicos. A efectos prácticos, la Generalidad de Cataluña representa un territorio de casi el 20% (18,3%) de la cuenca hidrográfica del Ebro, con casi el 20% (18,2%) de la población de la cuenca. No obstante, tiene solamente 6 vocales de un total de 92 de vocales con voz y voto que constituyen el Consejo del Agua (94 si contabilizamos los vocales con voz pero sin voto). Se trata de un reparto que no prioriza las administraciones públicas autonómicas, de la misma forma que tampoco las organizaciones ambientalistas, con solamente 2 vocales.

Tabla 1. Análisis de los criterios de representatividad de las Comunidades Autónomas en el Consejo del Agua de la cuenca del Ebro

Comunidad Autónoma	Vocales actuales Número (%)[1]	Según superficie hidrográfica Número (%)[2]	Según población incluida Número (%)[3]	Aplicación de los dos criterios (50%)[4/5]
Aragón	12 (35,3%)	16,7 (49,2%)	13,4 (39,6%)	15 (44,4%)
Cataluña	6 (17,6%)	6,2 (18,3%)	6,2 (18,2%)	6,2 (18,3%)
Navarra	4 (11,8%)	3,6 (10,8%)	6,6 (19,6%)	5,1 (15,2%)
La Rioja	4 (11,8%)	2 (5,9%)	3,4 (10%)	2,7 (8,0%)
Castilla y León	2 (5,9%)	3,2 (9,5%)	0,9 (2,7%)	2 (6,1%)
País Vasco	2 (5,9%)	1 (3,1%)	3,2 (9,3%)	2,1 (6,2%)
Cantabria	2 (5,9%)	0,3 (0,9%)	0,8 (0,5%)	0,5 (0,7%)
Castilla-La Mancha	1 (2,9%)	0,4 (1,3%)	0 (0,0%)	0,2 (0,6%)

Comunidad Autónoma	Vocales actuales Número (%)[1]	Según superficie hidrográfica Número (%)[2]	Según población incluida Número (%)[3]	Aplicación de los dos criterios (50%)[4/5]
Comunidad Valenciana	1 (2,9%)	0,3 (1%)	0,03 (0,1%)	0,1 (0,2%)

1 El número total de vocales es de 34. En esta columna se adjunta la repartición de vocales actuales por Comunidad Autónoma (en negrita) y su representación en porcentaje.

2 En esta columna se adjunta el porcentaje de superficie hidrográfica para cada Comunidad Autónoma y en negrita el número de vocales que correspondería a este criterio. Se ofrecen estas cifras en decimales, pero se debe tener en cuenta que, según el Real Decreto Legislativo 1/2001, de 20 de julio, por el que se aprueba el Texto Refundido de la Ley de Aguas, "debiendo estar representada cada una de las Comunidades Autónomas participantes, al menos, por un vocal". Según las fuentes utilizadas (Informe de Seguimiento 2018-2019 del Plan Hidrológico de la Demarcación del Ebro e Ibarra et al., 2008), la superficie total de cuenca hidrográfica del Ebro corresponde a 85.541 km^2, y repartidos de la siguiente forma: Aragón (42.086), Cataluña (15.654), Castilla y León (8.126), Castilla-La Mancha (1.112), Cantabria (770), La Rioja (5.047), Navarra (9.238), País Vasco (2.652) y Comunidad Valenciana (855).

3 En esta columna se adjunta el porcentaje de población incluida y en negrita el nombre de vocales que correspondería a este criterio. El año de referencia es el 2018, y según el Informe de Seguimiento 2018-2019 del Plan Hidrológico de la Demarcación del Ebro. La población total de habitantes en la cuenca fue de 3.170.061 personas, y repartidas de la siguiente manera: Aragón (1.256.404), Catalunya (575.950), Castilla y León (85.722), Castilla-La Mancha (1.361), Cantabria (16.698), La Rioja (315.675), Navarra (620.036), País Vasco (294.407) y Comunidad Valenciana (4.348).

4 Con la aplicación de los dos criterios de forma equitativa (criterio territorial y demográfico), existen Comunidades Autónomas sobrerrepresentadas (en color verde: La Rioja, Cantabria, Castilla-La Mancha y Comunidad Valenciana) y Comunidades Autónomas infrarrepresentadas (en color rojo: Aragón, Cataluña, Navarra y País Vasco). Tan solo una Comunidad Autónoma se ajusta a la representación de vocales actual: Castilla y León.

5 Las imprecisiones en la suma de los porcentajes se deben a la simplificación por redondeamiento.

Fuente: elaboración propia.

4. *Regionalización y descentralización en el territorio hidrográfico catalán*

La Agencia Catalana del Agua opera en la parte catalana de la cuenca del Ebro gracias a la existencia de dos *demarcaciones territoriales*: la Demarcación Territorial de Lleida (cuencas del Segre, la Garona, la Noguera Pallaresa y la Noguera Ribagorzana) y la Demarcación Territorial de las Tierras del Ebro (cuencas del Ebro, la Sénia y las rieras litorales entre Cunit y Vandellòs y l'Hospitalet de l'Infant). Se trata, pues, de un conjunto de seis demarcaciones que responden a un territorio fluvial de aproximadamente 32.000 km^2 de superficie. La diferencia entre demarcación hidrográfica y demarcación territorial es sustancial: la segunda regionaliza la primera con una clara voluntad de descentralización física, a favor de una mayor presencia territorial mediante oficinas de atención a la ciudadanía. No obstante, una demarcación no es exclusivamente sinónimo de oficina territorial. Según el Decreto 104/2010, de 3 de agosto, por el que se aprueba el despliegue territorial de la Agencia Catalana del Agua, "la Agencia Catalana del Agua ejerce sus funciones y potestades y presta los servicios de su competencia de forma desconcentrada en el territorio mediante las seis demarcaciones territoriales" (art. 1.1). En este sentido, al frente de cada demarcación territorial está designado un jefe de demarcación, que "representa la Agencia en su ámbito territorial, y ejerce la función de interlocución y mediación con las instituciones públicas y privadas y con la ciudadanía, e impulsa la gestión desconcentrada de la Agencia Catalana del Agua" (art. 2.2). Los ámbitos territoriales velan por cumplir, pues, los objetivos planteados en las áreas propias de la Agencia Catalana del Agua, que son la de gestión del medio, de abastecimiento de agua, de saneamiento de aguas residuales, tributaria y de ingresos y de ejecución de actuaciones (según el artículo 19.1 del Decreto 86/2009, de 2 de junio, de aprobación de los Estatutos de la Agencia Catalana del Agua y de modificación del Decreto 175/2001, de 26 de junio, por el que se aprueba el despliegue territorial de la Agencia Catalana del Agua).

En el caso de la Confederación Hidrográfica del Ebro, no existe una organización interna a través de demarcaciones territoriales. Talmente como se expone en el artículo 2 del Real De 984/1989, de 28 de julio, por el que se determina la estructura orgánica dependiente de la Presidencia de las Confederaciones Hidrográficas, el funcionamiento de esta administración se basa en una Presidencia del Organismo y cuatro unidades administrativas (Comisaría de Aguas, Dirección Técnica, Secretaría General y Oficina de Planificación Hidrológica). Hasta ahora, no se ha creado una regionalización concreta del territorio fluvial administrado, aunque existen una serie de oficinas (llamadas, concretamente, Oficinas de Vigilancia) situadas a varios puntos de la cuenca: dos en Aragón (Zaragoza y Huesca), una en Cataluña (Lleida), una en Navarra (Pamplona) y una en Logroño

(La Rioja). Independientemente de la existencia de oficinas de vigilancia, la Confederación Hidrográfica del Ebro también cuenta con agentes ambientales que, en el caso de Cataluña, fija en dos personas para el ámbito de Lleida y dos más para Tortosa. La oficina central se encuentra en Zaragoza. Existen, pues, cinco oficinas para un territorio de más de 86.000 km^2 de superficie hidrográfica, un hecho que debería compararse, por ejemplo, con otras confederaciones españolas donde sí se apuesta por la creación de demarcaciones territoriales.

Es el caso de la Confederación Hidrográfica del Duero, que históricamente se ha organizado en zonas y sectores, considerados como una "división del territorio de la cuenca más racional y que, sin renunciar al referente de la cuenca como unidad de gestión de los recursos hídricos, articula el espacio en unidades de más fácil coordinación con la organización territorial de otras entidades que cooperan en la vigilancia del dominio hidráulico" (Confederación Hidrográfica del Duero, 2012). La zonificación inicial (en cinco demarcaciones y varios distritos) se creó el 1961, y el 2009 entró en vigor la organización actual en zonas y sectores. Actualmente, la Confederación Hidrográfica del Duero se organiza en once zonas que se corresponden territorialmente a las provincias y, a su vez, a varios sectores. En cada una de las zonas existe un agente ambiental que opera como guarda mayor, y ejerce las funciones de coordinación, control y prefectura de la zona. Al mismo tiempo, en cada sector hay un guarda fluvial o un técnico superior que actúa como responsable.

5. *Consideraciones y posibilidades para el refuerzo de la cooperación en materia de aguas*

El análisis realizado permite realizar algunas consideraciones, orientadas al refuerzo de la cooperación en aguas entre las administraciones implicadas partiendo del caso concreto de Cataluña. La revisión de la estructura de los órganos de participación, como el Consejo del Agua de la Demarcación Hidrográfica del Ebro, revela la necesidad de reconsiderar el peso de las Comunidades Autónomas y de las entidades ambientales, a favor de una mayor representatividad. Por otra parte, los planes hidrológicos deben asumir la importancia de las subcuencas y realizar planes y programas determinados para sectores específicos, que detallen medidas, acciones e intervenciones con problemáticas ambientales muy concretas.

La Directiva Marco del Agua (2000/60/CE) define las subcuencas como "la superficie de terreno cuya escorrentía superficial fluye en su totalidad a través de una serie de corrientes, ríos y, eventualmente, lagos hacia un determinado punto de un curso de agua (generalmente un lago o una confluencia de ríos)" (artículo 2.14), y afirma que "los planes hidrológicos de cuenca podrán complementarse mediante la elaboración de programas y planes hidrológicos más detallados relativos a subcuencas, sectores, cuestiones específicas o categorías de aguas, con objeto de tratar aspectos especiales de la gestión hidrológica" (artículo 13.5). Por lo tanto, es posible realizar estudios y planes sobre subcuencas y sectores donde la administración autonómica, en este caso la Generalitat de Cataluña a través de la Agencia Catalana del Agua, pueda asumir una mayor responsabilidad en la gestión del río Segre o del tramo final deltaico del Ebro.

También es vital la actualización del decreto vigente (Real Decreto 2646/1985, de 27 de diciembre, sobre el traspaso de funciones y servicios de la Administración del Estado a la Generalidad de Cataluña en materia de obras hidráulicas), con el principal objetivo de modernizar y adaptar a las necesidades del presente la cooperación entre administraciones del agua. Algunas funciones como la concesión de obras podrían ser desarrolladas por la Agencia Catalana del Agua en el territorio hidrográfico del Ebro en Cataluña, favoreciendo, además de su papel auxiliar, una capacidad planificadora. Función que podría desarrollar en consonancia y cooperación con el papel ordenador y coordinador de la Confederación Hidrográfica del Ebro.

IV. A MODO DE RECAPITULACIÓN FINAL

La cooperación entre administraciones del agua es un tema pendiente en el Estado español, tanto entre poderes autonómicos como entre autonomías y Estado. A través de la existencia de cuencas intercomunitarias, el Estado español ha priorizado el "principio de unidad de cuenca" desde comienzos del siglo XX, mucho antes de la aprobación de la Directiva Marco del Agua 2000/60/CE. Este hecho ha condicionado enormemente la óptica de la gestión del agua en España, y ha dado lugar a un escenario de conflictividad en la que las Comunidades Autónomas han reclamado, por distintas vías, un mayor poder y control sobre el espacio hidrográfico que forma parte de su territorio pero que es administrado por el Estado. En el último medio siglo se ha avanzado en una descentralización de la gestión del agua en España, otorgando competencias a las autonomías que presentaban cuencas internas, como es el caso de Cataluña. No obstante, los órganos de participación (como, por ejemplo, el Consejo del Agua de la Demarcación Hidrográfica del Ebro), necesitan una revisión a favor de una mayor representatividad de las administraciones públicas regionales, así como es necesaria también una actualización de la normativa de traspaso de funciones y servicios para lograr una mayor cooperación entre administraciones del agua que operan en el mismo territorio.

Referencias bibliográficas

Almazán, M. A. (2020). *Water governance in the Ebro river basin. Construction of a multiregional and multisectoral hydro-economic model.* Universidad de Zaragoza. [Tesis doctoral].

Berga, L. (2010). "La gobernanza del agua en España". *Revista de Obras Públicas,* 3507, 7-20.

Borràs, G. (2021). "Recursos i demandes d'aigua a Catalunya". *Quaderns agraris,* 50, 43-58.

Cirone, M. (2013). "Una introducción a los aspectos más destacables del marco jurídico sobre la gestión del agua en España". *Derecho y ciencias sociales,* 9, 69-89.

Confederación Hidrográfica del Duero, 2012. <https://www.chduero.es/guarderia-fluvial> (consultada por última vez el 9 de julio de 2024).

Del Moral, L. (2007). "Desde la política hidráulica tradicional a la nueva cultural del agua. Historia y perspectivas". *Revista de Andorra,* 7, 45-60.

Del Moral, L. (2008). "La necesidad de un debate integrador sobre gestión del agua y Estatutos de Autonomía". *Foresta,* 41, 14-15.

Del Moral, L. (2009). "Nuevas tendencias en gestión del agua, ordenación del territorio e integración de políticas sectoriales". *Scripta Nova. Revista Electrónica de Geografía y Ciencias Sociales,* XIII, 285.

Del Moral, L.; Hernández, N. (2016). "Nuevos debates sobre escalas en políticas de aguas. Estado, cuencas hidrográficas y comunidades autónomas en España". *Ciudad y Territorio: Estudios Territoriales*, 190, 563-583.

Fanlo, A. (2009). "La unidad de cuenca en la jurisprudencia constitucional". *Anuario jurídico de La Rioja*, 14, 11-79.

Fanlo, A. (2010). "Las competencias del Estado y el principio de unidad de gestión de cuenca a través de las confederaciones hidrográficas". *Revista de Administración Pública*, 183, 309-334.

Ibarra, P.; Pérez, F.; Rabanaque, I.; Rodrigo, V. (2008). "Condicionantes ecológicos para el desarrollo de la agricultura". En Pinilla, V. (Ed.). *Gestión y usos del agua en la cuenca del Ebro en el siglo XX*. Prensas Universitarias de Zaragoza.

López-Gunn, E. (2009). "*Agua para todos*: A new regionalist hydraulic paradigm in Spain". *Water Alternatives*, 2(3), 370-394.

Montoro, M. J. (2016). "Reflejos del derecho sobre el agua. Dominio público, planificación y gestión: mitos, quimeras y utopías". *Ápoca: Butlletí Català d'Informació Notarial*, 13, 13-26.

Román, E. (2018). "Confederaciones Hidrográficas: una fórmula de organización y gestión de plena vigencia en el siglo XXI". *Ambienta*, 124, 126-139.

Sánchez, M. T.; Rodríguez, N.; Salas, M. (2011). "La gestión del agua en España. La unidad de cuenca". *Revista de Estudios Regionales*, 92, 199-220.

Sotelo, M.; Sotelo, I. (2014). "Planificación y gestión del agua en España, en la actualidad". *Observatorio Medioambiental*, 17, 375-408.

Swyngedouw, E. (2014). "'Not a drop of water...': State, Modernity and the Production of Nature in Spain, 1898-2010". *Environment and History*, 20(1): 67-92.

Vera, J. A. (2009). *La gestión institucional del agua en España 1978/2008: una constitución en papel mojado*. Ediciones Liteam.

Vera, J. A. (2010). "El fin del principio de indivisibilidad de la cuenca hirográfica como unidad de gestión institucional del agua". *Revista de Obras Públicas*, 3510, 23-30.

La cooperación interautonómica en materia de urbanismo

VERÓNICA YAZMÍN GARCÍA MORALES
Profesora lectora de Derecho Administrativo
Universitat de Barcelona

I. INTRODUCCIÓN

La cooperación es uno de los pilares de la organización territorial del Estado. En general, como elemento estructural del modelo territorial, la cooperación se inscribe en el deber más amplio de solidaridad territorial y lealtad institucional (art. 2 de la Constitución Española; en adelante CE). El apoyo entre distintas entidades territoriales es imprescindible para la consecución efectiva del interés general que no se delimita, al menos no siempre, bajo las fronteras jurídico administrativas de las competencias de cada ente territorial.

La cooperación interautonómica, o cooperación horizontal, es una relación de apoyo y colaboración que se entabla entre Comunidades Autónomas. La configuración jurídica de este vínculo tiene su punto de partida en el art. 145.2 de la CE. Así, de acuerdo con este precepto constitucional, las Comunidades Autónomas (en adelante CCAA) podrán celebrar convenios entre sí para la gestión y prestación de servicios propios de las mismas, en otros casos es necesaria la autorización de las Cortes Generales. Ahora bien, son los Estatutos de Autonomía los que prevén los supuestos, requisitos y términos para llevar a cabo a través de convenios este tipo de cooperación.

De acuerdo con la legislación básica estatal, la cooperación, colaboración y coordinación entre las Administraciones Públicas es un principio que guía su actuación y ordena sus relaciones. La cooperación es, por tanto, un principio de organización administrativa que no se limita al deber de colaboración que, en abstracto, ha de impregnar las relaciones entre el Estado y las CCAA, o entre estas y las Entidades Locales, sino que irradia las relaciones entre diferentes Administraciones Públicas, entiéndase así entre distintas CCAA, a través de compromisos concretos[1].

En este sentido, como principio de las relaciones interadministrativas, se entiende por cooperación «cuando dos o más Administraciones Públicas, de manera voluntaria y en ejercicio de sus competencias, asumen compromisos específicos en aras de una acción común» (art. 140.1.d de la Ley 40/2015, de 1 de octubre, de Régimen Jurídico del Sector Público; en adelante LRJSP). El régimen jurídico básico de las relaciones de cooperación prevé distintas técnicas funcionales (art. 144 LRJSP) y orgánicas (arts. 145-154 LRJSP) en las que se materializa la cooperación entre Administraciones Públicas (art. 143 LRJSP).

Este estudio analiza el régimen jurídico de la cooperación en materia urbanística en un contexto específico, el del efecto frontera en el límite interautonómico. Para ello, la reflexión en torno al régimen jurídico de la cooperación urbanística se plantea, en un primer acercamiento, en el marco del desarrollo territorial y urbano sostenible. En este sentido, es importante determinar si el efecto frontera interautonómico adquiere relevancia jurídica en relación con estos principios, así como en el ámbito de las competencias como expresión de la distribución territorial del poder.

El estudio describe y analiza el marco competencial en materia urbanística para identificar las notas características de la cooperación en este ámbito. Así, del análisis de la normativa urbanística será

---

1 En el contexto de los municipios fronterizos *vid.* Vilalta Reixach, M. (2018). "La necessitat d'articular jurídicament la cooperació: tècniques i instruments". En Galindo Caldés, R. (Dir). *L'articulació geogràfica i jurídica dels municipis fronterers radiografia de la cooperació en els límits autonòmics entre Catalunya, Aragó i la Comunitat Valenciana.* Escola d'Administració Pública de Catalunya, Generalitat de Catalunya, pp. 159-171.

posible presentar bien un modelo autonómico de cooperación urbanística, o, en su caso, distintas tipologías autonómicas del régimen jurídico de la cooperación urbanística. A partir de aquí, el estudio tiene como objetivo conocer cuáles son las técnicas de cooperación urbanística, su configuración, alcance y naturaleza (intermunicipal, interautonómica).

II. LA COOPERACIÓN INTERAUTONÓMICA EN EL MARCO DEL PRINCIPIO DE DESARROLLO TERRITORIAL Y URBANO SOSTENIBLE

En materia urbanística, el análisis del régimen jurídico de la cooperación interautonómica parte del principio de desarrollo territorial y urbano sostenible. De acuerdo con este criterio, las políticas de uso de suelo han de propiciar el uso racional de los recursos naturales y también han de articularse con las exigencias de la economía, el empleo, la cohesión social, la igualdad de trato y de oportunidades, la salud y la seguridad de las personas y la protección del medio ambiente (art. 3.2 del Real Decreto Legislativo 7/2015, de 30 de octubre, por el que se aprueba el texto refundido de la Ley de Suelo y Rehabilitación Urbana; en adelante TRLSRU).

El alcance del principio de desarrollo territorial y urbano sostenible es amplio y se proyecta tanto en el contenido de las políticas de uso del suelo[2], como en la actuación de los poderes públicos que las llevan a cabo. Es importante destacar que en la aplicación de este

---

2 De acuerdo con el art. 3.2 TRLS, estas políticas han de contribuir en particular a:
«a) La eficacia de las medidas de conservación y mejora de la naturaleza, la flora y la fauna y de la protección del patrimonio cultural y del paisaje.
b) La protección, adecuada a su carácter, del medio rural y la preservación de los valores del suelo innecesario o inidóneo para atender las necesidades de transformación urbanística.
c) La prevención adecuada de riesgos y peligros para la seguridad y la salud públicas y la eliminación efectiva de las perturbaciones de ambas.
d) La prevención y minimización, en la mayor medida posible, de la contaminación del aire, el agua, el suelo y el subsuelo».

principio el uso racional del suelo no se refiere únicamente a su ordenación urbanística y protección como recurso natural, sino que atiende a otros ámbitos como son la salud, la seguridad, la economía, la movilidad, la igualdad y la no discriminación, el turismo, entre otros. En este contexto, el desarrollo territorial y urbano sostenible es un principio que guía, en particular, la actuación de los poderes públicos en el ámbito territorial y urbanístico, aun cuando hace un llamamiento a otros ámbitos sectoriales.

El art. 3.3. del TRLSRU enumera un amplio listado de fines que los poderes públicos han de materializar en el ejercicio de sus competencias sobre ordenación del territorio y urbanismo[3], los cuales

---

[3] «a) Posibilitarán el uso residencial en viviendas constitutivas de domicilio habitual en un contexto urbano seguro, salubre, accesible universalmente, de calidad adecuada e integrado socialmente, provisto del equipamiento, los servicios, los materiales y productos que eliminen o, en todo caso, minimicen, por aplicación de la mejor tecnología disponible en el mercado a precio razonable, las emisiones contaminantes y de gases de efecto invernadero, el consumo de agua, energía y la producción de residuos, y mejoren su gestión.
b) Favorecerán y fomentarán la dinamización económica y social y la adaptación, la rehabilitación y la ocupación de las viviendas vacías o en desuso.
c) Mejorarán la calidad y la funcionalidad de las dotaciones, infraestructuras y espacios públicos al servicio de todos los ciudadanos y fomentarán unos servicios generales más eficientes económica y ambientalmente.
d) Favorecerán, con las infraestructuras, dotaciones, equipamientos y servicios que sean precisos, la localización de actividades económicas generadoras de empleo estable, especialmente aquéllas que faciliten el desarrollo de la investigación científica y de nuevas tecnologías, mejorando los tejidos productivos, por medio de una gestión inteligente.
e) Garantizarán el acceso universal de los ciudadanos, de acuerdo con los requerimientos legales mínimos, a los edificios de uso privado y público y a las infraestructuras, dotaciones, equipamientos, transportes y servicios.
f) Garantizarán la movilidad en coste y tiempo razonable, la cual se basará en un adecuado equilibrio entre todos los sistemas de transporte, que, no obstante, otorgue preferencia al transporte público y colectivo y potencie los desplazamientos peatonales y en bicicleta.
g) Integrarán en el tejido urbano cuantos usos resulten compatibles con la función residencial, para contribuir al equilibrio de las ciudades y de los núcleos residenciales, favoreciendo la diversidad de usos, la aproximación de

dan cuenta de la complejidad que comporta la materialización del desarrollo territorial y urbano sostenible como principio jurídico.

El enfoque de este principio lleva a plantearse dos cuestiones importantes en cuanto al ejercicio del poder territorial. Por un lado, dado que el territorio deviene en un medio para alcanzar fines como la sostenibilidad y la cohesión social, adquiere un renovado protagonismo como criterio para delimitar el ejercicio de las competencias. Esto es, si bien es cierto que las competencias de ordenación del territorio y urbanismo no tienen por objeto todo el contenido del principio de desarrollo territorial y urbano sostenible, también lo es que este se vertebra a partir de aquellas. En este sentido, incluso se podría decir que se refuerza el carácter coordinador de la ordenación del territorio[4], lo que supone una posible recentralización del poder autonómico respecto del poder local en el ámbito del urbanis-

---

los servicios, las dotaciones y los equipamientos a la comunidad residente, así como la cohesión y la integración social.
h) Fomentarán la protección de la atmósfera y el uso de materiales, productos y tecnologías limpias que reduzcan las emisiones contaminantes y de gases de efecto invernadero del sector de la construcción, así como de materiales reutilizados y reciclados que contribuyan a mejorar la eficiencia en el uso de los recursos. También prevendrán y, en todo caso, minimizarán en la mayor medida posible, por aplicación de todos los sistemas y procedimientos legalmente previstos, los impactos negativos de los residuos urbanos y de la contaminación acústica.
i) Priorizarán las energías renovables frente a la utilización de fuentes de energía fósil y combatirán la pobreza energética, fomentando el ahorro energético y el uso eficiente de los recursos y de la energía, preferentemente de generación propia.
j) Valorarán, en su caso, la perspectiva turística, y permitirán y mejorarán el uso turístico responsable.
k) Favorecerán la puesta en valor del patrimonio urbanizado y edificado con valor histórico o cultural.
l) Contribuirán a un uso racional del agua, fomentando una cultura de eficiencia en el uso de los recursos hídricos, basada en el ahorro y en la reutilización».

4 Sobre el carácter coordinador de la competencia de ordenación del territorio *vid.* Menéndez Rexach, A. (1992). "Coordinación de la ordenación del territorio con políticas sectoriales que inciden sobre el medio físico". *Documentación Administrativa*, 230-231, 229-296.

mo. Por otro lado, para la articulación efectiva de todos los intereses que coexisten en el desarrollo territorial y urbano sostenible es imprescindible la cooperación entre los distintos entes territoriales que intervienen a través de diferentes títulos competenciales. Es más, la cohesión territorial precisamente cuestiona la idea de la competencia como frontera e invoca una actuación más bien colaborativa de los poderes públicos. La cooperación es, en este sentido, inherente al principio de desarrollo territorial y urbano sostenible.

III. EL RÉGIMEN JURÍDICO DE LA COOPERACIÓN INTERADMINISTRATIVA EN URBANISMO

1. Marco competencial

El marco competencial de la ordenación del territorio y urbanismo incide en la configuración y el alcance de la cooperación interautonómica. Las razones son las siguientes dos. En primer lugar, por el carácter relativamente exclusivo de la competencia de ordenación del territorio y urbanismo (art. 148.1. 3ª CE) que han asumido todas las CCAA en sus Estatutos de Autonomía[5]. La exclusividad relativa de la competencia autonómica se explica por la incidencia de otros títulos competenciales sobre el mismo espacio físico, como las competencias municipales o estatales. Así, por ejemplo, algunas competencias estatales sectoriales como puertos de interés general, carreteras, ferrocarriles, medio ambiente, entre otros, o bien aquellos títulos competenciales transversales como la regulación de las condiciones básicas que garanticen la igualdad de todos los españoles en el ejercicio de los derechos y en el cumplimiento de los deberes constitucionales (art. 149.1.ª CE), o las bases y coordinación de la planificación

5 Andalucía art. 56.3 y 56.5. Aragón art. 71.8 Y 71.9. Asturias art. 10.1.3. Baleares art. 30.3. Canarias art. 156. Cantabria art. 24.3. Castilla y León art. 70.1.6º. Castilla la Mancha art. 31.1.2ª. Cataluña art. 149. Comunidad Valenciana art. 49.1.9ª. Extremadura art. 7.1.2. Galicia art. 27.3. Madrid art. 26.1.1.4. Murcia art. 10.1.2. Navarra art. 44.1. País Vasco art. 10.31. La Rioja art. 8.1.16.

general de la actividad económica (art. 149.1. 13° CE)[6]. Esto significa que el legislador básico podrá incidir, y en algunos supuestos incluso condicionar, la competencia de ordenación del territorio y urbanismo[7]. El mismo principio de desarrollo territorial y urbano sostenible da cuenta de este hecho, ya que su régimen jurídico tiene carácter básico en atención, entre otras, a las competencias estatales del art. 148.1.1 ª y 148.1.13 ª CE (disposición final segunda TRLSRU).

La segunda razón es la concurrencia competencial y, por tanto, la necesaria articulación efectiva de los distintos intereses que se proyectan sobre el mismo espacio físico. Esta no es una cuestión baladí, en tanto que la cooperación interautonómica podría formularse como un mecanismo adecuado para integrar ya no solo los intereses estatales, autonómicos y locales sin acudir a criterios de prevalencia en atención al interés más amplio[8], sino establecer un nuevo territorio de cooperación horizontal donde se articulan los intereses autonómicos de distintas CCAA.

En el régimen jurídico básico de la cooperación en el ámbito del desarrollo sostenible se recogen tres aspectos en torno a esta forma de colaboración: su naturaleza, organización e instrumentos (Título IV del TRLSRU). La naturaleza es la de la cooperación interadministrativa en el ámbito económico que, a través de ayudas estatales, se con-

---

6 En este sentido *vid.* De La Quadra-Salcedo Janini, T. (2009). "Los principios de competencia y prevalencia como reglas de resolución de conflictos en el estado autonómico". Revista Jurídica de la Universidad Autónoma de Madrid, 20, 219-238, pp. 219-238.

7 Así lo ha señalado el Tribunal Constitucional al establecer que «del juego de los arts. 148 y 149 CE resulta que las CCAA pueden asumir competencia exclusiva en las materias de ordenación del territorio, urbanismo y vivienda. Mas ha de señalarse que tal exclusividad competencial no autoriza a desconocer la que, con el mismo carácter, viene reservada al Estado por virtud del art. 149.1 CE» (STC 61/1997, FJ: 5). Esto supone que «la competencia autonómica en materia de urbanismo ha de coexistir con aquellas que el Estado ostenta en virtud del art. 149.1 CE, cuyo ejercicio puede condicionar, lícitamente, la competencia de las Comunidades Autónomas sobre el mencionado sector material» (SSTC 164/2001, FJ: 4; 143/2017, FJ: 2.C) y 25/2024, FJ: 4.a).

8 En este sentido *vid.* García Morales, V.Y. (2019). *Prevalencia en la planificación territorial.* Tecnos.

figura como un beneficio al que podrán acogerse las actuaciones que se prevén en el art. 31.1 TRLSRU[9]. La naturaleza interautonómica de la cooperación interadministrativa en este ámbito se atisba cuando se prevé la actuación conjunta de las Administraciones Públicas para el fomento de la actividad económica, la sostenibilidad ambiental y la cohesión social y territorial (art. 31.2 TRLSRU). La organización de la cooperación interadministrativa en este ámbito se prevé para la gestión urbanística a través de la figura del convenio como su principal instrumento (art. 32.1 TRLSRU). Se observa así que, en este caso, más que establecer criterios específicos para esta forma de relación, podría decirse que lo que se formula es un incentivo económico para llevar a cabo la cooperación interautonómica en este ámbito. Por lo que es preciso analizar la legislación urbanística para conocer en qué términos se prevé la cooperación interautonómica.

2. *Modelo autonómico de cooperación en la legislación urbanística*

En el ámbito del urbanismo, la legislación autonómica configura la cooperación como un principio que guía las relaciones entre las distintas Administraciones Públicas. En algunos casos, como el de Andalucía, la cooperación se inscribe en una lógica más amplia al de la cooperación interadministrativa bajo la denominación «Gobernanza en la toma de decisiones», que supone que «en la planificación territorial y urbanística se fomentará la cooperación entre las Administraciones Públicas implicadas y los diferentes actores de la

---

9 «a) La conservación, la rehabilitación edificatoria y la regeneración y renovación urbanas tal y como se definen en esta ley y se conciban en los correspondientes Planes estatales.
b) La elaboración y aprobación de los instrumentos necesarios para la ordenación y la gestión de las actuaciones reguladas por esta ley y, en especial, de aquellos que tengan por finalidad actuar sobre ámbitos urbanos degradados, desfavorecidos y vulnerables o que padezcan problemas de naturaleza análoga que combinen variables económicas, ambientales y sociales.
c) Aquellas otras actuaciones que, con independencia de lo dispuesto en la letra anterior, tengan como objeto actuar en ámbitos de gestión aislada o conjunta, con la finalidad de eliminar la infravivienda, garantizar la accesibilidad universal o mejorar la eficiencia energética de los edificios» (art. 31.1 TRLSRU).

sociedad civil y del sector privado, así como la transparencia y datos abiertos»[10]. La terminología que utiliza la legislación urbanística de Andalucía se integra, a su vez, de forma innovadora en el marco del derecho a la ciudad[11]. De hecho, es la primera ley autonómica que hace referencia explícita al derecho a la ciudad, y lo recoge como uno de los principales retos del urbanismo sostenible[12].

En el caso de la Ley 7/2021, de 1 de diciembre, de impulso para la sostenibilidad del territorio de Andalucía, la materialización de la sostenibilidad desde la perspectiva del derecho a la ciudad tiene dos implicaciones jurídicas relevantes. Por un lado, el derecho a la ciudad abarca un contenido sustantivo con la garantía de los derechos de las personas tanto en las ciudades como en su relación con el entorno rural. Así, «esta Ley persigue transformar el espacio público urbano en lugares accesibles, confortables y habitables, con una vinculación entre la escala urbana y la escala humana»[13]. Por otro lado,

---

10 Art. 4.2.g de la Ley 7/2021, de 1 de diciembre, de impulso para la sostenibilidad del territorio de Andalucía.

11 El Comité Preparatorio de la Conferencia de las Naciones Unidas sobre la Vivienda y el Desarrollo Urbano Sostenible (Hábitat III) define el derecho a la ciudad como "el derecho de todos los habitantes, presentes y futuros, a ocupar, utilizar y producir ciudades justas, inclusivas y sostenibles, definido como un bien común esencial para la calidad de vida" (Naciones Unidas, 2016, p. 6).

12 «Uno de los principales retos del urbanismo sostenible es dar respuesta a lo que se ha denominado «el derecho a la ciudad», entendido como aquel que permite preservar la identidad de la ciudad como un conjunto de rasgos sociales, espaciales, históricos y culturales que la caracterizan, como soporte de la vida cotidiana de su ciudadanía en un contexto urbano seguro, de calidad adecuada e integrado socialmente» (apartado II de la Exposición de Motivos de la Ley 7/2021, de 1 de diciembre, de impulso para la sostenibilidad del territorio de Andalucía).

13 Continua: «Hoy en día, la mayor parte del espacio público está limitado por las funciones asociadas al vehículo privado. Para revertir esta situación es necesario diseñar el tejido urbano desde el espacio público, buscando el equilibrio entre los espacios dedicados a la funcionalidad y la organización urbana y los espacios orientados al ciudadano, garantizando la accesibilidad universal y formas sostenibles de movilidad y suficiencia energética como elementos clave de un urbanismo sostenible. Asimismo, se debe promover la continuidad de los espacios libres urbanos y sus zonas verdes, el del en-

el derecho a la ciudad incluye un contenido procedimental, esto es, se constituye como un criterio que guía la actuación de las Administraciones Públicas, en este caso a través del principio de desarrollo territorial y urbano sostenible (art. 3 TRLSRU). En este contexto la gobernanza tiene un marcado carácter integrador. La cooperación interadministrativa en materia de urbanismo se enmarca, así, en la Dimensión sobre Gobernanza de la Agenda Urbana Andaluza en la que resalta la «la cooperación con las Corporaciones Locales y demás Administraciones Públicas, con el objeto de agilizar la aprobación de los documentos de cumplimiento de los instrumentos de planeamiento, cuyos acuerdos de aprobación definitiva contuvieran determinaciones suspendidas o pendientes de subsanación» (apartado II de la Exposición de Motivos de la Ley 7/2021, de 1 de diciembre, de impulso para la sostenibilidad del territorio de Andalucía).

En otras leyes urbanísticas, como en el caso de Castilla-La Mancha, Murcia y País Vasco, se utilizan términos como el deber de «concertación interadministrativa»[14] que pone énfasis en la dimensión del acuerdo de la cooperación como principio. En este sentido, el deber de concertación interadministrativa establece que las Administraciones Públicas con competencias en ordenación del territorio y urbanismo, o sectoriales con incidencia sobre el territorio, deberán acordar sus actuaciones. En este sentido, se hace una mención expresa a la relación entre Comunidad Autónoma y Estado, o entre Entidad Local y Estado, cuando señala que a «la Administración Pública a la que incumba la iniciativa de la concertación debe invitar a la Administración General del Estado para participar en ella, cuando el instrumento de planeamiento o proyecto en tramitación pueda

---

torno periurbano y rural, creando corredores ecológicos que favorezcan su interconexión y accesibilidad, y que contribuyan al mantenimiento de la biodiversidad» (apartado II de la Exposición de Motivos de la Ley 7/2021, de 1 de diciembre, de impulso para la sostenibilidad del territorio de Andalucía).

14 Arts. 9 y 10 del Decreto Legislativo 1/2023, de 28 de febrero, por el que se aprueba el texto refundido de la Ley de Ordenación del Territorio y de la Actividad Urbanística de Castilla-La Mancha; art. 18 de la Ley 13/2015, de 30 de marzo, de ordenación territorial y urbanística de la Región de Murcia; art. 6 de la Ley 2/2006, de 30 de junio, de Suelo y Urbanismo.

incidir en las competencias con relevancia territorial de la misma» (art. 9.1. del Decreto Legislativo 1/2023, de 28 de febrero, por el que se aprueba el texto refundido de la Ley de Ordenación del Territorio y de la Actividad Urbanística de Castilla-La Mancha). Ahora bien, es importante destacar que la concertación interadministrativa se integra como un aspecto de la competencia de ordenación del territorio (arts. 2.1.d y 6.6 de la Ley 13/2015, de 30 de marzo, de ordenación territorial y urbanística de la Región de Murcia). Desde esta perspectiva, la concertación interadministrativa responde más a la coordinación interadministrativa y no tanto a la cooperación en sentido estricto.

En su configuración como principio jurídico que guía las relaciones interadministrativas, la cooperación en materia urbanística tiene como finalidad garantizar «una adecuada trabazón de las acciones de las diferentes Administraciones públicas con competencias concurrentes en relación con la actividad urbanística»[15]. La concurrencia competencial en este ámbito adquiere especial relevancia y se acompaña, además, de otros principios como la «asistencia activa e información recíproca, con el objetivo de garantizar la plena aplicación y eficacia de la ordenación urbanística[16]. En este sentido, la legislación urbanística también prevé la cooperación, y no sólo la coordinación o la prevalencia[17], para la articulación de la planificación sectorial

---

15 Art. 3.1.d del Decreto-Legislativo 1/2014, de 8 de julio, del Gobierno de Aragón, por el que se aprueba el texto refundido de la Ley de Urbanismo de Aragón.

16 Art. 14.1 del Decreto Legislativo 1/2004, de 22 de abril, por el que se aprueba el texto refundido de las disposiciones legales vigentes en materia de ordenación del territorio y urbanismo de Asturias.

17 No obstante, algunas leyes urbanísticas de Cantabria y Castilla y León mantienen el criterio de la coordinación en la articulación de competencias concurrentes que inciden sobre el mismo espacio físico. Así, «sin perjuicio de lo previsto en la legislación estatal de carácter sectorial, en la aprobación de los instrumentos, planes y proyectos que correspondan a aquellas Administraciones cuyas competencias tengan incidencia en el territorio o se traduzcan en la ocupación y utilización del suelo, se procurará la debida coordinación con las atribuidas en los ámbitos territorial y urbanístico a las Administraciones Autonómica y Locales» (art. 6.2 de la Ley 5/2022, de 15 de julio, de Ordenación del Territorio y Urbanismo de Cantabria). Véase

con incidencia territorial con la planificación urbanística. Así, los organismos que ostentan la competencia sectorial «facilitarán a las administraciones titulares de las competencias de planificación urbanística la información que necesiten sobre la materia, cooperarán con ellas y les prestarán la asistencia activa que puedan pedir»[18]. En las relaciones interadministrativas entre Comunidad Autónoma y Entidades Locales, en concreto con el Municipio, es común en la legislación urbanística desarrollar la cooperación en marco del derecho de asistencia cuando se trata de administraciones pequeñas de capacidad limitada[19].

---

también el art. 140 de la Ley 5/1999, de 8 de abril, de Urbanismo de Castilla y León.

18 Art. 8.2 de la Ley 12/2017, de 29 de diciembre, de urbanismo de las Illes Balears. Sin embargo, esta ley no desarrolla el régimen de las relaciones interadministrativas en este ámbito, sino que remite a las leyes administrativas generales. Así, «las relaciones interadministrativas entre los municipios y las administraciones insulares y autonómica en el ejercicio de las competencias urbanísticas respectivas se ajustan a lo que dispone la normativa de régimen local, la normativa de los consejos insulares, la de régimen jurídico de la Administración de la comunidad autónoma, la normativa de procedimiento administrativo común y, en su caso, la normativa reguladora de la jurisdicción contenciosa administrativa» (art. 16.1). En el mismo sentido véase el art. 15.3 del Decreto Legislativo 1/2010, de 3 de agosto, por el que se aprueba el texto refundido de la Ley de urbanismo de Cataluña.

19 «La Administración pública de la Comunidad Autónoma de Canarias, previa solicitud de la administración afectada, podrá prestar cooperación y asistencia técnica y jurídica a cabildos insulares y ayuntamientos para el ejercicio por estos de sus competencias en materia de ordenación del territorio, recursos naturales y urbanismo, y, de modo especial, con medios personales, materiales y económicos para la elaboración de los instrumentos de ordenación que les competen» (art. 12.1.4 de la Ley 4/2017, de 13 de julio, del Suelo y de los Espacios Naturales Protegidos de Canarias. En el mismo sentido, arts. 14.4 del Decreto Legislativo 1/2010, de 3 de agosto, por el que se aprueba el texto refundido de la Ley de urbanismo de Cataluña; art. 2.1 del Decreto Legislativo 1/2021, de 18 de junio, del Consell de aprobación del texto refundido de la Ley de ordenación del territorio, urbanismo y paisaje de la Comunitat Valenciana.

IV. TÉCNICAS E INSTRUMENTOS DE COOPERACIÓN INTERAUTONÓMICA EN MATERIA DE URBANISMO

La articulación de los intereses que se proyectan sobre el mismo espacio es jurídicamente compleja, entre otros factores por la distribución de competencias entre las distintas entidades territoriales que actúan. Ahora bien, dado que la competencia de ordenación del territorio y urbanismo es una competencia autonómica exclusiva, sin olvidar los matices a los que ya se ha hecho referencia, son las Comunidades Autónomas las que configuran en buena medida el alcance de la competencia urbanística municipal e integran las decisiones sectoriales del Estado con proyección territorial. Ello explica dos escenarios que se extraen del análisis de la cooperación en la legislación urbanística.

El primer escenario responde a la cuestión de entre quiénes se entabla la relación de cooperación en materia de urbanismo. En general, las leyes urbanísticas se refieren de manera expresa a la cooperación entre la Comunidad Autónoma y el Estado, o bien, a la cooperación entre la Comunidad Autónoma y las entidades locales o de estas entre sí[20], mas no especifican las relaciones con otras Comunidades Autónomas. Ahora bien, esto no significa que aquellas Comunidades Autónomas limítrofes no puedan establecer algún mecanismo de cooperación interautonómica, como de hecho se viene realizando en la práctica en otros ámbitos[21]. Por lo que el régimen jurídico de la cooperación en materia de urbanismo si bien no prevé la cooperación interautonómica, ni aborda el contexto entre Comunidades Autónomas limítrofes, tampoco impide que se establezcan mecanismos de cooperación horizontal.

---

20 Art. 8.2 de la Ley 7/2021, de 1 de diciembre, de impulso para la sostenibilidad del territorio de Andalucía.

21 En este sentido *vid.* Galindo Caldés, R.; Santasusagna Riu, A. (2020). "Cartografía y promoción turística en espacios de frontera interautonómica: el caso de Els Ports (Cataluña, Aragón y Comunidad Valenciana)". *Anales de Geografía de la Universidad Complutense*, 40(2), 345-372.

En el segundo escenario la competencia de ordenación del territorio y urbanismo adquiere, por tanto, un marcado protagonismo. La cooperación interautonómica en materia urbanística se enmarca, necesariamente, en el ámbito de la cooperación territorial. Esto es, «la cooperación territorial supone poner en marcha iniciativas (políticas, planes, programas y proyectos) de desarrollo territorial de forma conjunta entre espacios pertenecientes a jurisdicciones político-administrativas distintas»[22]. En el caso de la Rioja y la Comunidad Valenciana, por citar un par de ejemplos, cooperar con otras Comunidades Autónomas en actuaciones territoriales conjuntas es uno de los fines de la actuación pública en materia de ordenación del territorio que forma parte del contenido de su Estrategia Territorial[23].

En este contexto se atisba ya que la cooperación interautonómica en materia de urbanismo es todavía un reto, como lo es también en la ordenación del territorio[24]. No obstante, este desafío de la cooperación interautonómica en materia de urbanismo es quizá mayor que el del ámbito de la ordenación del territorio, al menos desde la perspectiva de su regulación jurídico-administrativa, porque la legislación urbanística no recoge de manera explícita la cooperación interautonómica. La configuración de la cooperación como principio jurídico que guía la relación entre Comunidades Autónomas o incluso con otros territorios a escala europea son escasas y, en todo caso, se articulan a través de la planificación territorial. Así, es de destacar en este sentido el Plan de Ordenación del Territorio de Andalucía que tiene como finalidad, entre otras, «propiciar la coordinación y cooperación con las regiones del entorno geopolítico próximo y con

---

[22] Farinós Dasi, J. (2019). "La cooperación horizontal de carácter territorial entre Comunidades Autónomas. Un reto para la política de ordenación del territorio y para el modelo de organización del Estado". En Farinós, J.; Ojeda, J.; Trillo, J. (Eds.) *España: Geografías para un Estado posmoderno,* p. 194.

[23] Art. 2.d. de la Ley 5/2006, de 2 de mayo, de Ordenación del Territorio y Urbanismo de La Rioja. Art. 15.4.f de la art. 2.1 del Decreto Legislativo 1/2021, de 18 de junio, del Consell de aprobación del texto refundido de la Ley de ordenación del territorio, urbanismo y paisaje de la Comunitat Valenciana.

[24] En este sentido *vid.* Vadrí Fortuny, M.T. (2024). "La cooperación interautonómica para la ordenación del territorio: ¿realidad o reto?". *Congreso Nacional del Medio Ambiente,* pp. 1-11.

las pertenecientes a los mismos organismos de ámbito europeo», así como también «establecer el marco para la cooperación interadministrativa de la Administración Autonómica con el resto de Administraciones Públicas en materia territorial y urbanística, y de estas entre sí»[25].

La legislación urbanística prevé diversas técnicas e instrumentos de cooperación en materia de urbanismo. El análisis jurídico de estos mecanismos de cooperación tiene su punto de partida en una necesidad concreta, la de articular de manera efectiva los intereses locales, autonómicos, estatales, en sí, la consecución del interés general en la ordenación de los usos del suelo. Si bien en el régimen jurídico actual la configuración de la cooperación interadministrativa ya no se reduce a una alusión abstracta o genérica en términos de colaboración, la previsión de estos mecanismos y procedimientos aún están insertos en la lógica de la delimitación de las competencias en bloques, lo que genera «fronteras interiores» que se convierten en una barrera administrativa[26].

La cooperación interautonómica en sentido estricto supone tener en cuenta los intereses de las distintas Comunidades Autónomas en un plano horizontal, sin activar el carácter coordinador de la ordenación del territorio en función de criterios como el interés más amplio, especial, o la temporalidad de la actuación. Por lo que los criterios de articulación de intereses interautonómicos a través de mecanismos de cooperación no serán uniformes, sino heterogéneos y flexibles en atención de las particularidades de cada caso. De lo contrario, y como sucede en el contexto de las citadas «fronteras in-

---

25 Art. 39.2, incisos d) y e) de la Ley 7/2021, de 1 de diciembre, de impulso para la sostenibilidad del territorio de Andalucía.

26 «Uno de los conceptos relevantes en nuestro análisis es el de las fronteras interiores, que en el marco de nuestro objeto de estudio definimos como aquellas que se producen de facto entre comunidades autónomas, al consolidarse de forma progresiva ordenamientos jurídicos diferentes e implantándose políticas públicas diferenciadas —cuando no contradictorias— por parte de cada una de ellas». Galindo Caldés, R.; Santasusagna Riu, A.; Tort i Donada, J. (2019). "La frontera como espacio de conflicto y como espacio de cooperación: la Ribagorza como paradigma". En Farinós, J.; Ojeda, J.; Trillo, J. (Eds.) *España: Geografías para un Estado posmoderno,* p. 258.

teriores», «la acción de los poderes públicos sin tener en cuenta a las otras comunidades autónomas provoca la construcción de una barrera administrativa que acaba teniendo efectos negativos en aquellos territorios que tienen la condición de fronterizos, y que ven cómo la acción de sus Administraciones les fuerza a reducir su cooperación con sus aliados potenciales»[27].

Las fórmulas de cooperación en materia de urbanismo se pueden clasificar en funcionales, organizativas y sectoriales. En este caso el análisis no se centra en una exposición amplia de cada uno de las figuras jurídicas de cooperación que se recogen en la normativa tanto estatal como autonómica, sino en determinar si en su configuración se prevé el contexto para la cooperación entre Comunidades Autónomas. Sin embargo, se puede identificar que en el régimen jurídico de los instrumentos de cooperación en materia de urbanismo el efecto frontera interautonómico no adquiere relevancia jurídica, ya que no se atiende a esta realidad de manera particular. Es más, en algunos casos tampoco se atiende a la cooperación desde el ámbito del urbanismo, sino que se remite a las técnicas de cooperación previstas por la legislación básica.

De manera general, es de destacar que los convenios interadministrativos y urbanísticos son los principales instrumentos que prevén la cooperación urbanística entre distintas Administraciones Públicas. Estos mecanismos se utilizan, sobre todo, para cooperar en ámbitos como la planificación urbanística, esto es, en el diseño y la elaboración de los planes urbanísticos. En este caso, la cooperación tiene un carácter más bien intermunicipal, aun cuando se busca remitir las actuaciones al ámbito jurídico-administrativo de cada municipio. En cuanto a técnicas de cooperación organizativas, con personalidad jurídica, se pueden mencionar los consorcios o mancomunidades. Finalmente, en el ámbito sectorial, es de destacar instrumentos de cooperación en el ámbito de la ejecución, la inspección y la disciplina urbanística.

---

27 *Ídem.*

V. CONCLUSIÓN

En el análisis del régimen jurídico de la cooperación en materia urbanística es posible identificar dos cuestiones relevantes. En primer lugar, la cooperación en el ámbito del urbanismo se inserta en un contexto específico, el de la concurrencia competencial, donde de acuerdo con la legislación urbanística la articulación de los distintos intereses se lleva a cabo sobre todo a través de técnicas de coordinación a partir de la planificación territorial. Desde esta perspectiva, se puede identificar que los espacios de cooperación interautonómica en materia de urbanismo se establecen a partir de la ordenación del territorio. De ahí que la formulación de la cooperación interautonómica en urbanismo también pueda plantearse, precisamente, como parte del contenido de la competencia de ordenación del territorio, lo que condiciona los términos de la cooperación.

En segundo lugar, es importante destacar que el efecto frontera en el límite interautonómico no adquiere relevancia jurídica en el marco de la legislación urbanística. En este sentido, se puede identificar un modelo autonómico de cooperación urbanística, ya que no se observan diferencias específicas en las que se puedan formular tipologías autonómicas de cooperación interautonómica.

Las notas características del modelo autonómico de cooperación urbanística se pueden resumir en dos. Por un lado, la cooperación en materia de urbanismo se configura desde el enfoque de la concurrencia competencial a partir de la ordenación del territorio. Por otro lado, la cooperación en materia de urbanismo se configura como un principio jurídico que guía las relaciones entre distintas Administraciones Públicas para la consecución del desarrollo territorial y urbano sostenible.

De acuerdo con la legislación urbanística, la cooperación es un elemento vertebrador del principio de desarrollo territorial y urbano sostenible. En este contexto, es imprescindible reforzar la cooperación interautonómica para evitar barreras administrativas.

Referencias bibliográficas

De La Quadra-Salcedo Janini, T. (2009). "Los principios de competencia y prevalencia como reglas de resolución de conflictos en el estado autonómico". *Revista Jurídica de la Universidad Autónoma de Madrid,* 20, 219-238.

Farinós Dasi, J. (2019). "La cooperación horizontal de carácter territorial entre Comunidades Autónomas. Un reto para la política de ordenación del territorio y para el modelo de organización del Estado". En Farinós, J.; Ojeda, J.; Trillo, J. (Eds.) *España: Geografías para un Estado posmoderno.*

Galindo Caldés, R.; Santasusagna Riu, A. (2020). "Cartografía y promoción turística en espacios de frontera interautonómica: el caso de Els Ports (Cataluña, Aragón y Comunidad Valenciana)". *Anales de Geografía de la Universidad Complutense,* 40(2), 345-372.

Galindo Caldés, R.; Santasusagna Riu, A.; Tort i Donada, J. (2019). "La frontera como espacio de conflicto y como espacio de cooperación: la Ribagorza como paradigma". En Farinós, J.; Ojeda, J.; Trillo, J. (Eds.) *España: Geografías para un Estado posmoderno.*

García Morales, V.Y. (2019). *Prevalencia en la planificación territorial.* Tecnos.

Menéndez Rexach, A. (1992). "Coordinación de la ordenación del territorio con políticas sectoriales que inciden sobre el medio físico". *Documentación Administrativa,* 230-231, 229-296.

Naciones Unidas. (2016a). Comité Preparatorio de la Conferencia de las Naciones Unidas sobre la Vivienda y el Desarrollo Urbano Sostenible (Hábitat III). *Documento de política 1: derecho a la ciudad y ciudades para todos.* A/CONF.226/PC.3/14.

Vadrí Fortuny, M.T. (2024). "La cooperación interautonómica para la ordenación del territorio: ¿realidad o reto?". *Congreso Nacional del Medio Ambiente,* pp. 1-11. https://www.fundacionconama.org/wp-content/uploads/conama/comunicaciones/7860/CONAMA-COMUNICACION.-T.-VADRI.pdf

Vilalta Reixach, M. (2018). "La necessitat d'articular jurídicament la cooperació: tècniques i instruments". En Galindo Caldés, R. (Dir). *L'articulació geogràfica i jurídica dels municipis fronterers radiografia de la cooperació en els límits autonòmics entre Catalunya, Aragó i la Comunitat Valenciana.* Escola d'Administració Pública de Catalunya, Generalitat de Catalunya.

La cooperación interautonómica en el ámbito del turismo

LORENZO MELLADO RUIZ
Catedrático de Derecho Administrativo
Universidad de Almería

I. EL TURISMO COMO COMPETENCIA AUTONÓMICA "PLENA" Y LA FALTA DE COOPERACIÓN INTERAUTONÓMICA

El turismo es una competencia esencialmente autonómica. Como se sabe, el art. 148.1.18ª CE atribuye a las Comunidades Autónomas la disponibilidad estatutaria de la competencia en materia de "*promoción y ordenación del turismo en su ámbito territorial*"[1]. El legislador

---

[1] Los Estatutos de Autonomía han venido a asumir, así, el grueso de estas competencias, quedando prácticamente cerrado el proceso de transferencias a mediados de la década de los ochenta. Esto no quiere decir, lógicamente, que el Estado no posea otros títulos competenciales, en principio genéricos o transversales, para intervenir en esta materia, por su carácter conexo, como se ha defendido con carácter general por la doctrina. Esta incidencia indirecta sobre el turismo puede apreciarse, así, en títulos competenciales como medio ambiente, patrimonio histórico-artístico, inmigración y extranjería, transporte y comunicaciones, etc. *Vid.* al respecto Rodríguez-Arana Muñoz, J. (2011). "La distribución de competencias en materia de turismo". *Documentación Administrativa,* 259-260; y Pérez Guerra, R.; Ceballos Martín, M. (1996). "A vueltas con el régimen jurídico-administrativo

constituyente concibió la actividad turística como una competencia natural de las Comunidades Autónomas[2]. Esta consideración como competencia sustancialmente "propia", y el mismo desarrollo de la autonomía política y organizativa[3], han conducido, sin embargo, tal

---

de la distribución de competencias en materia de turismo y de otros títulos que inciden directamente sobre el mismo: el ejercicio de competencias turísticas por la Comunidad Autónoma andaluza". *Revista Andaluza de Administración Pública,* 27, pp. 98-99. Como recordaba así la STC 75/1989, de 24 de abril, el hecho de que la materia de turismo haya sido asumida como competencia exclusiva en los Estatutos de Autonomía "*no constituye una barrera infranqueable a toda intervención estatal; no sólo porque ciertas materias o actividades ligadas al turismo pudieran caer bajo otros enunciados competenciales, sino sobre todo porque tanto la Constitución como los Estatutos de Autonomía dejan a salvo las facultades de dirección general de la economía y, por tanto, de cada uno de sus sectores productivos, que han de quedar en poder de los órganos centrales del Estado (art. 149.1.13ª CE)*", aunque sin llegar a un vaciamiento efectivo de esta competencia autonómica (STC 125/1984, de 20 de diciembre). No cabe duda, así, de que en la competencia del Estado *ex* art. 149.1.13ª CE se incluye la planificación básica de determinadas actuaciones de inversión (ayudas o subvenciones) en destinos turísticos en el territorio español, lo que justifica la regulación por el Estado de los correspondientes instrumentos de financiación, ya que con ello se trata de asegurar el mantenimiento de unas inversiones necesarias desde el punto de vista de la política económica general en atención al peso del sector turístico en nuestra economía (STC 200/2009, de 28 de septiembre). Por ello, y pese a la literalidad —y exclusividad— del texto constitucional, se ha podido decir que "*puede afirmarse que en materia de turismo, por su afección a tantas materias, se produce un claro fenómeno de concurrencia, lo que no significa, ni mucho menos, que no existan competencias exclusivas del Estado y de la Comunidad Autónoma*", Rodríguez-Arana Muñoz, "Sobre la distribución de competencias ...", *op. cit.*, p. 385.

2 Así, Salgado Castro, A. (1996). "La distribución de competencias en materia de turismo". *Revista Aragonesa de Administración Pública,* 9, pp. 319 y ss.; y Pérez Guerra, R. (2013). "Introducción. La política turística europea y la Administración turística del Estado". En Fernández Ramos, S.; Pérez Guerra, R. (Dirs.). *Manual de Derecho Administrativo del sector turístico.* Tecnos, pp. 24-25.

3 *Vid.*, Corchero, M. (2010). "Comentario a la Sentencia del Tribunal Constitucional 200/2009, de 28 de septiembre (Reflexiones sobre la distribución de competencias entre el Estado y las Comunidades Autónomas en materia de turismo". *Revista Andaluza de Derecho del Turismo,* 4, pp. 83-84. "*La autonomía política como concepto que permite la autoadministración, la autonormación, dentro de un marco general, se proyecta con toda su intensidad sobre el turismo, mate-*

y como evoca el hilo conductor de este libro, a una progresiva singularización, y en segundo plano, divergencia, entre las respuestas jurídicas autonómicas al fenómeno, en cualquier caso común, del turismo y de las actividades turísticas, incluso en espacios, áreas o ámbitos geográfica y funcionalmente únicos o uniformes, o al menos, entendibles como "activos" similares[4], necesitados, entonces, y de forma lógica, de una respuesta regulatoria uniforme y coherente, o, al menos, consensuada.

Esta singularización autonómica, fruto de la máxima descentralización territorial, no resulta compatible seguramente, como en muchos otros ámbitos, con enfoques de gestión integrada o compartida, o, al menos relacional. Pero es que además, en lo que aquí atañe, el turismo no es sólo un importante y trascendental medio de desarrollo económico y social, de hecho, el motor fundamental de la economía española, sino un factor enormemente relevante para la cohesión y el crecimiento equilibrado en todo el territorio, lo que vendría a exigir, en ocasiones, respuestas públicas igualmente integradas y coherentes, modulando los intereses político-territoriales a las necesidades de aprovechamiento máximo de los bienes y recursos turísticos. Por eso desde hace tiempo se viene llamando la atención sobre la necesidad de abordar las políticas turísticas desde perspectivas globales y transversales, "*tanto por la dependencia de esta materia como por su vulnerabilidad frente al entorno físico y económico*"[5].

---

ria en la que las Comunidades Autónomas han ido desplegando verdaderas políticas públicas adecuadas a las peculiaridades del fenómeno turístico en cada territorio"; Rodríguez-Arana Muñoz, "Sobre la distribución de competencias...", *op. cit.*, p. 382.

4 En este sentido, Galindo Caldés, R.; Santasusagna Riu, A. (2020). "Cartografía y promoción turística en espacios de frontera interautonómica: el caso de Els Ports (Cataluña, Aragón y Comunidad Valencia)". *Anales de Geografía de la Universidad Complutense,* 40 (2), p. 346.

5 Blanco Herranz, F.J. (1998). "Descentralización y cooperación interadministrativa en el turismo español. Proceso, instrumentos y propuestas de futuro". *Estudios Turísticos,* 137, p. 71, recordando que incluso la Unión Europea ha venido llamando la atención sobre la necesidad de una efectiva cooperación entre Administraciones para desarrollar y optimizar los recursos turísticos, planteando incluso enfoques de planificación espacial

Aún más, y desde los estrictos términos constitucionales, aunque sí podría tener sentido desde el punto de vista de la "ordenación", no parece tener demasiada lógica constreñir la "promoción" del turismo de cada Comunidad Autónoma al propio territorio de la misma[6].

Efectivamente, el denominado "efecto frontera" derivado de la visión prácticamente autárquica de nuestro modelo de distribución competencial, radicado en la —salvaguarda de— la titularidad de las competencias más que en la efectiva consecución de los intereses generales comunes subyacentes a las mismas (*interés general objetivo*[7]), ha conducido también en este ámbito a regulaciones dispares e incluso contradictorias de elementos, espacios o ámbitos compartidos por dos o más Comunidades Autónomas. Concepción artificial de los límites que entronca con la propia confusión cognitiva entre suelo y territorio, entendido éste último no como una mera suma de elementos, sino como un "*bien jurídico complejo que los integra, los interrelaciona y los trasciende*"[8]. De ahí la falta de sentido, desde el punto de vista de su buena regulación, de una fragmentación normativa y de gestión basada en los intereses propios y exclusivos (aún públicos y generales) más que en la funcionalidad misma del espacio, bien o

---

integrada —con independencia de las fronteras nacionales— como destino turístico.

6 Al respecto, Gallardo Castillo, M. J. (2001). "La distribución constitucional de competencias en materia de turismo y su tratamiento en las leyes autonómicas: su promoción y ordenación". *Documentación Administrativa*, 259-260: "*podría afirmarse que sólo en aquellos casos en que la promoción del turismo se realice a través de actuaciones materiales concretas, tales como dar publicidad de ciertos aspectos del turismo de una región, el principio de territorialidad ha de ceder en aras de la efectividad real de dicha actividad promocional de carácter material*" (p. 82).

7 *Vid.* Rodríguez-Arana Muñoz, J. (2008). "Sobre la distribución de competencias en materia de turismo". Revista Aragonesa de Administración Pública, 32, p. 371.

8 Vaquer Caballería, M. (2017). "El territorio (Una aproximación a su concepto en el Derecho público)". En Parejo Alfonso, L.; Vida Fernández, J. (Coords.). *Los retos del Estado y la Administración en el siglo XXI. Libro Homenaje al Profesor Tomás de la Quadra-Salcedo Fernández del Castillo*, Tomo II. Tirant lo Blanch, p. 1953.

ámbito a ordenar o en la misma satisfacción de los derechos —uniformes— de los usuarios de los servicios turísticos.

Los supuestos son variados: un espacio natural, un curso fluvial, un itinerario histórico-cultural, una ruta temática, etc., que articulan o revelan recursos turísticos innegables o permiten la realización de actividades turísticas o complementarias por parte de los visitantes, pero que, al estar localizados entre —o extenderse por— dos o más Comunidades Autónomas han recibido una respuesta jurídica —fruto de las políticas correspondientes— diferente, cuando es evidente la falta de correspondencia y acomodo entre las fronteras naturales y las —artificiales— fronteras político-administrativas. A la —máxima— "interiorización" autonómica de las competencias se ha unido, en consecuencia, en muchas ocasiones, una regulación divergente de espacios o elementos comunes, compartidos o limítrofes, y, aún más, la ineficacia, infravaloración y déficit de aprovechamiento de los propios recursos turísticos compartidos. En todos estos casos, la extraterritorialidad viene dada por la continuidad geográfica del espacio, que desconoce, como decimos, las fronteras de la división político-administrativa de los territorios, y que aboca a la necesaria cooperación y coordinación entre las Administraciones limítrofes o superpuestas[9].

Y no es sólo que la "forma" normal y común de gestión de espacios compartidos debería ser la puesta en común de medios y la eficaz cooperación entre Administraciones públicas, a fin de mejorar en el fondo las respectivas ofertas turísticas sobre los mismos, sino que, desde una óptica puramente territorial, geográfica, ambiental o histórico/cultural/religiosa, carece de sentido "compartimentalizar" espacios continuos, recursos unitarios o elementos sistémicamente autorregulados.

El ejemplo paradigmático en este ámbito puede ser el Camino de Santiago —o, realmente, los caminos de Santiago—, bien (itinerario) cultural extraordinariamente singular que, más allá de la —hasta ahora— respuesta regulatoria de cada Comunidad Autónoma por

---

9 Vaquer Caballería, M. (2018). *Derecho del territorio.* Tirant lo Blanch, p. 46.

donde discurre[10], merecería una regulación propia y, además, en una norma cuyo rango estuviera a la altura de su relevancia[11]. Al margen de su propia singularidad simbólica, que ya de por sí trasciende fronteras, del mismo se ha resaltado en este sentido no sólo su condición de patrimonio cultural, sino de auténtico recurso turístico[12], aunque las normas reguladoras sectoriales aprobadas hasta ahora realmente no han profundizado en dicha dimensión[13]. En la terminología del Comité del Patrimonio Mundial se trata de un «*bien en série*», cuya

---

10 *Vid.*, en este sentido, por ejemplo, González Bonome, M. (1999). "La protección jurídica del Camino de Santiago en las distintas Comunidades Autónomas". En Leira López, J. (Dir.). *O Camiño Portugués: III Aulas no Camiño: un estudio multidisciplinar da realidade galega que atravesan os camiños de Santiago.* Universidade da Coruña: Servizo de publicacións, pp. 317 y ss.

11 Así, Barcelona Llop, J. (2021). "Notas sobre el régimen jurídico del Camino de Santiago a su paso por el País Vasco (Actualidad jurídica de una vía histórica)". *Iura Vasconiae*, 18, p. 412. Desde su "conversión" en bien de interés cultural a través de la Disposición Adicional 1ª de la Ley 16/1985, de 25 de junio, del Patrimonio Histórico Español, en virtud de su previa declaración como conjunto histórico-artístico (y al margen de su integración también en la Lista del Patrimonio Mundial de la UNESCO en 1993), la ordenación jurídica del Camino ha sido asumida, efectivamente, por las Comunidades Autónomas, sin que el Estado haya hecho otra cosa que prever beneficios fiscales y regular el Consejo Jacobeo, creado en 1991, y reorganizado en 1997 y 2009. Lógicamente, y al margen de los instrumentos convencionales que se reseñarán más abajo, una "regulación por tramos" ha conducido a un panorama normativo dispar y heterogéneo.

12 *Vid.*, por ejemplo, Herrera, J. L. (1984). "Consideración turística del Camino de Santiago". *Estudios Turísticos*, 84, pp. 17-30; y Leira López, J.; Rego Veiga, G.; Santos Pita, M. P. (2010). "Peregrinaciones y turismo. El Camino de Santiago". *Revista de Ocio y Turismo*, 3, pp. 39-48. Como se ha dicho, "*el Camino de Santiago, como fenómeno multifacético, forma parte del patrimonio cultural intangible, pero también es una secular ruta de peregrinación, un elemento territorial de alto valor simbólico y un producto turístico de prestigio*", Porcal Gonzalo, M.C.; Díez Angulo, A.E.; Iñiguez De Heredia, J.J. (2012). "Dimensión territorial y turística de la ruta norte del Camino de Santiago en el País Vasco: distintas concepciones, valoraciones y propuestas de intervención sobre un fenómeno multifacético". *Boletín de la Asociación de Geógrafos Españoles*, 58, p. 177.

13 Así, entre las leyes sobre turismo aprobadas por las Comunidades Autónomas por cuyos territorios discurren las rutas jacobeas únicamente la de Galicia (Ley 7/2011, de 27 de octubre) contiene algunas referencias sobre ordenación y promoción turística del Camino.

consideración requiere una visión de conjunto de los distintos elementos constitutivos y ligados entre sí, requiriéndose entonces un sistema de gestión o de mecanismos que garanticen la "gestión coordinada" de los distintos componentes[14]. Por ello se ha reclamado expresamente una necesaria colaboración interadministrativa para su salvaguarda[15] o incluso una potenciación de la intervención estatal en su ordenación, desde el indudable "interés general" anudado al carácter unitario del Camino, porque "*es evidente que la ruta jacobea es insusceptible de ser abordada, como tal, desde la óptica de una única Comunidad Autónoma, pero tampoco, dado su indudable carácter unitario, como una simple suma de tramos autonómicos, sin relación alguna entre sí*"[16].

La ordenación sostenible de los recursos turísticos vinculados a este tipo de espacios o elementos conjuntos, ámbitos compartidos o bienes lineales exigiría, entonces, la respuesta integrada y cooperativa por parte de los distintos niveles e instancias de poder concurrentes, de tal forma que las competencias dejen de ser "obstáculos regulatorios" (para la consecución de los fines públicos correspondientes) y se conviertan en "instrumentos" adecuados, vía composición de intereses, para su alcance. Se trata, en definitiva, de asentar, también a nivel autonómico, la necesaria nueva visión funcional o estratégica en

---

14 No parece, sin embargo, como se ha destacado, que, hasta ahora, la vía convencional, en lo referente a la coordinación, haya dado los frutos esperados, *vid.* Carro Fernández-Valmayor, J.L. (2001). "El Camino de Santiago en la perspectiva jurídica". *Revista Galega de Administración Pública*, 27, p. 26.

15 Alonso Ibáñez, M. R. (2021). "La necesaria colaboración interadministrativa en la salvaguarda del Camino de Santiago". En Carballeira Rivera, M. T.; Tain Guzmán, M.; Fuentes i Gasó, J. R. *Patrimonio cultural inmaterial. De los Castells al Camino de Santiago*. Tirant lo Blanch, p. 661.

16 Carro Fernández-Valmayor, "El Camino de Santiago ...", *op. cit.*, p. 36. Añade a dicho argumento la funcionalidad adicional, aunque más genérica y endeble, del principio constitucional de igualdad en el ejercicio de los derechos y en el cumplimiento de los deberes constitucionales (art. 149.1.1ª CE). Y así se afirmaría, como se ha dicho, una competencia del Estado para establecer un mínimo común denominador en lo que al sistema de protección y tutela del Camino se refiere, Alonso Ibáñez, M. R. (1992). *El patrimonio histórico. Destino público y valor cultural*. Universidad de Oviedo-Civitas, p. 94.

el desempeño del poder[17], priorizando los fines —públicos— sobre la —mera— ostentación competencial, la eficacia de las acciones sobre el recelo territorial, la eficiencia y ahorro de la gestión conjunta o cooperativa sobre las decisiones propias desagregadas, etc., desde un "*modelo de organización administrativa despojado de imperatividad, privilegios y supremacía, e imbuido por las notas de reequilibrio Administración/ciudadano, ordenación reticular o en red de los servicios y prestaciones y configuración funcional e interactiva, vía colaboración público-privada, de la organización y gestión de los servicios públicos*"[18].

II. LA NECESIDAD DE INSTRUMENTOS DE COOPERACIÓN INTERAUTONÓMICA PARA LA ORDENACIÓN DE LAS ACTIVIDADES TURÍSTICAS Y LA REALIDAD Y ALCANCE —RELATIVO— DE LAS FÓRMULAS AUTONÓMICAS EXISTENTES

Efectivamente, la discordancia o asincronía entre el ejercicio "singular" de las competencias propias —en materia de turismo—, a veces no tanto enfocadas a la singularidad como a la autoafirmación identitaria, y la continuidad "natural" del territorio o de determinados elementos artificiales —por ejemplo, rutas o itinerarios culturales— vendría a demandar la composición de medidas, instrumentos y acciones de cooperación interautonómica para la ordenación "relacional" de las actividades turísticas desarrolladas o vinculadas con dichos elementos y la tutela de los propios recursos o activos turísticos[19].

---

17 O, quizás, una auténtica "*cultura de la cooperación*", que sea consciente de los "*beneficios de una regulación, una política y una oferta turística conjunta para los activos del territorio de frontera*", Galindo Caldés, R.; Santasusagna Riu, A., "Cartografía y promoción turística ...", *op. cit.*, p. 347.

18 Mellado Ruiz, L. (2018). "Introducción: marco normativo actual de la gestión cooperativa o relacional en la Administración local. Una propuesta sistematizadora". En Mellado Ruiz, L.; Fornieles Gil, Á. (Coords.). *Gestión cooperativa en el ámbito local*. Tirant lo Blanch, p. 18.

19 En un contexto positivo realmente favorecedor de tales relaciones de colaboración. Sirva como ejemplo el art. 91.1 del Estatuto de Autonomía de

La buena gestión de espacios, bienes o elementos compartidos y su adecuada explotación turística ha de pasar por la integración de intereses y la adopción de fórmulas consensuadas de cooperación, personificadas o no. Si el espacio, el bien o el elemento a regular es único, continuo, presenta una cierta unidad geográfica o ecosistémica o elementos —bióticos o abióticos— de interacción, realmente carece de sentido la prevalencia de las delimitaciones —ficticias— político-administrativas, debiéndose atemperar la "lucha por las competencias" por la efectiva —y uniforme— ordenación y preservación —para los usuarios o el interés general— del recurso. Ha de evitarse, así, que la fragmentación de la acción pública en la promoción turística dificulte la propia implementación de políticas efectivas, derivando al final en una oferta diferenciadora y segregadora[20].

Sin embargo, no puede decirse que la legislación —autonómica— sectorial sobre turismo y actividades turísticas haya prestado una especial atención a dichas fórmulas y mecanismos de cooperación, a fin de facilitar la ordenación de zonas limítrofes a estos efectos y optimizar la propia oferta. Más allá de llamadas genéricas a la misma, como principio general orientador de la actividad de los poderes públicos[21], y normalmente con un ámbito de aplicación realmente intraautonómico[22], no existen previsiones generalizadas sobre la utilización de las fórmulas de colaboración supraautonómi-

---

Aragón, que señala expresamente que "*la Comunidad Autónoma de Aragón puede establecer con otras Comunidades Autónomas, especialmente con las que tiene vínculos históricos y geográficos, relaciones de colaboración para la fijación de políticas comunes, para el ejercicio eficaz de sus competencias y para el tratamiento de asuntos de interés común*".

20 Galindo Caldés, R. y Santasusagna Riu, A., "Cartografía y promoción turística ...", *op. cit.*, p. 353.

21 Por ejemplo, arts. 3 y 7 de la Ley Foral 7/2003, de 14 de febrero, de Turismo de Navarra o art. 6.d) de la Ley 5/1999, de 24 de marzo, de Ordenación del Turismo de Cantabria.

22 Por ejemplo, art. 5 de la Ley 13/2011, de 23 de diciembre, del Turismo de Andalucía o el art. 8 de la Ley 15/2018, de 7 de junio, de turismo, ocio y hospitalidad de la Comunitat Valenciana, relativo precisamente a las relaciones interadministrativas, y que sólo se refiere a las entabladas entre entes con competencias turísticas de la propia Comunidad y a la posible colaboración entre ésta y la Administración General del Estado.

ca para la optimización de la oferta, los recursos o los servicios turísticos en espacios limítrofes entre Comunidades Autónomas[23]. Sólo la normativa más reciente parece interiorizar dichas posibilidades, aun de forma genérica. Así, el art. 4.4 de la Ley 13/2016, de 28 de julio, de Turismo del País Vasco, señala expresamente que "*para el logro de objetivos comunes en materia de turismo, la Administración turística de Euskadi podrá suscribir convenios de colaboración con otras Administraciones Públicas, entes públicos, mancomunidades, consorcios y agencias de turismo, dando prioridad a las instituciones de territorios limítrofes con afinidad geográfica y cultural y con una oferta turística equiparable*". La fórmula se orienta claramente a los postulados aquí defendidos: por su enfoque finalista, de consecución —colaborativa— de objetivos comunes; su amplio campo de aplicación subjetiva —sin restringir los entes de relación—; y su finalidad de colaboración sinérgica "en frontera", entre territorios limítrofes afines o con una oferta turística más o menos equiparable (quizás el mayor reproche pudiera ser, en su caso, la limitación de fórmulas a utilizar, sólo convenios interadministrativos).

A pesar de que en casi todas las leyes autonómicas sobre turismo se contiene un artículo sobre relaciones interadministrativas, en la mayoría de los casos se refieren a las entidades —locales o supralocales— de la propia Comunidad y con enunciados genéricos sobre la virtualidad general de los principios de colaboración, cooperación y coordinación en su traslado a los objetivos de promoción, ordenación y control del sector turístico.

---

[23] En algunos casos sí que se mencionan los posibles instrumentos para instrumentalizar las relaciones interadministrativas (convenios, consorcios, conferencias sectoriales o planes y programas conjuntos), pero por remisión y con la propia extensión prevista en la legislación vigente —general, se entiende-, *vid.* art. 6.2 del Decreto Legislativo 1/2016, de 26 de julio, del Gobierno de Aragón, por el que se aprueba el Texto Refundido de la Ley del Turismo de Aragón o art. 7.2 de la Ley 7/2001, de 22 de junio, de Turismo de Asturias. En cualquier caso, el impulso de estas relaciones horizontales de colaboración es sobre todo apreciable en las leyes de turismo de última generación, como la Ley 7/2011, de 27 de octubre, del turismo de Galicia (art. 92.2), la Ley 2/2011, de 31 de enero, de desarrollo y modernización del turismo de Extremadura (art. 27.f) o la Ley 14/2010, de 9 de diciembre, de turismo de Castilla y León (art. 64.h).

Las experiencias existentes, y en virtud de su propia naturaleza convencional, son fruto más bien del voluntarismo cooperativo, la buena sintonía geográfica o política o el propio impulso relacional de los territorios implicados.

En este sentido cabe destacar el propio entronque constitucional de esta posibilidad de colaboración interautonómica. Como establece el art. 145.2 CE, los Estatutos podrán prever los supuestos, requisitos y términos en que las Comunidades Autónomas podrán celebrar convenios entre sí para la gestión y prestación de servicios propios de las mismas, así como el carácter y efectos de la correspondiente comunicación a las Cortes Generales. No se trata de una previsión específica a tales efectos, sino de una habilitación estatutaria, derivada en cualquier caso de los propios principios de autonomía organizativa y política de los entes regionales, y aún lastrada por la visión clásica de los mecanismos de colaboración, cuyo límite se encuentra, realmente, en las competencias propias de cada entidad participante[24]. Aun así, el precepto reseñado encarna la facultad de cooperación interadministrativa a nivel autonómico, dando cumplimiento a los tres principios fundamentales del Estado de las Autonomías previstos en el art. 2 CE: unidad, autonomía y solidaridad[25].

En la práctica, estos mecanismos instrumentales de colaboración horizontal entre Comunidades Autónomas limítrofes han sido sin embargo los más habituales no tanto para la gestión conjunta o compartida como para la ordenación consensuada o relacional de los espacios, bienes o elementos turísticos comunes entre ellas.

---

24 Cabe recordar sucintamente que según la legislación básica actual sobre régimen jurídico del sector público, los convenios —ahora ya no adjetivados- no suponen un puesta en común o "cesión" de competencias en favor del fin a conseguir, sino, más limitadamente, la colaboración para "*un fin común*", pero "*en el ámbito de las respectivas competencias*", y "*sin que ello pueda suponer cesión de la titularidad de la competencia*" (arts. 47 y 48 de la Ley 40/2015, de 1 de octubre, de Régimen Jurídico del Sector Público).

25 Román Márquez, A. (2011). "Los convenios interadministrativos en materia turística". *Estudios Turísticos,* 188, p. 65.

III. INSTRUMENTOS DE COLABORACIÓN

1. Naturaleza

Aun con diferente denominación (acuerdos, protocolos, convenios, etc.), los ejemplos de colaboración interautonómica existentes hasta ahora en el ámbito de las actividades turísticas han respondido al modelo clásico de colaboración instrumentalizado a través de convenios administrativos. Son fruto, pues, de la actual reconsideración de las propias formas de actuar de los poderes públicos administrativos. La acción pública directiva, finalista y de integración material de intereses parece demandar seguramente una cierta diversificación o complemento en relación con las formas prototípicas de actuación de aquéllos. El acto administrativo no es la única forma de actuar, es evidente. La actividad bilateral es una alternativa. Y también nuevas realidades, que poco a poco emergen sobre todo en el plano dogmático de la proposición científica: se habla así de la actividad administrativa informal, de la acción pública estratégica y directiva, de la concertación y la "tutela inconsciente" de los intereses generales, de las diferentes variantes de colaboración público-público y público-privada, etc. Y todo ello, evidentemente, en nuevos escenarios-marco, de ineludible implantación, de virtualización de la gestión, gobierno y administración electrónicas y satisfacción *on line* de las necesidades ciudadanas. Pero además, es que es posible que, hoy en día, cuando lo importante no es sólo la efectividad o la contundencia del actuar administrativo, sino la ponderación de intereses, la consecución eficiente de objetivos y la concertación de esfuerzos, sea una de las vías operativas de acción a explorar. Frente a la unilateralidad y la imperatividad del acto (pero también frente a su naturaleza monopólica decisional, su rigidez procedimental y su relativa flexibilidad composicional) la actividad administrativa concertada, bilateral o relacional aporta versatilidad, agregación de voluntades y esfuerzos y seguramente mayor margen de maniobra a la hora de la consecución material de los fines de interés general implícitos en cada caso.

A través de los convenios, pues, las Administraciones se comprometen conjuntamente, en pie de igualdad y de forma voluntaria, al cumplimiento de una serie de obligaciones determinadas, sin que ello suponga alteración alguna en la titularidad de las competencias que ostenten[26].

Estos planteamientos generales son perceptibles en los instrumentos de colaboración implementados hasta ahora y válidamente trasladables al ámbito de la colaboración supraautonómica para la gestión colaborativa de espacios, elementos o bienes comunes de interés turístico.

En líneas generales se trata de convenios, acuerdos o protocolos, con un ámbito más específico en algunos casos, pero orientados a la cooperación entre las Comunidades Autónomas fronterizas para el mejor aprovechamiento sinérgico de determinados recursos turísticos, y sustentados en los grandes principios estratégicos de colaboración interinstitucional y gobernanza compartida de intereses comunes, aun desde el respectivo ejercicio de las competencias propias.

En algún ámbito, dicha colaboración horizontal ha devenido incluso como necesaria, como es el caso de la planificación y gestión interautonómica de los parques nacionales, cuya dimensión turística, asociada a —o derivada de— la propia preservación de su integridad y de sus elementos y ecosistemas, es evidente. La STC 194/2004, de 4 de noviembre, vino a confirmar las competencias exclusivas de gestión de los mismos a las Comunidades Autónomas correspondientes, modificando la normativa y el estatus hasta entonces vigente[27]. Y ello

---

26 Martínez Pallarés, P. I. (2006). "La organización administrativa del turismo. La Administración turística de la Comunidad Autónoma". En Tudela Aranda, J. (Dir.). *El Derecho del turismo en el Estado autonómico. Cortes de Aragón*, p. 185.

27 Tal y como señala la vigente Ley 30/2014, de 3 de diciembre, de Parques Nacionales, "*en los casos en que un parque nacional se extienda por el territorio de dos o más comunidades autónomas, el Gobierno de la Nación y los órganos de gobierno de dichas comunidades podrán suscribir acuerdos para establecer fórmulas complementarias de gestión y administración a las establecidas en la presente ley en relación a los territorios de cada una de las comunidades autónomas*" (art. 21.3). No se trata, sin embargo, y como puede observarse, de una previsión efectivamente alineada a los planteamientos aquí estudiados. Primero porque no prevé sólo instrumentos negociales o acuerdos interautonómicos, sino con participación del gobierno estatal. Segundo, porque los caracteriza apenas indiciariamente como fórmulas complementarias, es decir, adicionales o

ha conducido a la suscripción, en virtud del art. 145.2 CE, de diferentes convenios de colaboración para la gestión coordinada de los mismos[28], en algún caso centrado fundamentalmente en la colaboración financiera[29], y ello por la —de nuevo denunciada— heterogeneidad de tratamiento —sobre todo en relación con las medidas de gestión, ordenación y protección— por parte de la normativa de cada una de las Comunidades Autónomas por cuyo territorio se extienden —sin límites internos— dichos Parques Nacionales[30]. Es verdad, no obstante, que la actual Ley 30/2014, de 3 de diciembre, de Parques Nacionales intentó articular una estructura organizativa como "punto de encuentro" entre la potestad de coordinación de la Administración General del Estado y el ámbito de gestión y organización de las Co-

vinculadas a las propias previsiones legales de la Ley. Y tercero, porque curiosamente prevé fórmulas de gestión y administración plurales, para parques nacionales extendidos por el territorio de más de una Comunidad Autónoma, y, sin embargo, restringe su viabilidad al territorio de los mismos de cada una de las regiones implicadas. Sobre el tema puede verse Candela Talavero, J. E. (2018). "Instrumentos de protección y conservación del medio ambiente: parques nacionales y parques naturales". *QDL. Cuadernos de Derecho Local*, 47, pp. 194 y ss.

28 Por ejemplo, Ley 16/2006, de 24 de octubre, de autorización del convenio de colaboración entre las Comunidades Autónomas de Cantabria, Castilla y León y el Principado de Asturias, para la gestión coordinada del Parque Nacional de los Picos de Europa, donde se destaca precisamente que el mismo constituye "*una unidad geomorfológica y con unos ecosistemas, fauna y flora asociados, sistemas de utilización del territorio y etnografía y cultura profundamente interrelacionados, y ajenos a las delimitaciones administrativas*". El Convenio crea a su vez, como instrumento de apoyo a la propia gestión coordinada del Parque, un "Consorcio interautonómico", como entidad de Derecho público de carácter asociativo y dotada de personalidad jurídica propia.

29 Resolución de 17 de octubre de 2014, de Parques Nacionales, por la que se publica el Convenio de colaboración financiera con la Comunidad de Castilla y León y la Comunidad de Madrid, para asegurar el cumplimiento de los objetivos de la Ley 7/2013, de 25 de junio, y la aplicación, en el Parque Nacional de la Sierra de Guadarrama, de las directrices básicas que se establezcan en la legislación básica del Estado en materia de protección del medio ambiente y en el plan director.

30 Así, Mulero Mendigorri, A. (2015). "La nueva Ley de Parques Nacionales (Ley 30/2014, de 3 de diciembre) en el contexto del modelo autonómico de espacios protegidos: apuntes para la reflexión". *Revista de Estudios Regionales*, 102, p. 245.

munidades Autónomas sobre estos importantes espacios naturales en nuestro país[31].

No obstante, hay supuestos también de cooperación no formalizada (a través de convenios interadministrativos en sentido estricto), sino más bien de colaboración informal para la promoción conjunta de un territorio o ámbito espacial determinado, a través por ejemplo del recurso a las "marcas turísticas". Éstas buscan un concepto de imagen diferenciada, como respuesta a los deseos de una parte del mercado que les aporte un valor añadido específico y único, creando sinergias y negocio para una determinada zona. La unidad de acción basada en esta diferenciación y singularización de la oferta es lo que une en este caso a las diversas Comunidades Autónomas limítrofes o vinculadas[32].

2. *Contenido*

El contenido de los acuerdos, convenios y protocolos existentes sobre esta materia varía en función del propio ámbito objetivo de aplicación de los mismos.

Hay, así, tanto protocolos y acuerdos generales de colaboración entre dos o más Comunidades Autónomas limítrofes que, dentro de

---

31 *Vid.* Guillén Navarro, N. A. (2016). "La organización de los Parques Nacionales". Monografías de la Revista Aragonesa de Administración Pública, XVI, p. 180.

32 Es el caso por ejemplo de la marca turística "España verde", que reúne a las Comunidades Autónomas de Galicia, Asturias, Cantabria y Euskadi, con un potencial turístico de 2.000 kilómetros de costa, cerca de 1.200 playas, 31 balnearios y 9 talasos, más de 60 campos de golf, unos 20 Paradores de Turismo y más de trescientas mil plazas de alojamiento, al margen del conjunto de parques nacionales, parques naturales y reservas de la biosfera, con un millón de hectáreas de espacio protegido, ubicados en su territorio. O también la marca turística "Pirineos Españoles", que incluye la Comunidad Foral de Navarra y la provincia de Huesca, en Aragón, objeto también de instrumentos de colaboración interautonómica para la intensificación de la promoción turística común, a fin de dinamizar en última instancia la propia cohesión territorial de la zona y luchar contra la despoblación de la zona pirenaica.

sus variadas líneas de acción incluyen también a las actividades turísticas como objeto de colaboración formalizada[33], como acuerdos más específicos y limitados centrados específicamente en la cooperación para la promoción o el desarrollo turístico de las zonas o territorios compartidos[34], así como otros aspectos vinculados a las actividades —económicas o no— susceptibles de desarrollarse en dichos espacios[35].

A su vez, y desde la propia heterogeneidad de las posibles actividades a realizar en el ámbito del turismo y de las potestades públicas de posible desarrollo, los instrumentos convencionales acordados hasta la fecha han tenido un variado y plural contenido, aunque los más importantes han pivotado sobre un elemento o bien físico de cohesión y vínculo, extendido a lo largo de dos o más territorios autonómicos.

Es el caso, por ejemplo, del Protocolo General para la promoción y apoyo del "Camino del Cid" firmado entre las Comunidades Autónomas de Valencia, Aragón, Castilla-La Mancha y Castilla y León. El "Camino del Cid" recrea el destierro del Cid Campeador a través de los parajes, castillos y pueblos que aparecen en el Cantar de mío Cid, un poema épico del siglo XII. Comienza en Vivar del Cid (Burgos) y finaliza en Orihuela (Alicante) cruzando a su paso ocho provincias, grandes espacios naturales y territorios de clara evocación medieval. El Protocolo tenía vigencia hasta el 31 de diciembre de 2024, y persigue intensificar la colaboración interautonómica para el intercambio de información geográfica, la elaboración y actualización de herramientas para la visualización de la información y la elaboración de

---

33 Por ejemplo, el Protocolo General de colaboración entre la Comunidad Autónoma de Aragón y la Comunidad Foral de Navarra, de 1 de octubre de 2021, disponible en https://www.aragonhoy.es/uploads/files/2021/10/01/protocoloNavarra_Aragon-3.pdf

34 Así, el Convenio marco de colaboración entre la Comunitat Valenciana y la Generalitat de Catalunya en materia de turismo de 2016, prorrogado en 2021.

35 Por ejemplo, Acuerdo de 27 de febrero de 1998 por las Comunidades Autónomas de Aragón, Cataluña y Valencia sobre la gestión de la reserva nacional de caza de los Ports de Tortosa i Beseit.

los productos editoriales en este ámbito, con una clara vocación de atracción turística y singularización interterritorial de la ruta[36].

Otro ejemplo podría ser el Acuerdo de desarrollo y colaboración del eje medio del Ebro. Por ejes de desarrollo se entienden los grandes corredores de comunicaciones que fundamentalmente integran dos o más áreas metropolitanas y que suponen la creación de un complejo de comunicaciones múltiple, con potencial demográfico, movilidad social y actividades económicas heterogéneas, que interactúan y potencian de manera sinérgica regiones vertebradas. El "Eje del Ebro" incluye a las Comunidades Autónomas de La Rioja, Navarra y Aragón, y en dicho Acuerdo, de 24 de enero de 2023, se contiene, entre otros objetivos, la promoción turística de dicho territorio.

Existen otros supuestos donde el objeto de la colaboración mezcla aspectos geográficos y territoriales con elementos —culturales y turísticos— de naturaleza inmaterial, como es el caso de los acuerdos de colaboración entre distintas Comunidades Autónomas (La Rioja, Euskadi y Navarra) para la puesta en valor del vino y del paisaje del vino como recursos turísticos, desde el creciente reconocimiento del valor patrimonial del paisaje y en particular los paisajes agrarios.

Pero sin duda el caso más claro de cooperación transautonómica para, entre otros objetivos, la promoción, ordenación y desarrollo de la oferta turística de manera integral sobre la base de la "unicidad" del recurso es el "Camino de Santiago".

Existe, así, un Protocolo general de colaboración entre Navarra, Aragón, Castilla y León, Galicia y La Rioja para la coordinación de actuaciones culturales, conservación del patrimonio y atención sanitaria y de protección a los peregrinos en el Camino francés del Camino de Santiago, ruta declarada Conjunto Histórico-Artístico desde 1962 e Itinerario Cultural Europeo desde 1987, y elemento incluido en la lista de Patrimonio Mundial de la UNESCO desde 1993.

El propio Protocolo señala, como justificación a su desarrollo institucional, que el Camino de Santiago, como vía histórica y cultural,

---

36 Fuente: Ministerio de Transporte, Movilidad y Agenda Urbana, disponible en https://www.mitma.es/el-ministerio/sala-de-prensa/noticias/lun-25012021-1106

"*es sentida y percibida por el peregrino de forma unitaria y continua*", por lo que se hace necesario, por encima de las artificiales fronteras político-administrativas, ofrecer una imagen integral y programar acciones coordinadas, donde los fines de promoción y difusión turística han de ocupar un lugar destacado[37].

Adicionalmente existen también instrumentos de colaboración sobre esta materia pero articulados específicamente entre dos Comunidades Autónomas. Es el caso del Protocolo General de Colaboración entre la Comunidad Autónoma de Aragón y la Comunidad Foral de Navarra, de 1 de octubre de 2021, que, en materia de turismo, se marca como objetivo profundizar en la comercialización y promoción de los recursos turísticos compartidos, fomentando el conocimiento y desarrollo de los mismos, a través de iniciativas conjuntas y paralelas. En este sentido, se acuerda la promoción de líneas de cooperación para el impulso de productos turísticos y la definición de planteamientos conjuntos sobre problemáticas coyunturales para la mejora de la ordenación y puesta en valor del patrimonio cultural y natural de ambas Comunidades, siendo la primera línea de colaboración el fomento y difusión de los potenciales recursos turísticos, culturales y medioambientales integrados en el Camino de Santiago, así como las posibilidades de generación de nuevos recursos para los habitantes de las zonas por las que el Camino transita[38].

Se trata, en fin, de ejemplos, aún tímidos, de superación de las dinámicas de recelo e incomunicación de otras épocas. El entendimiento por parte de los gobiernos autonómicos del enorme potencial económico del turismo ha conducido a la formalización de este tipo de acuerdos, convenios y protocolos de colaboración en este ámbito. Aprovechar la experiencia de los demás, evitar duplicidades altamente ineficientes y crear alianzas que maximicen los beneficios de sus actuaciones en el mismo deberían ser los objetivos de cualquier gobierno autonómico mínimamente responsable con las posibilidades de crecimiento económico que sus recursos turísticos le propor-

---

[37] Fuente: https://www.noticiasdenavarra.com/sociedad/2010/03/08/cinco-comunidades-autonomas-camino-frances-3509589.html

[38] Disponible en https://www.aragonhoy.es/uploads/files/2021/10/01/protocoloNavarra_Aragon-3.pdf

cionan[39]. Pero aún más. Es que la respuesta institucional "ordinaria" para la ordenación sostenible y eficiente de recursos, bienes o elementos comunes debería ser la convencional, más o menos formalizada, y con creación o no de órganos específicos de coordinación. La integridad de la propia oferta turística y las dinámicas sinérgicas para la consecución de objetivos comunes deberían impulsar una mayor capacidad de negociación y consenso entre las Comunidades Autónomas implicadas en la protección, promoción y activación turísticas de sus recursos. Y todo ello al margen de la incomprensible activación de obstáculos regulatorios derivados de la diversidad —y a veces contradicción— entre normas de diferentes legisladores y actuaciones de diferentes gobiernos (regionales) aplicables a un mismo espacio o territorio, un mismo bien o elemento en línea o una misma e indiferenciada realidad, por sus valores —no sólo turísticos— espaciales, culturales, religiosos, histórico-artísticos, etc.

3. Efectos y resultados

Y sin embargo, la realidad positiva, a partir de los ejemplos reseñados, no parece aún satisfactoria[40].

Se trata, sí, de adecuadas iniciativas de colaboración entre Comunidades Autónomas limítrofes, pero que parten —y dependen— de la propia voluntad autonómica, sin ningún tipo de mecanismos —estatales— de incentivación, planificación o impulso a la —obviamente voluntaria— colaboración meramente horizontal. Las competencias sobre turismo, ya lo vimos, recaen fundamentalmente en las Comu-

---

39 Román Márquez, "Los convenios interadministrativos ...", *op. cit.*, p. 84.

40 "*El desinterés del Estado por potenciar la colaboración interautonómica, la insuficiente voluntad de las Comunidades Autónomas por abrir espacios de trabajo conjunto concentrando los esfuerzos en reivindicar su propio espacio turístico, o el carácter restrictivo del art. 145.2 CE son algunas de las razones que explican el deficiente funcionamiento de las relaciones horizontales. Los convenios se han convertido en un instrumento esporádico, mientras otros cauces de cooperación como los proyectos y planes conjuntos, los procedimientos participados o los órganos de trabajo conjunto, apenas han tenido aplicación en el sector turístico*", Castel Cayán, S. (2012). "Derecho del turismo y propuestas para una renovación de la promoción turística". *Revista Aragonesa de Administración Pública*, 39-40, p. 367.

nidades Autónomas, pero ello no quiere decir que, dentro de las competencias exclusivas estatales sobre ordenación económica, no pudiera preverse, respetando el núcleo ineludible de aquellas, una acción —estratégica— unitaria estatal para el fomento de la colaboración interautonómica para el mejor aprovechamiento de los recursos turísticos compartidos. Sin planificación ni incentivos superiores, la colaboración depende de la pura voluntad de los entes llamados a articularla. Pero una cosa es que la misma no implique la cesión de competencias o una auténtica administración conjunta de activos comunes o compartidos y otra distinta es que su voluntariedad dependa de la pura iniciativa política de los territorios implicados.

Porque además, en todos los ejemplos señalados la colaboración interterritorial acaba cristalizando en meras —y poco efectivas— previsiones de fomento, promoción o simple estímulo para la futura realización de actividades. Y aunque es verdad que, de acuerdo con la normativa básica actualmente vigente en materia de convenios[41], de los mismos nacen auténticos derechos y obligaciones jurídicas para las partes, en este ámbito concreto de la promoción y ordenación turísticas parece prevalecer más la voluntad indefinida de colaboración y la puesta en común de acciones e iniciativas que la suscripción de auténticos negocios jurídicos bilaterales exigibles —recíprocamente— por los firmantes. El clausulado sustantivo pa-

41 *Vid.*, así, el contenido mínimo que han de tener hoy en día los convenios de colaboración según el art. 49 de la Ley 4/2015, de 1 de octubre, de Régimen Jurídico del Sector Público. Hay que tener en cuenta no obstante que, dentro del primer tipo de convenios, los convenios interadministrativos, la propia Ley excluye expresamente de su ámbito de aplicación "*a los convenios interadministrativos suscritos entre dos o más Comunidades Autónomas para la gestión y prestación de servicios propios de las mismas, que se regirán en cuanto a sus supuestos, requisitos y términos por lo previsto en sus respectivos Estatutos de Autonomía*" (art. 47.1.a). De ello se deduce que este tipo de convenios intersubjetivos no ha de reunir dichas exigencias de contenido mínimo, obligatoriedad, control, etc., contenidas en la Ley, y que han venido a "racionalizar" en parte la actividad convencional pública, remitiéndose genéricamente a las habilitaciones estatutarias correspondientes. Aunque también es verdad que en los convenios aquí tratados no hay realmente una posible prestación conjunta o colaborativa de auténticos servicios públicos con incidencia o efectos en el territorio de más de una Comunidad Autónoma.

rece reducirse, así, muy matizadamente, a la puesta en práctica de meros compromisos, o a la plasmación de la voluntad futura de colaborar, pero sin condiciones, obligaciones o previsiones concretas susceptibles de exigirse en su caso. Su eficacia queda, pues, difuminada, en la gradilocuencia de las declaraciones políticas de futura actuación conjunta, pero sin compromisos —ni plazos— concretos. Aunque puedan asimilarse, pues, a los convenios interadministrativos de colaboración, parecen más cercanos, en ocasiones, y dada la vacuidad de sus contenidos, a los meros pactos políticos de buena vecindad o impulso de las relaciones ordinarias, más que a las auténticas relaciones bilaterales o plurilaterales de cogobernanza o gestión colaborativa de activos, recursos o bienes compartidos.

Si el turismo es un claro ejemplo de mercado globalizado, en el que la competencia entre los destinos turísticos es cada vez mayor, a fin de dar respuesta a una demanda cada más exigente, lo lógico es transitar hacia la eficacia, la eficiencia y la buena gestión de los recursos turísticos, aprovechando las "competencias en común" y los recursos compartidos y evitando normativas contrapuestas o antagónicas, cuando se trata de un espacio o ámbito único, homogéneo, con las mismas características y, por tanto, uniforme en cuanto a su tratamiento. Tal y como se ha dicho, "*el Estado, cada Comunidad Autónoma y un amplio abanico de entidades locales desarrollan su propia estrategia de comercialización para promocionar el turismo en su ámbito territorial. Pero el destino turístico es en muchas ocasiones coincidente, generando un escenario susceptible de incurrir en duplicidades y solapamientos. Esta pluralidad de Administraciones que actúan en el ámbito promocional, unida a las campañas desarrolladas por los agentes turísticos privados, exige configurar una ordenación jurídica que garantice la plena operatividad de los principios de planificación, coordinación y colaboración en aras de una mayor eficacia*"[42].

IV. CONCLUSIONES FINALES

La ordenación y la promoción turísticas, como competencias autonómicas a ejercer sin embargo en un contexto de —convergencia

42 Castel Gayán, "Derecho del turismo …", *op. cit.*, p. 359.

administrativa— multinivel exigen, cada vez más, la efectiva colaboración sinérgica de esfuerzos no sólo para alcanzar fines comunes sino para "gestionar" recursos compartidos e integrantes muchas veces de una misma realidad.

La globalización y virtualización de las relaciones —sobre todo económicas— ha conducido a afirmar, si no el fin de los territorios, sí el tránsito de la gravedad del espacio nacional hacia una territorialidad difusa, ambigua y versátil. El espacio, por ello, se ha vuelto simbólico[43]. Y aunque a nivel interno la intensidad de estos fenómenos no pueda ser calificada igual —al no existir parcelas de auténtica cesión de soberanía, jurídica o fáctica—, lo cierto es que también es posible hablar, en los supuestos de bienes, elementos o recursos suprarregionales, de una cierta relativización del principio de territorialidad, desde la necesaria amortiguación de las exigencias formales del sistema competencial por la consecución efectiva y material de unos determinados resultados o fines. La complejidad del sector turístico —y sus nuevas demandas de sostenibilidad, singularización de los destinos, desestacionalización de ofertas, adaptabilidad a las exigencias del usuario, etc.— también parece demandar, en este sentido, la interacción y colaboración —reales— entre las distintas Administraciones competentes —pero imbricadas por la unidad física de los recursos—, en torno a objetivos de interés común, articulando medidas verticales y horizontales al efecto.

No hay sin embargo, como hemos visto, muchos ejemplos de auténticos convenios interadministrativos —vinculantes—, sino más bien cauces e instrumentos informales de cooperación, a través de proyectos o planes de acción —política— conjuntos, procedimientos participados, formulación de estrategias comunes o creación de órganos o comisiones de trabajo conjunto.

Parece necesario, por tanto, seguir insistiendo en la "normalidad" de las formas bilaterales de actuación, desde la complementariedad de esfuerzos y contribuciones y el incremento sobre todo de la eficiencia en la gestión competitiva de los destinos turísticos, sobre todo si el destino o el recurso es el mismo, aunque compartido entre dos

---

43 *Vid.* Innerarity, D. (2004). *La sociedad invisible*. Espasa, pp. 103 y 113.

o más Comunidades Autónomas. Más allá de las fórmulas —muchas veces más publicitarias que efectivas— de impulso político conjunto, es necesario potenciar la creación de vías estables de cooperación negocial, con personificación o no de nuevas entidades encargadas de la gestión unitaria de los recursos.

A pesar del injustificable silencio material de la Constitución al respecto, quizás podría plantearse, en este sentido, el reforzamiento de la acción pública estatal tanto en la formulación de una política turística común como en el impulso de las relaciones, horizontales y verticales, de colaboración, para la optimización y racionalización de las ofertas turísticas, la regulación uniforme de elementos, bienes o destinos y el ahorro y simplificación administrativas en su gestión. Se trataría, pues, de conjugar el respeto ineludible del principio de autonomía política de las Comunidades Autónomas para la regulación singularizada y específica de su sector turístico con el fomento estratégico —más complicado resultaría hablar de coordinación superior, al implicar capacidades directivas— a nivel estatal de los instrumentos convencionales de colaboración interterritorial en el ámbito concreto de la gestión y ejecución de las políticas y normas existentes. Como se ha señalado, y aunque el art. 149 CE no atribuye competencias concretas en este ámbito al Estado, el carácter transversal y multidisciplinar del turismo, junto con las propias exigencias genéricas de adecuada gestión pública, optimización y eficiencia de la acción administrativa, simplificación y transparencia, evitación de duplicidades y obstáculos regulatorios para los ciudadanos y usuarios, etc., podrían habilitar al Estado para ampararse en alguno de los títulos competenciales de dicho precepto referidos a materias conexas e incidir en la materia turística[44].

Si además el objeto de la necesaria coordinación estratégica multinivel y la colaboración interadministrativa de gestión es un bien no sólo extendido —o que discurre en línea— por diversas Comunidades Autónomas, sino singularmente importante y complejo, estas exigencias parecen incrementarse. Es el caso paradigmático, de nuevo, del Camino de Santiago.

---

[44] Castel Gayán, "Derecho del turismo ...", *op. cit.*, pp. 369-370.

La complejidad de su adecuada gestión obedece, así, a múltiples factores: las connotaciones singulares que condicionan su protección, las grandes dimensiones espaciales afectadas, la diversidad de condiciones político-administrativas de los territorios recorridos, la dicotomía entre un camino histórico que se desea se mantenga en lo que fue original y un uso evolucionado y moderno en su propia traza, etc. Y por eso se ha apelado, en lo que aquí interesa, a su necesaria "gestión integrada"[45]. A partir de la misma, y extrapolando posibilidades, se precisa, pues, con carácter general para los supuestos estudiados en este capítulo, una cierta redefinición de la acción que deben desempeñar las Administraciones competentes desde la ineludible colaboración. Sería necesario, así, potenciar y consolidar el propio modelo de colaboración entre las Administraciones territoriales, desde un enfoque de "*amplias coaliciones, interadministrativas e intersectoriales*"[46].

Puede concluirse sosteniendo por tanto que, a pesar de la complejidad, dinamismo e importancia económica actual del sector turístico en nuestro país, las fórmulas de colaboración interadministrativa para la gestión cooperativa de activos comunes o bienes integrados y la disolución de las diferencias regulatorias entre territorios no ha alcanzado aún ni una suficiente madurez ni, sobre todo, una adecuada articulación normativa. No se trata de renunciar a las competencias, sino de "perfeccionar" su ejercicio, a través de fórmulas relacionales de gestión. Las singularidades territoriales (turísticas) de una Comunidad Autónoma pueden acotarse —positivamente— a su ámbito espacial, pero cuando se comparten recursos, la especificidad regulatoria debería venir marcada por los mismos, no por aquéllas. La buena gobernanza exige anticipación, flexibilidad, simplificación en la acción, transparencia, eficiencia, etc. Frente a la rigidez de los procedimientos unilaterales de acción, las diferencias entre regulaciones y las limitaciones espaciales a su aplicación, se imponen nuevas fórmu-

---

45 Sanz Larruga, F. J. (2018). "Hacia la conservación integrada de los paisajes de los Caminos a Santiago en Asturias". En Alonso Ibáñez, M. R. (Dir.). *Los Caminos de Santiago en Asturias. Miradas cruzadas sobre su tratamiento jurídico y gestión patrimonial.* Ediciones de la Universidad de Oviedo, pp. 45 y ss.

46 Alonso Ibañez, "La necesaria colaboración interadministrativa ...", *op. cit.*, p. 674.

las de consenso y concertación, de compromiso y puesta en común de capacidades, de gobierno abierto de los intereses públicos —y no de los respectivos intereses propios—, etc. Y, sobre todo, acciones lógicas y coherentes para una gestión eficaz de elementos, bienes o recursos compartidos —y únicos en su realidad física—, normalmente de carácter limítrofe. Si estos recursos turísticos son además únicos, singulares y enormemente relevantes —en todos los aspectos—, como es el caso de algunos de los aquí apuntados, la necesidad de subvertir una realidad de fragmentación y disgregación regulatorias y de decisiones de gestión muchas veces autárquicas deviene casi ineludible.

Referencias bibliográficas

Alonso Ibáñez, M. R. (1992). *El patrimonio histórico. Destino público y valor cultural.* Universidad de Oviedo-Civitas.

Alonso Ibáñez, M. R. (2021). "La necesaria colaboración interadministrativa en la salvaguarda del Camino de Santiago". En Carballeira Rivera, M. T.; Tain Guzmán, M.; FUENTES I GASÓ, J. R. *Patrimonio cultural inmaterial. De los Castells al Camino de Santiago.* Tirant lo Blanch.

Barcelona Llop, J. (2021). "Notas sobre el régimen jurídico del Camino de Santiago a su paso por el País Vasco (Actualidad jurídica de una vía histórica)". *Iura Vasconiae,* 18.

Blanco Herranz, F.J. (1998). "Descentralización y cooperación interadministrativa en el turismo español. Proceso, instrumentos y propuestas de futuro". *Estudios Turísticos,* 137.

Candela Talavero, J. E. (2018). "Instrumentos de protección y conservación del medio ambiente: parques nacionales y parques naturales". *QDL. Cuadernos de Derecho Local,* 47.

Carro Fernández-Valmayor, J.L. (2001). "El Camino de Santiago en la perspectiva jurídica". *Revista Galega de Administración Pública,* 27.

Castel Cayán, S. (2012). "Derecho del turismo y propuestas para una renovación de la promoción turística". *Revista Aragonesa de Administración Pública,* 39-40.

Corchero, M. (2010). "Comentario a la Sentencia del Tribunal Constitucional 200/2009, de 28 de septiembre (Reflexiones sobre la distribución de competencias entre el Estado y las Comunidades Autónomas en materia de turismo". *Revista Andaluza de Derecho del Turismo,* 4.

Galindo Caldés, R.; Santasusagna Riu, A. (2020). "Cartografía y promoción turística en espacios de frontera interautonómica: el caso de Els Ports (Cataluña, Aragón y Comunidad Valencia)". *Anales de Geografía de la Universidad Complutense*, 40 (2).

Gallardo Castillo, M. J. (2001). "La distribución constitucional de competencias en materia de turismo y su tratamiento en las leyes autonómicas: su promoción y ordenación". *Documentación Administrativa*, 259-260.

González Bonome, M. (1999). "La protección jurídica del Camino de Santiago en las distintas Comunidades Autónomas". En Leira López, J. (Dir.). *O Camiño Portugués: III Aulas no Camiño: un estudio multidisciplinar da realidade galega que atravesan os camiños de Santiago*. Universidade da Coruña: Servizo de publicacións.

Guillén Navarro, N. A. (2016). "La organización de los Parques Nacionales". *Monografías de la Revista Aragonesa de Administración Pública*, XVI.

Herrera, J. L. (1984). "Consideración turística del Camino de Santiago". *Estudios Turísticos*, 84.

Innerarity, D. (2004). *La sociedad invisible*. Espasa.

Leira López, J.; Rego Veiga, G.; Santos Pita, M. P. (2010). "Peregrinaciones y turismo. El Camino de Santiago". *Revista de Ocio y Turismo*, 3.

Martínez Pallarés, P. I. (2006). "La organización administrativa del turismo. La Administración turística de la Comunidad Autónoma". En Tudela Aranda, J. (Dir.). *El Derecho del turismo en el Estado autonómico*. Cortes de Aragón.

Mellado Ruiz, L. (2018). "Introducción: marco normativo actual de la gestión cooperativa o relacional en la Administración local. Una propuesta sistematizadora". En Mellado Ruiz, L.; Fornieles Gil, Á. (Coords.). *Gestión cooperativa en el ámbito local*. Tirant lo Blanch.

Mulero Mendigorri, A. (2015). "La nueva Ley de Parques Nacionales (Ley 30/2014, de 3 de diciembre) en el contexto del modelo autonómico de espacios protegidos: apuntes para la reflexión". *Revista de Estudios Regionales*, 102.

Pérez Guerra, R. (2013). "Introducción. La política turística europea y la Administración turística del Estado". En Fernández Ramos, S.; Pérez Guerra, R. (Dirs.). *Manual de Derecho Administrativo del sector turístico*. Tecnos.

Pérez Guerra, R.; Ceballos Martín, M. (1996). "A vueltas con el régimen jurídico-administrativo de la distribución de competencias en materia de turismo y de otros títulos que inciden directamente sobre el mismo: el ejercicio de competencias turísticas por la Comunidad Autónoma andaluza". *Revista Andaluza de Administración Pública*, 27.

Porcal Gonzalo, M.C.; Díez Angulo, A.E.; Iñiguez De Heredia, J.J. (2012). "Dimensión territorial y turística de la ruta norte del Camino de Santiago en el País Vasco: distintas concepciones, valoraciones y propuestas de intervención sobre un fenómeno multifacético". *Boletín de la Asociación de Geógrafos Españoles*, 58.

Rodríguez-Arana Muñoz, J. (2008). "Sobre la distribución de competencias en materia de turismo". *Revista Aragonesa de Administración Pública*, 32.

Rodríguez-Arana Muñoz, J. (2011). "La distribución de competencias en materia de turismo". *Documentación Administrativa*, 259-260.

Román Márquez, A. (2011). "Los convenios interadministrativos en materia turística". *Estudios Turísticos*, 188.

Salgado Castro, A. (1996). "La distribución de competencias en materia de turismo". *Revista Aragonesa de Administración Pública*, 9.

Sanz Larruga, F. J. (2018). "Hacia la conservación integrada de los paisajes de los Caminos a Santiago en Asturias". En Alonso Ibáñez, M. R. (Dir.). *Los Caminos de Santiago en Asturias. Miradas cruzadas sobre su tratamiento jurídico y gestión patrimonial.* Ediciones de la Universidad de Oviedo.

Vaquer Caballería, M. (2017). "El territorio (Una aproximación a su concepto en el Derecho público)". En Parejo Alfonso, L.; Vida Fernández, J. (Coords.). *Los retos del Estado y la Administración en el siglo XXI. Libro Homenaje al Profesor Tomás de la Quadra-Salcedo Fernández del Castillo*, Tomo II. Tirant lo Blanch.

Vaquer Caballería, M. (2018). *Derecho del territorio.* Tirant lo Blanch.

La cooperación interautonómica en materia educativa

RAMON GALINDO CALDÉS
Profesor Agregado de Derecho Administrativo
Universitat de Barcelona

I. INTRODUCCIÓN

Es habitual la percepción del territorio autonómico como un espacio delimitado y preciso. En realidad, los límites han sido articulados alrededor de elementos geográficos —singularmente ríos— y siguiendo acontecimientos históricos que poco tienen que ver con una ordenación lógica del espacio geográfico en el que se insertan. El territorio autonómico, basado en una planta provincial que prácticamente no se ha alterado en dos siglos, no es un conjunto de piezas herméticas. Al contrario, podemos encontrar numerosos ejemplos de comunidades locales, más o menos extensas, en las áreas —o zonas— limítrofes entre las diferentes Comunidades Autónomas, en las que se produce un intenso intercambio económico, social y cultural. Las poblaciones en estas zonas son generalmente periféricas respecto a sus capitales de provincia o de comunidad, pero muy cercanas a las de las poblaciones en la comunidad vecina.

La interrelación en estas zonas limítrofes a través de la cooperación interadministrativa puede afrontarse a través de diferentes instrumentos, como los analizados en otros capítulos de esta obra (convenios, protocolos, entes públicos como mancomunidades o consorcios, etc.), entre los que destacan los convenios de colaboración entre Comunidades Autónomas. Dichos convenios han tenido por objeto diferentes materias, como el transporte, sanidad, protección civil, extinción de incendios, etc. Uno de los sectores en los que la colaboración es más pertinente es en la prestación de servicios educativos, especialmente en las zonas limítrofes que comparten una lengua diferente del castellano. Desde el punto de vista de los beneficiarios (estudiantes) se trata de hacer efectivo el derecho a la educación y a la elección del centro más próximo a su domicilio. Desde el punto de vista de la intervención pública es una cuestión de eficacia y eficiencia, y también de favorecer las mejores condiciones de acceso a la educación en un entorno *transfronterizo* o limítrofe.

En efecto, el acceso a los servicios en las zonas limítrofes entre Comunidades Autónomas presenta dificultades similares a las que se dan en zonas fronterizas en el seno de la Unión Europea. Sean fronteras, más o menos rígidas, o simples límites administrativos, la prestación de servicios públicos educativos plantea problemas de acceso para sus beneficiarios —por los límites y prioridades de acceso— y de coordinación —proyectos docentes, profesorado, recursos, etc.— En cualquier caso, dichos obstáculos no impiden la circulación de los estudiantes entre ambas partes de la frontera o límite, sorteando con más o menos dificultades las barreras administrativas que los gobiernos estatales y/o regionales les imponen. Un ejemplo de ello es el tránsito frecuente de estudiantes en las escuelas de educación primaria en el límite entre la República de Irlanda e Irlanda del Norte

(Reino Unido), incluso tras el *Brexit*[1]. Las políticas y estructuras europeas de cooperación transfronteriza —AECT, INTERREG, etc.— incluyen a menudo proyectos de cooperación educativa, ya sea de intercambio, en materia lingüística o de compartición de centros[2]. La política europea de cooperación transfronteriza tiene como uno de sus principales objetivos la remoción de barreras, y es deseable, como se ha dicho[3], que cuanto antes se exponga a los niños al contacto con sus compañeros de países vecinos antes comprenderán la cooperación transfronteriza como algo natural y deseable. Lo contrario comporta considerar un límite político-administrativo como algo natural e infranqueable. Ello es así en zonas transfronterizas que tienen diferente lengua, como sucede en zonas fronterizas entre diferentes países, pero ya es de hecho natural y habitual en las que comparten la misma lengua. En estos casos la necesidad de cooperación se da por supuesta, y las iniciativas pueden ser diversas, como la necesidad de programas bilingües conjuntos (en zonas con más de una lengua)[4] o de la formación de profesorado.

A continuación, abordamos en primer lugar el marco de la cooperación educativa, los instrumentos de cooperación que prevé la legislación educativa básica y la participación de los entes locales en la gestión de los centros educativos y otros servicios relacionados.

---

1 Roulston, S.; Bates, J.; Mcauley, C.; O'connor-Bones, U.; Murtagh, S.; Cook, S. (2024). "Education along border regions in Ireland: Challenges and opportunities". *International Journal of Educational Research*, 128, 102472.

2 Por ejemplo, la guardería Kita Salut, en el Eurodistrito SaarMoselle ("Cross-Border Nursery in the Eurodistrict Saarmoselle!", Border Focal Point Network. Good Practices. Marzo de 2024. Accesible en https://futurium.ec.europa.eu/en/border-focal-point-network/good-practices/cross-border-nursery-eurodistrict-saarmoselle

3 BöHM, Hynek: "Czech-Polish Borders: Comparison of the EU Funds for Cross-Border Co-operation of Schools in Selected Euroregions", en SCOTT, James W.: *Cross-Border Review Yearbook 2015*, CESCI European Institute of Cross-border Studies, p. 57 Accesible en https://budapest.cesci-net.eu/en/cross-border-review-2015/

4 Por ejemplo, el caso de la frontera italo-eslovena, en la que se ha defendido la necesidad e programas conjuntos: Čok, L.; Pertot, S. (2010). "Bilingual education in the ethnically mixed areas along the Slovene-Italian border". *Comparative Education*, 46(1), 63-78.

Posteriormente nos centramos en la cooperación educativa en las zonas limítrofes, tanto en su regulación como en los problemas que plantea. Finalmente se analiza la cooperación existente en materia educativa, principalmente articulada a través de protocolos de cooperación interautonómica.

II. LA REGULACIÓN DE LA COOPERACIÓN EDUCATIVA INTERAUTONÓMICA

Como veremos, la Ley Orgánica 2/2006, de 3 de mayo, de Educación (LOE) introduce un mandato a las "Administraciones educativas" para cooperar en materia educativa. Esta cooperación puede materializarse a través de diferentes instrumentos, de los que vemos muy brevemente algunos. Hay que contemplar, además, el papel que los entes locales juegan en la prestación del servicio público educativo, especialmente en la educación primaria y secundaria.

1. Marco normativo de la cooperación educativa

La distribución de competencias entre el Estado y las Comunidades Autónomas se determina en el art. 149.1.30 CE, que establece que son competencias exclusivas del primero la regulación de las condiciones de obtención, expedición y homologación de títulos académicos y profesionales, y las normas básicas para el desarrollo del art. 27 CE antes citado. El texto constitucional no atribuye a las Comunidades Autónomas las competencias educativas —a excepción del art. 148.1.17 CE, sobre enseñanza en la lengua de la Comunidad Autónoma—, por lo que las importantes competencias autonómicas en esta materia derivan directamente de su atribución en los Estatutos de autonomía. En resumen, las competencias estatales actúan como límite a las competencias que los Estatutos de Autonomía pueden atribuir a las Comunidades Autónomas[5]. La competencia en educación no es pues una competencia exclusiva autonómica, sino compartida.

---

5 Aragón Reyes, M. (2013). "Las competencias del Estado y las Comunidades Autónomas sobre educación". *Revista Española de Derecho Constitucional*, 98, 191-199.

El Estado ejerce por tanto las competencias básicas en materia de educación, aunque las Comunidades Autónomas tienen un papel relevante en la regulación de la educación y prestan efectivamente el servicio público educativo. Se trata de una materia en la que tanto el Estado como las Comunidades Autónomas deben cooperar, como se enfatiza en la Ley Orgánica 1/1990, de 3 de octubre, de Ordenación General del Sistema Educativo (LOGSE)[6]. El legislador estatal, sin embargo, apenas se refirió a la cooperación interadministrativa hasta la aprobación de la LOE[7].

La LOE supone la introducción de la cooperación entre las Administraciones educativas, dedicándole el Capítulo IV del Título Preliminar, aunque ésta se centra especialmente en la cooperación entre Estado y Comunidades Autónomas, y entre éstas y las Administraciones locales. En el art. 9 LOE se establece que el Estado promoverá programas de cooperación territorial, cuestión sobre la que volvemos más adelante.

Desde el punto de vista de nuestro trabajo es especialmente importante el art. 11 LOE, sobre oferta y recursos educativos, ya que establece que el Estado debe promover "acciones destinadas a favorecer que todos los alumnos puedan elegir las opciones educativas que deseen con independencia de su lugar de residencia (...)" (art. 11.1 LOE). El papel del Estado es, por lo tanto, solo de promoción de la igualdad de los alumnos. Por otra parte, "en aplicación del principio de colaboración", son las "Administraciones educativas" la responsabilidad de facilitar el acceso a enseñanzas de oferta escasa y a centros de zonas limítrofes (art. 11.2 LOE), así como instalaciones (art. 11.3 LOE), como veremos más adelante.

---

6 La exposición de motivos de la LOGSE afirma que "[e]n favor de esa misma ductilidad se pronuncia la propia estructura autonómica del Estado. Su desarrollo pleno requiere no sólo el ejercicio simultáneo, y por tanto habitualmente compartido, de las competencias respectivas, sino de su permanente cooperación." Aun así, en su articulado no se regula ningún mecanismo ni se hace ninguna referencia a la cooperación.

7 Como excepción, simplemente apuntamos la breve referencia a los programas de cooperación del art. 6 de la Ley Orgánica 10/2002, de 23 de diciembre, de Calidad de la Educación (LOCE), derogada por la LOE.

2. *Los instrumentos de cooperación*

La cooperación interadministrativa puede llevarse a cabo a través de diferentes mecanismos —con personalidad jurídica propia o sin ella—, basados en el derecho público o privado. Nos centramos a continuación en algunos de ellos, que tienen en común su regulación en la LOE y/o su uso en el ámbito educativo, dejando de lado otras fórmulas posibles[8].

2.1. La Conferencia Sectorial de Educación

La exposición de motivos de la Ley 40/2015, de 1 de octubre, de Régimen Jurídico del Sector Público (LRJSP) destaca los órganos que faciliten la cooperación y coordinación en las diferentes materias, entre ellas las Conferencias Sectoriales (art. 147 y ss. LRJSP). La Conferencia Sectorial de Educación fue creada por el art. 28 de la Ley Orgánica 8/1985, de 3 de julio, reguladora del Derecho a la Educación (LODE) y constituida en 1986. Está integrada por los consejeros de Educación de las Comunidades Autónomas y la ministra de Educación. Su funcionamiento ha sido siempre regular —ha celebrado, hasta el día de hoy, 114 reuniones[9]—, y ha tratado diversas materias como ordenación académica, centros educativos, personal, formación profesional, etc., tanto en la Conferencia de Educación como en la Comisión General de Educación o en las comisiones específicas. Se ha destacado su contribución al sistema descentralizado[10], aunque también se ha criticado su funcionamiento vertical y poco flexible, y que suele ser escenario de confrontación partidista

---

[8] Podemos referirnos, por ejemplo, a las comisiones territoriales de coordinación del art. 154 LRJSP.

[9] La Conferencia de Educación se ha celebrado en 114 ocasiones en sus casi cuatro décadas de existencia, a las que hay que añadir 608 reuniones de diferentes comisiones, lo que suma, en total 718 reuniones. *Conferencia de educación. Datos y miembros.* Ministerio de Educación, Formación Profesional y Deporte, 2024. Accesible en https://www.educacionfpydeportes.gob.es/mc/conferencia-sectorial-educacion/funcionamiento.html

[10] Tiana Ferrer, A. (2020). "El pacto territorial en educación. Reflexiones a partir de la pandemia de Covid-19". *Crónica*, 5.

entre "bloques"[11], además de la dependencia de las Comunidades Autónomas respecto al Estado[12].

También se han celebrado, de forma regular, sesiones de la Conferencia General de Política Universitaria[13]. La LOE se refiere en diversas ocasiones a la Comisión Sectorial de Educación, de forma más explícita en su art. 7, que establece que ésta deberá promover acuerdos para "concertar el establecimiento de criterios y objetivos comunes con el fin de mejorar la calidad del sistema educativo y garantizar la equidad." Sin embargo, en dichas comisiones no se ha abordado la cooperación educativa en las zonas limítrofes, tampoco en los acuerdos adoptados por la Comisión.

2.2. Los programas territoriales de cooperación en la LOE

El art. 9.1 LOE establece que "El Estado promoverá programas de cooperación territorial con el fin de alcanzar los objetivos educativos de carácter general, reforzar las competencias básicas de los estudiantes, favorecer el conocimiento y aprecio por parte del alumnado de la riqueza cultural y lingüística de las distintas Comunidades Autónomas, así como contribuir a la solidaridad interterritorial y al equilibrio territorial en la compensación de desigualdades." Estos programas deberán llevarse a cabo mediante acuerdos o convenios. Los convenios del Estado con las Comunidades Autónomas siguen la misma pauta en el caso de educación: el Estado propone un programa, y ofrece cofinanciación a las Comunidades que quieran participan en él. A pesar de que se ha destacado como un instrumento útil

---

11 López Picó, C. (2021). ""A vueltas" con la descentralización educativa: la experiencia en tiempos de COVID-19". *Cuadernos Manuel Giménez Abad*, 21, p. 59.

12 Perez Medina, J.M. (2020). "Dinámica de las conferencias sectoriales. Entre la intergubernamentalidad y la cooperación administrativa". *Revista d'Estudis Autonómics i Federals*, 31, pp. 17-64.

13 Creada por la Ley Orgánica 6/2001, de 21 de diciembre, de Universidades, y regulada en su art. 27 *bis*, actualmente en el art. 15 de la Ley Orgánica 2/2023, de 22 de marzo, del Sistema Universitario.

en Estados descentralizados[14], la posición del Estado es dominante y su visión es de conjunto, lo que a la práctica excluye situaciones que puedan afectar solo a dos o más de las Comunidades Autónomas, y especialmente los temas específicos referidos a zonas limítrofes.

2.3. Los instrumentos de cooperación horizontal: protocolos y convenios

La cooperación interautonómica puede adoptar formas diversas, con o sin personalidad jurídica propia. La existente hasta hoy en materia educativa se ha producido a través de convenios —Estado-Comunidades Autónomas o entre éstas— o de protocolos. No nos vamos a extender en definir la regulación de ambos, que ya se trata en otros capítulos de esta obra, pero sí en esbozar, de forma general, aquello que los distingue.

De acuerdo con el art. 471.1 LRJSP "son convenios los acuerdos con efectos jurídicos adoptados" por entes públicos entre sí —o con sujetos privados— para un fin común, y no lo son "los Protocolos Generales de Actuación o instrumentos similares que comporten meras declaraciones de intención de contenido general o que expresen la voluntad de las Administraciones y partes suscriptoras para actuar con un objetivo común, siempre que no supongan la formalización de compromisos jurídicos concretos y exigibles." Aquello que los distingue, por tanto, es la formalización o no de obligaciones para las partes[15].

---

14 Tiana Ferrer, A. (2007). "La coordinación sectorial en materia de educación en España". *Revista de Administración Sanitaria Siglo XXI*, 5(3), 373-389.

15 El art. 64.4 de la derogada Ley 30/1992, de 26 de noviembre, de Régimen Jurídico de las Administraciones Públicas y del Procedimiento Administrativo Común (LRJPAC) ya disponía que "Cuando los convenios se limiten a establecer pautas de orientación política sobre la actuación de cada Administración en una cuestión de interés común o a fijar el marco general y la metodología para el desarrollo de la colaboración en un área de interrelación competencial o en un asunto de mutuo interés se denominarán Protocolos Generales"

Por lo que se refiere a los eventuales convenios entre Comunidades Autónomas, el art. 47.2 a) LRJSP advierte que "Quedan excluidos los convenios interadministrativos suscritos entre dos o más Comunidades Autónomas para la gestión y prestación de servicios propios de las mismas, que se regirán en cuanto a sus supuestos, requisitos y términos por lo previsto en sus respectivos Estatutos de autonomía", lo que nos lleva a los convenios y acuerdos regulados por el art. 145.2 CE —que se analizan en otro capítulo de esta obra—.

Los protocolos quedan, por tanto, de acuerdo con el art. 47.1 LRJSP, en simples declaraciones de intenciones o de voluntad por las partes que no suponen "la formalización de compromisos jurídicos concretos y exigibles". De hecho, como veremos más adelante, el contenido de dichos convenios en la materia que nos ocupa es en general poco concreto y, efectivamente, muestra más buenas intenciones que compromisos específicos.

En el marco de elaboración de este trabajo no han podido localizarse convenios o protocolos centrados en la cooperación en materia de educación en las zonas limítrofes, aunque once de los protocolos generales incluyen apartados sobre esta materia[16]. Dichos protocolos se firmaron entre 2005 y 2023 (2005, 2009, 2010 (3), 2012, 2016, 2021 (2), 2022, 2023). Los primeros (2005) se firmaron entre Aragón y La Rioja, y a excepción de uno en 2022 entre Madrid y Castilla y León, el resto los han firmado comunidades del valle del Ebro (Aragón, La Rioja, Navarra, Castilla y León, y País Vasco). Como puede observarse la cooperación en zonas limítrofes —o al menos la voluntad de tenerla— se concentra en un espacio geográfico muy determinado, y está ausente en el resto.

---

16 En materia de convenios y protocolos hay que hacer una advertencia sobre su cómputo. No existe ninguna base de datos o fuente fiable de la que extraer datos concretos sobre convenios firmados, tampoco en lo que se refiere a los protocolos. En ambos casos hay que recurrir a los registros de convenios autonómicos, que suelen ofrecer, de forma muy desigual, información sobre acuerdos, convenios y protocolos. En general no ofrecen tampoco datos sobre su seguimiento o sobre si están activos.

3. La participación de los entes locales en políticas y servicios educativos

La prestación de los servicios públicos educativos corresponde a la Administración autonómica, aunque la regulación de régimen local deja un margen a la participación de los entes locales. En su redacción original, el art. 25.2 n) de la Ley 7/1985, de 2 de abril, Reguladora de las Bases del Régimen Local (LBRL) establecía como competencia municipal "[p]articipar en la programación de la enseñanza y cooperar con la Administración educativa en la creación, construcción y sostenimiento de los centros docentes públicos, intervenir en sus órganos de gestión y participar en la vigilancia del cumplimiento de la escolaridad obligatoria", redactado que cambia con la Ley 27/2013, de 27 de diciembre, de racionalización y sostenibilidad de la Administración Local (LRSAL) a "[p]articipar en la vigilancia del cumplimiento de la escolaridad obligatoria y cooperar con las Administraciones educativas correspondientes en la obtención de los solares necesarios para la construcción de nuevos centros docentes. La conservación, mantenimiento y vigilancia de los edificios de titularidad local destinados a centros públicos de educación infantil, de educación primaria o de educación especial"[17].

Por tanto, las competencias que la LBRL atribuye a los municipios en materia educativa son participar en la vigilancia del cumplimiento de la escolaridad obligatoria, cooperar con las Administraciones educativas correspondientes en la obtención de los solares necesarios para la construcción de nuevos centros docentes, y la conservación, mantenimiento y vigilancia de los edificios de titularidad local destinados a centros públicos de Educación Infantil, de Educación Primaria o de Educación Especial[18], a las que hemos de añadir, entre otras, la realización de actividades complementarias, que vemos más adelante.

---

[17] Para un análisis concreto de la reforma de LRSAL en materia educativa *vid.* Tardío Pato, J.A. (2014). "La reforma local española de 2013 y las competencias educativas". *Revista de educación,* 366, 113-135.

[18] Míguez Macho, L. (2024). "Las competencias educativas de las entidades locales". *Revista de Estudios de la Administración Local y Autonómica,* 21, 31-54.

Por otra parte, la normativa educativa establece que "las Administraciones educativas y las Corporaciones locales coordinarán sus actuaciones, cada una en el ámbito de sus competencias, para lograr una mayor eficacia de los recursos destinados a la educación y contribuir a los fines establecidos en esta Ley" (art. 8.1 LOE), y prevé la posible "(...) delegación de competencias de gestión de determinados servicios educativos en los municipios o agrupaciones de municipios que se configuren al efecto, a fin de propiciar una mayor eficacia, coordinación y control social en el uso de los recursos." (art. 8.3 LOE) Hay que añadir el contenido de la DA 15ª LOE: "Las Administraciones educativas podrán establecer procedimientos e instrumentos para favorecer y estimular la gestión conjunta con las Administraciones locales y la colaboración entre centros educativos y Administraciones públicas", además de cuestiones puntuales diversas (arts. 15.1, 30.1, 66, 81.2, 113.5, DA 15ª.5, 6 i 7 LOE) en las que no entraremos aquí.

Como vemos las competencias de los municipios en materia educativa es limitada en lo que se refiere a la prestación del servicio y/o en la capacidad de influir en su gestión. En el entorno que abordamos en este trabajo sería conveniente una mayor implicación de los municipios en tanto que son el nivel de gobierno que mejor conoce el contexto local[19].

III. LA COOPERACIÓN EDUCATIVA EN LAS ZONAS LIMÍTROFES

Como ya hemos avanzado anteriormente, la cooperación educativa entre dos Comunidades Autónomas puede darse en diferentes materias y ámbitos. En nuestro caso restringimos nuestro análisis a la cooperación horizontal que tiene por objeto las zonas limítrofes interautonómicas, lo que hace que el objeto principal de este apartado

---

19 Desde otros puntos de vista se ha defendido una mayor "descentralización de la educación a nivel municipal", *vid.* Muñoz Moreno, J.L.; Gairín Sallán, J. (2014). "La implicación de los ayuntamientos en una educación descentralizada". *Revista de Educación*, 366, 165-188.

sea la cooperación en educación primaria y secundaria, generalmente en centros públicos.

1. La (escasa) regulación de la cooperación educativa en las zonas limítrofes

El legislador estatal ha atribuido a las "Administraciones educativas" la responsabilidad de "facilitar el acceso a enseñanzas de oferta escasa y a centros de zonas limítrofes a los alumnos que no tuvieran esa oferta educativa en centros próximos o de su misma Comunidad Autónoma." (art. 11.2 LOE) Indica, además, que dicha circunstancia debe tenerse en cuenta en los procedimientos de admisión. En el mismo sentido, también les corresponde "(...) facilitar a alumnos y profesores de otras Comunidades Autónomas el acceso a sus instalaciones con valor educativo y la utilización de sus recursos." (art. 11.3 LOE). En ambos casos se remarca que dicha obligación les corresponde "en aplicación del principio de colaboración", por lo que el legislador parece haber asignado el papel de garante del acceso de los alumnos independientemente de su residencia a las Comunidades Autónomas que son, en definitiva, las que gestionan los servicios educativos y regulan las condiciones concretas de acceso.

Es importante remarcar, en primer lugar, que el legislador estatal reconoce la existencia de dichas zonas limítrofes interautonómicas, en las que puede haber dificultades de acceso a enseñanzas, centros e instalaciones por parte de alumnos residentes en la Comunidad vecina; en segundo lugar, atribuye la responsabilidad de remover los obstáculos para que ello no suceda; y en tercer lugar, debe hacerlo a través de fórmulas colaborativas.

El legislador autonómico, en cambio, no suele contemplar la existencia de situaciones que trasciendan el límite territorial propio. No es diferente en el caso de la necesidad de cooperación educativa en áreas limítrofes, en las que una de las Comunidades Autónomas puede tener mayor población —y en principio mayor oferta educativa—, y la otra población reducida y dificultades para sostener centros educativos, de forma que los escolares deben asistir a centros a distancias mayores que los centros de la comunidad vecina. Sí encontramos dos casos en los que se contempla la existencia de necesidades en las zonas limítrofes.

El primero de ellos, en la Ley 6/2008, de 26 de diciembre, de Educación de Cantabria. Su art. 22.2, sobre oferta y recursos educativos, establece que "corresponde a la Consejería de Educación, en aplicación del principio de colaboración, facilitar el acceso a enseñanzas de oferta escasa y a centros de zonas limítrofes a los alumnos que no tuvieran esa oferta educativa en centros próximos de otras Comunidades Autónomas colindantes. A tal efecto, en los procedimientos de admisión de alumnos se tendrá en cuenta esta circunstancia." En el mismo sentido, y de acuerdo también con el principio de colaboración, "la Consejería de Educación podrá facilitar, mediante los correspondientes convenios de colaboración, el acceso recíproco a las instalaciones deportivas a alumnos y profesores de otras Comunidades Autónomas limítrofes, así como el acceso a sus instalaciones con valor educativo y la utilización de sus recursos." (art. 22.4)

Por otra parte, el art. 132.3 de la Ley 7/2010, de 20 de julio, de Educación de Castilla-La Mancha establece que "La Comunidad Autónoma de Castilla-La Mancha, en aplicación del principio de colaboración establecido en el artículo 11 de la Ley Orgánica 2/2006, de 3 de mayo, de Educación, facilitará el acceso a enseñanzas de oferta escasa y a centros de zonas limítrofes al alumnado que no tuviera esa oferta educativa en centros próximos o de su misma Comunidad Autónoma."

2. *Derecho de acceso a los servicios educativos y límites administrativos: la zonificación escolar*

El art. 27 CE contiene los elementos principales en materia de educación[20], y en concreto del derecho a la educación, en conexión

20 De forma sintética: el derecho a la educación; la libertad de enseñanza, la libertad de creación de centros docentes; la obligatoriedad y gratuidad de enseñanza básica; el deber de los poderes públicos de apoyar a los centros, de garantizar el derecho a la educación y de inspeccionar el sistema educativo; el reconocimiento de la autonomía universitaria; entre otros.

con otros preceptos, como la obligación de los poderes públicos de promover la igualdad y la libertad —reales y efectivas— (art. 9.2 CE), el derecho a la igualdad (art. 14 CE) o la igualdad de derechos y obligaciones de los españoles en cualquier parte del territorio del Estado (art. 139.1 CE), entre otros. Una obligación de los poderes públicos, de cuyo cumplimiento depende el ejercicio del derecho a la educación[21].

No existe —ni puede haberla— una prohibición de acceso a los servicios públicos en función de la residencia, ni en el ámbito nacional[22] ni en el de la Unión Europea[23]. A la práctica, sin embargo, las políticas educativas autonómicas tienden a imponer restricciones de acceso a estudiantes residentes en las Comunidades Autónomas vecinas. Un ejemplo claro de ello es la zonificación en la prestación del servicio público educativo. Lo vemos a continuación.

El art. 84.1 LOE remite a las Administraciones educativas la regulación de la admisión de alumnos en centros públicos y privados concertados, garantizando "el derecho a la educación, el acceso en condiciones de igualdad y la libertad de elección de centro por padres, madres o tutores legales", evitando además la segregación por motivos socioeconómicos y distribuyendo entre los centros los estudiantes con necesidades de apoyo educativo.

No obstante lo anterior, el art. 84.2 LOE establece algunos criterios relevantes para determinar el sistema de admisión en cada caso. Eso es así porque establece que tendrán prioridad en el acceso "(…)

21 Álvarez Vélez, M.I. (2021). "La Ley Orgánica 3/2020 del Derecho a la educación y su impacto para las Comunidades Autónomas". En *Informe Comunidades Autónomas 2020.* Instituto de Derecho Público, p. 57.

22 Ya en el art. 1.2 de la Ley Orgánica 8/1985, de 3 de julio, reguladora del Derecho a la Educación (LODE) se establecía el derecho a la educación sin discriminación, entre otros, por el lugar de residencia del alumno.

23 A modo de ejemplo, Jørgensen se refiere al derecho de los estudiantes a continuar sus estudios en otro Estado miembro, y concluye que las restricciones territoriales -p.e. imponer el pago por los servicios a estudiantes de otro Estado o las restricciones de acceso- son discriminatorias, de acuerdo con los Tratados.: Jørgensen, S. (2009). "'The Right to Cross-Border Education in the European Union". *Common Market Law Review,* 46 (5), 1567-1590.

la existencia de hermanos o hermanas matriculados en el centro; proximidad del domicilio o del lugar de trabajo de alguno de sus padres, madres o tutores legales y la renta per cápita de la unidad familiar", entre otros. Dichos criterios no "podrá suponer más del 30 % del total de la puntuación máxima, salvo la proximidad al domicilio que podrá superar ese límite." La proximidad se convierte pues en el criterio general con un peso más relevante. En algunos casos podemos encontrar una asociación entre la proximidad y la inclusión en el territorio autonómico[24]. En otros no se explicita, pero se zonifican los servicios educativos, dentro de los límites territoriales autonómicos.

La zonificación educativa —con diferentes denominaciones, como zonas o áreas educativas o de proximidad— cumple la función de delimitar áreas espaciales a efectos de asignación de plazas, especialmente cuando la demanda es superior a la oferta. Al zonificar un espacio determinado —municipio, zona o área— se da prioridad a los que cumplen el criterio de proximidad —residencia— y se restringe el acceso al resto. Además, en el caso de que los estudiantes sin plaza correspondan a otra comunidad, es esta la que tiene la obligación de asegurar un centro a dicho estudiante, aunque su domicilio sea más próximo a la comunidad vecina.

Los baremos se aplican respecto a cada una de las zonas educativas, y se regulan a través de reglamento autonómico, que anualmente confirma o cambia el peso de cada uno de los criterios establecidos en el art. 84.2 LOE y en la legislación autonómica. Dichos criterios pueden explicitar o no la condición de residente en la Comunidad Autónoma, aunque a la práctica suponen una barrea o al menos una

---

24 Por ejemplo, la normativa riojana no veda el acceso de alumnos de municipios limítrofes de otras comunidades, pero introduce una preferencia por los alumnos riojanos en los "Criterios de admisión para el Primer Ciclo de Educación Infantil" (Curso 2023/2024). Además de los criterios por la situación familiar, económica y laboral de los padres, madres o tutores, se incluye el de proximidad del domicilio o lugar de trabajo (3 puntos en el mismo municipio, 1 punto por "domicilio familiar o lugar de trabajo situado en otro municipio de la Comunidad Autónoma de La Rioja distinto al de la escuela." No se excluye a los alumnos de otras Comunidades Autónomas, aunque la puntuación se limita a municipios de la comunidad.

desventaja para el acceso a los centros, situación que no debería producirse, a tenor del art. 11.2 LOE[25].

Estas barreras de acceso se refuerzan en secundaria, ya que el art. 84.5 LOE establece que tendrán prioridad para el acceso a un centro "(...) quienes procedan de los centros de educación infantil, educación primaria o educación secundaria obligatoria, respectivamente, que tengan adscritos (...)". Como vemos, si el acceso a la educación primaria estaba fuertemente determinado por la proximidad —dentro del territorio autonómico—, la adscripción de los centros refuerza el efecto "contenedor" del que hablábamos anteriormente.

3. *La condición de beneficiario en actividades educativas complementarias*

La prestación del servicio de educación reglada no es la única que puede afectar en estas zonas. También lo son las actividades educativas complementarias. El art. 81.2 LOE establece que "(...) en la educación básica, en aquellas zonas rurales en que se considere aconsejable, se podrá escolarizar a los niños en un municipio próximo al de su residencia para garantizar la calidad de la enseñanza. En este supuesto las Administraciones educativas prestarán de forma gratuita los servicios escolares de transporte y, en su caso, comedor e internado." La prestación de estos servicios por los Ayuntamientos tenía la cobertura del art. 28 LBRL (actividades complementarias), pasando a estar sujetas al art. 7.4 LBRL desde la aprobación de la LRSAL (siempre y cuando ya los prestaran antes de 2013 o lo permita la nor-

---

25 El Defensor del Pueblo ha recogido en uno de sus informes el caso de una queja de un estudiante murciano que había manifestado "no haber sido admitido en el Instituto de Enseñanzas a Distancia de Andalucía, para cursar un ciclo formativo, por no tener la condición de andaluz o reconocida la identidad andaluza, en los términos recogidos en el Estatuto de Autonomía de Andalucía". Según se afirma en el informe la cuestión fue debatida en una reunión del Comité Técnico de Formación Profesional de la Conferencia Sectorial de Educación (de junio de 2016), para que se pudiera tener en cuenta esta circunstancia como criterio de admisión, pero nunca como requisito excluyente. Defensor del Pueblo: *Los niños y los adolescentes en el informe anual del Defensor del Pueblo* 2020, pp. 82-83.

mativa educativa autonómica). La LOE garantiza el derecho, aunque el acceso a dichos servicios plantea problemas porque sus beneficiarios pueden no ser vecinos del municipio que los está sufragando. Esta no deja de ser una consecuencia de la aplicación del principio de territorialidad en la prestación de servicios, que se da tanto en el nivel autonómico como en el local.

IV. LOS CONVENIOS Y PROTOCOLOS DE COOPERACIÓN EN MATERIA EDUCATIVA EN LAS ZONAS LIMÍTROFES

Los convenios entre Comunidades Autónomas específicos en materia educativa son escasos. Se han firmado convenios para el desarrollo del programa de actividades complementarias y viajes educativos en los centros escolares (Aragón-Castilla La Mancha, 2005, 2006), para la realización de prácticas universitarias (La Rioja-Navarra, 2015, 2017 y 2018), y para el desarrollo del módulo profesional de formación en centros de trabajo de los ciclos formativos de enseñanzas de Formación Profesional correspondientes a la familia profesional de Sanidad (Castilla La Mancha-Extremadura). Sobre acceso, se firmó un convenio en 1998 entre Castilla y León y Madrid para el acceso de alumnos de Segovia a las universidades públicas madrileñas. En cambio, cuando nos referimos a la colaboración específica sobre educación en zonas limítrofes vemos que se lleva a cabo a través de protocolos.

1. Espacios de cooperación interautonómica en materia educativa

Desde un punto de vista general, la consolidación de unos espacios de colaboración interautonómica[26], entendidos como zonas limítrofes en los que las Comunidades Autónomas son más proclives a la cooperación, se ha consolidado en las últimas décadas entre Ma-

---

26 García Morales, M.J. (2007). "Relaciones de colaboración con las Comunidades Autónomas. En Tornos Mas, J. (Dir.). *Informe Comunidades Autónomas 2006*. IDP, p. 95.

drid y ambas Castillas en materia de carreteras y transporte público, entre La Rioja y sus CCAA limítrofes —especialmente Navarra, País Vasco (Álava) y Castilla y León—, entre Galicia y Asturias, y entre Comunidad Valenciana y Aragón[27].

La cooperación en materia educativa se ha producido en las últimas décadas en las áreas geográficas en las que, de forma general, se dan más casos (Madrid —ambas Castillas—, Aragón con Comunidades Autónomas limítrofes, y Comunidades Autónomas alrededor del Ebro (La Rioja, País Vasco, Navarra, Aragón). Versa, en general de forma genérica, sobre la cooperación en materia universitaria, de investigación y educativa, con referencias expresas en ocasiones sobre programas de investigación, colaboración en la formación de profesorado, compartición de experiencias, etc. Específicamente sobre acceso de alumnos de áreas limítrofes la colaboración se reduce a dos áreas concretas: Madrid, Castilla y León y las Comunidades Autónomas alrededor del Valle del Ebro, en sentido extenso.

1.1. La cooperación educativa entre la Comunidad Autónoma de Madrid y Castilla y León

Existen protocolos y convenios de colaboración entre Madrid y ambas Castillas desde los años 80, que reflejan el área de influencia de Madrid en sentido extenso. El inicio de la cooperación entre las tres Comunidades data de 1986, aunque no es hasta 2002 cuando firma un protocolo entre ellas, en el que de forma genérica se manifiesta la intención de cooperar sobre asuntos de interés común, entre los cuales se incluye la educación. En noviembre de 2022 Madrid y Castilla y León firman un nuevo —y extenso— protocolo en el que "manifiestan su intención mutua de colaborar, dentro del marco de sus respectivas competencias, en la realización de actuaciones de interés común en el ámbito de la educación, con la finalidad última de mejorar la calidad y la equidad en la prestación del servicio público y optimizar los recursos existentes entre ambas comunidades." (cláusu-

---

27 Galindo Caldés, R. (2020). "Territorialidad, cooperación horizontal y fronteras interiores". *Revista General de Derecho Administrativo*, 55, p. 11.

la 9ª). Entre otros ámbitos (formación de profesorado, intercambio de experiencias, etc.) son de especial interés para nuestro análisis dos de ellos:

- "Posibilitar que los alumnos de localidades limítrofes de ambas comunidades puedan disfrutar de todos los derechos de que goza el alumnado de la propia Comunidad Autónoma, relativos principalmente a admisión en centros y servicios complementarios de comedor, transporte, ayudas al estudio de carácter no universitario y, en su caso, residencia."
- "Habilitar los mecanismos que permitan al alumnado la realización de la formación en centros de trabajo para la obtención de títulos de formación profesional y certificados de profesionalidad en empresas de ambas comunidades, especialmente en los casos de cercanía geográfica entre el centro de formación y la empresa."

1.2. Los protocolos educativos entre Cataluña y Aragón

A pesar de las tensas relaciones entre ambas comunidades en el ámbito político en buena parte de las últimas décadas, se han firmado protocolos específicos sobre educación —y sobre otras materias— entre Cataluña y Aragón (2010, 2013, 2018). El objeto es la colaboración "para la promoción de la enseñanza de la lengua catalana en el ámbito de la educación, considerando los vínculos históricos, culturales y lingüísticos." (en 2010), y de forma más general sobre cooperación educativa —pero también con un importante contenido sobre lengua catalana— (en 2013 y 2018).

1.3. Los protocolos educativos entre Navarra y País Vasco

Entre Navarra y País Vasco se firmó en 2009 un protocolo de colaboración que definía dos modalidades de cooperación específicas sobre áreas limítrofes:

- Desarrollar acciones comunes que mejoren la atención a los ciudadanos de los territorios limítrofes, optimicen los recursos existentes y fomenten la coordinación de los medios y dispositivos obrantes en dichos territorios.

- Impulsar la ejecución de infraestructuras que mejoren las comunicaciones entre ambas partes y con el resto de las comunidades.

Curiosamente, en los ámbitos de actuación no se contempla la educación —ni otras habituales como sanidad o extinción de incendios— sino infraestructuras, recepción de EiTB en Navarra y lengua (euskera). En referencia a la cooperación en materia lingüística, se concretó en un convenio en 2012. En 2016 se firma el último protocolo, que, aunque no incluye la modalidad específica en "territorios limítrofes", sí lo hace con un apartado específico sobre educación en el que sí se prevén actuaciones en zonas limítrofes —en el sentido de los protocolos de los años 2009-2010—, además de cooperación universitaria, entre otros. En 2021 se firma un nuevo protocolo, que no incluye grandes diferencias en materia educativa respecto al anterior.

1.4. Los protocolos educativos en las comunidades del valle del Ebro

El entorno del valle del Ebro, en sentido extenso, ha sido el área de mayor intensidad de cooperación horizontal en las últimas décadas. Ya en 1992 se firma el "Protocolo de Colaboración del Valle del Ebro" entre Aragón, La Rioja y Navarra, sin contenido material, pero que define un ámbito geográfico de cooperación que en las siguientes tres décadas dará lugar a numerosos protocolos y convenios de colaboración. En 2012 se firma una declaración, y otro protocolo entre las tres Comunidades Autónomas sobre cultura, turismo, agricultura y ganadería, pero sin mención de la educación.

Se han firmado, entre las Comunidades Autónomas de Castilla y León y La Rioja diferentes protocolos desde los años 90, en diferentes materias (infraestructuras, medio ambiente, turismo, etc.). La educación no aparece hasta el protocolo de 2005 (con el mismo redactado del protocolo entre Aragón y La Rioja de 2005), y el énfasis en las zonas limítrofes lo hace en el protocolo de 2009, con el mismo redactado que en el protocolo de Aragón y Castilla y León de

2010[28], que incluye los ámbitos citados anteriormente y otros específicos (exención de tasas, participación en programas concretos, etc.). En relación con este protocolo se aprobaron tres adendas, la tercera de las cuales (2014) incluye una breve referencia sobre educación[29].

En 2010 Aragón y Castilla y León firmaron un protocolo general, con un apartado específico sobre educación (cláusula 7ª), que incluye diversos aspectos sobre las áreas limítrofes, hecho que se explicita como razón principal para la cooperación educativa, que se centra en "cuestiones de interés común como son las relativas a los alumnos residentes en localidades limítrofes de ambas comunidades que se escolarizan en centros situados en la otra Comunidad Autónoma o las que se refieren a la movilidad de alumnos de ciertos tipos de enseñanza como son las de régimen especial." En especial destacamos los siguientes ámbitos materiales "objeto de análisis para, en su caso, articular la colaboración":

- Posibilitar que los alumnos de localidades limítrofes de ambas Comunidades puedan disfrutar de todos los derechos de que goza el alumnado de la propia Comunidad Autónoma, relativos principalmente a admisión en centros y servicios complementarios de comedor, transporte, ayudas al estudio y, en su caso, residencia.
- Intercambiar programas y actividades en relación con las actividades complementarias con alumnado. Posibilitar la participación de los escolares de la Comunidad de Aragón y de Castilla y León en las actividades culturales y visitas a los Museos

---

28 "Cuestiones de interés común" como las relativas a los alumnos residentes en localidades limítrofes que se escolarizan en centros situados en la otra Comunidad Autónoma o las que se refieren a la movilidad de alumnos de ciertos tipos de enseñanza como son las de régimen especial.

29 "Ambas Comunidades están comprometidas en asegurar esa adecuada formación, y por ello los alumnos del Ciclo Superior de Anatomía Patológica y Citología que cursan sus estudios en el Centro Integrado de Formación Profesional "Río Ebro" de Miranda de Ebro (Burgos), procedentes de ambas Comunidades en virtud de los acuerdos suscritos al efecto, realizarán sus prácticas hospitalarias en el Hospital San Pedro de Logroño." (Cláusula 6ª)

de ambas Comunidades, como actividades complementarias al currículo.

- Facilitar el desarrollo de las prácticas de alumnado de formación profesional (FCT) en empresas situadas en la zona limítrofe entre ambas Comunidades.

Entre Aragón y La Rioja, en el protocolo firmado en 2005 se muestra la intención, en materia educativa, de colaborar en "programas educativos en materia de evaluación, sistemas educativos, formación del profesorado, nuevas tecnologías, medidas y programas formativos, entre otros", pero sin enfatizar el ámbito geográfico limítrofe, que en otros apartados del protocolo sí lo hace, por ejemplo, en materia sanitaria. En el siguiente protocolo, en 2009 —sustituido por otro similar en 2021—, sí se especifica la cooperación en "cuestiones de interés común" como las relativas a los alumnos residentes en localidades limítrofes que se escolarizan en centros situados en la otra Comunidad Autónoma o las que se refieren a la movilidad de alumnos de ciertos tipos de enseñanza como son las de régimen especial.

Entre las Comunidades Autónomas de La Rioja y Navarra se han firmado convenios —más en concreto, desde los años 90 convenios entre La Rioja y la Universidad de Navarra para la realización de prácticas—. Desde los años tanto entre las tres Comunidades Autónomas del Valle del Ebro, como de carácter bilateral, especialmente en materia de agricultura. La referencia a la educación en las zonas limítrofes aparece en el protocolo de 2009, con el mismo redactado que los protocolos de Aragón y Castilla y León (2010), y Castilla y León y La Rioja (2009), pero sin especificar submaterias concretas. En el mismo sentido el protocolo firmado en 2022.

Entre las Comunidades Autónomas de La Rioja y País Vasco se han firmado diferentes convenios desde los años 90 en materia sanitaria especialmente. Sobre educación, algunos convenios entre La Rioja y la Universidad del País Vasco sobre estudiantes en prácticas. Solo existe un protocolo general entre ambas Comunidades Autónomas, en 2013 (en vigor), con un apartado sobre educación (mejora educativa y FP), pero sin mención a las áreas limítrofes.

Entre las Comunidades Autónomas de Castilla y León y País Vasco se han firmado dos protocolos sobre educación (2012, 2021). En el primero se indicaban, entre otros ámbitos en los que celebrar convenios en un futuro, el acceso a los centros[30] o la promoción del euskera[31].

2. *Cooperación interautonómica y lenguas cooficiales*

Uno de los ámbitos en los que la cooperación tiene más sentido es en la enseñanza en lengua cooficial —catalán, vasco y gallego— en los municipios limítrofes con las Comunidades Autónomas en los que es lengua oficial y forma parte de la educación primaria y secundaria. Tres son los casos que se abordan a continuación: la educación en gallego en los municipios del Bierzo (León) y los limítrofes de Zamora; los municipios aragoneses catalanohablantes limítrofes con Cataluña; y la presencia del euskera en municipios burgaleses limítrofes con el País Vasco, especialmente los dos integrantes del enclave de Treviño.

2.1. El gallego en Castilla y León

El uso del gallego en Castilla y León está en buena medida normalizado. De hecho, el art. 5.3 del Estatuto de Autonomía de Castilla y León establece que "gozará de respeto y protección la lengua gallega en los lugares en que habitualmente se utilice", es decir, en la comarca de El Bierzo (León) y en Sanabria (Zamora). La primera tiene in-

---

30 "Posibilitar que los alumnos de localidades limítrofes de ambas Comunidades puedan disfrutar, en los términos recogidos en la Ley Orgánica de Educación de 4 de mayo de 2006 (art. 8 y art.11) de los derechos que goza el alumnado de la propia Comunidad Autónoma, relativos a su escolarización".

31 "En relación con la promoción de la lengua vasca, se continuará con el trabajo desarrollado en la Escuela Oficial de Idiomas de Miranda de Ebro, donde actualmente se dispone de cupo de profesorado, ofertándose los niveles básico, intermedio y avanzado de Euskera. El Gobierno Vasco podrá colaborar en la formación de este profesorado. Asimismo, a fin de reforzar y profundizar en la cultura de la lengua vasca de la población escolar del enclave de Treviño, se apoyará su difusión en las actividades extraescolares de sus centros educativos".

cluso un tratamiento diferenciado, a través de la *Ley 1/1991, de 14 de marzo, por la que se crea y regula la comarca de El Bierzo.* Específicamente en materia educativa se firmó en 2001 un convenio entre las consejerías de educación gallega y castellano-leonesa, y en 2006 un *Protocolo general de colaboración entre la Xunta de Galicia y la Comunidad de Castilla y León para la promoción de la lengua gallega en los territorios limítrofes de las Comunidades Autónomas (El Bierzo y Sanabria).* Actualmente, a través del "Programa para la promoción de la Lengua Gallega en Castilla y León" —en funcionamiento desde 2001— se imparte gallego en 14 CEIP (13 en El Bierzo y 1 en Sanabria), 4 IES (El Bierzo) y la EOI de Ponferrada, en todos los niveles educativos (infantil, primaria, secundaria y bachillerato), y la Xunta de Galicia reconoce el nivel de competencia lingüística (Celga 2 y 3). Más de un millar de estudiantes se acogen a este programa.

2.2. El catalán en Aragón

Los municipios limítrofes de Aragón con Cataluña forman parte del ámbito lingüístico catalán. Con mayor o menor implantación incluye varias decenas de municipios, en los que la mayor parte de sus habitantes habla catalán. La denominación de la lengua ha sido controvertida —al igual que en la Comunidad Valenciana, y en menor medida, Baleares—, a pesar de que no lo es desde el punto de vista filológico, ni tampoco en los municipios catalanohablantes. Los recelos y a menudo difíciles relaciones entre los gobiernos autonómicos aragonés y catalán han puesto a menudo la lengua en el centro de la confrontación, alternando políticas de promoción del catalán con intentos de reducir su protección o promoción[32]. La inestabilidad de las relaciones entre ambas comunidades no ha impedido que

---

32 La Ley 10/2009 de uso protección y promoción de las lenguas propias de Aragón pretendía en su día la protección y promoción del catalán y aragonés. Esta ley estuvo vigente hasta la aprobación de la Ley 3/2013 de uso, protección y promoción de las lenguas y modalidades lingüísticas de Aragón, que tenía un signo contrario e introdujo la exótica denominación de "lengua aragonesa propia del área oriental". Dicha ley ha seguido vigente durante los gobiernos del socialista Lambán (2015-2023), aunque se reconoció el catalán y el aragonés en una enmienda del art. 4 de la Ley 3/1999,

se firmen tres protocolos (2010, 2013 y 2018) y se imparta catalán como asignatura optativa en 37 centros escolares en el curso 2021-2022 —respecto a 12 centros en el curso 1984-1985—[33], a la que asisten apenas el 35% de los alumnos de dichos centros. También puede estudiarse catalán en los centros de la Escuela Oficial de Idiomas más cercanos (Fraga, Monzón y Alcañiz).

2.3. El euskera en Castilla y León: el caso de Treviño

El enclave burgalés de Treviño en la provincia de Álava ha sido objeto de diversas controversias en las últimas décadas, especialmente por la voluntad de buena parte de los vecinos de los dos municipios que lo conforman —Condado de Treviño y La Puebla de Arganzón— de integración en el País Vasco. La razón principal es la proximidad de los dos municipios a Vitoria —y la lejanía respecto a Burgos—, lo que se traslada también al ámbito educativo, especialmente en lo que se refiere a la enseñanza del euskera, y a su uso público. Con los intentos de segregación de fondo, los intentos de los municipios de extender el uso y la enseñanza del euskera han encontrado generalmente la oposición de la Junta de Castilla y León[34]. A pesar de

---

de 10 de marzo, del Patrimonio Cultural Aragonés, enmienda que el nuevo gobierno del popular Azcón (2023-) pretende eliminar.

33 Quintana i Font, A. (2023). "Ensenyament de l'aragonès i del català". *Compromiso y Cultura*, 99.

34 La jurisprudencia da cuenta de los conflictos entre las Instituciones castellano-leonesas y los dos municipios por el uso del euskera, sobre la presencia pública del euskera y la rotulación bilingüe (STJCyL 172/2001, de 20 de julio. Sala de lo Contencioso (Roj: STSJ CL 3659/2001)), STS de 2 de febrero de 2005. Sala de lo Contencioso Secc. 4 (Roj: STS 567/2005); sobre un convenio con el Gobierno Vasco materia de educación y cultura, que incluía la enseñanza en euskera (STJCyL 264/2005, de 28 de abril. Sala de lo Contencioso (Roj: STSJ CL 2241/2005); STJCyL 530/2005, de 14 de octubre. Sala de lo Contencioso (Roj: STSJ CL 5643/2005); STSJ CL 6355/2005, de 18 de noviembre. Sala de lo Contencioso (Roj: STSJ CL 6355/2005); STS de 15 de julio de 2008. Sala de lo Contencioso (Roj: STS 4238/2008); STS de 19 de diciembre de 2008. Sala de lo Contencioso (Roj: STS 6878/2008); STS de 16 de marzo de 2010. Sala de lo Contencioso (Roj: STS 1245/2010).

un reciente acuerdo a nivel provincial[35], la educación en euskera en Treviño sigue siendo una cuestión controvertida[36]. Por otra parte, el enclave solo tiene un centro público de educación primaria (CEIP Condado de Treviño), y su instituto de secundaria de adscripción está fuera del enclave (IES Montes Obarenes, en Miranda de Ebro), cuando el área de relación habitual es Vitoria-Gasteiz. La ausencia de educación en euskera coloca a los estudiantes del enclave en desventaja en su futura vida académica y laboral[37].

3. *La cooperación educativa en los programas europeos de cooperación transfronteriza*

La educación suele ser objeto de programas de cooperación transfronteriza. En nuestro entorno más próximo podemos mencionar dos ejemplos destacados como buenas prácticas por el Border Focal Point Network (Comisión Europea), como son las "escuelas de frontera" entre España y Portugal, y el proyecto "Eskola Futura-Irakaslegaiak AEN" en la frontera hispanofrancesa. El primero es iniciativa de la OEI[38], está centrado en los centros educativos a lo largo de toda

---

35 *Acuerdo-marco de colaboración entre la Diputación Foral de Álava y la Diputación Provincial de Burgos en relación con el Enclave de Treviño* (ratificado por Norma Foral 6/2017, de 29 de marzo), que incluye entre las materias la "promoción de actividades culturales, educativas y aprendizaje y normalización euskera." (cláusula tercera, apartado 14), concretado a través del *Convenio de colaboración en desarrollo del acuerdo-marco sobre el enclave de Treviño en materia de promoción y fomento del euskera*, de 24 de abril de 2021 (con cargo a la Diputación Foral de Álava).

36 Un ejemplo en este sentido es la reciente sentencia del Juzgado de lo Contencioso Nº1 de Burgos, de diciembre de 2021, que anuló el "Plan del Euskera" aprobado por el Condado de Treviño en 2020, que pretendía "normalizar" el uso del euskera en el municipio e incrementar su uso en las aulas.

37 El Condado de Treviño ha solicitado adelantar la enseñanza del euskera (actualmente a partir de 6º de primaria), propuesta que no parece haber tenido una acogida positiva por parte del ejecutivo autonómico. Esta petición intenta evitar la "fuga" de alumnos a centros educativos vascos, muy cercanos al enclave.

38 El proyecto "Escuelas de frontera" impulsado por la Organización de Estados Iberoamericanos para la Educación, la Ciencia y la Cultura (OEI) con

la frontera, mientras que el segundo es más específico, de formación de profesores bilingües, y estuvo financiado por fondos europeos[39].

Si bien nos hemos centrado en dos proyectos transfronterizos españoles, hay otros muchos ejemplos en los diversos proyectos y estructuras financiados con fondos europeos de cohesión territorial, como la escuela bilingüe de educación primaria de Prosenjakovci (Eslovenia)[40] o el del instituto de educación secundaria "BORG Bad Radkersburg" (Austria)[41]. Se trata de iniciativas muy concretas y que

---

el apoyo de instituciones educativas y universidades de ambos países. En la edición 2024 participaron 25 escuelas de 13 grupos escolares de Portugal y 23 Colegios de Educación Infantil y Primaria (CEIP) de 4 Comunidades Autónomas españolas (Andalucía, Castilla y León, Extremadura y Galicia). Esta iniciativa se ha destacado como buena práctica por el Border Focal Point Network (Comisión Europea) "Spain and Portugal: A Network of Border Schools" (abril de 2024, accesible aquí: https://futurium.ec.europa.eu/en/border-focal-point-network/good-practices/spain-and-portugal-network-border-schools)

39 También en el ámbito educativo, el proyecto "Eskola Futura - Irakaslegaiak AEN" de la AECT Euroregión Aquitania-Euskadi, en la que participan instituciones y universidades vascas y aquitanas, que tiene como objetivo responder a la necesidad de profesores bilingües francés-euskera y francés-occitano para las escuelas fronterizas, a través de becas de formación. El proyecto fue financiado por INTERREG en el período 2017-2020. De los 25 profesores formados, 23 están en activo en dichas escuelas.

40 Es interesante el caso de la escuela bilingüe de educación primaria de Prosenjakovci (en el municipio eslovaco de Morasvke Toplice), a la que asisten estudiantes húngaros de zonas limítrofes. La escuela se financia con fondos nacionales y locales eslovacos, aunque no húngaros. Esta iniciativa se incluye como buena práctica por el Border Focal Point Network (Comisión Europea) ("Bilingual education for social cohesion: the primary school at the Slovenian-Hungarian border", julio de 2021, accesible en https://futurium.ec.europa.eu/en/border-focal-point-network/good-practices/bilingual-education-social-cohesion-primary-school-slovenian-hungarian-border, donde se ha destacado como un ejemplo de prestación de servicios públicos transfronterizos, aunque la falta de implicación de las instituciones húngaras es un hándicap.

41 Otro ejemplo de cooperación en materia educativa es el de la escuela de educación secundaria austríaca "BORG Bad Radkersburg", que admite estudiantes eslovenos desde los años 80 Este caso se analiza en OČKERL, Petra; PETERLIN, Marko. Cross-border Public Services (CPS). Targeted Analysis. Final Report. Scientific Report – Annex VII. Case study report –

cuentan con financiación de fondos europeos, pero que no acaban generando colaboraciones más amplias y sólidas en ámbitos como el sanitario o de transporte.

La financiación de los proyectos de cooperación educativa sería sin duda una gran ayuda en el impulso a programas comunes educativos, pero el reto continúa siendo su funcionamiento regular, ya que las dificultades son de recursos humanos y materiales habría que añadir las regulatorias. En primer lugar, la asunción de parte del coste por parte de la comunidad vecina respecto a "sus" estudiantes. Una solución similar a la de repercusión de costes sanitarios en casos análogos podría estudiarse. En segundo lugar, el acceso de un estudiante a un centro de otra comunidad supone, a todos los efectos, que se considere un estudiante de dicha comunidad. Cabría preguntarse si sería factible una regulación específica en los centros limítrofes, de la misma forma que existen casos de cooperación educativa[42] o de casos de tratamiento diferenciado[43].

V. CONCLUSIONES

De acuerdo con lo visto hasta ahora, podemos constatar que la cooperación entre las Administraciones educativas autonómicas es escasa formalmente, y más aún en la práctica. El legislador ha proporcionado un marco general de cooperación en la LOE, que apenas han desarrollado las Comunidades Autónomas en lo que se refiere a la cooperación educativa en las zonas limítrofes. Tampoco lo han hecho los ejecutivos autonómicos, más allá de la buena voluntad

Pomurje. ESPON 2020. 16 de noviembre de 2028. https://archive.espon.eu/sites/default/files/attachments/ESPON%20CPS%2011%20Scientific%20Report%20Annex%20VII%20Pomurje.pdf

42 Por ejemplo, el Consorcio de Educación de Barcelona, formado por la Generalitat de Catalunya y el Ayuntamiento de Barcelona, gestiona todos los centros públicos del municipio de Barcelona.

43 Por ejemplo, los estudiantes de Bachillerato Internacional, tanto en lo que se refiere al acceso en los centros públicos como las pruebas de acceso a la universidad.

expresada en una decena de protocolos que, como hemos visto, no implican obligaciones para las partes.

El margen de mejora en este ámbito es, por tanto, muy amplio y por diversos motivos. En primer lugar, por garantizar el acceso a los alumnos a los centros educativos más próximos, independientemente de su comunidad de origen. En segundo lugar, por la existencia de intereses comunes, como se ha comprobado con la cooperación en materia lingüística. En segundo, por una cuestión de eficiencia en la prestación de los servicios educativos, y por las posibilidades de complementariedad en la oferta educativa, sobre todo en educación secundaria.

Parece evidente que la cooperación puede chocar con la regulación autonómica en materia educativa, que a menudo es divergente. No obstante, la respuesta a los problemas que plantea el acceso a los servicios públicos en las zonas limítrofes no puede ser la indiferencia, habida cuenta de que la cooperación puede dar mejores frutos, especialmente cuando estamos hablando de zonas periféricas, a menudo con una población escasa, y que pueden encontrar en la colaboración con sus vecinos un escenario mucho más positivo que el actual.

Desde el punto de vista estatal, la cooperación a través de los convenios Estado-Comunidades Autónomas en este ámbito apenas ha tenido incidencia, ya que no abordan la cooperación bilateral o multilateral entre Comunidades Autónomas, y la cooperación en zonas limítrofes no forma parte de sus prioridades. Tampoco los programas de Cooperación Territorial tienen un enfoque de colaboración, sino de abordaje conjunto como sistema. El propio Estado, dentro del mismo marco de cooperación, podría introducir programas financiados y que tengan como objeto la colaboración en zonas limítrofes[44].

El margen de mejora en la colaboración horizontal en materia educativa es grande, sin necesidad de cambios normativos. Se trata de poner en práctica los abundantes instrumentos de cooperación

---

44 Un ejemplo son las "Ayudas destinadas a promover agrupaciones de centros educativos", financiadas por el Ministerio de Educación, Formación Profesional y Deportes, y dirigidas a la colaboración entre centros de diferentes Comunidades Autónomas.

disponibles, ya sea a través de fórmulas de derecho público o privado, con personalidad jurídica o sin ella. Hay que ir más allá de los protocolos, y avanzar en compromisos más firmes y estables, a través de convenios o de instrumentos personificados, como los consorcios.

Habría que considerarse también, dentro de un marco más general, la conveniencia de instrumentos de cooperación análogos a los europeos. La cooperación transfronteriza en la Unión Europa es clave en la política europea de cohesión, se han diseñado instrumentos específicos (AECT) y se destinan recursos económicos a través de programas como los INTERREG. La Comisión Europea hace un esfuerzo en la cohesión y la cooperación entre Estados, pero el Estado español no hace lo propio respecto a las Comunidades Autónomas. Los arts. 9 y 11 LOE deberían ser regulación suficiente para promover la cooperación por parte del Estado a través de programas específicos, de forma que las Comunidades Autónomas tengan los instrumentos apropiados y los incentivos a la cooperación.

Referencias bibliográficas

Álvarez Vélez, M.I. (2021). "La Ley Orgánica 3/2020 del Derecho a la educación y su impacto para las Comunidades Autónomas". En *Informe Comunidades Autónomas* 2020. Instituto de Derecho Público.

Aragón Reyes, M. (2013). "Las competencias del Estado y las Comunidades Autónomas sobre educación". *Revista Española de Derecho Constitucional,* 98, 191-199.

Böhm, H. (2015). "Czech-Polish Borders: Comparison of the EU Funds for Cross-Border Co-operation of Schools in Selected Euroregions". En Scott, J.W. *Cross-Border Review Yearbook 2015.* CESCI European Institute of Cross-border Studies.

Čok, L.; Pertot, S. (2010). "Bilingual education in the ethnically mixed areas along the Slovene-Italian border". *Comparative Education,* 46(1), 63-78. https://doi.org/10.1080/03050060903538699

Cotino Hueso, L. (2012). *El derecho a la educación como derecho fundamental. Especial atención a su dimensión social prestacional.* CEPC.

Galindo Caldés, R. (2020). "Territorialidad, cooperación horizontal y fronteras interiores". *Revista General de Derecho Administrativo,* 55.

García Morales, M.J. (2007). "Relaciones de colaboración con las Comunidades Autónomas. En Tornos Mas, J. (Dir.). *Informe Comunidades Autónomas 2006.* IDP.

Jørgensen, S. (2009). "The Right to Cross-Border Education in the European Union". *Common Market Law Review,* 46 (5), 1567-1590.

López Picó, C. (2021). "'A vueltas' con la descentralización educativa: la experiencia en tiempos de COVID-19". *Cuadernos Manuel Giménez Abad,* 21.

Míguez Macho, L. (2024). "Las competencias educativas de las entidades locales". *Revista de Estudios de la Administración Local y Autonómica,* 21, 31-54. https://doi.org/10.24965/reala.11336

Muñoz Moreno, J.L.; Gairín Sallán, J. (2014). "La implicación de los ayuntamientos en una educación descentralizada". *Revista de Educación,* 366, 165-188.

Očkerl, P.; Peterlin, M. (2018). *Cross-border Public Services (CPS). Targeted Analysis. Final Report. Scientific Report – Annex VII. Case study report – Pomurje.* ESPON 2020. 16 de noviembre de 2018.

Perez Medina, J.M. (2020). "Dinámica de las conferencias sectoriales. Entre la intergubernamentalidad y la cooperación administrativa". *Revista d'Estudis Autonòmics i Federals,* 31.

Quintana i Font, A. (2023). "Ensenyament de l'aragonès i del català". *Compromiso y Cultura,* 99.

Roulston, S.; Bates, J.; Mcauley, C.; O'connor-Bones, U.; Murtagh, S.; Cook, S. (2024). "Education along border regions in Ireland: Challenges and opportunities". *International Journal of Educational Research,* 128, 102472. https://doi.org/10.1016/j.ijer.2024.102472

Tardío Pato, J.A. (2014). "La reforma local española de 2013 y las competencias educativas". *Revista de educación,* 366, 113-135.

Tiana Ferrer, A. (2007). "La coordinación sectorial en materia de educación en España". *Revista de Administración Sanitaria Siglo XXI,* 5(3), 373-389.

Tiana Ferrer, A. (2020). "El pacto territorial en educación. Reflexiones a partir de la pandemia de Covid-19". *Crónica,* 5.